龚祥德

作品系列

世界刑事诉讼之四次革命

冀祥德　著

当代中国出版社
Contemporary China Publishing House

图书在版编目(CIP)数据

世界刑事诉讼之四次革命 / 冀祥德著. -- 北京 :
当代中国出版社, 2024.3
ISBN 978-7-5154-1343-3

Ⅰ. ①世… Ⅱ. ①冀… Ⅲ. ①刑事诉讼—研究—世界
Ⅳ. ①D915.3

中国国家版本馆 CIP 数据核字(2024)第 059208 号

出 版 人　王　茵
责任编辑　邓颖君　彭世帆
责任校对　贾云华　康　莹
印刷监制　刘艳平
封面设计　鲁　娟
出版发行　当代中国出版社
地　　址　北京市地安门西大街旌勇里 8 号
网　　址　http://www.ddzg.net
邮政编码　100009
编 辑 部　(010)66572156
市 场 部　(010)66572281　66572157
印　　刷　中国电影出版社印刷厂
开　　本　710 毫米×1000 毫米　1/16
印　　张　27 印张　2 插页　415 千字
版　　次　2024 年 3 月第 1 版
印　　次　2024 年 3 月第 1 次印刷
定　　价　128.00 元

自 序

法学研究的方法，既取决于法学研究对象的特征和研究目的，也因研究者的个人经历、知识积累、研究志趣、研究角度等的差异，而有所不同。我给自己的学术定位是对策法学研究，这与我警察、法学教师、律师、检察官、法学教育与法学研究者的经历紧密相关。

研究世界范围内刑事诉讼制度演化变迁的基本规律，是我从事法学研究以来的一个夙愿，启蒙于我的博士生导师汪建成教授。在多年法学教育和法学研究过程中，我发现，刑事诉讼法学界的学者更惯于从具体制度的角度切入，来探讨某一特定制度的构建与完善问题。这一以“术”见长的研究路径，固然与学术产出的某些需求和特定规律相符，也在一定程度上与研究的较易驾驭性有所关联。

作为一名多年从事刑事诉讼法学研究的学者，在十几年前完成《建立中国控辩协商制度研究》《控辩平等论》这两部比较理想的著作之后，一个大胆的设想在我的脑海里产生了——能不能站在一个全球的视野，对世界范围内刑事诉讼制度的产生和发展过程做一个全面而宏观的梳理，从而研究、提炼、总结出世界刑事诉讼制度演进变迁的基本规律，为包括我国在内诸多国家的刑事诉讼制度变革提供可资借鉴的根本大“道”？能不能从历史的角度对中华人民共和国成立以来的刑事诉讼法的制定以及三次大修进行一次尽可能系统而深刻的剖析，从而分析研究出其内在的制度变化特征，为世界各国刑事诉讼制度改革提供可供参考的中国经验？本着大胆假设、谨慎求证的研究态度，一场充满期待与艰辛的学术冒险之旅启程了。

经过十多年的研究，我越来越清醒地发现，世界范围内的刑事诉讼制度经历了四次革命——刑事诉讼的第一次革命是司法权与行政权的分离；刑事诉讼的第二次革命是审判权与控诉权的分离；刑事诉讼的第三次革命是控辩平等（或者控辩平衡）；目前，世界正在进行刑事诉讼的第四次革命——控辩关系从以对抗为主、合作为辅，转向以合作为主、对抗为辅。

我还发现，比较 1979 年《刑事诉讼法》、1996 年《刑事诉讼法》、2012 年《刑事诉讼法》以及 2018 年《刑事诉讼法》，可以清楚地看到，我国刑事诉讼制度先后完成了四次转型——1979 年颁行的《刑事诉讼法》，实现了有法可依，结束了长期以来刑事诉讼活动以政策代替法律的状态，有中国特点的刑事诉讼制度始见雏形；1996 年《刑事诉讼法》的修改，引入了对抗制，裁判者走向中立，基本形成控辩审三方诉讼化形态构造，刑事诉讼的中国特色开始形成；2012 年《刑事诉讼法》的修改，增强了人权保障，扩张了辩方权利，控辩权力（利）趋于平衡，刑事诉讼构造更加科学，中国特色的刑事诉讼制度初步形成；2018 年《刑事诉讼法》的修改，立足用中国制度解决中国问题的立场，在控辩平等基础上的控辩对抗转向控辩合作①，确立认罪认罚从宽制度等，刑事诉讼的中国模式基本形成。

通过研究世界刑事诉讼的四次革命和中国刑事诉讼的四次转型，我深切地感受到中国刑事诉讼制度立法过程中所难以避免和想象的复杂性。对古今中外诸多因素的汲取及兼容几乎是注定的。一切简单的西化移植论或者自然演化论都不足以反映中国今天以及将来的刑事诉讼制度发展的真实情势。真相尽管只有一个，但是真相亦是多面向的，需要用充足的时间和卓越的智慧去发掘和体味。摆在读者面前的这部《世界刑事诉讼的四次革命》著作，前后耗我十年多的时间，我预见，有的学者对其中的一些观点不一定赞同，但我写作的动机很单纯——唯求对这一宏大叙事性研究课题有抛砖引玉之用。但愿这个研究成果能够为世界以及中国刑事诉讼制度发展的那个唯一真相的发现，提供或

① 笔者接踵研究课题，即将完成。

正面或反面，或可资借鉴或可供批判的“靶子”。

本书的写作过程无疑充满了艰辛，不但查阅资料靡费时间，研究、提炼、概括、创新等写作过程更是异常烧脑，常常令人坐卧不宁、寝食难安。但是每思及自己所提出的是一个前所未有的理论观点，面对的是一项前所未有的学术挑战，内心的热情与动力就会像燎原的火焰一般，瞬间熊熊燃烧起来。

八年多的地方志工作，使这部著作问世至少推迟了八年多。不过，也是有得有失。虽然这部著作出版时间推迟了，但是，八年多来，我一直没有停止过对这个问题的思考和持续研究，很多观点不断被推敲、修改、创新。而且，在这期间，我以此主题在全国各地讲座多场，每次都能从大家的评论中汲取智慧，使得研究成果更加成熟。尤为值得庆幸的是，方志学理论和地方志研究方法、规律的不断掌握，对我研究世界刑事诉讼发展规律这个问题颇有助益，这个收获，是作为一个纯法学研究者没法得到的。

是为自序。

冀祥德

2024 年 3 月 17 日

目　录

第一章 导 言

中国正处于一个大规模变革的时代。社会急剧转型带来的各种矛盾的集中凸显引发了人们对于变革方向和前途的空前焦虑与关注。左、右翼激进主义者的激烈辩驳不断将整个社会的思想观念引向两极，这种思想观念上的过度“撕裂”伴随着社会结构上的断裂与失衡，使得一种“碎片化”的社会状态正日益呈现在我们眼前。①

刑事诉讼领域也是如此。一方面，市场经济所催生的人权意识的日渐高涨，使得右翼激进主义者希图通过全盘引进欧美先进的刑事诉讼制度来达到毕其功于一役、迅速实现人权保障的目的；而另一方面，传统的以秩序建立作为正当性基础的犯罪控制意识的根深蒂固，又使得左翼激进主义者希图通过以往的威权政府的强人政治来实现有效控制犯罪、维护社会稳定的意图。中国刑事诉讼观念所具有的这种分裂的特征在近些年来一系列制度的构建之中都有极为明显的体现。人们对于同一制度的看法是如此的不同，以至于明显超越了一个民主社会意识形态多元化所应有的限度，这种观点上的

---

① 改革开放后中国社会转型的后果主要体现为社会结构的多方位、多层次、多向度的变迁。社会结构的变迁带来了社会结构的断裂与失衡，逐渐成为当今较为显见的“碎片化”的社会生态。参见孙立平：《上层阶级化、下层碎片化：中国社会结构的变迁及其分析模式的转换》，载《南京社会科学》2009 年第 5 期；吕升运：《法制变革的路径选择》，载《湖北警官学院学报》2014 年第 4 期。

分歧不单向我们表明整个社会的思想观念正日益朝着多元化的方向迅速发展，同时也从一个侧面向我们证实了在社会取得巨大进步的今天，人们对于刑事诉讼制度发展的规律存在着何等巨大的认识差异。正是这种对于刑事诉讼制度发展规律的认识差异，导致了人们对于同一事物抱有截然不同的态度。要解决这一问题，促使整个社会能在某一特定刑事诉讼制度的构建上达成基本的共识，就必须深入研究这一制度所赖以镶嵌的世界范围内刑事诉讼整体制度的发展历程和客观规律。也只有如此，我们才能拨开特定制度技术化的外衣，以世界刑事诉讼制度发展的整体走向或者根本规律为判断标准，在整个制度设计中理性决定其去留。

随着人类社会经济的逐步发展和社会分工的不断细化，刑事诉讼活动也开始了横向整合和纵向深入的演变过程。通过对大量的事实进行价值分析和规范衡量，就会发现在刑事诉讼制度的演进发展进程中，国家干预正逐步向社会自治让渡权力，世界范围内的刑事诉讼制度随之也经历了四次根本性的转折，其中包括有司法权与行政权的分离、控审分离、控辩平等，以及控辩关系由对抗为主、合作为辅，转变为合作为主、对抗为辅。以“国家—社会”为基点，以分权制衡为工具进行观察，可以发现这四次革命在保障人权和惩罚犯罪的过程中，不断地实现正当性、均衡性、规范性的界分、调整和渗透，促成刑事司法权力和权利场域构造的日臻善治，进而体现出刑事诉讼价值的一体两面。

法学研究该当坚持历史性、全局性、基础性、体系性、逻辑性的研究方法和立场。分析法学界近几十年来的研究成果，可以发现，法学研究主题日渐趋于微观化、具体化和技术化，且大量倚重呈现在眼前的现象，给予文本层面和式微解构的分析，少有透过现象看本质的法治发展规律性探索，特别是匮乏广阔世界性的视阈和纵深历史性的洞察，这也是这些年法学研究成果数量林林总总，但是经典传世作品凤毛麟角的原因。法学研究离不开法律制度的变迁以及与之密切关联的法律实践活动，而法律制度和法律实践活动，在时间上又具有连续性和动态性、在空间上具有传播性和关联性的鲜明特点，这就需要研究者以广阔和纵深的视野，研究法律制度和法律实践活动表象下深层次的传承基因、演进逻辑，这不仅意味着寻求规律和探索意义，更重要的是，可以弥合规范、价值与社会、实践的断裂，在学理开示的基础上，回应社会能动的要求。因此,对刑事诉讼制度进行宏观的理论梳理,尤其是以历史的眼光在世界范围内进行纵横式宏观研究,以此来探求世界刑事诉讼制度发展的基本规律和核心遵循,无疑具有根本性、战略性的意义。这种透过表象对事物本质的追求对于我们正确定位某一特定制度在整个中国刑事诉讼制度框架中的准确位置大有裨益,它为我们提供了评判具体制度的规范标尺和价值指引,指明了制度取舍的根本缘由和中国场域。更重要的是,这种追求本身也具有某种引导和激励作用,通过对刑事诉讼制度宏观走向的探求,使得对未来有了切实的预期,而这种预期反过来又会引导现有的制度实践朝着科学理论方向发展。

然而,从目前学界对于这一问题的研究状况来看,结果显然是难以令人满意的。刑事诉讼法学的研究过度地集中在了一些具体的制度之上,较之于宏观的、具有框架性的研究课题而言,对于技术性的制度细节,学界似乎有着某种偏爱。即便是在以研究法的客观规律自居的法理学科中,由于与实践以及部门法学的隔膜,其对于世界范围内刑事诉讼制度发展的整体走向或者根本规律也鲜有涉及。这种长于技术分析而短于宏观梳理的研究进路固然有其不可替代的价值,甚至作为学术发展的必然,对于具体制度更为深入、细化的研究会成为刑事诉讼制度研究无法绕开的"军事重镇",但是,对于整个刑事诉讼法学的研究来说,这种单一层面上的研究仍然存在某种缺憾。换言之,对于刑事诉讼制度进行宏观上的理论梳理——尤其是以历史的眼光在世界范围内进行宏观梳理并以此来探求刑事诉讼制度发展的根本规律,在整个学术研究过程中必然具有根本性的和战略性的意义。这种透过表象对事物本质的追求对于我们正确定位某一特定制度在整个中国刑事诉讼制度框架中的准确位置大有助益,它为我们提供了评判具体制度的标尺,为我们指明了制度取舍的根本缘由。更重要的是,这种追求本身也具有某种引导和激励作用,通过对刑事诉讼制度宏观走向的探求,我们对未来有了切实的预期,而这种预期反过来又会引导现有的制度实践朝着正确的方向发展。

那么,世界刑事诉讼制度发展的基本规律和核心遵循是什么?要解决这一问题,我们首先应当弄清楚在一个什么样的框架下对该问题进行研究。作为宪法的适用法,刑事诉讼法与宪法一样,其基本使命在于控制国家权力,保障公民权利。宪法不单为刑事诉讼制度的变革和发展设定了最基本的底线,而且作为宪法两大基本构成要素的国家权力与公民权利也在刑事诉讼制度场域中发生着最为直接的碰撞。在国家与社会、政府与公民、权力与权利之间不断地进行调整,进而寻求某种均势或者平衡,是任何一个现代型国家中刑事诉讼制度发展所要追求的最基本目标。因此,通过研究"国家—社会"这种分析框架中蕴含的契约关系以及此消彼长的共生状态,是探寻世界范围内刑事诉讼制度发展的整体走向或者根本规律的一条重要路径。

在人类社会产生之初,基本的纠纷解决方式呈现为一种无序复仇的状态。随着人类文明的不断进步和发展,社会内部逐渐分化为两种冲突:一种是对外冲突,一种是对内冲突,其中对内冲突主要依靠第三方的解决,由此便形成了基本的诉讼框架,这就是诉讼模式的雏形。纵观刑事诉讼的历史长河,伴随着弹劾式诉讼模式到纠问式诉讼模式,再到现代混合式诉讼模式的发展和转变,概括而言,世界刑事诉讼的历史就是一部国家权力不断被规制、公民权利不断进行扩张的历史。通过对国家权力的制约,将诉讼过程和诉讼结果形成的决定权由公权力机关逐步转移到当事人手中,也就是由国家逐步转移到社会,这是刑事诉讼制度发展的根本主线。关于刑事诉讼模式的运行,达玛斯卡(Damaska)梳理出了两条主线:其中一条主线便是司法程序的运作,可分为纠纷解决型程序和政策实施型程序,前者将司法程序界定成当事人支配程序进展的两造平等对抗的竞技场,后者将司法程序塑造成公共官员控制程序展开和事实发现维度的调查程序。[①] 世界刑事诉讼的发展历程,就是一个由国家干预解决纠纷逐步向社会自治解决纠纷的理性回归过程,是一个通过不断分权来制约权力,从而强化人权保障的过程;是一个两造地位逐步趋于平等、由对抗逐步走向理性合作(考虑成本、效率等)的过程;是一个瓦解专制、推进民主的过程。随着人类社会经济的不断发展和社会分工的不断细化,世界范围内的刑事诉讼制度经历了一个波澜壮阔的发展过程,先后出现了四次重大的根本性转折,笔者将之称为世界刑事诉讼的四次革命。其中,司法权与行政权的分离为第一次革命;控审分离为第二次革命;控辩平等为第三次革

---

① [美]米尔建·R.达玛什卡:《司法和国家权力的多种面孔》,郑戈译,中国政法大学出版社2004年版,第2、156—202页。

命;控辩关系由对抗为主、合作为辅,转变为合作为主、对抗为辅是为第四次革命。“革命”意味着事物发生了根本性的变革,意味着事物从旧质向新质的飞跃。之所以将这四次重大的转折称之为“革命”,而非“改革”“改良”等,其主要的原因就在于这四次转折中的每一次转折对于整个刑事诉讼制度的发展来说都是一种根本性、实质性的拓展与变迁。

具体来说,司法权与行政权的分离奠定了整个诉讼制度的基础,如果没有司法权的分离与出现,现代意义上的、以司法权居中裁判为前提的诉讼制度就缺乏存在的基础;控审分离则在第一次革命的基础上,以权力分立的方式防范审判权滥用,进而使得一个实质化的控、辩、审三方结构得以建立;控辩平等则追求控辩双方在力量上的对等,意在赋予控、辩、审三方以均衡性的内在机理和基础框架。控辩关系以对抗为主、合作为辅,转变为以合作为主、对抗为辅则体现了刑事诉讼模式和价值追求上的重大转变,刑事诉讼模式由“国家独断型”向“协商解决型”转变,效率价值被提到了前所未有的高度。这些进步尽管表现不同,甚至差别巨大,如有些体现在诉讼结构的明显变化上,而有些则体现在诉讼价值的重大转变上,但其一以贯之的内在精神正在于由国家干预向社会自治的逐步过渡上。从这个意义上说,世界刑事诉讼四次革命依次展开的过程,就是刑事诉讼领域由国家干预逐步向社会自治理性回归的过程,两者是现象与本质、形式与内容的关系,同时也体现了社会治理模式的不断进阶与发展。

一、世界刑事诉讼的第一次革命:司法权与行政权的分离

(一)世界刑事诉讼第一次革命的界定

世界刑事诉讼的第一次革命是指司法权与行政权的分离。“权力在社会关系中是能动而易变的。在它未受控制时,可将它看作自由流动的、高涨的能量,往往具有破坏性的效果”①,以权力制约权力就成为解决这一问题的有力途径。因此,“行政必须与立法相分离;……审判

① [美]博登海默:《法理学——法哲学及其方法》,邓正来、姬敬武译,华夏出版社 1987 年版,第 344 页。

必须与行政相分离。实际上,这两个分离恰恰是法治理想的核心”。[①]在分离中保证制约,在制约中实现价值,在价值中体现公正,这是法治发展的推进逻辑与文明基因所在。

对于权力的分离,至少存在两种不同的理解:第一种意义上的权力分离是指社会分工意义上的权力分离。亚当·斯密认为,“屠夫、酿酒家或烙面师供给我们每天所需的食物和饮料,不是出自恩惠,而是因为他们自利的打算”。[②] 因此,人性上的趋利避害直接决定了人们必然要以提高劳动效率的方式来得到自己想要得到的“食”“暖”“息”“利”。[③]同时,也“正是因为契约、交换和买卖实现了我们所需要的大部分帮助,因此产生了分工的倾向”。[④] 亚当·斯密指出:“出现分工之后,同样数量的劳动者所完成的工作量,将会比过去多很多。主要原因有三:第一,劳动者因为不断专业化逐渐掌握了技巧;第二,省去了由一种工作转到另一种工作所造成的时间损失;第三,随着简化和缩减劳动的机械的发明,一个人能够做原本需要许多人才能完成的工作。”[⑤]在此基础之上,涂尔干进一步指出,分工已经成为一种不可逆转的趋势,“政治、行政和司法领域的职能越来越呈现出专业化的趋势。”[⑥]随着分工和效能的逐步提升,权力运行的高效成为一种重要的追求,这种得助于人类不断优化权力效能的自然本性的权力分工,即是笔者社会分工视野之下的权力分立。

权力分立不仅在于追求效率,还在于实现更具整体性和客观性的公平。因为权力分工的基本逻辑之形成也来源于分权制衡的价值指引,而“有权力的人们使用权利一直到有界限的地方才会休止”。[⑦] 当社会发展到一定阶段的时候,权力的分工不仅是每个单个的人依其天

---

① [美]昂格尔:《现代社会中的法律》,吴玉章、周汉华译,中国政法大学出版社 1994 年版,第 47 页。

② [英]亚当·斯密:《国富论》,富强译,陕西师范大学出版社 2010 年版,第 7—8 页。

③ 《荀子·非相》:“人之所以为人者,何已也?曰:以其有辨也。饥而欲食,寒而欲暖,劳而欲息,好利而恶害,是人之所生而有也,是无待而然者也,是禹桀之所同也。”

④ [英]亚当·斯密:《国富论》,富强译,陕西师范大学出版社 2010 年版,第 8 页。

⑤ [英]亚当·斯密:《国富论》,富强译,陕西师范大学出版社 2010 年版,第 3 页。

⑥ [法]埃米尔·涂尔干:《社会分工论》,渠东译,生活·读书·新知三联书店 2000 年版,第 1—2 页。

⑦ [法]孟德斯鸠:《论法的精神》(上册),张雁深译,商务印书馆 1981 年版,第 154、156 页。

性追求效率的结果,其过程也蕴含了人类相当的主观能动性。而为了削弱行政力量的干预,真正实现人们对公平、正义的期待,人们往往会以牺牲效率为代价,以某种形式的权力分工来换取社会的公平、正义。这种对于公平、正义价值的追求,促成了分权学说的发展,并进而推动了分权制衡的实践。例如,亚里士多德的政体三要素理论,认为政体由三个要素组成,即议事机能、行政机能和审判机能,①主张将整体的行政权力进行区分,这种基于功能的区分使得社会治理结构出现了分权的萌芽状态;紧接着,洛克提出,为了防止滥用国家权力以及专制现象的发生,应当将立法权和行政权进行区分,形成立法权、执行权和外交权的相互制衡,②但是仅仅将立法权从行政权中进行分离仍然带有部分的妥协和让步;之后,孟德斯鸠提出立法权、行政权、司法权分立理论,将司法权从行政权中分立出来,极大地促进了司法权的发展和进步。

分权制衡视野下的权力分离更多地侧重于权力之间的相互独立与彼此制衡,相比较而言,社会分工视野下的权力分离则更强调权力之间的隶属和配合。为了对刑事诉讼中的权力分立现象形成更为全面的认识,本书并未将视线局限于分权制衡视野下的权力分立,而是将关注的起点上溯至权力分立的最早时期,将社会分工视野下的权力分立也纳入到了研究的范围。从总体上看,这二者之间是相辅相成的关系:社会分工视野下的权力分立为分权制衡视野下的权力分立铺陈了道路,奠定了基础;而分权制衡视野下的权力分立则在社会分工视野下的权力分立发展的基础上,更向前推进了一大步,实现了人类从自发追求效率价值到自觉追求公平价值的巨大飞跃。

为什么说司法权与行政权的分离对于世界刑事诉讼制度的发展和演变具有如此重要的意义,以至于笔者要将其称之为世界刑事诉讼的第一次革命?很显然,作为专业化的司法权的出现是刑事诉讼制度乃至所有诉讼制度得以有效运行的前提。如果专业化的、居中裁判的司法权以及与之相联系的、职业化的司法官本身都不存在,那么所谓的以控、辩、审三方构造为主要特征的诉讼制度就不可能生成,更不可能以制度化、常规化的方式运行、日趋扩大并成规律。

---

① [希]亚里士多德:《政治学》,颜一、秦典华译,中国人民大学出版社2003年版,第145—157页。

② [英]约翰·洛克:《政府论两篇》,赵伯英译,陕西出版社2004年版,第2页。

(二)世界刑事诉讼第一次革命的内容

世界刑事诉讼的第一次革命以公元前594年梭伦改革中设立的陪审法庭为兴起标志,以美国1787年宪法确立的司法权独立为成熟标志,从整体上看,历时2300多年之久。

从社会分工意义上来看,司法权与行政权分离的早期标志是"梭伦改革"过程中设立的陪审法庭。公元前594年,梭伦以其威望和功绩当选为雅典城邦的"执政兼仲裁",开始进行一系列经济、政治和社会改革运动。[①] 梭伦改革是雅典城邦乃至整个古希腊历史上最重要的社会政治改革之一,它为雅典城邦的振兴与富强开辟了道路,奠定了城邦民主政治的基础。在此次改革中,梭伦设立了人类最早的法庭——陪审法庭(也叫"赫里埃"),任何公民都有权向其申诉。陪审法庭是雅典城邦的最高司法机关和监察机关,最初附属于公民大会,它由10名法官和从全体公民中抽签选出的6000名陪审员组成,陪审法庭每年选举一次,任期1年,每位雅典公民都有权参加陪审法庭。除凶杀案和少量重大的特殊案件由公民大会审判外,其他一切刑事和民事案件均由陪审法庭做出判决,[②]例如,雅典审判苏格拉底的法庭便是由501名来自社会各阶层民众的陪审员组成的。[③] 刑事陪审团由501人组成,民事陪审团由201人组成。陪审法庭受理并裁决公民投诉或上诉的案件,扩大了公民的权力。与此同时,梭伦还设立四百人会议作为公民大会的常设机构,为最高行政机关。陪审法院的设立将司法权从行政权中分离出来,这不仅使司法权作为一种特殊的权力被分离了出来,而且也在客观上为行政权的专业化发展铺陈了道路。尽管司法权与行政权之间不可避免地存在着某种制衡关系,但是,从这种制衡最初产生的动因上看,它并非源自人为的分权以求制衡的目的,更多的是肇始于社会分工的细化以求提高效率的人类本性追求。从这个意义上讲,"梭伦改革"设立的陪审法庭标志着司法权与行政权的形式分离,而不是实质分离。

研究发现,第一次革命发生、展开的过程,实际上就是由社会分工

---

① [希]亚里士多德:《雅典政制》,日知、力野译,上海世纪出版集团2011年版,第21—32页。

② 何勤华主编:《检察制度史》,中国检察出版社2009年版,第7—8页。

③ [美]斯东:《苏格拉底的审判》,董乐山译,生活·读书·新知三联书店1998年版,第8页。

意义上的权力分离发展到分权制衡意义上权力分离的过程。实际上，分权制衡意义上的权力分离并非一蹴而就，也有一个从不成熟到成熟的发展过程。尽管英国1689年颁布的《权利法案》和1701年颁布的《王位继承法》已经有了司法权与行政权分离的雏形，但司法权与行政权实质分离的成熟标志当属1787年美国宪法中政治体制的确立。美国《宪法》第3条第1款规定："合众国的司法权属于最高法院以及由国会随时下令设立的低级法院。"司法部门有对政府官员进行审判的权力。美国1787年宪法确立的民主共和政体标志着司法权的独立，从此司法权不再依附于行政权，并成为与行政权相平行且相制衡的一极其重要力量。1803年马伯里诉麦迪逊案之后，美国联邦法院系统获得了违宪审查权，意味着联邦各级法院不仅有权审查立法机关通过的法律是否与宪法抵触，同时可以审查包括总统在内的各级政府颁布的法令的合法性。马伯里诉麦迪逊案开启的违宪审查制度，赋予了法院以强势的力量，美国司法的独立地位被空前地强化。

从内容上看，司法权与行政权的分离意味着原有的国家对被追诉人赤裸裸的暴力镇压有所收敛，被追诉人有可能在司法权与行政权的相互制衡之中争取对自身权益的保障。分权的目的不是为了避免冲突，而是通过不可避免的摩擦和冲突实现政府权力的合理分配，从而拯救独权专制下的公民。[①] 国家对诉讼过程和结果的绝对控制地位有所动摇，被追诉人的纯粹客体地位也慢慢开始瓦解。尽管如此，在第一次革命中，国家对诉讼过程和结果的决定权并没有开始向社会转移，而只是在国家权力内部，即司法权与行政权之间做了重新配置。国家在诉讼中的优势主导地位使得社会自治几无可能。但不可否认的是，由于司法权与行政权之间因为分立形成了某种态势的牵制或平衡，因此，国家对诉讼的干预逐渐呈现了弱化的特征和趋势。

（三）世界刑事诉讼第一次革命的特征

与诸权合体相比，世界刑事诉讼的第一次革命具有以下特征：

第一，司法权与行政权的分离先后经历了形式分离与实质分离两个阶段。在形式分离阶段，司法权与行政权只是产生了简单的、感性的权力分工，二者在机构、人员以及职能等方面的分离逐渐形成了彼此制

① Myers v. United States, 272 U. S. 52. 293(1926).

约的局面,但是从本质上讲,司法权还普遍地隶属于行政权,二者之间还没有达到彼此独立的地步。在实质分离阶段,行政权与司法权达成了一种分离并独立的状态,彼此之间已经没有了隶属关系,二者由于彼此独立而相互制衡。

第二,司法权与行政权的分离经历了一个从自发到自觉的过程。所谓自发,指的是在人类偏私本性的驱使下,权力自然地走向分化,只有分化才能从根本上促进效率的提高,此即是社会分工视野下的权力分工。所谓自觉,指的是人们有意识地为了防止权力的滥用而自觉寻求的权力分工与制衡,此即分权制衡视野下的权力分工。换言之,司法权与行政权从自发分离走向自觉分离的过程,也就是从社会分工意义上的权力分工走向分权制衡意义上的权力分工的过程。

第三,司法权与行政权的分离过程在时间跨度上极大。相比世界刑事诉讼的第二次、第三次以及第四次革命而言,第一次革命经历的时间要明显的长(2300 多年)。在少数国家,直到现在司法权仍未达到独立,第一次革命的任务仍未完成,而第二次和第三次革命完成总共历时也不过 700 余年而已。四次革命在时间方面呈现出的加速度不仅说明了人类文明的发展速度在与日俱增,也从侧面映衬出第一次革命的篇章主要是以漫长的专制和被漠视的人权之笔来书写的。

第四,司法权与行政权的分离过程具有反复性。一般来讲,从四次革命的关系来看,司法权与行政权的分离是以后三次革命的前提和基础,第一次革命一般应当逻辑地发生在其他三次革命之前,其深度直接影响了以后历次革命的效果好坏和运行程式。但是,历史并不总是按照逻辑预定的轨道前行。在世界刑事诉讼四次革命进展的过程中,第一次革命并不总是发生在其他三次革命之前。司法权与行政权相分离的过程充满了变数,表现出了极端的复杂性。以中国为例,直到辛亥革命成功之前,司法与行政不分仍然是中国司法的基本现状。新中国成立以后,虽然 1982 年宪法明确规定了人民法院独立行使审判权,不受行政机关、社会团体和任何个人的干涉,但是,由于司法运行体制等方面的原因,法院的人事、财政大权均掌握在各级地方政府的手中,独立行使司法权仍然是空中楼阁。这种两权分离过程中表现出来的反复性,一方面昭示着政体因素对于权力分离的重要影响;另一方面也直接影响了中国刑事诉讼进行第二次、第三次和第四次革命的进程。

(四)世界刑事诉讼第一次革命的意义

第一,司法权与行政权的分离有效地推动了诉讼活动效率的提高。效率的提高源自分工的不断细化,当司法权与行政权两相分离之时,二者在各自的运行效率上获得了有益的助力,在二者各自分立的同时,每一种权力内部均获得了力量上的集中。而这种同质权力的集中,因资源配置上的优势以及规模效应的催化能够直接促进权力运行效率的提高。

第二,司法权与行政权分离极大地促进了司法的专业化发展。与提高诉讼活动效率相伴而生、不可分割的另一个意义在于促进司法专业化的不断发展。当司法权从诸权合体的母体之中分娩出来之后,便获得了自身发展的独立逻辑范畴。与此同时,一系列与司法相关的专门知识和技能便产生了,司法作为一项职业,上升为一个专业,进而发展为一项事业,被不断地精细化、规范化、制度化、法治化。在司法获得职业化、精细化、规范化、制度化、法治化的同时,也就找到了打开诉讼活动效率高效运行大门的金钥匙。

第三,司法权与行政权的分离提高了诉讼活动(主要是司法效果)的公正性。司法权与行政权的分离,尽管可能起源于无司法公正意识的社会分工之结果,但是由于分离出来的司法权在运行过程中获得了充分的发展机遇,因而伴随着司法权越来越完善的自成体系的逻辑构建,不可避免地形成了对行政权越来越有效的制约。资产阶级革命以后,有意识地通过分权以防止行政权滥用不仅在思想上成为人们的共识,而且在实践中也成为各国制度建设的指引。“虽然行政权非常宽泛,但是它仍然要受到诸多限制。它不能够调查除了案件法律问题之外的个人信息,它也不可以扩展到国会通过立法规范进行限制的领域。同样地,它的调查权不能和任何法律执行的权利相混淆,而这些法律执行的权利只能有司法部门的机构进行赋权。”①

第四,司法权与行政权的分离是世界刑事诉讼四次革命的开端,在世界刑事诉讼历史上具有奠基性意义。没有司法权的独立出现,就没有世界刑事诉讼第二次革命控审分离的基础;没有控审分离,就没有辩护权的产生,就谈不上世界刑事诉讼第三次革命的控辩平等;没有控辩

① Quinn v. United States, 349 U. S. 155, 161(1955).

平等,就不会有世界刑事诉讼第四次革命的控辩合作。从这个意义上讲,世界刑事诉讼第一次革命是世界刑事诉讼后三次革命的基础,后三次革命是对第一次革命未竟事业的继续,是对第一次革命成果在巩固基础上的进一步深化和发展。

二、世界刑事诉讼的第二次革命:控审分离

(一)世界刑事诉讼第二次革命的界定

世界刑事诉讼的第二次革命是控审分离,即国家控诉权与审判权的分离。“纠问程序使人们认识到追究犯罪不是受害人的私事,而是国家的职责,但其最大的错误在于将追究犯罪的任务交给了法官,进而使法官与当事人合为一体。”①根据“自然正义”原则,任何人不得作为自己案件的法官,美国学者戈尔丁在借鉴吸收“自然正义”的基础上提出了“程序中立”的要求,其中也包括任何人不能作为自己案件的法官审理案件。② 控诉权与审判权的分离不仅合乎对正义价值的追求,也有助于避免刑事诉讼结构的单向度归纳式思考,促进更为细致的诉讼结构逻辑演绎。

控审分离存在两种意义上的理解。第一种是结构意义上的分离,即控诉职能与审判职能由不同国家机构承担,即检察院作为专门的控诉机关独立于法院。第二种是程序意义上的控审分离,是指程序启动上的“不告不理”以及程序运作中的“诉审同一”。所谓不告不理,是指刑事审判程序在启动上必须以检察机关或自诉人提起诉讼为前提。所谓诉审同一,是指在刑事审判过程中,法院审判的对象必须与检察院起诉的对象保持同一。③ 结构和程序不仅是控审分离的一体两面,更是刑事诉讼程序走向规范架构的逻辑起点和样态基础。本书所说的控审分离单指结构意义上的控审分离,不包括程序意义上的控审分离。在结构意义上的控审分离中,单指国家公诉权与审判权的分离,而不包括公民私诉权与审判权的分离。现代意义上的控诉权既包括国家控诉权,

---

① [德]拉德布鲁赫:《法学导论》,米健译,中国大百科全书出版社 1997 年版,第 121 页。

② [美]马丁·P. 戈尔丁:《法律哲学》,齐海滨译,生活·读书·新知三联出版社 1987 年版,第 240 页。

③ 樊崇义主编:《刑事诉讼法学》,法律出版社 2009 年版,第 60 页。

即公诉权;也包括公民个人控诉权,即私诉权。其中前者的一个典型表现即为检察官或者检察机关代表国家对被追诉人提起控诉,后者的一个典型表现即为由当事人个人对被追诉人提起控诉。世界刑事诉讼的第二次革命展开、发展和成熟的过程,就是国家控诉权产生、发展直至壮大的过程,是国家控诉权从无到有、从多元走向统一、从分散走向集中的过程。

(二)世界刑事诉讼第二次革命的内容

从时间上看,1166 年英国《克拉灵顿诏令》(又称《克拉伦登法》)中大陪审团起诉制度的建立,标志着刑事诉讼第二次革命的兴起,1808 年拿破仑《重罪审理法典》中检察官独揽控诉权制度的建立,标志着世界刑事诉讼第二次革命的成熟,因此,第二次革命从整体上看历时 600 余年。

从世界范围来看,控审分离最早兴起于英国。1166 年亨利二世对司法制度予以改革,颁布了《克拉灵顿诏令》,该法确立了大陪审团即起诉陪审团制度,大陪审团的职责是审查犯罪嫌疑人是否实施了严重的刑事犯罪,并决定对其是否予以起诉,[①]在英格兰社会初步建立了一种体制化的刑事控诉模式和刑事司法诉讼程序。10 世纪末,英国的当地法庭会召集大量的宣誓过的普通公民,运用他们已有的知识和常识,进而形成他们对于犯罪案件的看法,[②]这种大陪审团实际上已经承担起了对犯罪事实进行起诉的职能。[③] 这是世界范围内最早承担起刑事犯罪调查与起诉功能的新制度设置,它是国家层面的机构和组织。[④] 大陪审团制度第一次实现了国家控诉职能与审判职能的分离,标志着刑事诉讼第二次革命的兴起。

1808 年拿破仑颁布了《重罪审理法典》。法典强化了检察机关的作用;明确了公诉活动的基本原则和具体程序;扩大了检察机关追究刑事犯罪的范围。该法典不仅进一步赋予了检察官在刑事诉讼过程中举

---

① 黎敏:《西方检察制度史研究——历史缘起与类型化差异》,清华大学出版社 2010 年版,第 54—55 页。

② F. W. Maitland, *The Constitutional History of England*, Cambridge University Press, 1913, p. 127.

③ 何勤华主编:《检察制度史》,中国检察出版社 2009 年版,第 219 页。

④ Donald R. Wright, "The Role of the Judiciary: From Marbury to Anderson", *California Law Review*, Vol. 60, p. 1262, 1268 (1972).

足轻重的地位和作用,而且其所体现的刑事诉讼权由检察官独立行使等一系列原则和制度构成了现代检察制度的基石。[①] 如该法典规定,检察官处于独占公诉权的原告地位,享有监督并指挥军警及预审法官等职权。[②] 根据该法典,检察官署设于法院之内,组织系统严密,等级分明。[③] 这意味着在西方国家,法国率先确立了系统化和专门化的检察官僚机构。从这个意义上讲,《重罪审理法典》的颁布标志着法国检察官制度的成熟,也标志着法国控审分离的完成,是世界刑事诉讼第二次革命的成熟标志。法国创立的检察制度,影响了整个大陆法系国家,德国后来建立起的检察制度基本借鉴了法国的检察制度。此外,法国的检察制度还对英美法系国家产生了重要影响。

马克思曾指出,"在刑事诉讼中,法官、原告和辩护人都集中到一个人身上,这种集中是和心理学的全部规律相矛盾的"。[④] 法律适用的任务是"将隐含在法律中的正义思想、目的考量付诸实现,并据之为裁判"[⑤]。从内容上看,第二次革命的发生意味着国家对诉讼过程和结果控制力度的再次减弱。国家控诉权的出现使得法院的审判权受到制约,被追诉人的利益得到了更好的保护。这不同于纠问主义诉讼的特征——将控诉和审判两种性质不同的行为合为一体——使得起诉制度更加民主、合理。与此同时,被害人作为共同原告之一的主体地位也在一定程度上确立了起来,两造的形成以及两造主体地位的确立,意味着他们将对案件的过程和结果发挥重要的作用。这一点在当事人主义的诉讼模式之下体现得尤为明显。由此,国家对诉讼过程和结果的决定权开始向社会(当事人)转移,国家干预继续弱化,社会自治模式开始抬头。

(三)世界刑事诉讼第二次革命的特征

首先,从世界范围看,控审分离的发生过程伴有多样性的特点。不但英美法系与大陆法系两大法系的控审分离形成了两条不同的路径,而且在两大法系各自内部的不同国家,其控审分离的历程也各不相同,

---

① 何勤华主编:《检察制度史》,中国检察出版社2009年版,第152页。

② 邓思清:《检察权研究》,北京大学出版社2007年版,第7页。

③ 黎敏:《西方检察制度史研究——历史缘起与类型化差异》,清华大学出版社2010年版,第165页。

④ 《马克思恩格斯全集》第1卷,第30页。

⑤ [德]卡尔·拉伦茨:《法学方法论》,陈爱娥译,商务印书馆2003年版,第9页。

各有特点。以英国为代表的英美法系国家控审分离发生的时间最早，但控诉权行使分散。尽管英国 1985 年的《犯罪起诉法》建立起了皇家检察署作为全国性检察机构，形成了一套自上而下的独立统一的检察制度，英国现代检察制度得以建立，但这并没有改变英国的私诉制度，英国的检察机关不独揽国家控诉权，控诉权的行使主体依旧分散。以法国为代表的大陆法系国家控审分离发生时间较晚，但却是最早完成，形成了检察官独揽控诉权的制度。法国实行国家控诉原则，刑事案件的控诉权由检察机关统一行使，并建立起了全国性的、自上而下的、科层式的检察机构。

其次，第二次革命的另一个特征是彻底性，也就是刑事诉讼的第二次革命已经彻底完成。不管大陆法系的法国和德国，还是英美法系的英国和美国，其控诉权与审判权已经彻底实现分离。英国虽然没有建立起专门的国家控诉机关，即英国的检察机关不独揽控诉权，但不管控诉权是由一个专门的国家机关行使，还是由分散的国家机关行使，其实质都是实现了国家控诉职能与国家审判职能的分离。法国虽然没有设立独立的检察机关，实行审检合署制，但法官与检察官既不存在隶属关系和领导关系，二者是平行的行政机关，属于司法部系统。在控审分离方面，由于法国建立起全国性的、上命下从的、科层式的检察制度，所以法国拥有全国性的、完整而高效的国家公诉机关，其控审分离的实现程度也最为彻底。

（四）世界刑事诉讼第二次革命的意义

第一，控审分离促进了审判职能的中立性和消极性，消解了司法权过分集中的现象，有助于人权的保障。表面上看，对司法权的分立与制约有可能带来司法权力分散，降低效率。但由于司法权具有消极性、中立性、公正性、滞后性等特点，这就决定了有必要对司法权予以监督和制约，以使司法权循着合理合法的轨迹行使，并成为守护正义的最后一道防线，“如果控告人成为法官，就需要上帝作为律师”①。控诉权与审判权的分离，实现了司法权力的分立与制约，使得国家积极主动的控诉职能由国家控诉机关来行使，而审判机关则专司审判，在私人与国家之

① ［德］拉德布鲁赫：《法学导论》，米健、朱林译，中国大百科全书出版社 1997 年版，第 121 页。

间处于不偏不倚的中立地位，奉行客观、公正的法则，进而实现对司法正义价值的追求。

第二，控诉权与审判权的分离提供了现代刑事诉讼构造形成的前提。只有控诉权与审判权分离之后，审判权才能中立，控、辩、审三方才得以形成，并进而形成现代的刑事诉讼构造。控审分离也为辩护职能的发挥提供了基础，被追诉人的诉讼主体地位也因此得以确立。控诉和辩护相伴而生，控审分离的进程表面上厘清了控诉和审判的界限，实际上却是扩大了辩护存在的空间和场域，使得辩护行为的内容更加清晰，类型化特征更加明显，这是刑事诉讼程序必不可少的一个切面。

第三，控审分离可以有效地平衡司法运行成本与错误的司法判决成本之间的关系。依据波斯纳的理论，从经济分析的角度出发，诉讼过程中存在两种成本：第一类成本是诉讼过程中的司法运行成本，另一类是错误的司法判决的成本，诉讼制度的目的就是使两类成本之和最小化。社会应该在合理配置国家司法资源的基础上，实现对公正和效率的合理追求。诚然，控诉权和审判权合一时，会大大地增加诉讼的效率，但是权力和权力的联合不仅削弱了监督，同时也失去了制衡的作用。随之而来的司法错误，将会导致各种的冤假错案，表面上看，司法效率提升了，但是每一个错误的判决都导致资源的无效率利用。对无辜者判刑，不但会使刑法威慑力下降，而且会产生社会司法成本无效益现象。所以，在控审分离中，建立一套严密的“以权力制约权力”的诉讼程序，表面上看司法直接消耗增加了，但却有效地实现了刑事判决错误成本的锐减，最终实现效益和代价的动态平衡。

第四，控审分离为世界刑事诉讼第三次革命——控辩平等的到来提供了前提和基础。第三次革命实现了控诉权与辩护权的平等对抗，而要实现控辩关系的平衡，首先需要有独立的控诉权，也即首先要实现控审分离。只有实现了控审分离，法官才能居中裁判，控辩双方才能平等对抗，这也是程序主体性理论的内在要求。从这个意义上说，控审分离是世界刑事诉讼第三次革命发生的先决条件。

三、世界刑事诉讼的第三次革命：控辩平等

（一）世界刑事诉讼第三次革命的界定

历史演变的终结，无论平等怎样毫无组织、缺乏内容，平等总是灵

魂的法则,各种法律的法律,它是一项法权,一项唯一的法权。① 世界刑事诉讼的第三次革命是指控辩双方的地位、力量等从不平等逐步转向平等的过程,即在控辩双方刑事诉讼主体地位逐步确立的基础上,控辩双方在权力(利)配置与保障、义务履行与约束等方面不断实现平等的过程。正如法国哲学家皮埃尔·勒鲁在1838年发表的《论平等》一文中指出:"在刑法方面,人们注意什么呢?毫无疑问,他们是根据一种原则进行调节的……根据这种准则,过去法律所许可的许多行为今天被看作罪孽,并为人们所憎恶或受到惩罚,这个原则,就是人类的平等。"② 控辩平等原则强调的是一种同等对抗和势均力敌的状态,是控诉和辩护两种样态的平衡、修复和升华。"创造权利的东西(我指的是今天的权利)恰恰就是确认人们的平等。这种确认的平等先于司法,是平等创造了司法和构成了司法。"③

控辩平等至少应当包括以下几项内容:首先是立法上的平等武装。欧洲人权委员会是最早提出并运用"平等武装"(equality of arms)这一话语的组织。在 Ofner and Hopfinger v. Austria 一案中,欧洲人权委员会在判决中指出:"检察官与被告人的程序平等一般可称为'平等武装',这是公正审判的一项内在因素"。④ 虽然在法庭里的竞争不包含技术或资源的平等,但是在程序权利使得每一方当事人都可以阐明和提出其立场的语境下,他们必须对于这样的竞争拥有平等的武器。⑤ 平等武装要求将对等的程序权利义务关系贯穿于诉讼的各个阶段。比如在侦查阶段,侦控方和犯罪嫌疑人及其辩护律师都有权调查、收集证据;在审判阶段,控方和被告人及其辩护律师都有权向法庭出示物证、询问证人、质证。然而,"刑事诉讼不同于民事诉讼,它并非一次对等的诉讼"⑥。平等武装不是绝对意义上的给控方"一支卡宾枪",同时也给

---

① [法]皮埃尔·勒鲁:《论平等》,王允道译,商务印书馆2005年版,第251—252页。

② [法]皮埃尔·勒鲁:《论平等》,王允道译,商务印书馆2005年版,第23页

③ [法]皮埃尔·勒鲁:《论平等》,王允道译,商务印书馆2005年版,第23页。

④ Arpad Erdei, *Introduction: Comparative Comments from the Hungrian Perspective*, *in Comparative Law Yearbook*, Martinus Nijhhoff Publishers, vol. 9, 1985, p. 87.

⑤ Jay Sterling Silver, "Equality of Arms and the Adversarial Process: a New Constitutional Right", *Wisconsin Law Review*, Vol. 4, 1007, p. 1007(1990).

⑥ Uniteb States v. Turkish, 623 F. 2d Q769, 774(2d Cir. 1980).

辩方"一支卡宾枪",而是力量的相对均衡。[①] 因此,有必要通过增加控诉方的义务,加大控诉方的控诉难度或者扩张被追诉方的权利,减少被追诉方的义务这样一种方式来实现实质意义上的平等。其次是司法上的平等保护。平等武装实质上是一项立法原则,它为实现控辩平等创造了条件,而控辩平等的真正实现还有赖于在司法层面法官对控辩双方的对等保护,不仅包括当事人的诉讼机会平等,诉讼条件平等,而且包括裁判者在诉讼过程中的诉讼态度以及衡量诉讼价值的标准应该平等。再次是控辩双方攻防中的平等对抗。"权力的本性决定国家的专门诉讼机关在追究犯罪的过程中,极易侵犯涉讼公民尤其是被告人的基本权利。"[②]为切实维护被追诉人的合法权益,保障其人身自由和财产安全,或使其在诉讼上受到平等审判之对待,法律有必要赋予被追诉人一系列防御性权利与控诉权相抗衡。有学者认为,被告方刑事之防御权与检察官所行使之公诉权是推动刑事诉讼程序之原动力。[③] 尤其是控方的追诉处分权需要辩方的辩护权去制约,控方的先天性优势和强势地位需要增加辩方的辩护权来抗衡。虽然任何活生生的原则、制度或价值都不能脱离历史和社会中变幻着的具体情况,但诉讼史上仍然存在构成"诉讼制度的永恒的、不可更改的组成部分"的基本原则。"平等防御"是构成公正诉讼程序的"最基本的、最低限度的要求"之一。[④]

(二)世界刑事诉讼第三次革命的内容

1696年英国《叛逆罪审判法》对刑事辩护制度的规定是刑事诉讼第三次革命兴起的标志,1983年美国《律师职业行为标准规则》对律师执业豁免权的规定是第三次革命基本完成的标志,整体上历时近300年。

1688—1689年光荣革命后,"天主教阴谋"案(1678—1680年)、"赖宅阴谋"案(1683年),"血腥巡回审判"(1685年)等一系列著名叛逆案件受到质疑,针对伪证频出、司法公正沦丧的情形,律师辩护制度

---

① 冀祥德:《控辩平等论》,法律出版社2008年版,第57页。

② [美]博登海默:《法理学、法哲学及其方法》,邓正来、姬敬武译,华夏出版社1987年版,第272页。

③ 日本学者高田卓尔认为:"防御权是对应检察官之公诉权、公判程序就是检察官公诉权与被告防御权之对立与抗争的场所,因其抗争,而使诉讼程序推行进展"。参见蔡墩铭:《刑事诉讼法论》,台北,五南图书出版公司1999年版,第82页。

④ Mauro Cappelletti & Bryaut G. Garth, *International Encyclopedia of Comparative Law. Civil Procedure. Introduction*, Martinus Nijhoff Publishers, 1986, p. 43.

应时而出。首次对禁止辩护制度作出重大突破的是1696年英国《叛逆罪审判法》的制定。该法案规定,叛逆罪的被告在审前阶段和审判中有权获得律师帮助。这是刑事诉讼第三次革命兴起的标志。

随着世界范围内的资产阶级革命浪潮不断兴起,英国的刑事辩护制度得以广泛传播。美国在独立战争后仍然保留了其作为英国殖民地时期盛行的当事人主义诉讼模式和律师辩护制度,虽然后来时有更迭,但律师辩护制度最终得以保留下来并不断完善。英国律师辩护制度不仅影响着英美法系国家,也同样影响到了大陆法系国家。法国在大革命后,也曾对英国的刑事诉讼制度推崇备至,并将当事人主义诉讼模式引入国内,律师辩护制度和陪审制度同样得以引进,即使后来的法国刑事诉讼制度逐步改革当事人主义为职权主义,刑事辩护制度却得以保留。

第三次革命走向成熟的标志是德国《律师法》关于律师执业豁免权的规定。该法第1条规定:"律师是独立的法律工作者,律师依法执行职务,进行辩护时不受法律追究。"为什么要以律师执业豁免权作为刑事诉讼第三次革命的成熟标志?刑事辩护制度的目的就是为了保障被追诉人的人权,使其能够受到公正的审判,从而保证司法的权威性。刑事辩护制度在刑事诉讼中发挥着保障控辩平等对抗的作用,由于被告人在法律知识、诉讼经验等方面都不及侦控人员专业,且往往处于被羁押的信息闭塞状态,所以在其被追诉过程中,辩护律师能否有效提供辩护是刑事诉讼是否平等对抗的关键所在。美国学者也强调,"在以后的立法中,应该为律师在庭审战术以及案件判断过程中所发表的言论进行免责,这是十分必要的。"[①]如果赋予律师过多的民事或者刑事责任,会增加律师在审判过程中的对自身的防御行为,进而导致过度冗长的辩护,进而使审判过程延长。[②] 律师的执业豁免权能够极大地解除辩护律师的后顾之忧,使其可以尽全力为被追诉人辩护,这对控辩平等的实现是划时代的贡献,从这个意义上说,律师执业豁免权的立法可以称得上是刑事诉讼第三次革命的成熟标志。

从内容上看,以控辩平等为特征的世界刑事诉讼第三次革命大致

---

① Joseph P. Mc Gonigle & Gerald K. Carroll, *Questionable Tactics: Lawyers Can Protect Against Suits That Second-guess Litigation Choices*, 81 A. B. A. J, 1995, p. 87.

② Rondel v. Worsley, (1969) 1 A. C. at 229.

经历了实体平等与程序平等两个发展时期。第三次革命是从控辩双方权力(利)配置平等即实体平等开始的。在辩护权先天弱小的情况下,意在扩大辩护权、限缩控诉权,强化控辩双方的实质性对抗能力,使得控辩双方能够在“平等对抗”的前提下对案件的过程和结果施加不偏不倚的影响。[①] 即“平等武装(equality of arms)”。纠纷解决者不应该有支持或反对某一方的偏见,这一点在第三次革命之前很难做到。第二次革命只是确立了三方结构以及两造的主体地位,在两造由于力量悬殊无法实现实质性对抗之时,对诉讼过程和结果的控制就不得不依靠法官;反之,在审判过程中对诉讼过程和结果起实质性作用的必然就是两造的意思自治。“当事者之间的相互作用才是诉讼程序的中心部分,能够最大限度地发现案件真相的理由”[②]。因此,控辩平等的追求与实现,预示着国家对诉讼过程和结果的决定权已经向社会(当事人)发生重大转移,国家干预进一步弱化,社会自治开始明显扩张。

(三)世界刑事诉讼第三次革命的特征

第一,控辩平等在各国实践过程中呈现出多样性的特征。刑事诉讼的第三次革命在不同法系下呈现出不同的特征。英美法系的当事人主义模式以控辩双方的诉讼对抗和法官的中立听证为基本特征,该诉讼模式奉行竞技主义原则,其控辩平等的特点在于:控诉权与审判权真正分开,防止法官专横;强化被告人权利,加强控、辩、审三方的互相牵制。[③] 大陆法系职权主义诉讼模式下控辩平等的特点在于:提起刑事诉讼后,法官依照职权主导诉讼进程,诉讼终结与控辩双方意思关系不大。[④] 虽然发展形态各不相同,但英美法系从形式上的平等走向实质上的平等,大陆法系从缺乏辩方权利保护走向加强辩方权利,这些都是控辩平等原则的题中应有之义。

第二,控辩平等进展过程中的曲折性。考察两大法系代表国家英国、美国和法国、德国等国的刑事诉讼历史,可以发现,控辩平等的历程是在曲折中前进的。如英国的陪审制度在其诞生那天起就为封建统治

---

① [美]马丁·P. 戈尔丁:《法律哲学》,齐海滨译,三联书店1987年版,第240页。

② [日]棚濑孝雄:《纠纷的解决与审判制度》,王亚新译,中国政法大学出版社1994年版,第123、258—259页。

③ 冀祥德:《控辩平等论》,法律出版社2008年版,第173页。

④ 冀祥德:《控辩平等论》,法律出版社2008年版,第175页。

君主所控制,君主通过人事安排等手段控制了陪审团成员的组成,使得陪审制度成为统治者继续控制庭审的工具,这种状况一直到资产阶级革命后始有改变。美国推进控辩平等的历程也是非常曲折的,虽然美国在其《独立宣言》中宣称,"人人生而平等",但是黑人奴隶制度仍然在美国存在了很长时间,这种制度反映在刑事诉讼中便是适用法律时的不平等,为消除种族歧视,美国众多有识之士为此进行了近一个世纪的不懈斗争,直到1868年《宪法第十四修正案》的通过,"平等保护"原则才得以真正确立。另一个典型的例证是"米兰达法则"的适用,美国在适用沉默权制度问题上也曾产生过争议、动摇,甚至一些判例主张将其废弃,如何在维护社会稳定与人权保障之间取得平衡点,直接影响了美国控辩平等的进程。在德国,由封建社会向资本主义社会过渡的进程中,律师地位十分低下。作为刑事辩护的最主要力量,律师在辩护中不能享有与控方平等的地位,法律对辩护权行使设置了种种限制条件,大大削弱了辩方的防御力量。这种状态随着1871年德意志帝国的成立而得以改变,律师不仅成为自由职业者,而且地位得以显著提高。然而,随着法西斯统治的上台,律师制度几乎被破坏殆尽,剩下的少数律师沦为法西斯统治的附庸,辩护职能近于消失。直至后期,德国的刑事辩护制度恢复完善,控辩平等才成为刑事诉讼制度设计的基本原则。从上述各国制度的发展历程中,我们可以发现,控辩平等原则的确立过程并非一帆风顺,这期间充斥着情感的抵触、观念的冲突、制度的矛盾,呈现出曲折反复的状态,可以说,世界第三次刑事诉讼革命的过程是在人类对于控辩平等原则的曲折追求中进行的。

第三,控辩平等原则实现的必然性。每种制度或规则的产生与发展,都与其对特定社会现实的回应需要有紧密关联,刑事诉讼制度也是如此。控辩平等作为一种实体保障和程序设计,是为适应社会公平与正义的需要而产生的,力图以完善的规则设计排除义务人的主观随意性和外在影响,实现事实认定和适用法律的客观公正。"'平衡方能永葆公正',而确保平衡的最直接的途径是确认平等武装原则。"①"平等保护"是实现程序均等原则和公正审判原则的必然要求。"平等对抗"不可或缺是因为控辩双方的平等对抗是发现真实最有效的审判方式。

① 冀祥德:《控辩平等论》,法律出版社2008年版,第49页。

从总体上看,“平等武装”是在形式上赋予控辩双方对等的诉讼权利及进攻手段,而对被告人是否有罪的认定,取决于法官对控辩双方的证据和意见采信程度,这需要真正的“平等保护”,而在两者基础之上形成的两造对抗最终有利于事实的发现。因此,控辩平等的产生是其自身合理性的必然发展结果,是“理论上处于平等地位的双方在有权决定争端解决结果的法庭面前所进行的争斗”①,是人类追求公平正义的必然结果。

(四)世界刑事诉讼第三次革命的意义

第一,世界刑事诉讼第三次革命促进了刑事诉讼结构的优化。概念的升华与具体的控告模式和契约模式息息相关。② “法律必须平等地对待政府和公民……政府不应当在普通法律上享有不必要的特权和豁免权。”③世界刑事诉讼第三次革命就是将这种平等的理念从政府和公民之间,逐步升华延伸到具体的刑事诉讼结构形态。“在刑事诉讼中,我们可以把国家看作一个拥有全部社会武力的实体,它作为控诉方,要和被称之为罪犯的毫无武力可言的个人平起平坐,”④一个以控辩均衡为底边,以法官居中裁判为顶点的“等腰三角形”诉讼结构被构建起来。等腰三角形的基准在于最大限度地实现两脚到顶点的距离相等,凸显两极对抗的主体性框架,其逻辑在于中立和被动的事实发现、控辩双方的陈述与举证、质证,以及高度结构化的诉讼程序。⑤ “没有‘双方对抗原则’,就没有正义,越早引入此原则,正义目标实现的机会就越大。”⑥刑事诉讼的第三次革命,正是从平等武装、平等对抗的角度来保障刑事诉讼结构的构建和实施,并在世界范围内促进了刑事诉讼结构的优化。

第二,世界刑事诉讼第三次革命大大促进了人权保障事业的发展。

---

① Jenny Mcewan, *Evidence and the Adversarial Process*, Blackwell Publishers, 1992, p. 4.

② [德]马克斯·韦伯:《经济与社会》(下),林荣远译,商务印书馆 1997 年版,第 134 页。

③ 张文显:《二十世纪西方法哲学思潮研究》,法律出版社 1996 年版,第 613 页。

④ [美]卜思天·儒佩基奇:《从刑事诉讼法治透视反对自证有罪原则》,王铮、降华玮译,载《比较法研究》1999 年第 2 期,第 263 页。

⑤ Stephan Landsman, “A Brief Survey on the Development of the Adversary System”, *Ohio State Law Journal*, Vol. 44, p. 713(1983).

⑥ Stewart Field & Andrew West, “A Tale of Two Reforms: French Defense Rights and Police Powers in Transition”, *Criminal Law Forum*, p. 6(1995).

在保护被追诉人权利，强调被追诉人主体性地位方面发挥着极为重要的作用。从刑事诉讼第三次革命过程来看，我们可以得出刑事诉讼制度不断完善的历史就是犯罪嫌疑人、被告人权利不断加强的历史，在这个过程中，控辩平等对保护犯罪嫌疑人、被告人权利发挥了重要的保障作用。控辩平等原则不仅在理念上强调被追诉人程序主体性地位，而且也在立法上强调控辩双方权力（利）义务的平等武装，在制度上强调国家追诉权行使与保护被追诉人权利保护的协调、统一，因为正义价值的实现应依赖于高度控制过程所允许的表达意见的自由，这种意见表达价值的解释通过确定只有被提供表达意见的机会才是公平的，而不是把程序看作追求或控制结果的工具。①

第三，世界刑事诉讼第三次革命保障了司法程序的公正运行。世界刑事诉讼第三次革命也是对前两次革命的继承和发展。第一次革命与第二次革命分别实现了司法权与行政权的分离和国家控诉权与审判权的分离。然而，同所有公权力一样，侦查权和审判阶段中的公权力——公诉权和审判权也具有天然扩张的倾向。“有权力的人们使用权力，一直到遇有界限的地方才会休止。”②控辩平等原则的运行和实施促使辩护方与控诉方达至平等的诉讼地位，不仅可以有效约束和监督公诉权的运行，也会对审判权形成监督和制衡作用。对抗制之下的律师总是认为，诉讼中发现真实的最佳手段即是控辩双方尽最大努力地对抗。③ 因而，“对当事人行使诉讼权利的程序保障也就意味着审判过程中法官的创造性作用在程序方面受到严格的制约”。④ 从这个意义上讲，控辩平等原则保障了司法程序的公正运行，是对刑事诉讼前两次革命的继承和发展。

四、世界刑事诉讼的第四次革命：控辩合作

（一）世界刑事诉讼第四次革命的界定

控辩平等保障了控辩平等对抗。控辩对抗固然对裁判者发现事实

---

① E. Allan Lind & Tom R. Tyler, *The Social Psychology of Procedural Justice*, Plenum press, 1988, p. 39.

② ［法］孟德斯鸠：《论法的精神》（上册），张雁深译，商务印书馆 1985 年版，第 154 页。

③ Jerome Frank, *Courts on Trial: Myth and Reality in American Justice*, Princeton University Press, 1973, p. 80.

④ 王亚新：《社会变革中的民事诉讼》，中国法制出版社 2001 年版，第 42 页。

真相,作出更准确的裁决是有益的,有利于公正的实现,但是,显而易见,对抗不仅增加纠纷处断的诉讼经济成本,也增加诉讼时间成本,直接影响诉讼效率。综观中外刑事司法制度的发展路径,公正和效率是其不变的共同追求。“无论是英美法系还是大陆法系,凭借它们自己存在已久的常规原则越来越难以发挥制度功能……唯一可以确定的是,‘完整的审判程序’在各国都开始处于衰退之中。”[①]这个所谓的“完整的审判程序”,就是固有的对抗式审判方式,它在快速增长的犯罪纠纷与有限增加的司法资源紧张关系之间,越来越表现得“捉襟见肘”。世界各国刑事诉讼制度改革中,围绕如何降低诉讼成本、提高诉讼效率这一主题,展开积极探索,诸如对辩诉交易制度、刑事和解制度、经同意的强制措施行为、有条件的暂缓起诉制度等。伴随着这一系列司法改革活动的推进,控辩关系也发生着新的变化,呈现出由对抗为主、合作为辅,转向以合作为主、对抗为辅的变革之势,即刑事诉讼第四次革命的开始。控辩合作成为纠纷解决的主流方法,并不意味着控辩对抗的消灭,而是控辩对抗依然存在,只是成为纠纷解决的辅助方式,并且在合法性、合比例性等原则的规制下,控辩合作关系是可以向控辩对抗转化的。

控辩合作是指在自愿、协商、参与、合法原则下,控辩双方就程序、实体、证据等问题达成一致意见,并经司法机构同意完成刑事纠纷解决的过程。自愿原则要求诉讼两造必须尊重对方的意见,作为被追诉人的辩护方的意见尤其需要尊重。协商原则要求双方必须在自愿的原则下自由地表达意志,争议之处不得强加于辩护方。参与原则是指在整个控辩合作的程序之中,控辩双方必须充分地参与并表达意志,不得压制言论。合法原则要求双方必须在法律许可的范围内进行协商,不能超越法律,甚至做出不可能的承诺或者取代审判权的行为。控辩双方合作的领域包含了刑事诉讼的整个过程,可以在诉讼的任何阶段、任何领域内进行。实体问题的解决固然是控辩双方的最终目的,但是对于证据问题和程序问题的协商解决也是控辩合作不可或缺的重要部分。当然并不是每个案件都需要解决这些问题,有些案件只需要解决证据

---

① Mirjan Damaska, *Negotiated Justice in International Criminal Courts*, J. Int' I Crim. Just, 2004, p. 1019.

问题即可达到解决实体问题的目的,有些案件只需要解决程序问题。协商的机制不是将个人的权利局限于接受或拒绝他们没法控制的合意内容,而是赋予个人参与讨论的权利。通过坦诚的交流至少部分影响到提议内容并且因此达成适当的协议处理结果,[①]所有控辩合作的最终归宿在于达成一致意见。只有具有了这个条件,整个控辩合作才是成功的,才是控辩合作的根本追求。

(二)世界刑事诉讼第四次革命的内容

研究认为,世界刑事诉讼第四次革命以 1970 年美国联邦最高法院在 Brady v. United States 一案中确认辩诉交易的合宪性为兴起标志,由于第四次革命还在世界范围内方兴未艾,因此其何时走向成熟尚需时间的检验。

1970 年联邦最高法院通过 Brady v. United States 一案首次肯定了辩诉交易制度的合法性,并对基于"共同利益"协商产生的有罪答辩是否有效的问题做了进一步解释和说明。[②] 这一判决正式确认了辩诉交易的合法性,这一案例也成为刑事诉讼第四次革命的标志性事件。自从美国联邦最高法院对布雷迪案件作出判决之后,辩诉交易终于从美国刑事司法制度的幕后走向幕前,这一在实践中运行多时的刑事简化程序被美国刑事法正式承认。1970 年,美国联邦最高法院在 Brady v. United States 一案的判决中正式确定了辩诉交易的合法地位。此后,辩诉交易在美国、英国等英美法系国家迅速传播开来,并逐渐发展到世界多地,以致成为不少国家刑事诉讼中解决刑事案件的一种主要方式。"统计数据[③]告诉我们,在现在的美国,法庭审判的形式已经越来越少,目前公众保护自己权利的主要手段是通过辩诉交易。"[④]

从控辩合作的内容上看,第四次革命意味着国家对诉讼过程和结果的决定权已经发生了主导性的转移,国家干预已经明显弱化,社会自

---

① Mireille Delmas Marty & J. R. Spencer, *European Procedures*, Cambridge University Press,2002,p. 644.

② 何勤华主编:《检察制度史》,中国检察出版社 2009 年版,第 269—170 页。

③ U. S. SENTENCING COMM'N, 2010 SOURCEBOOK OF FEDERAL SENTENCING STATISTICS fig. C(2010), http://www. ussc. gov/research-and-publications/annual-reports-sourcebooks/2010/sourcebook-2010 [https://perma. cc/6JQF-DR29] (finding that ninety-seven percent of federal criminal cases were resolved by plea in 2010).

④ Albert W. Alschuler, "Plea Bargaining and Its History", *Law & Social Review* 79(1979).

治逐步占据主导地位。在控辩双方以对抗为主的情形下，国家干预仍然有很大的运作空间，一旦控辩双方争执不下时，就必须由法官代表国家出场来发挥决定性作用。尽管刑事司法权力在最终意义上具有强迫性，但它的实施几乎在各个层面都离不开合作与同意（cooperation and consensus）①，而在控辩双方以合作为主的情形下，国家在诉讼中的地位发生了重大变化，在此种情形下，控辩双方的意思自治占据了主导性地位，而以法官为代表的国家尽管也参与了诉讼，但是仅仅发挥的是审查控辩合作的合法性、自愿性，以及在此基础上对控辩双方合作意向进行象征性的确认。正如哈贝马斯的沟通理论所主张的一样，通过利害相关的人们平等地协商与自由地讨论，从而就有关问题达成共识。② 换言之，在第四次革命中，对诉讼过程及结果起决定性、实质性作用的是控辩双方，法官只是在形式上确认了控辩双方合作协议的合法性，发挥的更多是象征性作用，而非实质性作用。

通过世界范围内考察，控辩合作主要体现在对辩诉交易制度、刑事和解制度、经同意的强制措施行为、附条件的暂缓起诉制度、认罪认罚从宽等几种形式。辩诉交易是指在被告人对较轻的罪名或者多项指控中的一项或几项作有罪答辩，进而换取检察官的让步，主要包括获得较轻的判决或者撤销其他指控。③ 具体而言，它是指在刑事诉讼程序中，于案件在法院开庭审理之前，检察官在被告人的辩护人充分参与的前提下与被告人达成协议，被告人一方在法庭上做有罪答辩，检察官一方则减少指控、降格指控、或者允诺向法官提出有利于被告人的量刑建议的一项司法制度④。该制度已经成为美国刑事司法的主流制度之一，如今已有85%—90%的刑事案件采用辩诉交易制度。⑤ 辩诉交易制度也为许多国家接受，并形成了各自特色的控辩合作形式。如英国允许检察官就减轻指控进行交易，而不允许就量刑问题进行交易；意大利的依

---

① N. Lacey, *Introduction*: *Making Sense of Criminal Justice*, Oxford OUP, 1994, p. 4-5.

② 参见李福岩：《基于交往行为的现代性反思——哈贝马斯社会进化论探析》，载《求索》2023年第3期，第85页。

③ Black's Law Dictionary 7th Ed, West Group, 2000, p. 1173.

④ 卞建林：《刑事起诉制度的理论与实践》，中国检察出版社1993年版，第167—168页。

⑤ [美]艾伦・豪切斯泰勒・斯戴丽、南希・弗兰克：《美国刑事法院诉讼程序》，陈卫东等译，中国人民大学出版社2002年版，第413页。

当事人的要求适用刑罚程序①;德国的刑事诉讼程序中的协商程序②,其诉讼体制正从达马斯卡的"阶层模式"转向"协作模式",由处于控辩双方之上的审判机关单独进行裁判逐步过渡为控辩审三方协商性地、合作性地进行裁判;日本的量刑折扣与司法交易制度等。这些制度在适用范围、适用案件类型、适用程序等多个方面,与美国辩诉交易制度既有相通之处,又有差异,是辩诉交易制度的传播发展,其核心要素是控辩合作。

刑事和解制度作为一种全新的司法理念和司法范式,自 20 世纪 70 年代以来,在世界范围内,特别是西方法治国家得到了快速传播和实践。刑事和解是指犯罪行为发生以后,通过被害人与加害人进行商谈,进而解决纠纷的刑事司法制度。其目的是更好地弥补被害人受到的伤害,恢复加害人和被害人之间的关系,也给予了加害人改过自新、复归社会的机会。从典型意义上说,刑事和解是一种新型的犯罪处置地替代性模式,不仅实现了刑事诉讼分流的目标,也寻找了刑罚之外的替代性解决方案,即终结诉讼。刑事和解是要通过理性、平等协商以及激发道德直觉的同理心等方式去处理犯罪问题,以修复损害,重建平等的社会关系。它关注的是当事人之间的关系是否能够得到修复,加害人是否受到了惩罚则在其次。刑事和解制度建构的司法理念是"刑法可以防止一般邪恶的许多后果,但是刑罚不能铲除邪恶本身"。③

强制措施的同意行为是指追诉机关为了避免烦琐的程序或者避免时间的浪费,被追诉人同意追诉机关对其进行有关搜查、扣押、盘查、监听、测谎、身体检查等强制措施的适用。强制措施的同意行为作为是侦查程序中合作的形式,是控辩双方就强制措施适用的一种合作合意。强制措施的同意行为适用比较典型的是美国和德国,必须同时满足三个条件:其一,同意者必须具有同意的能力,即具备理性判断的能力和独立自我决定的能力,对同意事项的内容、范围、意义、后果有正确的理解与把握。其二,同意者的自愿性,即同意行为必须是出于自由意志

① 王国枢、项振华:《中外刑事诉讼简易程序及比较》,载《中国法学》1999 年第 3 期,第 144 页。

② [德]阿希姆·赫尔曼:《德国刑事诉讼程序中的协商》,王世洲译,载《环球法律评论》2002 年冬季号总第 23 期,第 411 页。

③ [法]孟德斯鸠:《论法的精神》(上册),张雁深译,商务印书馆 1985 年版,第 314 页。

的、自愿的同意。[①] 其三,追诉机关必须履行规范的告知程序,保证被追诉人同意行为的自愿性。如果不具备上述条件,将会导致同意无效,基于该同意行为的强制措施将不具备合法性和正当性。

暂缓起诉是指检察机关对犯罪嫌疑人暂时不予起诉,要求其在一定期限内履行一定的义务。如果犯罪嫌疑人在规定期限内完成了规定的义务,检察机关将不再对其起诉,诉讼程序随之终止;如果犯罪嫌疑人在规定期限内没有履行规定的义务,检察机关将要对其进行起诉。从某种意义上讲,暂缓起诉似乎是检察官自由裁量权的行使,但其却蕴涵了控辩平等合作的诉讼原理,这一制度本身就体现了保障犯罪嫌疑人合法权益的精神。

(三)世界刑事诉讼第四次革命的特征

1. 自发性。控辩合作在司法实践中的产生并非源于法律文本和法学理论的支撑,而是顺应司法实践的需要和发展规律自然产生的,即先是在司法实践中产生,进而经历了曲折迂回的发展不断迈向成熟,之后逐渐被各国所接纳和认可,最终从幕后走向幕前。以发端于美国的辩诉交易制度为例,在最初的案例中,这些活动主要是发生在咖啡厅、报刊亭、汽车站等这些非正式场合,或许诉讼参与者自己也不清楚,正在进行的就是“辩诉交易”,或许他们并不深知辩诉交易的产生、发展的路径及其机制原理。美国的辩诉交易,从自发产生到被法院确认其合法性,中间经历了长达十几年的时间。

2. 合意性。控辩合作是以协商合作方式解决刑事纠纷的一种途径,其重点在于双方真实意志的自愿表达。为了减少对抗性,以和平的方式解决纠纷,控辩合作特别重视参与各方之间的信息交流与对话。尊重纠纷当事人的自主意愿是控辩合作的基点。可以说,控辩合作的过程实质上是就双方当事人基于自愿在实体利益和程序利益面前进行选择和取舍的过程。控辩合作之下的合意给予被追诉人自由处分诉讼的权利,而不是被动的客体。控辩合作和控辩对抗相比,最大的特征在于为参与者发挥能动性提供了空间,极大地体现了对人权的维护和

---

① 林钰雄:《刑事诉讼法》(上册),台北,学林文化出版公司 2001 年版,第 254 页。

尊重。[①]

3. 互利性。在传统的对抗机制下,控辩双方处于"零和博弈"的状态,换言之,如果将控辩双方看作博弈双方,不管采取什么策略,得失总和均为零,一方所得意味着另外一方必有所失。[②] 而控辩合作是对双方或者多方都有利的行为,互利是促使控辩双方进行合作的动力。通过控辩合作,法院传递了有关可能的救济、取得成果的困难程序、确定性和成本的信息;[③]检察官节约了控诉成本,也达到了实现惩罚的目的;被告人避免了长期羁押的精神和身体痛苦;控辩合作正视了被害人的声音,使被害人享有尊严,受到尊重,恢复权利,还可能在合作中获得经济补偿。控辩合作确立了多方沟通机制,鼓励被害人、加害人、辩护律师等有关主体充分参与司法过程,同时引入社会监督机制和司法监督机制,在这种情况下达成的结果更能符合社会的期待。

4. 效率性。"迟来的正义为非正义",刑事诉讼程序的进行必须快速及时,讲求诉讼效率,也就是通过优化诉讼程序的设计和司法资源的配置,来将降低诉讼成本,加速纠纷的解决,以尽可能少的司法资源的投入换取尽可能多的诉讼成果,最大限度地实现诉讼目的。"即使将适用辩诉交易的案件比例从目前的90%降到80%,用于正式审判所需要的人力、物力等司法资源的投入也要增加一倍。"[④]控辩合作的纠纷解决方式,一方面有效地缩短了诉讼周期,极大地简化了诉讼程序,使有限的司法资源得到合理的配置,体现了诉讼过程的经济合理性;另一方面,控辩合作纠纷解决方式的实施,不仅使得案件的复杂性和难度降低,能够有效地提升结案率,优化诉讼程序结构,而且有利于诉讼参与各方利益的实现,促进社会关系的修复,体现了其诉讼效果的合目的性。

---

① 冀祥德:《从对抗转向合作:中国控辩关系新发展》,载《中国司法》2011年12期,第52页。

② 宋世杰、彭海青:《辩诉交易启示与对我国刑事基本政策的反思》,载《求索》2004年第11期,第71页。

③ [意]莫诺·卡佩莱蒂:《福利国家与接近正义》,刘俊祥等译,法律出版社2000年版,第132页。

④ Jeffrey J. Miller, *Plea Bargaining and Its Analogues under the New Italian Criminal Procedure Code and in the United States*, 22 N. Y. U. J. Int' LL., 1990, p. 215.

(四)世界刑事诉讼第四次革命的意义

第一,世界刑事诉讼第四次革命的重要意义在于提高办案效率。马克思认为,法律应以社会为基础,法律应是社会需求的产物。[①] 在刑事案件数量逐年上升,而司法机关人力、物力和财力资源有限增加的情况下,建立快速便捷的合作性司法程序就成为一种可供考虑的选择。简化、速度和效率应当成为辩论中的主导因素,应当建立更节约能量和资源的刑事司法系统。[②]

第二,控辩合作把市场经济的手段引入到刑事司法程序,使得诉讼参与各方根据自身需求提出要求并作出意愿内的让步,有利于促进各方利益的实现。从经济学的角度看,只有各方都有利益可求时,诉讼各方才有可能同意。这注定了这种合作将为他们带来利益,至少是经济上的利益,使他们能够获得一个超过以前境况的优势。[③] 与此同时,控辩合作也体现了被追诉人的自由独立意志,肯定了被追诉人的程序主体地位以及刑事审判程序的民主性。

第三,控辩合作还有利于实现刑罚目的,有助于犯罪人的矫正改造。正如孟德斯鸠所言:"良好的立法者关心预防犯罪应多于惩罚犯罪,注意激励良好的风格多于施用刑罚。"对认罪的被追诉人采取一种非审判的处理方式,体现了一个国家宽容和人道的精神,有利于实现预防犯罪的目的。同时,控辩合作的制度化也有利于落实构建和谐社会背景下宽严相济的刑事政策。宽严相济的刑事政策在我国司法实践中之所以没有得到很好的贯彻,在很大程度上与缺乏制度化的控辩合作机制有关,所以,以控辩合作为基本特征的世界刑事诉讼第四次革命对我国当下之司法体制改革具有直接的现实意义。

五、小结

从以上论述可以看出,世界刑事诉讼四次革命不仅具有时间上的

---

① [德]马克思、恩格斯:《马克思恩格斯选集》第4卷,中共中央马克思恩格斯列宁斯大林著作编译局译,人民出版社2012年版,第246页。

② Mireille Delmas-Marty & J. R. Spencer, *European Procedures*, Cambridge University Press, 2002, p. 662-664.

③ [意]奈尔肯:《比较法律文化论》,高鸿钧等译,清华大学出版社2003年版,第257页。

递进性和承接性,其相互之间还存在着密切的逻辑关联——四次革命中的每一次革命都是后一次革命的逻辑前提,同时,也都是前一次革命的逻辑展开,但是,这种内在的逻辑并不代表四次革命在时间上是依次开展和完成的。革命实践在各个国家的复杂性远远超出了其逻辑的内在关联,即便是在同一个空间,四次革命也很可能混织在一起,同时进行。中国就是这样一种状况,即使是到了改革开放 40 多年后的今天,中国刑事诉讼制度仍然处于一种四次革命彼此交织一体的状态——由于法院在人、财、物等方面受制于政府,实质意义上的司法权与行政权的分离尚未彻底完成;由于法律监督权的存在以及法律监督机关与控诉机关的合二为一,实质意义上的国家控诉权与审判权之间的分离也尚未实现;在控辩平等的道路上尽管时有进步,但是由于《刑法》第 306 条的存在以及沉默权的缺失等原因,辩护权的发展"走一步,退两步",控辩关系依然处于失衡状态,控辩平等在我国的实现依然需要继续努力;在前三次革命均未完成的情形下,以认罪认罚从宽制度等为代表的第四次革命不仅在实践探索中,而且在立法中强力产生,展现出勃勃生机。故言之,世界刑事诉讼四次革命之于我国,系第一次革命尚未结束,第二次革命还在继续,第三次革命正在进行,第四次革命已经到来。

如果笔者关于世界刑事诉讼四次革命划分理论成立的话,以此理论为指导,研究剖析中国当下的刑事诉讼立法和刑事司法实践,其理论价值和实践意义均显而易见,它为解决当下司法公信力亟须重塑、司法权威亟待建立、人民对司法公正渴求亟切实现问题提供了一个路径指引。按照世界刑事诉讼四次革命理论,要实现这一目标,就要遵循世界刑事诉讼活动发展的基本规律,立足中国国情,以用中国方法解决中国问题的立场,不断致力于权力对权力、权力与权利的监督制约,实现行政权与司法权的彻底分离、控诉权与审判权的彻底分离,有效限缩公权力,逐步扩张公民权利,以推进从普遍辩护到准入辩护再到有效辩护[①]为人权保障进路,沿着"简者更简、繁者更繁"的刑事司法程序改革方向,建构起具有中国特色的社会主义法律制度。只有看到这一点,我们才会对世界刑事诉讼四次革命这一主题所具有的重要研究意义有新的

---

① 关于该问题之专论,详见冀祥德《刑事辩护准入制度与有效辩护及普遍辩护》,载《清华法学》2012 年第 4 期,第 119—123 页。

认识和评判。

与此同时,还必须清醒地认识到,世界刑事诉讼的四次革命既不是内生的、自然的、孤立的发生的,也不是完全被动的、激进的、被强制催化的,它是一个内源与催生、渐进与激进多重结合演进的过程。由于相关国家历史、经济、政治、社会、文化等的差异,世界刑事诉讼四次革命在各国的发生时间、周期和表现形式上也有不同。由此我们应当明确,在中国法的改革中,在“大变、速变、全变”①这一思想指引下对制度变迁相关内生条件的忽略,以及进而的急于求成,往往会导致法律制度移植的“水土不服”,甚至失败。只有理性地超越左右激进主义,在遵循世界刑事诉讼制度四次革命内在规律的前提下,紧密立足于中国与世界上任何国家均不同的实在国情,尤其是在吸纳世界刑事诉讼四次革命经验、汲取教训的同时,总结中国共产党成立100周年以来创造诸多世界奇迹,特别是探索出与发达资本主义国家治理模式、苏联国家治理模式、发展中国家治理模式均不同的、具有鲜明特征的中国特色社会主义国家治理模式,即“中国之治”成功经验,才能创立出刑事诉讼的“中国模式”。当然,在世界刑事诉讼四次革命的历史和现实时空中,我们一方面不能坐等其成,而是要稳步推进,避免出现严复所谓的“新者未得,旧者已亡,怅怅无归”②现象;另一方面,我们也不能急躁冒进,要在渐进与激进之间寻找惩罚犯罪与人权保障的张力,以及公平与效率有机平衡的支点。如拉德布鲁赫所言,法治的价值追求,一方面是保护与秩序相对应的自由,与权利相对应的生命,与规则性相对应的偶然性等;另一方面,法在极端对立的紧张关系之间保持平衡,而这种平衡是相对的、动态的,也是交易的、妥协的,经常遭受威胁而又总是被重新创造。世界刑事诉讼四次革命对中国法改革的价值,尚需不断被发现、探寻、循鉴。

---

① 近代中国激进主义的典型代表康有为在《上清帝第四书》曾说:“守旧不可,必当变法,缓变不可,必当速变,小变不可,必当全变……积习既深,时势大异,非尽弃旧习,再立堂构,无以涤除旧弊,维新气象。若仅补直罅隙,弥缝缺失,则千疮百孔,顾此失彼,连类并败,必至无功。”转引自吴泽:《康有为与梁启超》,生活·读书·新知三联书店2012年版,第38页。

② 参见严复的《政治讲义》。原文是:“夫人类之力求进步,固也,而颠隋瞀乱乃即在此为进之时。其进弥骤,其途弥险。新者未得,旧者已亡。怅怅无归,将以灭绝。是故明者慎之。其立事也,如不得已,乃先之以导其机,必忍焉以须其熟……噫!此轻迅剽疾者之所以无当于变法,而吾国之所待命者归于知进退存亡之圣人也。”

不难发现,纵观世界刑事诉讼四次革命的历史进程,都是沿着追求公平正义的轴心不断向前发展,这也是刑事诉讼法治现代化进程。法治现代化不是孤立封闭的法律现象,而是国际性、开放性的法治发展进程,极大地推动了各国家和地区法律文化的碰撞与融合,也带动了人类法律文明的进步,[①]刑事诉讼法治现代化同样如此。事实上,我国的刑事诉讼制度发展至今也在遵循这一理念,从 1979 年《刑事诉讼法》以苏联的刑事诉讼制度为模板,到 1996 年《刑事诉讼法》吸收了普通法系国家的当事人主义因素确立了对抗式诉讼结构,再到 2012 年《刑事诉讼法》在进一步完善对抗式诉讼结构的同时在简易程序中增加了控辩合作的因素,再到 2018 年《刑事诉讼法》修改设立具有鲜明中国特色的认罪认罚从宽制度,无一不体现了我国在结合本国国情基础上对世界先进法治文明成果的借鉴和吸收。[②] 现代刑事诉讼制度的形成离不开对先进经验的引进,更离不开本国的国情。世界法治发展史反复证明,法治建设必须立足本国的历史文化国情和现实经济社会条件,走符合本国实际的法治发展道路。[③] 2021 年 12 月 6 日,习近平总书记在中共中央政治局第三十五次集体学习时强调,"要围绕让人民群众在每一项法律制度、每一个执法决定、每一宗司法案件中都感受到公平正义这个目标,深化法治领域改革"。这是习近平法治思想关于公平正义观的深刻表达,其鲜明指出了中国共产党领导建设的中国特色社会主义法治国家就是一个让人民群众都能感受到公平正义的国家[④],是指导中国法治建设的根本遵循。因此,我们应当立足国情与现状,用全球化的视野推进刑事程序法治现代化,走出一条契合我国传统与现实,反映我国法律精神的刑事程序法治现代化道路。

---

① 公丕祥:《国际化与本土化:法制现代化的时代挑战》,载《法学研究》1997 年第 1 期,第 87 页。

② 冀祥德:《从控辩关系看我国刑事诉讼制度的演进发展》,载《中国刑事法杂志》2022 年第 1 期,第 155 页。

③ 李林:《新时代坚定不移走中国特色社会主义法治道路》,载《中国法学》2019 年第 3 期,第 20 页。

④ 冀祥德:《努力让人民群众感受到公平正义》,载《人民法院报》2021 年 12 月 30 日理论版。

第二章　世界刑事诉讼第一次革命：司法权与行政权的分离

第一节　世界刑事诉讼第一次革命的界定、特征及标志

在世界刑事诉讼的四次革命之中，第一次革命具有极为特殊和重要的意义。司法权与行政权的分离不但标识了权力分化的重大进步，而且，也为世界刑事诉讼的第二次革命以及其后历次革命的发生和展开铺陈了道路。因此，要准确地理解第二次革命以及其后历次革命的内容和意义，就必须首先对第一次革命的一些主要方面进行深入的理解。这其中就包括如何科学地界定第一次革命，如何正确地理解第一次革命的基本特征，以及如何准确地确定第一次革命早期以及成熟的标志。只有对这些“前置性”的问题进行深入的剖析和理解，我们对第二次革命以及其后历次革命的内容和意义才不至于产生不必要的误读。

一、第一次革命的界定

（一）社会分工视野下的权力分立

社会科学的研究往往要以某种人性论作为基础，离开对人性的深刻剖析和合理假设，一些学科将失去立足的根基。法学作为社会科学的主要分支之一当然也是如此：整个法律制度的正当性首先必须建立在人性恶的理论假定之上。正如麦迪逊所言：“假如人人都是天

使,就不需要任何政府了。”由于这个社会还存在恶的一面,人类就有必要在假定人性恶的基础之上建立起有效的预防和制裁机制。从这个意义上说,法律制度与政府的存在是人类为保持必要秩序所采取的一种保守的做法——它有意抛却了善恶并存的现实,转而保守地假定人性都是恶的。在这种假定下构建起来的法律制度和政府能够更好地把控各种恶的因素。

所谓的人性之“恶”,主要是指人性中偏私、好利恶害的一面。荀子说:“饥而欲食,寒而欲暖,劳而欲息,好利而恶害,是人之所生而有也,是无待而然者也,是禹、桀之所同也。”问题是,人们如何才能更好地满足自己的本性,得到自己想要得到的“食”“暖”“息”“利”呢?很显然,不断提高劳动效率就是其中最为重要的方式之一。正是在这种偏私、好利恶害的本性的驱使之下,人类的智慧得以开发,劳动的效率得以不断提升。也正是在这个意义上,我们说效率与我们人类的行为息息相关,追求效率是人类的天性,它体现在人类趋利避害的本性之中。经济学家也普遍认为,为解决人类需求与稀缺资源之间的矛盾,追求效率是最重要的手段。① 事实上,提高效率已经成为现代经济学研究的重要议题之一。英国经济学家哈维在其所著的《现代经济学》中给经济学下的定义是:“经济学是研究人们如何分配他们有限的资源来满足人们的需要的科学。”美国经济学家萨缪尔森和诺德豪斯合著的《经济学》中认为:“经济学的精髓在于承认稀缺的现实存在,并研究一个社会如何进行组织,以便最有效地利用资源。”绝大多数当代西方经济学家都认为,经济学研究对象是为了解决资源稀缺问题而产生的,是由稀缺引起的选择效率问题,即资源配置问题。②

在亚当·斯密看来,效率的提高源于分工的不断细化。他说:“分工出现以之后,劳动生产力得到了最大的增进,运用劳动时的熟练程度、技巧和判断力也得以加强……凡是能分工的工艺,分了工就可以相应地增强劳动生产力。分工的这种好处,也体现在各种行业各自分立这一社会现象上。如果一个国家有着较高的产业与劳动生产力的增进

① 田立:《追求公平与提升效率并不矛盾》,https://business. sohu. com/20120309/n337179733. shtml,最后访问时间:2022 年 6 月 12 日。

② 龚臣:《经济学与社会发展》,http://www. aisixiang. com/data/17790. html,最后访问时间:2022 年 6 月 12 日。

水平,那么其各行各业的分工一般也都达到了较高水平。在未开化区域中由一个人担任的工作,在进步的社会中一般都由几个人分任。"①亚当·斯密进一步分析了分工之所以能够大幅度提高效率的原因所在,他说:"出现了分工之后,同样数量的劳动者所完成的工作量,就能比过去多得多。其原因有三点:第一,劳动者因为专业而掌握了技巧;第二,免除了由一种工作转到另一种工作所带来的时间损失;第三,随着简化和缩减劳动的机械的发明,一个人能够做原本需要许多人才能完成的工作。"②亚当·斯密关于分工能够大幅度提高效率的观点无疑是建立在其对偏私的人性的认识之上。在他看来,"屠夫、酿酒家或烙面师供给我们每天所需的实物和饮料,不是出自恩惠,而是因为他们自利的打算"③。"正是因为契约、交换和买卖实现了我们所需要的大部分帮助,所以当初才产生了分工这一倾向"④。如果不是为了能够获取更好更多的收益,社会的每一个理性的经济人为何要如此一致地去追求社会分工,而不是去固守"麻雀虽小,五脏俱全"式的自给自足的自然经济?可见,分工的出现及其不断细化的趋势,并非源自人类一时的心血来潮或异想天开,而是趋利避害的人性自然驱动的结果。

权力的分工也同样如此。国家权力之所以由混沌一体而细化为数种不同性质的权力,便得助于人类欲不断优化权力效能的自然本性。随着分工的不断细化,效能的逐步趋优,权力运行的高效也就成了一种可欲的追求。这种得助于人类不断优化权力效能的自然本性的权力分工,即是笔者所谓的社会分工视野下的权力分立。这种权力分立,其追求的价值是效率,而非权力制衡下的公平。

那么,在社会分工视野下,权力分立是如何实现的?分工是异质事物分化与同质事物集中两种过程的统一体,而且,从通常的情况来看,异质事物的分化往往是同质事物集中的前提,但这并非意味着这两个过程互不交叉。实际上,当立法、司法与行政分化的同时,三种权力的各自内部也就同时获得了力量上的高度集中。自然界和人类社会不断

---

① [英]亚当·斯密:《国富论》,富强译,陕西师范大学出版社 2010 年版,第 1—2 页。
② [英]亚当·斯密:《国富论》,富强译,陕西师范大学出版社 2010 年版,第 3 页。
③ [英]亚当·斯密:《国富论》,富强译,陕西师范大学出版社 2010 年版,第 7—8 页。
④ [英]亚当·斯密:《国富论》,富强译,陕西师范大学出版社 2010 年版,第 8 页。

进化的最显而易见的外在表现就是分化。[①] 但是，分化并非意味着越细越好。在分化的前提下，效率要得到最大化的提高，就要求同类事物的适度集中。事实上，并非异质事物的分化，而是同质事物的相对集中才是效率得以提高的关键所在。同质事物的适度集中有利于形成规模效应，其不但有助于单位产品的生产成本的降低，而且还由于资源以及力量的相对集中因而可以从根本上提高生产的效率。

就权力本身而言，分工也同样意味着异质权力的分化和同质权力的集中。面对分权制衡与高效运转这一对矛盾，最为可行的解决方案或许就是让异质的权力分化制衡，让同质的权力相对集中。即在立法、司法、行政三种权力之间，一定要强调分化的价值，因为异质权力的分化不但是同质权力集中的前提，也是权力制衡的前提，而只有异质权力之间相互制衡才有可能达到国家权力整体的平衡和稳定。而在三种权力的各自内部，应当追求相对的集中，因为对于同一种权力而言，只有在力量相对集中的情形下，才更有可能将这种权力的作用发挥到极致。俗语所谓的“握紧拳头好打人”说的也是这个道理。同质权力的相对集中直取效率这一价值，它固然可能失之于内部制约上的不力，却无疑顺应了权力的扩张本性，胜之以高效和强力。因而，权力运行的高效与否

---

① 在自然界，分化是不可逆转的趋势。达尔文在《物种起源》中说：“同 纲内生物间的亲缘关系可以用一棵大树来表示……那些绿色发芽的嫩枝代表了现存的物种，而那些在过去几年所生而又枯萎了的枝条则代表那些长期连续的灭绝物种……巨枝分为大枝，再逐步分为越来越小的枝，当树幼小时，它们都曾一度是生芽的小枝；这种旧芽和新芽由分枝来连接的情形，很可以代表一切绝灭物种和现存物种的分类，它们在群之下又分为群……所以我相信，这巨大的‘生命之树’在其传代中也是这样，这株大树用它的枯落的枝条填充了地壳，并且用它的分生不息的美丽的枝条遮盖了地面。”达尔文还认为：“如果我们做一个大胆的猜想，那么动物和那些生活在痛苦、疾病、挣扎和饥饿中的同类兄弟——从事最艰辛的体力劳动的奴隶以及我们娱乐时的玩伴，可能和我们有共同的起源，都拥有同一位祖先。”参见［英］达尔文《物种起源》，周建人等译，商务印书馆 1995 年版。在商业社会领域也是如此。全球顶尖的营销战略家阿尔·里斯与劳拉·里斯在《品牌之源》中也以大量的事实证明：商业世界的趋势是分化，而非融合。他们认为，“达尔文的著作《物种起源》最好地解释了分化。他在书中把地球上存在的数百万物种归功于分化的作用，就好像一个树干上长出的无数枝条。他把物种的产生比喻为‘生命的大树’。达尔文的天才之处在于发现猫和狗这样的物种可能源自共同的祖先，但是为了应对环境的改变，它们发生了‘分枝’或者说是分化。”“我们坚信，只有极少数的融合概念可能在市场上获得成功，因为它们违背了最基本的自然规律。技术走向分化，而不是融合”。参见［美］阿尔·里斯、劳拉·里斯《品牌之源》，火华强译，上海人民出版社 2005 年版，中文版序。

尽管直接取决于异质权力的分化结果和同质权力的集中程度，而后者，正如上一段所述的那样，才是提高权力运行效率的关键所在。因为从相反的角度来看，当同一种权力内部形成几个相对分散的权力中心时，相互间的摩擦与打架不仅在所难免，而且其力量也势必由于分散而被削弱了，效率的提高自然就成为泡影。

但是，我们必须要认识到所谓的“异质”和“同质”都只是相对的概念。举例来说，从通常的观点来看，立法权、行政权、司法权三者之间是异质关系，但当立法权分化为国家立法权和地方立法权之时，原先同为立法权的国家立法权和地方立法权就形成了一种异质的关系。可见，伴随着社会分工的不断细化，权力的发展历史也将是一个不断由同质权力向异质权力分化的过程。异质权力的分化有助于制衡，而同质权力的集中则有助于效率。从这个意义上讲，权力的发展历史也将是一个不断在权力制衡过程中追求效率的历史。

（二）权力制衡视野下的权力分立

对于权力分工，还有一个需要关注的角度，即可以从权力制衡的角度来看待这一问题。权力的分工不仅是个人追求效率的天性驱使的结果，由此在趋势上具有客观性，而且，正如亚里士多德所言，人生来就是一个“政治动物”，很容易倾向于对社会公平价值有所追求，因而权力分工的过程也蕴含了人类相当的主观能动性，人们以牺牲一定的效率为代价，在权力分工的基础上以某种形式的权力制衡来换取社会的公平或正义。这种对于公平价值的追求，推动了分权学说的发展，催发了权力制衡理论的产生，并进而促成了权力制衡的实践。

在早期的分权学说和近代的权力制衡理论中，司法权的重要作用和意义逐渐被人们认识并重视。

分权学说肇始于亚里士多德。在著名的《政治学》一书中，亚里士多德指出：“一切政体构成有三个要素，即议事机能、行政机能和审判机能。一个优良的立法家在创制法律时必须考虑到每一个要素。倘若三个要素都有良好的组织，整个政体也将是一个健全的机构。”[①]这是我们所了解到的对于国家权力进行明确划分的最早论述。

---

① ［古希腊］亚里士多德：《政治学》，颜一、秦典华译，中国人民大学出版社2003年版，第145—157页。

紧追亚里士多德之后的是古罗马时期的波里比阿。他在《罗马史》中发展了亚里士多德的分权学说,极力赞扬罗马政体所采用的执政官、元老院、保民官三者权力相互配合与制衡的原则,并认为对该原则的严格遵循是罗马兴盛的主要原因。根据现有的史料,是波里比阿第一次提出了国家三种权力机关之间相互制衡的思想。

继波里比阿之后阐述分权学说的是古罗马著名的政治家和法学家西塞罗。西塞罗认为对官吏的信任是愚蠢的,因为他们一旦有了权力就有了腐败的可能。基于这一认识,在继承和发展亚里士多德分权思想的基础上,西塞罗明确作出了关于权力制衡体制的制度设计。除此之外,在西塞罗的设计中还包括平民保民官、监察官、审判官三个机构。平民大会选举产生保民官。保民官由十人组成,制衡元老院和行政官的权力,保护人民。保民官主持元老院会议,元老院会议通过的法令也可能遭到否决。监察官监督各级官吏,可以清除元老院中的犯罪分子并监督元老院权力的行使,并有权根据法律对执政官的公务作出判断。他们任期五年,与其他官员任期相比时间较长,而且职位不得空缺。审判官针对法律问题进行公断,对私人诉讼设庭审理或命令设庭审理者为裁判官,由裁判官来监护市民法的实施。西塞罗还推行民选制度。他规定国家的一切官吏均由民主选举产生,并规定公民的选举、立法和司法行为由投票方式公开进行。在其所著的《法律篇》中,西塞罗认为:“当这个民族的选举、司法和立法法规以投票完成时,投票对高等级公民不应有所隐瞒,而对普通人应是自由的。”

显而易见,在西塞罗的制度设计中,司法权已经成为权力的一个重要分支。西塞罗的这一思想已经远远超越了亚里士多德和波里比阿,已经向真正法治意义上的权力制衡理论迈出了重要一步。正是这一思想深刻影响了后世的分权学说,近代启蒙思想家孟德斯鸠、卢梭、洛克等人的分权理论无不受益于此。

西塞罗之后,分权学说在很长一段时间内不再受到人们关注,尤其在西欧中世纪更是几乎销声匿迹。直到现代,随着启蒙思想的出现和发展,资产阶级作为同封建势力进行斗争的新兴阶级,才把分权理论发展成为一种比较完整的学说。在这中间,最具代表性的人物当属英国的洛克和法国的孟德斯鸠。

洛克的分权理论主要表述在《政府论》一书中。作为西方政治自由主义的鼻祖,洛克发展出了一种“政治权力不应基于权威而是基于同意”的权力观念。在他看来,在自然状态中,人人都具有天赋的不可剥夺的权利,为了克服自然条件下混乱无序、相互侵扰的状态,人们就以契约的形式,让渡出自由惩罚他人的权利,交给国家行使。但是,洛克特别指出,人们在相互订立契约的时候,并没有把所有的权利都交出去,而是保留了那些不可让与、不可剥夺的作为人类最基本的生命、自由和财产权利。对于这部分权利,洛克认为人们决不能交给专制君主来保护。他形象地比喻说,人们如果将这些最基本的生命、自由和财产权利交予专制君主来保护就相当于为了防止狐狸的骚扰而甘愿为狮子所吞食。洛克认为出现这种现象的根本原因就在于君主政体下政府的权力过分集中,缺乏对权力的制约。为了防范政府滥用或者超越人民的授权,就必然要求对国家权力进行细分,使其相互分立并制衡。

洛克指出,原始状态的缺陷在于对人们的彼此侵害行为缺乏一个裁决的共同尺度,同时更缺少一个保证裁决的执行者。国家的作用就是弥补这两个缺陷。据此,洛克认为国家最基本的权力有两种:立法权和执行权。立法权是指制定法律的权力,是指如何运用国家的权力以保障社会及其成员的权力,执行权是执行法律的权力,是经常存在的负责执行被制定和继续有效的法律,这两者都是国家对订立契约的社会成员的内部权力,是最基本的权力。除此之外,在国家生活中,还有一种处理与国家无契约关系的个人和群体的权力,洛克称之为外交权,它是决定战争与和平、联合与结盟以及同国外的一切人士进行交往的权力。至此,洛克依据契约论这条主线,将国家权力划分为立法权、执行权与外交权三种。但出于权力实际运行的考虑,洛克又指出,如果执行权和外交权掌握在不同的各自行动的人手中,就会使公众的力量处于不同的支配之下,迟早会导致纷乱和灾祸。因此他把外交权作为执行权的一部分。这样,国家权力实际上就是由立法权和执行权两部分组成。①

洛克极力主张立法权和行政权的相互分立和制约,并认为这种分立与相互制约是防止国家权力腐败、保障合理健康的社会秩序的最重

① 韩磊:《限权何以可能——洛克的分权制衡论》,http://www.china.com.cn/chinese/zhuanti/xxsb/1052431.htm,最后访问时间:2012年7月26日。

要的手段。他说："如果同一批人既拥有制定法律的权力又拥有执行法律的权力，那样就会给人们的弱点太大的诱惑，使他们往往急于攫取权力。他们可能依仗那种权力使自己免于服从他们自己制定的法律，并且在制定和执行法律时，使法律适合于他们自己的私人利益，因此开始有不同于社会成员的利益。"①洛克在他的分权理论中还论述立法权、执法权、外交权三者的地位和关系。认为，立法权高于一切，其他权力都是由它派生并受它支配的。但是，他并不认为立法权是毫无限制的，立法者不能以立法权废除公民的财产权，也不能把立法权转让给他人。

在《政府论》中，洛克明确地指出分权与权力分散是两个截然不同的概念。他说分权不是简单地在形式上将权力分散化，而是更有效地对权力加以限制。如果被分立的权力没有得到应有的控制，权力的公共性同样会受到扭曲并对私权造成更大的侵犯。为此洛克提出以下主张：第一，权力应是彼此分立的。他说，如果制定和执行法律的权力掌握在同一个或一批人手里，权力能够带来利益的属性就会对人性的弱点造成极大的诱惑，使他们动辄就攫取权力以谋取私利。因此立法权和执行权应绝对分开，立法权归属于民选议会，执行权则属于世袭的君主。第二，权力之间是不平等的。洛克强调立法权应该具有至高无上的地位。但是这种地位仅仅是相对政府而言的。他解释说：只要政府存在，立法权就是最高的权力，因为谁能对另一个人订立法律就必须在他之上。第三，各种权力都是有限的。对立法权的限制是：议会只能以人民的福利为立法的宗旨，以人民的授权为存在的基础，其权力不能滥用和转让并随时可以被人民收回，立法机关仅在制定法律时才存在，其成员本身也要受到法律的约束。对执行权的限制是，政府必须严格地按照立法机关所制定的法律办事，不得自行其是或者滥用权力。最后他指出，如果立法机关和君主任何一方违背人民的委托时，人民都有权利推翻他们。②

洛克的分权学说是英国资产阶级革命时期新兴的资产阶级同封建专制制度斗争的产物。它的分权思想虽然不系统，但却第一次为资产阶级用民主形式组织国家奠定了理论基础。但是，洛克的分权理论并

① ［英］约翰·洛克：《政府论两篇》，赵伯英译，陕西出版社 2004 年版，第 2 页。

② 韩磊：《限权何以可能——洛克的分权制衡论》，http://www.china.com.cn/chinese/zhuanti/xxsb/1052431.htm，最后访问时间：2012 年 7 月 26 日。

非尽善尽美,它不仅带有妥协性,承认国王的权力;而且在国家权力的划分方面也很不科学。一方面,他对两权之间的关系也只谈到它们的权限分工,而没有涉及它们之间的制衡。另一方面,洛克分权学说的目的"是为了使资产阶级获得立法权,所以他没有将司法权从行政权中剥离,具有一定的局限性。继洛克之后,法国资产阶级启蒙思想家孟德斯鸠提出立法权、行政权、司法权三权分立理论,认为司法权是惩罚犯罪或裁决私人讼争的审判权力,与行政权和立法权既保持各自的权限,又相互平衡。这种理论弥补了洛克理论的局限,将司法权从国家权力体系中分离出来,强调了三权相互之间的分立与制衡"①。因此,洛克只是近代分权学说的开创者。但是,不可否认的是,洛克的分权理论成为孟德斯鸠三权分立学说的直接理论来源;并且,按照洛克分权理论建立起来的政治体制和权力体制也成为孟德斯鸠三权分立学说的实践来源,按照洛克的分权理论建立起来的英国君主立宪制度,使英国获得了迅速发展。经过孟德斯鸠等人的发展,分权制衡最终成为西方国家政治体制的一项主要原则。

近代分权学说的完成者是孟德斯鸠。在《论法的精神》一书中,他说"从事物的性质来说,要防止滥用权力,就必须以权力制约权力。"他将保障自由的法门归结为权力分立。② 孟德斯鸠这一至理名言堪称人类政治生活中的"牛顿定理"。在西方,从古希腊城邦时期起,人们就在不断地探索什么是最好的政体这一重大问题。柏拉图在晚年提出兼顾君主制和民主制优点的中庸政体是最适宜的,并强调以法治国的重要性。此后,无论是亚里士多德还是西塞罗,都继承了柏拉图的这一思想。在近代,洛克进一步阐述了混合政体与以法治国的理论,并主张人民有最终的自卫权,以推翻暴虐的政府。然而,人们还没有找到一个在政府内部防止统治者滥用权力的有效方法。因为无论是哪种政体,或是依法治国,都无法从根本上防止统治者滥用权力。诚然,如洛克所说,人民可以推翻暴政,但这是一贴"以暴治暴"的"烈药"。相比之下,以权力制约权力,是政府内部自我制约的良好机制,有助于防患于未然。孟德斯鸠说得好,只有以权力制约权力,才能防止滥用权力。这是

---

① 冀祥德:《控辩平等论》,法律出版社 2008 年版,第 92 页。

② [法]孟德斯鸠:《论法的精神》(上册),张雁深译,商务印书馆 2002 年版,第 154—156 页。

权力本身的性质所决定的客观法则。孟德斯鸠考察古代罗马共和国的经验,认为罗马国家强盛的原因之一,就是在共和国里避免了权力的滥用。法律把有限的国家权力分别分配给人民、元老院和各级官吏,使他们相互之间起支持、制止和限制的作用。当他考察、研究了当时英国的君主立宪制后,认为英国政府通过分权达到了政治自由的目的。所以他着重依据英国的政治制度,提出了分权制衡理论。

孟德斯鸠的三权分立理论,从保障人民的自由、平等和民主的权利的目标出发,不仅明确界定了国家的三种最基本的权力,而且还是一种具有较强的现实操作性的理论。在《论法的精神》中,孟德斯鸠系统阐述了"三权分立"思想,他认为:"自由只存在于权力不被滥用的国家,但拥有权力的人都容易滥用权力是一条亘古不变的经验。有权力的人们使用权力,一直到遇有界限的地方才会休止。从事物的性质来说,要想防止滥用权力,就必须做到以权力来约束权力。"①鉴于此,他认为:"每一个国家有三种权力:(1)立法权力;(2)有关国际法事项的行政权力;(3)有关民政法规事项的行政权力。"这三种权力应当分别赋予不同的机关。并进而认为,只有各种权力间彼此能够相制衡的体制才有可能会创造一个无私的政体。可见,孟德斯鸠完善和发展了洛克的分权理论,把司法权独立出来,取代了洛克的对外权,使三权成为真正的、现代意义上的分权。

在他看来,立法权属于议会,因为它代表着国家的一般意志,应该由人民集体享有。行政权执行国家的意志,由君主或国王行使。因为行政部门需要行动迅速,所以应由一个人管理。司法权由法院行使。法院由人民阶层中选出的人员组成。孟德斯鸠强调:"其中任何两个权力都不能集中在一个人或一个机关手中,否则自由便不复存在。如果三种权力由同一个人或同一个机关行使,那一切便都完了。"因为若所有权力集于一点,规则便是多余的,这就犹如在宇宙大爆炸的"奇点"时刻,所有现代科学上的规则都不具有了任何意义。② 汉密尔顿继承了这一思想,也认为:"立法、行政和司法权置于同一人手中,不论是一个人、少数或许多人,不论是世袭的、自己任命的或选举的,均可公正地断定

---

① [法]孟德斯鸠:《论法的精神》(上册),张雁深译,商务印书馆1985年版,第154页。

② [英]史蒂芬·霍金:《时间简史——从大爆炸到黑洞》,许明贤、吴忠超译,湖南科学技术出版社1998年版,第54页。

是虐政。”[①]同时，孟德斯鸠还认为，三权之间的关系应当是平等的，否认洛克所谓的立法权优越于行政权的观点。这就为权力的制衡奠定了基础。

三权不仅要分立，还要相互制衡。由于分立是达致权力制衡这一目的的前提和手段，因此，孟德斯鸠指出，在某种意义上，制衡比分立更重要。

首先看立法权。孟德斯鸠主张立法权应当由人民选举的代表来行使。他主张实行代议制，并认为代议制最大的好处就在于能让为数不多的代表讨论大众聚集在一起不适宜讨论的问题。他同时主张在立法上实行两院制，让两院彼此相互制衡。贵族院由以出身、财富或荣誉著称的人组成，平民院则由一般群众选举产生的代表组成。议会两院同时拥有立法权，相互牵制，以制止贵族和平民的相互侵犯。他还指出，立法机关的集会应由行政机关召集，以实现行政权对立法权的制约，立法机关不得随意开会或闭会，应当由行政机构决定其开会的时间和期限。他还认为行政机关有权制止立法机关的越权行为，在一般情况下，行政权能够通过否决权参与立法。司法机关对立法机关的活动是否违宪享有监督权。

其次看行政权。考虑到行政权力的内在属性，孟德斯鸠认为行政权力和军队应交由国王掌握。行政权力处事需要当机立断，急速行动，因而行政权力和军队更适合于由一人而非一个集体掌握。立法机关有权监督行政机关的法律实施情况，但应当无权审讯执政者本人，这主要是为了防止立法机关的专制。他提出立法机关有权随时解散军队，以防止军队成为行政权力压迫人民的工具。立法机关对行政机关的违法情况进行监督，对行政首脑的违法行为享有弹劾权。司法机关对行政机关的执法活动是否违宪也享有监督权。

最后再看司法权。孟德斯鸠强调司法独立原则。他主张由选自人民阶层的法官依照法律的规定行使审判权，不受立法权和行政权的干涉。司法独立概念的提出使孟德斯鸠的分权学说成为真正意义上的“三权分立”，突破了洛克关于立法权与行政权二元权力划分的分权理

---

① ［美］汉密尔顿等：《联邦党人文集》，程逢如、左汉、舒逊译，商务印书馆 1982 年版，第 246 页。

论。司法被明确定位为与立法、行政平行并立的权能。在孟德斯鸠看来，司法独立是权力制衡的关键，只有司法独立才能保障司法权对立法权、行政权的有效制约。同时，孟德斯鸠还主张，让立法机关也掌握部分的司法权，贵族违法在贵族院受审，不受普通法院的传讯等。这就在一定程度上对司法权的运行构成了限制。

孟德斯鸠的三权分立与权力制衡的主张，是当时日益强大起来的法国第三等级与封建阶级分权的政治要求。他们争取对立法权和司法权的控制，限制由国王和贵族掌握的行政权。分权制衡理论受到后世很多西方思想家的推崇、继承与发展，美国的汉密尔顿、潘恩、杰弗逊等人进一步发展与完善了这一理论，提出了层次分权的模式，最终完成了西方现代意义上的分权制衡理论。在实践中分权制衡理论更是成为西方国家普遍的政府组织原则，资产阶级革命胜利后的一些资本主义国家在建立本国制度时，大多采用了孟德斯鸠的理论，在保障人民的自由、社会的公正和合理的国家权力秩序等方面，取得了辉煌的成就，最终对近现代西方政治民主化进程产生了深远的历史影响。① 人类政治实践的发展证明，孟德斯鸠的三权分立与制衡学说是集西方分权思想之大成的一个完整而卓越的体系。

总的来看，洛克和孟德斯鸠的分权学说和权力制衡理论，是当时新兴资产阶级反对封建君主专制、限制和反对王权、争取政治统治权的思想武器，具有历史进步性。随着资本主义生产方式的发展和英法资产阶级革命、美国独立战争的胜利，资产阶级在现代的代议制国家里夺得了独占的政治统治。洛克和孟德斯鸠的分权学说和权力制衡理论，已经成为近代资产阶级国家政治制度的理论依据，成为资产阶级国家政权组织结构的基本原则。在当代，尽管西方国家的政治制度发生了很大变化，但三权分立仍然是它的一个根本特点。

从上述对分权学说和权力制衡理论的历史梳理中我们可以发现，人们之所以主张权力应当在分立的基础上相互制衡，其最为直接和核心的目的是通过数种异质权力之间的相互制衡来达到防止权力滥用，实现社会公正的结果。从这个角度看，权力的相互制衡是为了追求社

① 韩磊：《限权何以可能——洛克的分权制衡论》，http://www.china.com.cn/chinese/zhuanti/xxsb/1052431.htm，最后访问时间：2012 年 7 月 26 日。

会的公正价值,体现了人们在权力分立的基础上克服人性弱点,追求社会公正的主观努力。

值得注意的是,在分权学说和权力制衡理论的演变过程中,我们还可以发现,司法权的独立是权力制衡理论最终成型的关键性环节。正如孟德斯鸠认为的那样,司法独立才是权力制衡的关键。

(三)关于第一次革命中权力分立的界定

以上简要区分了两种意义上的权力分立:一是社会分工视野下的权力分立,一是权力制衡视野下的权力分立。由于前者有着本能的偏私人性作为支撑,因此,它的出现不但必然带有某种确定不移的客观性,而且在权力分立的时间上也必然较之分权制衡视野下的权力分立应为更早。而后者由于是出于某种特定的目的而出现,因此,一方面,其展开的过程也就更多地带有主观人为的痕迹,在更大程度上有赖于人的主观能动性的发挥;另一方面,在权力分立的时间上也就会较之前者为晚。

为了对刑事诉讼中权力分立现象有一个更为全面的认识,本书并未将视线局限于后者,而是将关注的起点一直上溯到权力分立的最早时期,将社会分工视野下的权力分立也纳入了研究的范围。从总体上看,这二者之间是相辅相成的关系:社会分工视野下的权力分立为分权制衡视野下的权力分立铺陈了道路,奠定了基础;而分权制衡视野下的权力分立则在社会分工视野下的权力分立发展的基础上,更向前推进了一大步,实现了人类从自发追求效率价值到自觉追求公平价值的巨大飞跃。从整体上来说,这种质的飞跃折射出由简单感性的权力分工到复杂理性的权力制衡这样一个漫长的权力发展过程。

而且,针对社会分工视野下的权力分立展开研究也是可能的。一般的科学研究,都应当以研究对象的客观性作为基础。休谟曾指出,研究对象的相对恒定和多次重复,是人们能够获得有关因果关系的概然推论的前提条件。[①] 而只有在有了足够的客观性的基础之上,研究对象才有可能做到相对恒定和多次重复。如上所述,社会分工视野下的权力分立在本能的偏私人性的支撑之下也必然具备这样一个条件。

总而言之,在本书关于世界刑事诉讼第一次革命的论述中,所谓的

---

① [英]休谟:《人性论》(上卷),关文运译,商务印书馆1980年版,第74—105页。

司法权与行政权的分离,既指的是社会分工意义上的权力分立,又指的是权力制衡意义上的权力分立。换句话说,司法权与行政权的分离是一个漫长的过程,其起于社会分工对权力分化,尤其是对司法权的产生所起的促动作用;止于分权制衡理论,尤其是司法独立理念的立法化与实践。第一次革命发生、展开的过程,就是由社会分工意义上的司法权的产生发展到权力制衡意义上的司法独立的过程。

二、第一次革命的特征

由于此处我们要讨论的主题是司法权与行政权分离的特征,因此,就有一个参照系的问题,即与何者相比较,第一次革命显示出了与众不同的特点?在司法权与行政权分离之前,各种权力在相当程度上处于混合或者混同状态。最初的司法与行政是不分的,司法权与行政权及其他权力相互混同,没有明确的边界划分和彼此运行的确定界限。司法从属于行政,司法是行政的工具。奴隶制社会的司法即表现为"兵刑同制",军队兼具司法职能。这在中国古代社会中表现得尤为典型。中国古代司法是典型的政刑不分,官吏不但是国家事务的管理者,而且还是案件纠纷的裁决者。张晋藩先生曾在《中国法律的传统与近代转型》中描绘道:"州、县以下是司法和行政合二为一;在省和中央司法从属于行政。省级设有专门司法机关,但其判决仍需省行政长官批准。朝廷中的司法机关名义是最高审级,实际垄断最高司法权的是皇帝,受皇帝指派的行政官员都有权参与司法。"司法依附于行政之下,成为统治阶级管理社会的工具,这就造成了统治者的集权专断,权利被任意践踏,刑讯逼供合法化,特别是在纠问式诉讼时期,刑讯逼供更是到了惊人的地步。

张晋藩先生关于中国古代司法政刑不分的描述,不仅与法律史学的诸多研究成果相吻合,也在相当程度上印证了我们上述关于将分化作为人类社会各种事物发展的一种客观趋势的观点。换句话说,即便抛开各种历史、实证的研究,单从这种权力分化的客观趋势当中我们也可以大致准确地逆向推断出人类社会初期诸权合体的基本面貌。因此,将世界刑事诉讼的第一次革命作为权力分化的初始阶段之一,以诸权合体为参照系来考察其基本特征似乎更为适宜。也只有在与诸权合体这一现象进行历史的对比时,我们才会发现作为一种新生事物的司法权其所具有的内在的生命力和独特的结构与功能。

（一）从形式分离到实质分离

司法权与行政权的分离经历了形式分离与实质分离两个阶段。司法权与行政权从开始分离到司法权最终独立经历了一个漫长的发展过程。在这个过程中，司法权的发展先后经历了两个阶段。一个是形式分离阶段，即司法权与行政权只是产生了简单感性的权力分工，二者之间由于在机构、人员以及职能等方面的分离很可能也形成了某种彼此制约的情形，但是从本质上讲，司法权还普遍地隶属于行政权，二者之间还没有达到彼此独立的地步。另一个则是实质分离阶段即司法独立阶段。在这个阶段里，行政权与司法权达到了一种分离并独立的状态，彼此之间已经没有了隶属关系，二者之间由于彼此独立而相互制衡。

司法权与行政权形式分离的早期标志是“梭伦改革”过程中设立的陪审法庭。陪审法院的设立第一次将司法权从行政权中分离出来，司法权在一定程度上对行政权形成了制约。随后，许多国家也逐步加入这场司法改革的行列中。公元前450年左右的古罗马共和国时期，也设置了类似于古希腊的陪审法庭，专门负责审理受贿、渎职等重大刑事案件。到中世纪后期，法院和法官已呈现出专门化、职业化趋势。虽然在梭伦时期司法权从行政权中分离了出来，但此时的司法权并没有实现真正意义上的独立，司法权仍依附于行政权之下。封建制国家虽然自上而下设置专门的司法机关，但行政长官监理司法的情况仍然十分普遍，司法权并没有成为一支独立的国家权力登上历史舞台。

司法权实现真正意义上的独立即与行政权出现实质性分离则是在近代资产阶级革命胜利以后，以美国1787年《宪法》确立的“三权分立”的民主共和政体为典型标志。为了防止绝对的权力导致绝对的腐败，18世纪的法国启蒙思想家孟德斯鸠在洛克分权学说的基础上提出了“三权分立”的理论，让国家权力彼此分立，互相制衡，并保持平衡。他的理论成为资产阶级建立国家制度的根本原则。资产阶级革命胜利后，美国率先实践了“三权分立”的思想，在1787年美国《宪法》中规定，联邦政府由国会、总统和联邦法院分掌立法、行政和司法三权，立法、行政、司法三权分开，且互相制衡。这种宪制在当时是前所未有的崭新尝试。随着各国资产阶级革命的完成，西方国家纷纷仿效美国建立了“三权分立”的民主政体。美国1787年《宪法》确立的“三权分立”的民主共和政体标志着司法权的独立,从此司法权不再依附于行政权,并成为与行政权相制衡的一极其重要力量。

(二)从自发分离到自觉分离

司法权与行政权的分离也经历了一个从自发到自觉的过程。所谓自发,指的是在人类偏私本性的驱使下权力自然要走向分化,只有分化才能从根本上有助于单个权力效率的提高,此即是社会分工视野下的权力分工。所谓自觉,指的是人们有意识地为了追求防止权力被滥用这一特定目标而自觉寻求的权力分工与制衡,此即权力制衡视野下的权力分工。换句话说,司法权与行政权从自发分离走向自觉分离的过程,也就是从社会分工意义上的权力分工走向权力制衡意义上的权力分工的过程。一方面,这一过程体现了人类对社会公正价值的自觉追求;另一方面,这一过程也充分体现了人类对于自身偏私本性的自觉克制与努力超越。

(三)持久性

司法权与行政权的分离过程在时间跨度上极大,具有明显的持久性。相比世界刑事诉讼的第二次、第三次以及第四次革命而言,第一次革命经历的时间要明显长。从世界各国司法独立的普遍进程来看,从古代社会司法权的萌芽到近代资产阶级革命司法独立的确立,历时2300多年。在少数国家,直到现在司法权仍未达到独立,第一次革命的任务仍未完成。而以后三次革命开始至今耗费的时间最长也不过数百年而已。四次革命的这种在时间上的加速度一方面说明了人类文明的发展速度在与日俱增,也从侧面映衬出第一次革命的篇章主要是以漫长的专制和被漠视的人权之笔来书写的。

(四)反复性

司法权与行政权的分离过程还具有反复性。一般来讲,从四次革命的逻辑关系来看,司法权与行政权的分离是以后三次革命的前提和基础。作为第二次革命的控审分离是建立在司法权出现的基础之上的,司法权的独立程度直接决定了控审分离的预期效果和意义大小。离开了司法独立,作为第三次革命的控辩平等在实体真实和人权保障方面也只能发挥极为有限的实质性作用。作为第四次革命的控辩合作尽管从表面上看其结果主要取决于控辩双方的意思自治,但是从深层次来看,正是由于司法权对案件结果具有某种决定性的影响力因而才会有诉讼框架内进行控辩合作的必要性。从这个意义上讲,第一次革命一般应当逻辑地发生在其他三次革命之前,其深度直接影响到了以后历次革命的效果好坏。但是,历史并不总是按照逻辑预定的轨道前行。在世界刑事诉讼四次革命进展的过程中,第一次革命并不总是发生在其他三次革命之前。司法权与行政权的分离并非一蹴而就的,而是有着一个漫长的由量变到质变的过程,在这一过程逐步展开的同时,后三次革命的种子也孕育其中,乃至悄然萌芽。正因为如此,司法权与行政权相分离的漫长过程充满了变数,表现出极端的复杂性。

以我国为例,由于第一次革命的不断反复,中国的刑事诉讼制度正面临着一个特殊的格局,即四次革命不是相继完成的,而是在同一个时间维度上共生共存。随着2012年刑事诉讼制度的进一步完善,控辩平等尽管已经有了大踏步地前进,但是,《刑法》第306条等因素所导致的刑事辩护业得愈发低迷等因素也为控辩平等的实现设置了不可忽略的障碍;在前三次革命齐头并进的同时,第四次革命方兴未艾,刑事和解在实践当中已经是如火如荼,以至于2012年《刑事诉讼法修正案》已经对其有了明确的规定。这种四次革命共生共存的格局,在一定程度上反映了世界刑事诉讼四次革命的复杂性。

三、第一次革命的标志

(一)权力分离的双重界定与标志

1. 权力分离的双重界定

由于存在双重视野下的权力分离,对于何为权力分离就有了双重界定。在社会分工视野下,权力的分离仅仅意味着权力之间有了分工,两种权力均朝着职业化、专业化和规范化的方向发展,但是,这种分工并不意味着两种权力之间具有相互独立的性质,换句话说,这种意义上的分工更强调权力之间的隶属或者配合关系。而在权力制衡视野之下,两种权力之间不但有了分工,而且更进一步,二者之间是相互独立的,一方不受另一方任意干预,二者之间是平行或制约关系。简言之,在社会分工视野下讲权力分立,更多强调的是权力之间的形式分离,即权力之间有了分工并且彼此协作;在权力制衡视野下讲权力分立,则更多地侧重于权力之间的实质分离,即权力之间既要相互独立而且应当彼此制衡。

2. 双重意义上的标志

由于权力分离有形式分立与实质分立之分,因此,在典型标志的选择上也就很难以某一个典型的事件或者立法文件来完整准确地展现两种意义上的权力分离。相应地,选取两个或多个典型事件或者立法文件以分别对应于形式分立与实质分立似乎更为科学或者合适。实际上,这两种意义上的权力分离之间也存在着某种内在的必然联系,所谓社会分工视野下的权力分离在一般情形下是权力制衡视野下的权力分立的前奏,而后者又往往是前者发展的必经之途。鉴于这两种意义上的权力分立具有上述时间上的递延关系,因此,将权力分立的标志相应区分为早期标志与成熟标志也就具有了一定的正当性。

(二)第一次革命的早期标志

司法权与行政权开始分离到司法权最终独立经历了一个漫长的发展过程。司法权与行政权形式分离的早期标志是“梭伦改革”过程中设立的陪审法庭。公元前 594 年,梭伦以其威望和功绩当选为雅典城邦的“执政兼仲裁”,开始进行具有宪政意义的一系列经济、政治和社会改革运动。梭伦改革是雅典城邦乃至整个古希腊历史上最重要的社会政治改革之一,它为雅典城邦的振兴与富强开辟了道路,奠定了城邦民主政治的基础。

在此次改革中,梭伦设立了人类最早的法庭——陪审法庭(也叫“赫里埃”)作为最高司法机关,任何公民都有权上诉。公民陪审法庭由执政官从每次通知到庭的 6000 公民中选举产生,刑事陪审团由 501 人组成,民事陪审团由 201 人组成。陪审法庭受理并裁决公民投诉或上诉的案件,扩大了公民的权力。与此同时,梭伦还设立四百人会议作为公民大会的常设机构,作为最高行政机关。四百人会议由 4 个部落各选 100 人组成,除了第四等级外,其他公民皆可当选。

陪审法院的设立将司法权从行政权中分离出来,这不仅使司法权作为一种特殊的权力被分离了出来,而且也在客观上为行政权的专业化发展铺陈了道路。尽管司法权与行政权之间不可避免地存在着某种制衡关系,但是,从这种制衡最初产生的动因上看,它主要的并非源于人为的分权以求制衡的目的,而更多的只是肇始于社会分工细化以求提高效率的人类本性。从这个意义上讲,“梭伦改革”设立的陪审法庭标志着司法权与行政权的形式分离,而不是实质分离。

(三)第一次革命的成熟标志

前面曾论述过,第一次革命发生、展开的过程,实际上就是由社会分工意义上的权力分离发展到权力制衡意义上的权力分离的过程。实际上,权力制衡意义上的权力分立并非一蹴而就,也有一个从不成熟到成熟的发展过程。尽管英国 1689 年颁布的《权利法案》和 1701 年颁布的《王位继承法》已经有了司法权与行政权实质分离的雏形,但是,司法权与行政权实质分离的成熟标志当属 1787 年美国《宪法》中三权分立政治体制的确立。

司法权与行政权分离的确有着其独特的地缘因素和政治因素,但不可否认的是,美国司法权与行政权的分离主要是在英国司法建设经验的基础上建立的。美国《宪法》第 3 条第 1 款规定:"合众国的司法权属于最高法院以及由国会随时下令设立的低级法院。最高法院和低级法院的法官,如果尽忠职守地继续任职,并应在规定时间获得服务报酬,此项报酬在他们继续任职期间不得减少。"三权分立体制下的司法部门有对政府官员进行审判的权力。美国 1787 年《宪法》确立的"三权分立"的民主共和政体标志着司法权的独立,从此司法权不再依附于行政权,并成为与行政权相平行并相互制衡的一极重要力量。

1803 年马伯里诉麦迪逊案之后,美国联邦法院系统拥有了违宪审查权。这一方面意味着联邦各级法院可以审查立法机关通过的法律是否与《宪法》相抵触,并且可以宣布违反《宪法》的法律无效。同时还意味着法院还可以审查包括美国总统在内的各级政府颁布的法令合法性。马伯里诉麦迪逊案开启的违宪审查制度,赋予了法院以强势的力量,美国司法的独立地位被空前地强化。

但是,就 1787 年美国《宪法》与司法机关违宪审查权的确立二者相比较而言,前者具有更为基础的意义。1787 年《宪法》不仅是司法机关违宪审查权确立的必要前提,而且,其开启的是一个全新的政治体制,标志着一个时代的落幕和另一个时代的开始。

四、小结

当司法权与行政权两相分离之时,刑事诉讼的第一次革命便宣告完成。但是,对于权力的分立,却至少存在两种不同的理解:一种是指社会分工意义上的权力分立。一种是指权力制衡的意义上的权力分立。其中前者是人类偏私本性驱使下的自然分工,后者则是人类为制约权力滥用而为的主观努力的结果。前者更强调权力之间的隶属或者配合关系,后者更侧重权力之间应当彼此制衡。为了对刑事诉讼中权力分立现象有一个更为全面的认识,本书并未将视线局限于权力制衡视野下的权力分立,而是将关注的起点一直上溯到权力分立的最早时期,将社会分工视野下的权力分立也纳入了研究的范围。

要讨论司法权与行政权分离的特征,就必须要选择一个适当的参照系来进行比较。只有在与诸权合体这一现象进行历史的对比时,我们才会发现作为一种新生事物的司法权其所具有的内在的生命力和独特的结构与功能。具体地说,与诸权合体相比,世界刑事诉讼的第一次革命具有四个特征:一是司法权与行政权的分离先后经历了形式分离与实质分离两个阶段。二是司法权与行政权的分离经历了一个从自发到自觉的过程。三是司法权与行政权的分离过程在时间跨度上极大。四是司法权与行政权的分离过程具有反复性。

从社会分工意义上看,司法权与行政权分离的早期标志是“梭伦改革”过程中设立的陪审法庭。公元前 594 年,梭伦在其改革中设立了人类最早的法庭——陪审法庭,作为最高司法机关。陪审法庭的设立将司法权从行政权中分离出来,这不仅使司法权作为一种特殊的权力被分离了出来,而且也在客观上为行政权的专业化发展铺陈了道路。尽管司法权与行政权之间不可避免地存在着某种制衡关系,但是,从这种制衡最初产生的动因上看,它主要地并非源自人为的分权以求制衡的目的,而更多的只是肇始于社会分工细化以求提高效率的人类本性。从这个意义上讲,“梭伦改革”设立的陪审法庭标志着司法权与行政权的形式分离,而不是实质分离。

美国 1787 年《宪法》确立的“三权分立”的民主共和政体标志着司法权与行政权的实质分离,是世界刑事诉讼第一次革命成熟的典型标志。该法确立了司法独立的法治原则,从此司法权成为与行政权相平行并相互制衡的一极重要力量。1803 年马伯里诉麦迪逊案赋予了法院以违宪审查权,法院从此以后有了审查政府法令的实质性权力,空前地强化了司法的独立地位,但是,考虑到美国 1787 年《宪法》的基础性地位,因此,以其为世界刑事诉讼第一次革命的成熟标志更为合适。

第二节　世界刑事诉讼第一次革命发生的时代背景

事物的产生和发展与其所处的时代背景息息相关。任何一个处于特定经济、政治和文化背景之下的事物,都毋庸置疑地被烙上了这一时代特有的印记。恩格斯曾经指出:“一切社会变迁和政治变革的终极原因,不应当在人们的头脑中,在人们对永恒的真理和正义的日益增进的认识中去寻找……而应当在有关的时代的经济学中去寻找。”①的确,经济生活的向前发展以及社会分工的不断细化为司法权与行政权的分离奠定了基础,但是,我们决不可因为对“终极”原因的关注而忽略了对其他原因的探讨。特定的政治与文化背景对司法权与行政权的分离也产生了重要影响。阶级关系的逐步调整使得司法权的出现成为阶级统治的一种需要,而人权意识的萌芽则使得司法权的产生带有某种必然性。

一、社会分工的不断细化

在本书的开篇,笔者引用了亚当·斯密关于分工的重要观点,认为效率的提高主要得益于劳动分工的不断细化,并且,提高效率也正是分工不断细化的重要动力。实际上,对于分工我们应当有更为广阔的视野。除上述经济层面的专业化分工之外,在社会层面上也有大量的专业化分工作为一种不可逆转的趋势普遍存在着。在经济层面分工不断细化的同时,由于经济活动的社会化带来了日益增多的社会性公共事务,并由此也带来了独立的社会公共事务管理活动的产生,比如公共权力的形成。这是比经济领域内的分化更为深刻、对人类社会发展的影响更为深远的社会性大分工;这是在更为宏大的、以整个社会为背景所进行的更为整体性的分化。

从某种意义上说,无论是经济层面的分工,还是社会层面的分工,其基本的动力都来自人类追求效率的自然本性。也正是因为如此,社会分工的细化也就必然成为一种不可阻挡的历史趋势。这一点,可以在恩格斯《家庭、私有制和国家的起源》一书关于三次社会大分工的论

---

① 《社会从空想到科学的发展》,载《马克思恩格斯选集》(第 3 卷),人民出版社 1972 年版,第 425 页。

述中得到证明。

在恩格斯看来，早期的人类历史上发生过三次意义重大的社会大分工，即农业部落和游牧部落从狩猎、采集者中的分离；手工业和农业的分离；商人阶级的出现。这三次大分工奠定了以后社会分工的基本格局，并且对社会经济发展产生了重大影响。

第一次社会大分工发生于原始社会末期，指的是农业部落和游牧部落从狩猎、采集者中的分离。生产的专门化不仅增加了各自的剩余产品，而且扩大了各种生产者之间产品的差异，于是产品交换日益频繁。农牧业的分工，为社会分工进一步的发展奠定了基础。

第二次社会大分工是指手工业和农业之间的分离。随着铜器、青铜器和铁器的应用，农业在规模上逐步扩大各种手工操作，如金属加工、纺织、制陶、酿酒、榨油、造船、皮革加工等活动也逐渐增多，操作者的经验日益丰富，制作技术不断改进。又农耕，又畜牧，又进行各种手工制作的人越来越难以胜任，于是有人脱离农业或畜牧业生产而转入手工业的专门化发展。专职的手工业者逐渐增多，手工业终于从农业活动中分离，成为一个独立的生产部门。

第三次社会大分工是指原始社会晚期商人阶层的产生。在两次社会大分工之后，交换得到了长足的进展。交换的不断发展和扩大，使商品生产出现并发展，而商品生产的出现并发展又反过来促进了交换的进一步发展。交换规模扩大，品种增多，各生产者和消费者之间直接的产品交换越来越不便利，于是专事交换的中间人——商人应运而生。不间断的交换活动使部分脱离生产的商人得以以此为业。

三次大分工奠定了以后社会分工的基本格局，并且对社会经济发展产生了重大影响。尤其是商业的产生和发展，对社会经济、政治、文化等产生了全面的影响。

从历史的角度来看，这三次大分工呈逐渐细化的趋势，每一次分工都是在上一次分工基础上的进一步分工。在《社会分工论》一书中，迪尔凯姆根据维系社会的方式将社会分为“机械团结”的社会和“有机团结”的社会。其中“机械团结”的社会指传统社会，这种社会靠成员们高度的一致性、共同的归属感来维系。“有机团结”的社会指近代的分工制社会，在这种社会中成员间的差异日益增大，但通过分工合作相互连接在一起。三次社会大分工逐次展开的过程，就是人类社会由“机械团结”的社会向“有机团结”的社会逐步过渡和发展的过程。

在社会分工日益细化这一大的历史趋势的驱使之下，权力作为一种具有支配性质的社会资源，其不断细化当然也就成为社会分工细化这一大的历史趋势当中的一个支流。农业社会统治型社会治理模式中的权力是一种混沌的权力，没有实现分化。到了工业社会，建立起了管理型社会治理模式，社会分工在社会治理领域中也表现为权力的分工—协作关系，从而进入了一个权力分化的进程。司法权从诸权合体的混沌状态中最终分离而出，并进一步地朝着专业化的方向发展。与之相对应，出现了三权分立与相互制衡的理论规定。但是，权力的分化并不仅仅表现为立法权、司法权和行政权的并立，在权力现实地发挥其功能的过程中，也分化为了抽象权力和具体权力，并通过职权而把抽象权力和具体权力统一到了一起。①

二、阶级关系的逐步调整

恩格斯在《家庭、私有制和国家的起源》一书中指出，第一次社会大分工的结果产生了第一次社会大分裂，社会分裂为两个阶级：主人和奴隶、剥削者和被剥削者。在第三次社会大分工之后，出现了一个不从事生产只从事交换的商人阶级。他们作为生产者之间的中间人，剥削生产者，并取得了生产的领导权。交换发展的需要产生了金属货币。货币借贷、利息和高利贷也相继出现。土地私有权被牢固地确立起来，土地完全成为私人财产，它可以世袭、抵押以至于出卖。除了自由人和奴隶的差别以外，又出现了富人和穷人间的差别。这是随着新分工产生的新的阶级划分。财富更加集中，奴隶人数增多，奴隶的强制性劳动成为整个社会的经济基础。由于有了阶级对立，于是产生了国家。随着阶级和国家的产生，对于阶级关系的调整就成为国家生活中的重要组成部分。②

在司法权没有从诸权合体的混沌状态中分离出来之前，由于缺乏第三方对于对立双方是非曲直的居中裁断，所谓阶级关系的调整就必然演变成统治阶级对于被统治阶级赤裸裸的暴力镇压。以暴易暴无法

---

① 张康之、张乾友：《论权力分化的启、承、转、合》，载《学海》2011 年第 2 期。

② 参见[德]恩格斯：《家庭、私有制和国家的起源》，中共中央马克思、恩格斯、列宁、斯大林著作编译局译，人民出版社 1972 年版。

从根本上达成阶级关系的相对缓和及和平推进。在这样一种情形下，在人类趋利避害本性的驱使之下，司法权呼之欲出。只有当有了中立的第三方能够居中裁断对立双方的是非曲直，和平才成为可能。哪怕所谓的中立的司法权并非真的中立——它仅仅是从行政权中分离出来，还尚未达到真正的独立地位，但是，这种形式上的分离毕竟已经是朝着中立化的方向迈进了。由此，这种脱胎于社会分工细化趋势下的司法权从行政权中的剥离，或者说司法权与行政权的分离就也成为国家以和平手段调整阶级关系的重要手段。也正是由于其恰好迎合了国家欲以和平手段调整阶级关系的现实需要，司法权与行政权的分离才显得是十分的合时宜。并且，这种分离似乎并非一开始就是为了制衡行政权的滥用，但是从现实的效果来看，它又的的确确起到了这样的作用。这种分离对于统治阶级和平调整阶级关系的重要作用，在梭伦改革中清晰可辨。

在梭伦进行改革前，雅典阶级矛盾十分尖锐。整个社会贫富悬殊，农民的境况极其艰苦，借了财主的债若还不清，财主就在借债者的土地上竖起债务碑石，借债者就会沦为“六一农”（他们为财主做工，收成的5/6 给财主，自己只有 1/6）。如果收成不够缴纳利息，财主便有权在一年后把欠债的农民及其妻、子变卖为奴。愤怒的穷人希望平分富人的土地和财富；而富人却不愿意放弃自己得到的任何利益，一部分甚至骄奢傲慢，贪得无厌。而且，当时雅典行使的德拉古法以严酷著称，以至于人们指责它不是用墨水写的，而是用血写的。

在阶级矛盾日趋激化的情形下，梭伦迎难而上。

除了在经济和政治上采取了一系列重要的改革措施之外，[①]梭伦还

---

①　在经济上，他废除雅典公民以人身作抵押的一切债务以及“六一农”制度，实行一系列有利于工商业发展的措施，并承认私有财产继承自由，消除了所有制度上的氏族残余。在政治上，梭伦废除世袭贵族的垄断权利，不再以出身而以财产的数量来划分公民等级。梭伦按一年农产品收入的总量把公民分为四个等级，各等级的政治权利依其财力之大小而定。第一等级可担任一切官职；第二等级的公民可以担任除司库（即财政官）以外的高级官职；第三等级可任低级官职；第四等级的公民不能担任公职，但有权参加公民大会和民众法庭。当然，不同的等级所尽义务也有差别。梭伦在政治改革中的一个重要举措是设立四百人会议作为公民大会的常设机构，作为最高行政机关。四百人会议由 4 个部落各选 100 人组成，除了第四等级外，其他公民皆可当选。并且，梭伦也制定了新法典取代德拉古的严酷法律，只保留了其中有关杀人罪的部分，使整个雅典法较有人道色彩。

设立了陪审法庭，作为最高司法机关，赋予了任何公民以上诉的权利。陪审法庭的陪审员由所有等级的公民经抽签方式选出。陪审法庭受理并裁决公民投诉或上诉的案件，扩大了公民的权力。陪审法庭的设立分化了司法权与行政权，不仅开启了司法权逐步走向独立的大门，而且也为行政权的专业化发展开辟了道路。而且，它也为阶级矛盾的缓和和适度化解提供了和平解决的渠道。一旦权益受到不法侵害，向陪审法庭投诉或者上诉，就成为解决纠纷和矛盾的重要途径。暴力镇压被很大程度上避免了，取而代之的是法庭上的和平“争斗”。“我拿着一只大盾，保护两方，不让任何一方不公正地占据优势。”正是由于司法权从行政权中的分离使得阶级矛盾找到了一个相对公正的解决渠道。

通过上述改革，梭伦使雅典贫苦公民摆脱了遭受债务奴役的威胁，打击了贵族统治，缓和了阶级矛盾，使城邦体制更加巩固。梭伦改革奠定了雅典民主政治的基础，调整了公民集体内不同阶层之间的利益关系，使自身从事劳动的中、小所有者公民在经济、政治和社会上的地位得以保证，对于工商业发展起到了良好的助推作用。毫无疑问，梭伦改革是雅典城邦历史发展中的重要里程碑。

当然，由于受历史条件和本身工商业奴隶主阶级立场的局限，梭伦改革没有从根本上解决贵族与平民之间的矛盾。尽管如此，梭伦经济改革稳定了雅典公民团体，促进了工商奴隶主阶层的崛起，使雅典阶级结构发展为贵族奴隶主、工商奴隶主、平民三足鼎立的多元社会格局，为雅典民主政治奠定社会基础；政治措施使下层平民得以参与国家政治，为雅典民主政治提供了制度保证，同时也开启了西方权力划分的先河；为雅典民主政治和西方民主政治提供了价值基础。

通过对梭伦改革的分析，我们可以清晰地看到司法权对于缓和阶级矛盾、调整阶级关系具有何等重要的意义。应当说，正是对于阶级关系调整的现实需要在一定程度上促进了司法权与行政权的分离，催发了司法权、行政权各自向专业化方向发展的内在动力和整体趋势。

三、人权意识的萌芽与发展

司法权的出现与人权意识的萌芽和发展息息相关。当人权意识初步萌芽并且逐步发展之时，司法权作为一种能够有效制约行政权和保障人权的力量便逐渐从行政权中分离出来了。甚至可以说，司法权从行政权中逐步分离的历史，就是一部人权保障意识逐步萌芽和日益高涨的历史。

人权意识是随着社会实践的发展而不断深化的，其萌芽是人类社会文明发展到相当程度的结果，其发展也是一个历史的过程——“人权不是天赋的，而是历史地产生的”。从古希腊智者学派、斯多葛学派的思想以及古罗马时期基督教的创世平等观中，我们都可以看到人们追求自身权利的痕迹。而后，在文艺复兴时期的人本主义思潮和宗教改革的影响下，系统的天赋人权理论终于在古典自然法的学说中第一次确立了，人类权利理论的新篇章由此开创。① 18 世纪以后，西方人权的内容和范围不断深化、扩展和成长，人权理论也呈现出一种多元化的状态。这种状况对于司法权从行政权中的分离产生了一定的直接或者间接影响。

我国人权意识的萌芽和发展也经历了一个漫长而复杂的过程。我国早在春秋时代产生了人权意识的萌芽，在近代又形成了较为系统的人权思想。尽管在国内法学界甚至在世界法学领域对我国古代人权思想的有无依然存在着争议，但不可否认的是，我国古代传统法律文化中的某些思想确实和现代人权思想不谋而合。② 比如说儒家的仁学主张。儒家肯定人性中包含仁的要素，其中心思想就是强调仁的重要性，要求任何人都要努力去行仁。其次如民本思想。儒家学说提出了“民以食为天”，要“知民稼穑之艰难”，“民为贵，社稷次之，君为轻；将君民比作舟水关系：水能载舟，亦能覆舟；天地间，人为贵，保民而王，莫之能御也；天视自我民视，天听自我民听”的至理名言，等等，都是儒家学说中民本思想的集中体现。再次如人道精神、大同精神与和谐宽容的思想等。最后，我国古代的法律的平等性思想也与人权思想有相通之处。法律面前人人平等的理念其实在我国古代的儒家学说中常有阐述，所谓的“王子犯法与庶民同罪”就某种程度上体现着现代意义上的人权观念。③

就我国近现代而言，戊戌变法开创了中国近代第一次人权运动。康有为、谭嗣同、严复、梁启超等人提出的“削弱君权、伸张民权”以及

---

① 李其瑞：《西方人权思想的历史演进》，载《经济与社会发展》2003 年第 6 期。

② 罗秀丽：《中国人权思想从古代到近代的嬗变》，硕士学位论文，吉林大学，2028 年。

③ 丁兆增：《阐析中国古代的人权意识萌芽》，载《辽宁行政学院学报》2008 年第 12 期。

“人人各得自由,国国各得自由”等丰富的人权思想,成为变法维新运动中的一杆大旗。孙中山领导的辛亥革命高举人权的旗帜,兴起了中国近代第二次人权运动。孙中山主张“驱除鞑虏,恢复中华,创立民国,平均地权”,提出了民族、民权、民生的三民主义以及立法权、行政权、司法权、考试权、监察权五权分立的宪法思想,不但成为民权的有力保障,而且成为民权向人权嬗变的催化剂。①

从总体上看,西方人权思想经历了从古希腊、罗马的萌芽到文艺复兴、启蒙运动时期的鼎盛,从19世纪末到20世纪初的低落到二战后的再次繁荣这样一个漫长的历史发展过程。我国也是如此,自春秋时期人权意识萌芽到近代时期形成较为系统的人权思想,也同样经历了一个漫长的历史发展过程。在这些漫长的发展过程中,人权意识的每一次波动,都一定程度上影响了司法权和行政权的相互关系。与这些过程相适应,司法权与行政权分离也大体经历了一个由形式分离到实质分离的过程。

四、小结

世界刑事诉讼第一次革命发生的第一个时代背景是社会分工的不断细化。早期人类历史上发生的三次社会大分工奠定了以后社会分工的基本格局,并且对社会经济发展产生了重大影响。在社会分工日益细化这一大的历史趋势的驱使之下,权力作为一种具有支配性质的社会资源,其不断细化当然也就成为社会分工细化这一大的历史趋势当中的一个支流。农业社会统治型社会治理模式中的权力是一种混沌的权力,没有实现分化。到了工业社会,建立起了管理型社会治理模式,社会分工在社会治理领域中也表现为权力的分工—协作关系,从而进入了一个权力分化的进程。司法权从诸权合体的混沌状态中最终分离而出,并进一步地朝着专业化的方向发展。与之相对应,出现了三权分立与相互制衡的理论规定。

阶级关系的逐步调整是世界刑事诉讼第一次革命发生的第二个时代背景。随着阶级和国家的产生,对于阶级关系的调整就成为国家生活中的重要组成部分。在司法权没有从诸权合体的混沌状态中分离出

① 罗秀丽:《中国人权思想从古代到近代的嬗变》,硕士学位论文,吉林大学,2008年。

来之前,由于缺乏第三方对于对立双方是非曲直的居中裁断,所谓阶级关系的调整就必然演变成统治阶级对于被统治阶级赤裸裸的暴力镇压。在这种情形下,在人类趋利避害本性的驱使之下,司法权呼之欲出。这种脱胎于社会分工细化趋势下的司法权从行政权中的剥离,或者说司法权与行政权的分离,成为国家以和平手段调整阶级关系的重要手段。也正是由于其恰好迎合了国家欲以和平手段调整阶级关系的现实需要,司法权与行政权的分离才显得十分合时宜。

人权意识的萌芽与发展是第三个时代背景。司法权的出现与人权意识的萌芽和发展息息相关。当人权意识初步萌芽并且逐步发展之时,司法权作为一种能够有效制约行政权和保障人权的力量便逐渐从行政权中分离出来了。甚至可以说,司法权从行政权中逐步分离的历史,就是一部人权保障意识逐步萌芽和日益高涨的历史。在刑事诉讼制度漫长的发展过程中,人权意识的每一次波动,都一定程度上影响了司法权和行政权的相互关系。与这些过程相适应,司法权与行政权分离也大体经历了一个由形式分离到实质分离的过程。

第三节　世界刑事诉讼第一次革命的发展历程

司法权与行政权的分离经历了一个漫长的发展过程。随着法律的产生和社会的发展,司法权逐渐从行政权之中分离出来,并逐步朝着独立化的方向发展。在经历了早期和中世纪的萌芽与初步发展之后,英美法系与大陆法系国家的司法权尽管由于各个国家国情的不同而展现出不同的特点,但是,其在整体上展现出一致的趋向,即其司法权与行政权都大致经历了一个由形式分离到实质分离、由自发分离到自觉分离的过程。

一、司法权的产生及早期发展

(一)法律的起源与司法权的产生

司法权的产生与法律的起源过程息息相关。在法律没有产生之前,严格地说不可能存在所谓司法的问题。资产阶级革命以来关于法律起源的学说虽然“汗牛充栋”,但是正如梅因所批判的那样:“我们的法律科学之所以处于这样不能令人满意的状态,主要是由于对于这些观念除了最最肤浅的研究之外,采取了一概加以拒绝的草率态度或偏见。在采用观察的方法以替代假设法之前,法学家进行调查研究的方法和物理学与生物学中所用的调查研究方法十分近似。凡是似乎可信的和内容丰富的、但却绝对未经证实的各种理论,像'自然法'或'社会契约'之类,往往为一般人所爱好,很少有踏实研究社会和法律的原始历史的人;这些理论不但使注意力离开了可以发现真理的唯一出处,并且当它们一度被接受和相信了以后,就又可能使法律学以后各个阶段都受到其最真实和最大的影响,因而也就模糊了真理。"①"在这些纯理论中,都忽视了在它们出现的特定时间以前很遥远的时代中,法律在实际上究竟是怎样的。这些纯理论的创造者们很详细地观察了他们自己时代的各种制度和文明以及在某种程度上能应迎合他们心理的其他时代的各种制度和文明,但是,当他们把其注意力转向和他们自己的在表面上有极大差别的古代社会状态时,他们便一致地停止观察而开始猜想了。因此,他们所犯的错误,正和一个考察宇宙物质规律的人,把他的考察从作为一个统一体的现存世界开始而不从作为其最简单构成要素的各个分子着手时所犯的错误,很类似。这种在科学上违背常理的方法,在任何其他思想领域中不可采用。那么在法律学中当然也是同样不足取的。"于是梅因主张,"应当从最简单的社会形式开始,并且越接近其原始条件的一个状态越好"②。应当说,梅因对于自然法学派的上述批评是不无道理的。只有将法律学的研究建立在真实可靠的经验材料的基础之上,其研究的对象才会具有相对的恒定性,其研究的结论也才会更为可靠。

通过对古代印度村社习俗、罗马法及其他民族古典法律的研究,梅因认为"如果我们能够详细研究一下古代社会的构成,了解在古代社会中,每个人的生命有极大部分都生活在族长的专制之下,他的一切行为实际上不是由法律的而是由反复无常的一种统治所控制着,这就比较可信了。"③这就是说,在古代社会中,人们是受制于并听命于家族统治下的族长或首领的命令与判决,而不是那种具有普遍性的、一般的法律规定。由此可见,在梅因看来,当时的命令与判决尚不是法律。同时梅

---

①　[英]梅因:《古代法》,沈景一译,商务印书馆1959年版,第2页。

②　[英]梅因:《古代法》,沈景一译,商务印书馆1959年版,第69页。

③　[英]梅因:《古代法》,沈景一译,商务印书馆1959年版,第5页。

因认为，不能把《十二铜表法》看作探究法律历史的上限。因为在这些法典之前，又有很多文献，给我们提供了关于早期社会的法律现象，例如作为“地美士”与“地美士第”就和现在已经发展了的法律观念有密切的联系。“地美士”的原意在《伊利亚特》中指的是宙斯的陪审官。在人类的初始时期，人们对于循环往复的一些自然现象的认识，多采用拟人化的方法，很多事物都被拟作为一个神圣的人即神。人们认为解决纠纷、执行判决的国王、上帝也是一个神，即宙斯的陪审官。在后期的希腊万神庙中，“地美士”被称为司法女神；“地美士第”则是神授予的一个审判，一个个别的、单独的判决。在一系列类似的案件中，很可能采取彼此相近的审判。由此，也就有了习惯或惯例的胚芽。但是，由“地美士第”发展到习惯法，是梅因所考察的印度—欧罗巴系各国从英雄国王历史时代过渡到贵族政治历史时代发生的事情。在贵族政治历史时代，由于社会和思想的进步，已不再允许把个别争议的解决，说成是按神意仲裁的结果。梅因指出：这时的习惯或惯例，已经成了一个有实质的集合体而存在，并被假定为贵族阶层或阶级所精确知道的。于是在文字还没有出现的时候，一个被赋予司法特权的贵族政治，成了唯一解决纠纷的手段，也正是靠着这一手段才把民族或部族习惯准确地保存下来。这样，我们也就过渡到了习惯法时代。梅因认为，习惯法才是真正的不成文法①。

通过梅因对于法律起源的探究，我们发现，在印度—欧罗巴地区，真正的法律产生于习惯法时代，在这个时代，司法权操纵于贵族阶层；而在此之前，虽然法律还尚未形成，但是作为习惯胚芽的“地美士第”已经为即将到来的司法权披上了君权神授的外衣，但其在实际上是操之于国王之手。无论如何，梅因所谓的习惯法才是真正的不成文法，所隐含的一个意思就是在野蛮社会中不存在真正的法律，真正的法律是出现在国家产生之后的。

在法人类学家贝拉尼斯拉姆·马琳洛夫斯基那里，野蛮社会中仍然存在着“最低限度”的法律。在《野蛮社会中的犯罪与习惯》一书中，马琳洛夫斯基指出：现代人类学学者认为的，在野蛮社会里只有共信共行、自动为人们遵守的习惯，没有其他任何法律的观点，与他考察过的

---

① ［英］梅因：《古代法》，沈景一译，商务印书馆 1959 年版，第 8 页。

美拉尼西亚土著人的生活实际是不相符的。他认为,在美拉尼西亚人的部落社会,尽管习惯被人们遵守,并成为一种牢固的传统力量,但这仍然不能完全遏制人们基于自私的欲望而产生的危害社会和他人的人身和财产的行为。因而,在传统的习惯规则之外,还确实存在着一种保障人身安全、财产等带有制裁性质的“刑法”,以及解决各种经济关系、夫妻和家庭关系的“民法”规则。由此,他预言:“从更广泛、更灵活的法律‘最低定义’出发,人们将发现许多类似美拉尼西亚社会中存在的新的法律现象。”“而相互性、制度性影响,公共性和志向将被发现是原始法律约束机制中的主要因素。”①可见,由马琳洛夫斯基的观点可以推出,法律以及司法权的产生似乎要更早,在野蛮社会中也存在最低限度的法律。

霍贝尔在《初民的法律》中提出了非国家的原始法的定义。他指出,同任何社会一样,印第安人社会也有一个需要维持的社会秩序,为此就必须要有一套社会控制系统。法就是这个社会控制体系中的一部分,是这个控制体系中的复杂的行为方式和制度化的机制。“就人类学的观点来看,法只是我们文化的一个方面——即用一个有组织的社会的力来规范个人和团体的行为,并对违反既定的社会规范行为予以禁止、补救和惩罚。我们视为法的这种事物,当在前文字社会的民族文化中被发现时,我们就称之为原始法。”②霍贝尔指出,不能用现代的观点来看待原始法院。在初民社会即早期人类社会中,同样存在发挥着法律功能的习惯性规范,且这些规范由这一社会的权威机构加以维护。这些“法院”的职能并未与其他国家职能或社会公共职能相分离,而是与其他公共职能混合一起,由公设的社会权威机构或个人经常性或临时性行使。③ 原始先民的行为是否符合既定的行为模式,是由长老议事会、咨询会等组织判断的,甚至在有些场合里是由当事人自行决定的,所以长老议事会等组织机构,便是“原始法院”。对此,我们可以从印第安人的分支切依因纳人那里可以得到佐证。看来,在霍贝尔那里,所谓的原始先民的法,实际上是一种非国家状态下的法。所谓的原始法院,

---

① 张乃根:《当代西方法哲学主要流派》,复旦大学出版社 1993 年版,第 189—192 页。

② [美]E. A. 霍贝尔:《原始人的法》,严存生等译,贵州人民出版社 1992 年版,第 2 页。

③ 左卫民:《司法审判职能之分化:传统型与现代型法院制度的比较研究》,载《学术研究》2001 年第 12 期。

是指非国家状态下的“准法院”。

（二）古希腊、古罗马以及中世纪时期司法权的发展

早期的古希腊的习惯法均带有神权法的特征，借托神的名义表现出统治者的意志。在希腊神话中有所谓专司正义之神和专司法律与正义的女神。公元前7世纪到公元前4世纪，希腊各城邦普遍进入成文法阶段，出现了米利克斯立法、卡恩达斯立法、德拉古立法和弗洛劳斯立法等。在诸多的希腊城邦中，斯巴达和雅典两者的法律制度最具典型性，前者是奴隶制贵族政体的典型，而后者则是奴隶制民主政体的范本。但是二者在其司法活动中都适用“集体负责制”。从这两个城邦的法律制度中，我们可以大概了解到古代希腊的司法制度。

斯巴达于公元前8世纪时颁布了“瑞特拉”（即教训、格言、法律），国家机构由国王、长老会议、公民会议以及监察官组成。

从司法权的角度来看，这几个国家机构在履行各自职责①的同时也都享有部分司法权。刑事案件（包括国事犯案件）由长老会议审理，长老会议由28人组成，成员从年满60岁的贵族中选举产生。当城邦中发生重大案件的时候，长老会议就要进行“审判”，听取当事人和有关证人的陈述，并做出裁决。由此可见，那些贵族代表实际上都是共同裁决诉讼的法官。② 民事案件由监察官审理，继承案件、未婚女继承人的出嫁纠纷案件以及使用道路的争执案件由国王审理。在出征期间，国王还有权担任最高法院主席。

而雅典的司法审判机关则较为复杂。除部分国家机关及官吏行使有关职权外，还设有一些司法审判组织。最古老的司法机关是阿留帕克，负责审理故意杀人、毒害及放火的案件。稍后则有埃斐特法院，负责审理误杀、教唆杀人、致人残废以及杀死异邦人，以及因生物或非生物而致死的案件。梭伦改革时设立陪审法庭，后不久又建立四十人委

---

① 斯巴达实行“二王制”。两个国王分别由两个王族产生，只有在打仗时才拥有无限的权力，一个国王充任统帅，一个国王留守国内；平时只有审判关于家庭法的案件和主持某些祭典的权力。由30个人组成的长老会议是斯巴达最高的政治机关，决定一切重大事务。有5个执政官协助国王处理政务。一切有关城邦的重大事务，均由长老会议作出决定。然而，名义上还要由公民会议通过，方可有效。公民会议由30岁以上的男子组成，实际上起不了什么重大作用。监察官5人，1年1任，由选举产生，也为贵族独占，监督国王，审讯国王的违法行为，左右长老会议，并经常检察公民的生活。

② 陈盛清：《外国法制史》，北京大学出版社1986年版，第39页。

员会(四十人法院),此外还有主要审理民事案件迪埃德特以及处理各类案件的专门法庭。其中,迪埃德特和四十人法院是两个专门审理财产纠纷案件的审判组织。凡不超过 40 德拉克马的财产争夺案件均归四十人法院做出最终审理,超过 10 德拉克马以上的钱财案件,则由迪埃德特作为第一审级,其上诉组织为赫里埃(陪审法庭)。

陪审法庭是国家最高司法和监察机关。雅典的陪审法庭创建于梭伦改革时期,最初附属于公民大会。公元前 5 世纪中期,陪审法庭从公民大会中分离出来,成为雅典民主制的核心机构之一。为适应雅典民主化进程的需要,也作为雅典人口增长和雅典帝国事务增多的结果,陪审法庭进行过许多变革。从形式上看,它从单一的法庭转变成多个陪审法庭;从职能上看,陪审法庭新增了官员的任职资格审查和账目审计等职权;从性质上看,陪审法庭不仅仅是接受上诉案件的终审法庭,还是一审的法庭;另外,陪审津贴的颁行给每一个公民以出席陪审法庭的机会。陪审法庭由从全体公民中抽签选出的 600 名陪审法官组成。这些陪审法官又用抽签法分成 10 个陪审团,每个陪审团 500 人,另有 100 人以备急需。陪审法官每年改选一次,雅典的公民一般每 3 年就可以轮作一次陪审法官。陪审法庭的权力很大,国家大小案件的审理,所有公职人员的资格审查都由它负责,它还参加立法工作。需审理的案件都是在开庭前才抽签决定由哪个陪审团审判,判决结果是所有团员秘密投票决定的。审判的时间大都不超过一天。陪审法庭极有权威,由于陪审员人数众多,就预防了法官受贿的危险性,罪犯不可能行贿法官,权势人物也无法干扰法庭,罪犯只能低头认罪。① 陪审团的作用,使得雅典公民"在法律面前人人平等",也使它在公民中的威信极高。雅典法律对以后的罗马法有着直接的影响。

罗马的审判权除由法院行使外,还由国家政权机关和公职人员来行使。上古时期,罗马还没有设立专门的审判机关,当时除由国家机关(民众大会、勒克斯)审理犯罪案件外,还组织了特别机关去审理重要的案件,其中主要是关于暴动、叛变以及杀害罗马公民,但特别机关只能做审理,判决权仍掌握在民众大会和勒克斯手中。到了共和时代,判处

---

① 据说首席大将军伯里克利的好朋友被陪审团审讯时,他曾亲自出庭竭力为其申辩,甚至痛哭流涕,但他的好朋友仍被判了刑。而他本人也曾因挪用公款被罚款,并曾被革除了将军的职务。

罗马公民死刑以及肉刑的权力属于最高长官,首先是执政官。对他们的判决如有不服,可向百人团大会提出上诉。对狄克推多(独裁官)的判决例外,不准上诉。

公元前 376 年,罗马统治者根据罗马统治发展的需要,将裁判官从执政官的职权中分离出来,其地位仅次于执政官。裁判官最初是作为两名执政官的助手,后来侧重于行使司法权。他与执政官在内的其他长官,是国家内独立行使职权的高级官吏。有资格坐镶有象牙的折凳,故又称为“牙座官”,退职后可任元老院中第一等级的元老,是享有特权的阶层。裁判官由军伍大会选举产生,任期一年,一般不得连任。裁判官享有在其职责范围内的法律方面的最高权威。裁判官所拥有的这种独立处理法律事务的特权,是此制度促进罗马法律发展的根本保证。[①] 共和国后期,设立了刑事审判的专门机构,并从 2 世纪中叶建立起了常设的刑事法院,司法职能与行政职能分离,以应付不断增多的犯罪案件。不过,这种刑事法院仍具有民众集体负责的性质,因为法官都从公民中选举产生,每年改选一次,该法院的法官是从公民(一般为贵族或富人)中挑选出 300—450 人来担任,一年改选一次,受最高裁判官领导。而且每个案件都要由 30—40 名法官共同审理。[②] 由于它的设立,民众大会逐渐丧失了原来的司法职权。帝国时期,皇帝独揽司法大权,无论是民事或者刑事案件,他都享有对一切案件的最终裁决权。皇帝或者亲自裁决,或者委派其亲信官吏去审理,完全剥夺了民众大会在这方面的职权。刑事法院的权限,由逐渐减少到全部丧失。

5 世纪时,随着日耳曼民族的入侵,西罗马帝国灭亡,以法兰克王国为典型的一系列封建制王国在西罗马帝国的废墟上建立起来。在整个西欧封建时期,王权、神权与领主权彼此之间的斗争,直接影响到了审判制度的发展,审判权在隶属于行政权与神权的同时,呈现出分散化的趋势。由于法兰克王国的社会制度是正在瓦解过程中的日耳曼氏族制度和罗马境内日益成长的封建制度相结合的产物,所以其司法制度也是一种混合体。其特征之一就是冠以法院名称的民众集体审判。当时法兰克王国的审判机关称为郡法院和百户法院。但二者实际上就是郡

---

① ［意］陈楠:《古罗马裁判官制度》,载《新西部》(下半月)2007 年第 4 期。

② ［意］朱塞佩・格罗索:《罗马法史》,载《比较法研究》2003 年第 1 期。

和百户的民众大会。审判的时候,法院管辖区内的所有自由民都要参加。审判由郡长或百户长主持,但是由所有参加审判的民众共同查问案情和做出裁决。[①] 部分案件由百户法院管辖,郡法院只是分别在各百户区内召集会议,开庭审理案件,因而所谓郡长(伯爵)在每一百户区内开庭的法院。随着民众大会作用的下降,以及它日益被贵族所控制,出席法庭审判对一般自由人来说不仅没有什么实际意义,而且成了一种负担。公元800年,法兰克王国又发展成为查理帝国。查理大帝用法令形式确认了这种专职法官制度,取消了自由人出席审判会议的义务。并在普通地方法院之外建立了旨在加强中央权力的王室法院。由于实行巡回法官制度,又产生了一种特别的王室法院——巡回法院。国王派出的巡回法官不仅监督地方行政,而且也监督并补充各地司法。公元843年,查理大帝的三个孙子签订《凡尔登条约》,查理帝国分裂为三个王国,近代意大利、德意志以及法兰西三国的雏形得以奠定,其中的法兰西王国逐渐壮大并成为西欧封建制度的中心和代表。此后相当长一段时间内,各王国的中央立法机关和中央司法机关在事实上并不存在,大小封建贵族在自己的领地中享有程度不同的审判权。基督教势力不断膨胀,教会法院的司法管辖权也在不断扩大,并在事实上享有不受限制的审判权力,这就严重挤压了世俗法院的审判空间。

在中世纪之初,法院审判受日耳曼法的影响较大,实行弹劾式诉讼,由受害人或其家属提起诉讼并执行刑罚;在案件出现疑难情况时,常常采用神判和决斗等方式进行解决。而教皇英诺森三世时,由于其在教皇国之内推行中央集权,纠问式诉讼开始出现,教会法赋予了法院进行证据调查和执行刑罚的权力。纠问式诉讼尽管在某种程度上是对弹劾式诉讼的理性扬弃,很好地照顾到了作为弱者的被害人的利益,但是,这种审判制度后来很快就发展成为宗教法庭镇压异己的工具。在英诺森三世死后不久的1198年,他的侄子、继任教皇的格列高里九世就创办了作为特别刑事法庭的宗教裁判所,并宣称迫害异教徒是教廷的职责之一。宗教裁判所采取秘密侦查、刑讯逼供等方式,剥夺了被追诉人的种种权利,甚至英诺森三世创立的用火刑烧死异教徒的做法也

① 肖寒:《中外陪审制度浅谈——兼论我国陪审制度存在的意义及完善》,http://www.110.com/ziliao/article-18012.html,最后访问时间:2022年6月12日。

被沿袭了下来，一大批著名的科学和思想巨子殉难于火刑柱下。中世纪后期，为适应中央集权的君主专制制度不断强化的需要，西欧各国的审判制度渐趋统一，普遍采用了纠问式诉讼方式。由于没有专门的侦查起诉机关，控和审是合一的。不仅如此，审判权仍然严重依附于行政权。这种状况一直到19世纪中后叶司法独立在欧洲大陆普遍推行后才得以改变。

以法兰西王国为例来看中世纪大陆法系国家审判权的状况。法国的法律制度在欧洲大陆具有典型意义，它不仅是资产阶级革命后大陆法系的典型代表，而且也是中世纪欧洲大陆封建法律制度的典型代表。恩格斯说过："法国在中世纪是封建制度的中心……这种统治所具有的典型性是欧洲任何国家所没有的。"①

法兰西王国的法院系统比较发达，有国王法院、领主法院、教会法院和城市法院四种法院系统交错并存。封建割据时期，大领主和国王平起平坐，国王法院只能管辖王室领地以内的案件。大小领主则分别建立了高级和初级的领主法院。此外，教会领地还设教会法院，城市里有城市法院。随着王室领地的扩张和王权的加强，国王逐渐取消了领主的司法权，王室法院也逐步取代了领主法院、城市法院、教会法院（宗教裁判所）的职权。13世纪时，路易九世实行司法改革，意在加强中央集权。路易九世首先将大领主的司法权置于国王法院管辖之下，规定叛逆、矫诏、铸假币等重要案件均必须在王室法庭审理，以求削弱领主法院权力，加强中央集权。他还在王室领地之外实行"国王40日"制度，即地方诸侯在遭受侵害后，40日内不得实施报复，只能上诉王室法庭，由国王裁决，这就剥夺了诸侯"先斩后奏"的权力。同时，教会法院和城市法院的审判权也都受到一定限制。随着王权的加强，13世纪还在巴黎建立了王室最高法院（Cour Parlement），后称为巴利门。巴利门内设四个院（部门），其中第一院为诉讼部（pleasdivision），负责审查起诉，通过后提交第二院，即调查部，它将在各方当事人不得出庭的情况下进行调查，其报告和卷宗材料再提交第三院大审部和第四院刑事部做鉴定和审理。此诉讼程序对后来法国现代的诉讼模式产生了巨大影响。到14世纪，巴利门成为一个常设机构，从每年的11月至第二年的

---

① 《马克思恩格斯选集》（第1卷），人民出版社1975年版，第601—602页。

8月5日开庭负责审理重大案件的第一审和各地的普通案件的上诉审。它的管辖权最高,代表了国王的司法权,对它的判决不得上诉。随着许多领地归并为省以后,各省也设立了巴利门,隶属于巴黎的巴利门。①

再看英国中世纪的司法状况。在中世纪早期,英国实行封建集权君主制度,国家主权为国王一人所有。议会产生后,分享了部分国家权力,主权结构趋向复合化,但国王的主导地位并未改变。都铎时期,“正如亨廷顿所发现的,在欧洲中世纪和都铎时代,政府职能没有高度分化,一个机构常常行使各种职能,而一项职能又常常由几个机构承担。诸如都铎时代的英国政府便是一个融合各种权力、职能的政府。”②与此同时,起源于古希腊的混合政府理论在英国大行其道。在《法律篇》中,柏拉图主张“把王权一分为二”——在保持原来王权独立不变的情况下,在王权之外另外设立一种或几种权力及机构对王权进行限制。这可以被看作后世分权观念的萌芽,但它还不是真正的分权概念。因为它不是要对原来的王权进行内部分割,从王权中分出一些权能由其他机构行使或者将王权划分成几部分由不同的机构行使;而是在王权之外另外设立一种或几种权力及机构对王权进行限制。③ 根据这种理论,在都铎时代的英国国家一切权力由国王、议会上院、议会下院共同掌管和行使,现代意义上的立法、行政和司法三权分立体制以及分权思想仍未产生。到了17世纪,人们开始意识到混合政府理论的重大缺陷,议会与国王争相夺取王权,分权思想开始萌芽。但此时司法权并没有受到应有的关注,其仍然被视为是行政权的一部分而未单独被提出,甚至晚至该世纪末,洛克在为光荣革命辩护的传世名著《政府论》中,仍未提出独立司法权的概念。他把国家权力分为立法权、行政权和联邦权(即外交权)三种,很少关注司法权以及法官独立的理论问题。英国人仅仅意识到立法权和行政权分立以及行政权应当受到立法权制约的重要性。这一状况直到光荣革命胜利后才得以成功解决,议会主权与司法独立才得以真正确立。

---

① 周国君:《检察官客观义务新探》,载《河南政法管理干部学院学报》2010年第3期。

② 左卫民:《司法审判职能之分化:传统型与现代型法院制度的比较研究》,载《学习论坛》2001年第12期。

③ 谢维雁:《宪政平衡理论的古代渊源——古希腊平衡政体思想引论》,载《光华法学》(第1辑),西南财经大学出版社2007年版,第67—79页。

但是，必须说明的是，尽管在光荣革命之前，司法权在人们的观念中被视为行政权的一部分而未被单独提出，但是在实践中，司法权作为社会分工细化的必然结果已然在沿着自己应有的逻辑运行。然而，在中世纪的英国，司法或者法官很难做到完全独立。这主要是因为，首先，从14世纪起，尽管法官的选任已局限于职业律师范围之内，但是任免权完全操于国王之手。国王把法官视为自己的仆人，和一般政治官员一样，凭个人意愿随意任免。其次，法官也很难完全置身于政治斗争之外，政治与法律问题往往交织在一起难以分辨，法官很容易被不自主地拖入政治斗争的旋涡，成为牺牲品。最后，法官缺乏足够稳定的薪酬，难以抵御金钱的腐蚀。由于中世纪英国国王始终面临财政困难问题，即便是十分微薄的薪俸，也经常是一张空头支票。这就使得司法腐败时有发生。尽管如此，由于种种历史原因，强烈的法制观念和优良的法律文化传统孕育和铸就了英国法官与生俱来的独立精神。在这种独立意识的引导下，法官努力排拒国王政府的无理干涉，坚持独立依法行使司法权的事例时有发生。进入都铎时期后，随着司法专业化和技术化程度的提高，法律和政治距离的进一步拉大，加之该时期是司法界和政界关系相对平稳发展时期，法官的独立性有所增强。在此时期，法官因政治原因而被强行罢免的事屈指可数。政治和宗教的变化对于法官队伍很少产生影响。相反，法官不畏权势，坚持自己独立解释、适用法律之权力的事例却不胜枚举。

二、英美法系国家司法权与行政权分离的历史考察

（一）英国司法权与行政权分离的演进历程

至1066年以前，英吉利王国的行政与司法仍然未做明确的区分。除此而外，国家与教会、民事过错与刑事犯罪也都还处于一种彼此难分的混沌状态。英吉利王国的主要法律渊源仍然是习惯法，其诉讼充满了形式主义的色彩，宣誓和神明裁判为主要的证据形式，没有适用于不列颠全境的统一的普通法。公元1066年，法国北部的诺曼底公爵威廉率军侵入英国，在伦敦加冕称王，称为威廉一世。诺曼征服以及威廉一世随后的一系列举动使得封建制在英国得以确立，并在英国实现了政治制度和法律制度的统一，英国形成了以国王为中心的中央集权制的国家政权。为了加强王权和便于国家管理，威廉一世建立了御前会议，

以替代原盎格鲁—撒克逊各王国的贤人会议。御前会议由主教、贵族及高级官吏组成,既是国王的咨询机关,同时也行使着部分立法、行政、司法职能。国王的首席大臣同时也是国王的大法官。为扩大皇家法院的管辖权,派出巡回法官到各地巡回审判。

亨利一世时期,为加强王权并增加王室的财政收入,开始将负责财务行政和财物诉讼的理财法院(又称棋盘法院)从御前会议中分离出来,使之专业化,专门处理涉及皇家财政税收的案件。以后又从御前会议中分离出民事诉讼高等法院和王座法院,前者专门处理有关契约侵权行为等涉及私人利益的案件;后者专门审理刑事案件和涉及国王利益的民事案件。同时,亨利一世以国王名义继续派出巡回法官,设立巡回法庭,代表理财法院调查和受理地方上涉及皇家财政税收的案件,继承威廉统治措施。

到亨利二世时,又进行了一系列的司法改革,进一步发展完善了亨利一世创立的制度。亨利二世先后颁布了许多诏令,其中最为重要的是1164年颁布的《克拉灵顿诏令》、1176年颁布的《诺桑普顿诏令》以及1179年颁布的《温莎诏令》,主要内容有:

一是在御前会议内分设棋盘法院、民事诉讼高等法院和王座法院,分别审理财政、民事和刑事案件,扩大了由亨利一世创立的棋盘法院的管辖权。棋盘法院有两个分支机构,一个是行政分支机构,履行征税职责;另一个是司法分支机构,审理税收以及与税收有间接关系的臣民之间的债务、契约等诉讼。民事诉讼高等法院审理与国王利益无关的私人争讼,受理一切物权诉讼和个人债务、契约以及非法扣留动产的诉讼。王座法院与国王利益有着极为密切的联系。在王座法院里,国王经常亲自和法官一起审判,这就使其不仅有广泛的刑事案件管辖权,而且还拥有经民事诉讼高等法院同意的民事案件管辖权,同时,王座法院还拥有监督所有低级法院活动的权力,有权发布执行令、禁止令和复审令等,以制止僭越司法权,还有权发布人身保护令,命令下级法院执行。

二是建立巡回审判制度。亨利一世时,为加强国王法院,经常委派监管财政和行政事务的巡回法官到各地实行巡回审判。1179年,亨利二世颁布《温莎诏令》,将巡回审判变成定期和永久性制度,全国被分为六个巡回区,国王每年向各巡回区派遣巡回法官,代表国王行使“正义”。《温莎诏令》是英国古代亨利二世统治时期的重大司法改革措施之一，它的颁布极大地推动了英国普通法的产生。

三是建立陪审制度。1164 年，亨利二世颁布《克拉灵顿诏令》，改革英国的司法制度。诏令规定，王室法院的巡回法官在各地审理土地纠纷时，从当地骑士和自由农民中挑选 12 名与诉讼案件无关的知情人做证人，经宣誓后向法庭提供证据，以一致意见确定事实，这就是后来的陪审团的来源。这 12 名证人就是陪审员。最初陪审制度只适用于解决土地纠纷案件，后来法令规定重大刑事案件如暗杀、强盗、抢劫、窝藏罪犯、伪造货币和文件、纵火等刑事案件，都应由当地政府和 12 名陪审员向法庭控告。这些陪审员不仅要证明犯罪事实的存在，而且还要呈请法庭将被追诉人逮捕审判。实际上当时的陪审员不仅是证人，而且还是公诉人，等等。

13 世纪以后，随着商品货币经济的发展和财产关系的日益复杂，新产生的而在普通法范围内找不到适当诉讼形式的案件日益增多。由于法官只能在令状的范围内进行审判，许多争议往往由于无适当令状可资依据，因而无法在普通法法院提起诉讼。同时，有的讼案即使在普通法法院审理，也由于普通法规定的刻板和救济方式的有限而难以获得"公允"的解决。在这种情况下，为保护自己的权益，当事人即按照自古以来的习惯，请求国王进行裁判。国王作为"正义的源泉"，最初都亲自受理，后来由于不堪重负便交由首席大臣即大法官审理，大法官被称为"国王良心的守护人"，大法官按照罗马法关于"国王不受法律约束，国王的意志就是法律"的原则接受诉请，程序比较简单，既不要求令状，也不设陪审，凡普通法院不受理的案件均可提出。在普通法无规定的情况下，大法官根据"公平、正义"即自己的判断进行裁决。自 1349 年起，允许原告人直接向大法官提出申请，由大法官审理。15 世纪末又进一步设立衡平法院，专门负责审理衡平案件。这样，衡平法作为弥补普通法诉讼程序的僵硬、保守等不足的一种法律体系而得以产生。到 16 世纪，随着衡平案件的不断增多，大法官的官署终于发展成为常设大法官法院。由此开始了双重司法体系并存的局面。

最初，普通法院与衡平法院之间的关系还比较融洽，不久二者之间就发生了激烈的冲突。17 世纪，詹姆士一世就普通法院首席法官爱德华·柯克与衡平法院大法官爱尔斯密之间的分歧做出了裁决，衡平法院取胜。从此，开创了衡平法院与普通法院判决冲突时，依衡平法院判决的先例,双重司法体系并存的局面保持了很长时间。到19世纪时,由于1873年《最高法院组织法》的颁布,两大法院系统才得以合并,二者之间的冲突也才算告以终结。

光荣革命后,1701年的《王位继承法》确立了司法独立原则,法官只服从法律,不受国王和行政机关的约束,为保证法官独立,实行法官终身制。依循宪法性习惯,英国既无司法部的设置,也无普通法院和行政法院的区别,一切案件均由普通法院审理;普通法院对于国会的立法程序,以及多年来形成的宪法惯例负有监督的使命。因此有学者认为,英国宪法的通则,形成于法院的判决。

光荣革命后至1873年改革之前,英国一直保留着封建时期的法院组织体系。1873年国会通过了《最高法院组织法》,1875年又通过《法院组织法》,开始建立起统一的法院组织体系。根据上述法律,设立一个由上述法院和高等法院组成的最高法院。高等法院分为五个庭:王座法庭、大法官法庭、普通诉讼法庭、财政法庭和遗嘱检验、离婚与海事法庭。1881年,国会又将普通诉讼法庭和财政法庭并入法庭。这样,高等法院就只剩下王座法庭、大法官法庭、遗嘱检验、离婚与海事法庭三个部分。通过上述改组,以前分属于高等法院的普通法院、衡平法院和各类法院一律撤销。无论普通法院和衡平法院的判例,高等法院各庭都能适用,从而大体上解决了普通法院和衡平法院之间的冲突。

(二)美国司法权与行政权分离的演进历程

1.殖民地时期的司法权状况

在北美殖民地早期,司法独立的概念并没有被提出。在早期的法律文件当中有关司法组织、司法人员的规定也都十分模糊。比如在1638年的《康涅狄格基本法》中,司法权只是简单地被殖民地最高立法权所包含。这说明面对荒蛮的土地和相对简单的社会关系,人们无须考虑复杂的司法问题,遑论司法独立。随着英国光荣革命的胜利,北美殖民地的殖民者开始关注司法问题。比如1669年《卡罗莱纳基本法》规定,总督为执法长官,可以在议会的建议之下任命法官。1682年的《宾夕法尼亚基本法》也规定,殖民地法律由参事会起草和提出,经由议会通过方能生效,而殖民地总督负责执法,其下也有法官的位置。[①]

① 王希:《原则与妥协:美国宪法的精神与实践》(修订本),北京大学出版社2000年版,第20—21页。

随着时间的推移,司法权逐渐越来越清晰,不再与立法权混同。虽然很多时候还是由总督代行,但是法官职位的设立,对普通民众来说,已有了专门处理司法问题的人员。

不过总的说来,各殖民地的司法事务大体上还没有从公共事务之中完全分离出来。在大的殖民地已有一些专人负责司法问题甚至建立起一套法院系统的时候,其他的殖民地中一个人同时享有立法、执法、审理案件和管理殖民地的权力却也是十分常见的。混同的情况是如此普遍,即便是到了独立战争前夕,许多殖民地已经有了一套比较完整的司法制度,郡县一级的基层法院已经比较完善,但是在现今意义上仍然是立法、行政和司法权不分,或是议会扮演着终审法院的角色,或是总督掌握着最高审判权。

2. 1787 年美国《宪法》与 1789 年《司法法》对于司法独立地位的确立对美国联邦司法权的独立地位、司法权的独立行使做出了具体规定的是 1787 年美国《宪法》和 1789 年《司法法》。其中,1787 年美国《宪法》在司法权的适用范围问题、法官的地位问题(主要是终身任期和薪酬方面)和司法机构的设置问题三个方面做了一系列规定,以期保证司法活动独立,保护法官独立行使权力。1789 年《司法法》则在联邦司法权的适用范围与具体适用的方式上规定了司法权行使的独立性,细化了 1787 年美国《宪法》对司法权的原则性规定。1787 年美国《宪法》和 1789 年《司法法》的相关规定保证了独立的司法行为。这样的制度设计使法官在进行司法审判时,既不用担忧因自己的审判活动而带来的对自身地位和经济来源的威胁,更有明确的法律依据来避免其他机关的干涉,保证审判独立进行,使司法争取独立的努力有了法律文本的保障。

在费城制宪会议制定宪法时,一些制宪代表就已经认识到了法官终身任期制对司法独立与公正的重大意义。埃德蒙·兰道夫(Edmund Randolf)认为,如果没有终身任期的保障,法官的独立性将会受到极大的影响,会损害到法官做出的独立判决。如果法官的任职采取非终身制,那么为了寻求就职和连任,法官就必须去讨好有权决定自己命运的部门,他们可能不得不迁就于有权选择自己当选和连任的权力部门的利益,而这在理论上就很难保证法官在审理案件时的公正裁决,司法判决也就难以实现真正的独立自主。即便是由选民选举来决定法官的上任与去留的法官选举制，虽然具有民主的某些特征，但从司法独立的理想状态看，这也可能削弱了法官的独立性。因为谋求上任和连任的法官可能为了胜选不得不照顾多数选民的喜好和意见；在极端的情况下，也可能发生某些法官为了多数选民的利益而牺牲其他选民的利益的事，这无疑会危害到司法的最根本的原则——司法的公正。另外，任期制也使法官在任期间必须分散精力去考虑任期届满后的个人去向。由于可能到期后卸任，为了自己的职业发展和政治前途，法官可能不会轻易“得罪”自己离职后希望前往的部门，这种情况无疑与司法要求的独立公正原则是相悖的。而法官非经弹劾终身任职，是使法官排除掉上述困扰的一种比较好的制度设计。法官可以专心于司法审判或裁决，不必为寻求连任而频繁地讨好其他权力机关和选民，与政治风向和民意保持适当的距离，只服从法律和良心，无疑更能保持司法机关的独立性。

法官的薪酬之于司法独立也有重要的作用。汉密尔顿在著名的《联邦党人文集》第七十九篇中曾指出：“就人类天性之一般情况而言，对某人的生活有控制权，等于对其意志有控制权。在任何置司法人员的财源于立法机关的不时施舍之下的制度中，司法权与立法权的分立将永远无从实现。”汉密尔顿这段论述立法机关与司法机关的关系，同样适用于行政机关与司法机关的关系。当司法机关的经费依附行政机关的拨付时，也就等于行政机关对司法机关有了控制权。[①] 法官的薪酬制度对于司法活动是否能独立进行具有不小的影响。司法活动的独立进行要有所保障，在法官个人生活的层面上，让其薪酬不会受到行政部门和立法部门的掌控就显得十分必要。通过《宪法》的条文明确直接地规定联邦法官的薪酬不得减少，为法官从事司法事业提供了基本的物质保障，解决了由于司法权的被动性而产生的司法部门的维持和运营问题，同时也避免了其他权力部门或个人通过经济上的利益干预法官的判决，进而影响司法的独立性和公正性。而且，在后来的宪法实践中，美国法官实际上不仅没有减少其薪酬，更是拿着比总统和议员更高的薪酬。1995—2005 年，美国各州一审法官的薪酬增加了 34%，平均

---

① ［美］汉密尔顿等：《联邦党人文集》，程逢如、在汉、舒逊译，商务印书馆 1982 年版，第七十九篇。

11.61 万美元。2011 年，纽约州最高法院大法官的年薪是 13.67 万美元，州首席大法官的年薪是 15.6 万美元。与此同时，美国律师合伙人薪酬增加了 141%，达到年薪 95.75 万美元。[①] 高薪制更能吸引优秀法律人投身到法官队伍中，保持法官队伍的稳定和素质，提高司法审判的质量。

对于司法机构的设置，1787 年美国《宪法》在其第 3 条第 1 款做了规定：合众国之司法权属于最高法院及由国会随时下令设置之下级法院。1789 年的《司法法》对联邦各级法院的建制和运作细则做了详细的规定。按照宪法赋予的权限与 1789 年《司法法》的详细规定，联邦各级法院得以建立起来。联邦司法权行使的主体机构也明确为联邦最高法院和之下的各级法院。而联邦法院系统运行的规则也有了具体的安排。至此，联邦层面上独立的司法机构开始产生。司法独立原则要求独立的司法机构，不能与立法机构和行政机构混同。有了独立、明确的行使司法权的机构，就有了排除其他权力部门对司法活动的影响的组织基础。

再从联邦与州之间的司法权关系来看，1789 年《司法法》的规定也厘定了州法院和联邦法院的权限。专属联邦的司法管辖权，州法院不得参与和干涉。各自的司法管辖权都独立行使，不得相互干扰。这样，在总的司法权内部又进一步界定了联邦与州的司法权的权力和行使的主体，避免了不同的州因为各自州级司法体系的规定不同，插手本应属于联邦管辖的案件，从而影响了联邦司法权的独立。这样的区分也保障了联邦法院作为法律规定的联邦案件的管辖主体所享有的排他性管辖权，使联邦法院在行使其司法权时，有法律依据来排除司法机构内部和外部的干扰。而排除了其他部门和州司法系统的干扰，联邦法院就能够在宪法和法律规定的司法管辖权的基础上进一步保持自身的独立性，保证法官的裁判不受干扰。

3. 马伯里诉麦迪逊：司法权优越地位的确立

在 1803 年的马伯里诉麦迪逊一案的判决中，马歇尔指出："宪法构成国家的根本法和最高的法律""违反宪法的法律是无效的""断定什么是法律显然是司法部门的职权和责任"。如果法官不承担起维护宪

---

① 朱伟一：《美国法官的待遇》，载《中国周刊》2011 年第 8 期。

法的责任，就违背了立法机构所规定的就职宣誓，“规定或从事这种宣誓也同样成为犯罪。”“如果两部法律发生冲突，法院只能或按法律判决案件，而不考虑宪法；否则就要按宪法作出判决，而不考虑法律；法院必须决定这些冲突的规则中哪项支配着该案。这就是司法机关职责的真正本质所在。”据此，马歇尔正式宣布：1789 年《司法条例》第 13 款因违宪而被取消。这是美国最高法院历史上第一次宣布联邦法律违宪。

在该案中，马歇尔为司法制度创造了一个新的、有力的工具——司法审查权，永远地改变了法院的地位。通过马伯里诉麦迪逊案，联邦最高法院可以制衡国会，通过违宪审查宣布国会制定的法律因违反宪法而无效；也有权宣布政府违法的行政行为违宪无效；还可以宣布州法违宪无效。联邦最高法院从此拥有了“凌驾于美国国会、总统和各州政府所属各部门之上的最高的司法权威”。从此司法权作为三权分立制衡结构下的一种权力才拥有了实质上足够维系其独立的能力，也才真正地实现司法独立原则的内涵。正如联邦最高法院第 16 任首席大法官威廉·伦奎斯特所言：“我相信，在政治学中，美利坚合众国建立了一个独立的宪法法院，这是它最重要的独立贡献。其拥有宣布州或联邦政府的立法因违宪而无效的权威。”

4. 双轨制：联邦和州法院系统

美国是联邦制国家，存在着相对独立的双轨制法院系统，即联邦法院系统和州法院系统。联邦法院管辖的案件主要包括通过国会立法规定的罪行、大部分涉及联邦法规的案件（如税务、社会保障等）、涉及州际和国际商业管制的案件（如航空、铁路企业等）、涉及证券和商品管制的案件、海商、国际贸易、破产、专利、版税等案件以及涉及条约、外国、外籍人士权利、有关多元国籍方面的洲际争端的案件。州法院管辖的案件主要包括由州立法规定的罪行、与州宪法有关的案件和涉及州法规的案件、有关家庭法的案件、房地产案件、房东与房客之间发生争端的案件、私人合同纠纷（破产除外）、涉及专业人士玩忽职守、意外伤害、遗嘱检验及遗产继承、部分交通违规和机动车注册方面的案件。当然，有的案件联邦法院与州法院都享有管辖权，如联邦和州法律均规定惩罚的罪行、有关联邦宪法问题的案件、有关民权诉讼的案件、环保管制问题的案件、涉及联邦法律的某些争端、集团诉讼案件。

联邦法院系统是美国联邦政府的组成部分之一，由最高法院、上诉法院和地区法院三级组成。最高法院由 9 名大法官组成,大法官由总统提名、参议院通过。法官只要忠于职守,可终身任职,非经国会弹劾不得免职,而且要启动弹劾程序是相当困难。还实行高薪制及薪水不能被裁减的制度,这可以杜绝政府(通过国会)做一些小动作(如通过削减薪酬,使法官识趣,使判决符合政府意愿)来间接控制法官。美国各州有各州独立的法院体系。此外,哥伦比亚特区的法院系统也自成体系。各州法院一般由州最高法院、州上诉法院和州初审法院三级组成。美国的两套法院体系是平行的。但并非没有交叉点。联邦最高法院是全国的最高法院,它的判例对全国各级法院都有指导意义,其判例所确立的原则与规则对各级法院都有约束力,而且在某些情况下,联邦最高法院可以通过释放令对州法院的判决进行改变,其判决为最终判决。①

三、大陆法系国家司法权与行政权分离的历史考察

(一)法国司法权与行政权分离的演进历程

1. 大革命之前的司法权状况

封建时期法国的司法制度经历了由领主司法到王室司法的发展过程。封建性、世俗审判与教会法庭并存是中世纪法国司法制度的典型特征。

13 世纪前,墨洛温王朝(481—751 年,统治法兰克王国的第一个王朝)、卡洛琳王朝的司法制度差别不大,皇帝或者国王的法庭是最高法庭,伯爵、子爵也都享有司法职权。子爵之下还设有百户区法庭。墨洛温王朝时期,议会成为普通法系国家的法院,法官由伯爵或者议会主席在自由民中挑选。② 在卡洛琳王朝,封建贵族的庄园法庭有了很大发展。许多贵族从王室手中取得私人审判权。在审判组织上,王室法院、领主法院、教会法院和城市法院四种并存。国王只能在直辖领地行使权力,全国性立法、司法机关实际上已不存在。③

在 13—16 世纪,王权得到极大的加强,国王逐渐收回并掌握了司法权,领主司法走向没落。圣·路易时期,国王开始亲自裁判案件,由于时间和精力的掣肘,国王不可能亲自处理每一宗案件,因此,国王就

---

① 郭成伟主编:《外国司法制度概要》,江苏人民出版社 2001 年版,第 76—79 页。

② 金邦贵:《法国司法制度》,法律出版社 2008 年版,第 4 页。

③ 由嵘、胡大展主编:《外国法制史》,北京大学出版社 1989 年版,第 86 页。

将司法权委托给身边的官员来行使。菲利普时期,国王法院能够受理各领主法庭的一切上诉案件,甚至地方上的行政事务也交由大法官管理,他们驻在各省,代表国王,拥有财政和司法大权,这样,国王的司法权就凌驾于甚至是取代了各领主的司法权。1278 年,路易十九设立巴黎高等法院作为最高司法机关,规定所有的法国北部案件可以上诉到该法院,从而将司法权更加牢固地控制在自己手中。随着封建中央集权的不断加强,到 16 世纪时,领主法庭已经名存实亡,其司法权已经仅限于偏远村庄中的案件的审判。

16—18 世纪时期,法国基本上建立了君主专制制度。在国王强化专制统治的过程中,以巴黎高等法院为代表的司法权力与王权展开了有限的斗争。高等法院利用登记国王敕令的权力来制约国王的立法。路易十五时期,两者之间的矛盾达到了不可调和的程度。1771 年,路易十五成立莫普法院以取代原巴黎高等法院。1774 年路易十六上台,重建了巴黎高等法院。

教会拥有司法权是法国司法制度的一个基本特征。从伪《艾西多尔文献》开始,教会便开始有了司法权。教会法庭的设立是教会取得司法权的开始和标志,起初其设立是为了解决教会内部纠纷,但是很快就不仅限于裁决教会内部纠纷,教会法庭成为与世俗法庭并立的一种特殊的法庭。伪《艾西多尔文献》规定,神职人员犯罪只由教会法庭处理。教会司法权与领主司法权之间有基本的分工,即领主司法权仅限于世俗事务,而教会司法权则管辖宗教事务。除了谋杀、通奸或其他类似情节严重的犯罪须交领主法庭审理之外,只要是关涉神职人员的案件,无论是民事还是刑事案件都由教会进行审理,领主司法无权管辖。而且事实上,教会总是尽一切可能扩张自己的司法管辖范围,以挤压领主司法权的管辖空间。封建时期教会法庭司法权的发展,说明了世俗权力的式微。11 世纪,教皇格列高里宣称"教皇法庭是'整个基督教世界的法庭'。从那时起,教皇对于任何人呈交于他的案件都有拥有普遍的管辖权——他是'直接管辖所有人的法官'"①。基督教会取得了凌驾于世俗权力之上的司法权。基督教会司法权与西欧封建社会的司法权开

① [美]哈罗德·J. 伯尔曼:《法律与革命——西方法律传统的形成》,张志铭等译,中国大百科全书出版社 1993 年版,第 120 页。

始分离,这为资产阶级三权分立理论奠定了心理和历史的基础。从 12 世纪起,教会管辖着一切世俗的民诉案件,直到佛朗索瓦一世时期,世俗的民事诉讼才由教会法庭移至国王法庭审理。1790 年 9 月 7 日,贯穿于整个法国封建历史的教会司法终于在法国大革命以后被依法废除。

2. 大革命时期的司法制度

法国大革命推翻了封建专制制度,以三权分立、司法独立为原则,逐渐建立起资产阶级的司法体系。启蒙时期孟德斯鸠的三权分立学说成为现代法国司法体制构建的指导思想。革命者废除了原有的封建司法特权,重建了一整套司法机构,民事、刑事和政治方面的司法机构先后建立,最高法庭也最终建立起来。

在民事司法制度方面,1790 年法国创立了治安法官并设立初级法庭,真正的法院组织并不包括地方治安法官,而是从治安法官上一级的省级法院起算。除商事案件由商事法院审理之外,省级法院在民事司法领域拥有般管辖权,并受理上诉案件。当时还并不存在位于省级法院之上的上诉法院。上诉案件由与被上诉的法院相邻的另一裁判区的法院来审理。这就取代了旧制度下等级分明的上诉模式。法官由人民选举产生,任命制被废除。在刑事司法制度方面,法律将违法犯罪行为根据情节严重程度划分为违警、轻罪和重罪法庭,并设立与这三类行为相对应的违警法庭、轻罪法院和重罪法院。大革命时期设立的最高法院有权对案件作出唯一确定的终审判决,有权撤销一切违反法律的判决和一切根据可能歪曲了法律本意的解释作出的判决。

3. 拿破仑时期的司法

19 世纪初,拿破仑一世主持制定了民法、刑法、商法、民事诉讼法、刑事诉讼法等一系列重要法典,设置了普通法院系统和行政法院系统,确立了司法人员的独立地位,使法国司法制度自成体系和完备起来,形成全国统一的司法体系。

在普通法院系统方面,拿破仑在强化中央集权的思想指导下和在制宪会议期间形成的比较稳定和成熟的民事司法机构的基础上,统一了民事和刑事司法制度,并对司法组织进行严格的等级划分。最高法院处于司法系统的顶级,对其内部的各个法庭进行监督,实现对法官的纪律考核。在民事领域,基层治安法官被保留了下来,进行诉前调解;同时每个区设立一个民事法庭,对一审案件享有广泛的管辖权,并受理对治安法官作出的判决的上诉。每三个省设立一个上诉法院。负责审理对民事和商事法院作出的判决提起的上诉案件。在初审中,保留了商事法院,对商事法院的上诉同样由上诉法院审理。劳资争议委员会建立后,基层治安法官对商事案件和劳动争议案件不再享有管辖权。在刑事领域,一审民事法官开始处理涉及违警的案件,1808 年《刑诉法》不仅确立了纠问式与控告式并举的诉讼程序,确立了起诉、预审和审判职能分离的原则,而且赋予检察院主动提起公诉的权力。

这一时期还设立了最高行政法院。设立最高行政法院源于大革命时期法律对于普通司法干预行政争端的禁止性规定。1789 年大革命胜利后,资产阶级取得了立法权和行政权,但司法权仍为封建保皇势力所占据。为防止封建势力复辟,法国资产阶级特别强调立法权、行政权应当独立于司法权。这一点与英美极为不同。正是在这种时代背景下,1791 年法国《宪法》明确规定,普通法院不得干涉立法和行政权的行使。拿破仑时期,为了加强中央集权,设置了参政院来行使国家元首保留的审判权,具体审理行政诉讼,进行行政裁判。根据 1799 年 12 月 13 日《宪法》与 1799 年 12 月 26 日《条例》的规定,现代意义上的最高行政法院逐步建立了起来。该《宪法》第 52 条规定,国事参事院由执政官领导,负责起草法律和行政命令草案,并解决行政领域中出现的问题。第 53 条继续规定:国事参事院的成员始终在立法机构前享有发言权。上述规定初步奠定了国家参事院(后统称为最高行政法院)在法国司法体制中的地位。1801 年 11 月 4 日的一项决定进一步明确了省长之间行政冲突的解决机制,并授予法庭中的政府特派员对于所在法庭中认为不当的行政案件有要求发回重审的权力。[①] 1872 年,法国又颁布了专门规范行政法院的《参政院法》,使其以法国人民的名义独立行使审判权,真正成为名副其实的具有独立行政审判权的法院组织。

4. 第五共和国即当代法国司法

随着 1958 年法国现行宪法的颁布,第五共和国的司法领域进行了一次声势浩大的改革。这场改革一方面形成了法国现有的司法体制,大幅提升了法官的独立地位;另一方面也确立了违宪审查制度,将法国推向了法治国家的大道。根据分权原则,国家的职能分属于三类机关,

---

① 金邦贵:《法国司法制度》,法律出版社 2008 年版,第 4 页。

即立法、司法和行政。尽管从形式上看，这是很标准的分权制国家机构体制，但是，与美国典型的三权分立相比较，法国独立的司法体制具有某些独特之处。法国《宪法》上的司法权和通常所讲的司法权有所不同。法国的司法职能不但分属于司法和行政两个系统的法院，而且对于涉及宪法和政治事务的管辖权又授予专业司法系统以外的特殊机构。宪法上只提到一种置于共和国总统保证之下的"司法机关"，并由总统负责主持它的代表机构，即最高司法会议（《宪法》第65条）。

为了保障司法独立，法国《宪法》规定：共和国总统保证司法独立。1970年颁布的《法官组织法》使法官的待遇和培训条件大幅度改善。法官不再由律师公会选拔，而是由国家法官学院通过统一的考试自上而下来录取考生作为实习法官。并且，最高司法会议的地位得到进一步加强。《宪法》规定："最高司法会议协助总统"，"总统任最高司法会议主席，司法部长任当然副主席"。最高司法会议是协助总统实行司法监督的机构，由总统任主席，司法部长任副主席，其主要职责是就最高法院法官和上诉法院首席法官的任命向总统提出建议，对司法部长有关任命其他法官的建议提出意见，就赦免问题接受咨询。最高司法会议同时又是法官纪律委员会，具有对法官的惩戒权。司法部则从事司法行政管理，掌管法院系统的行政组织、人事调动和活动经费等。

法国在世界上最先奉行普通司法权与行政裁判权两相分立的原则，将法院组织分为普通法院与行政法院两大系统。一般的民事、刑事案件归普通法院管辖，涉及公民对国家机关或者国家机关之间的行政诉讼案件，则归行政法院管辖，普通法院不得干预。

法国的两大法院组织系统互不隶属。普通法院系统由初审法院、大审法院、违警法院、轻罪法院等基层法院和重罪法院（又称巡回法院）、上诉法院、国家安全法院等中级法院以及最高法院组成，负责审理民事和刑事案件。其中，初审法院和大审法院属于民事法院，违警法院、轻罪法院和重罪法院属于刑事法院。除民事法院中的商事法庭、乡镇对等法庭、劳资调解委员会、社会保险诉讼委员会的法官由选举产生外，刑事法院和其他民事法院法官则由最高司法委员会或司法部长推荐或任命。法官实行终身制，非经弹劾不得免职。

再看行政法院系统。现代法国行政法院系统主要包括最高行政法院、上诉行政法院、地方行政法庭、行政争议庭和一些专门行政法院，如审计法院、财政和预算纪律法院、战争损害赔偿委员会等。为了应对行政诉讼案件不断激增的困难，1987 年法国创设了上诉行政法院作为行政诉讼的二审法院，以减轻最高行政法院的负担，后者当然保留了某些特定行政案件的上诉审管辖权和行政案件法律复核审的权力。上诉行政法院设立于初审行政法院和最高行政法院之间，使得行政法院的结构与普通司法法院的结构相对应，有助于行政审判权的分散和优化，改变了以往行政审判权过于集中的态势。法国行政法院的主要任务是解释现行法律和行政法令，并提供建议和拟订草案；审理行政机关之间的纠纷和公民对行政机关的控告。行政法院的成员不是职业法官，而是行政官员，任命和调动按公务员制度规定办理。

此外，在两大法院组织系统之外，还设有争议法庭和特别高等法院。争议法庭由最高法院和最高行政法院选出的法官以及司法部长等组成，负责处理普通法院与行政法院两系统间关于管辖权的争议。1958 年《宪法》废除了此前由参政院行使的对共和国总统即各部部长危害国家安全进行审判的权力，专门设立特别高等法院。特别高等法院由国民议会和参议院选出的数目相同的议员组成，专门审理总统所犯的叛国罪和政府部长在执行职务期间所犯的刑事罪和危害国家安全罪。这就使议会两院在政治司法机构中享有同等的权力，而不再是一方享有控诉权，另一方享有审判权的权力分配模式。①

宪法委员会的设置也是法国司法制度的一个重要组成部分。1946 年《宪法》规定设立宪法委员会，但是由于受到传统的将法律视为大众意愿的思想的束缚，法国《宪法》将议会视为人民主权的最高代表，没有赋予宪法委员会以实质性的监督权，只对审查法律的合宪性做了一些程序性的规定。由于 1956 年选举丑闻案件的影响，1958 年《宪法》确立了真正宪法司法意义上的现代的宪法委员会，取代了第四共和国形同虚设的宪法委员会。此后，宪法委员会的违宪审查职能使得宪法委员会成为一个真正的宪法司法机构，也确立了其在整个法国司法体系之中的最高地位。

（二）德国司法权与行政权分离的演进历程

1. 18 世纪之前的司法权

中世纪后期，随着罗马法学的复兴，德意志地区开始全面继受罗马

---

① 金邦贵：《法国司法制度》，法律出版社 2008 年版，第 14—20 页。

法。16—17 世纪,德国近代司法制度的主要特征就是对罗马法的“现代适用”。在中世纪末与近代的过渡时期,德意志帝国设立的帝国皇家法院和帝国枢密院,对德国现当代的司法制度产生了重大影响。帝国皇家法院是德意志帝国的最高法院,审理非直属帝国诸阶层之间的民事案件,并且是最高上诉法院。其有时作为一审法院,有时作为二审法院。主要管辖包括拒绝赋予权利、违反邦际和平、市民阶层起诉帝国直属主体,以及数量有限的上诉案件。帝国皇家法院除法官和审判人员外,还有国库总监、诸侯国的代理人以及律师等履行各自职责。帝国皇家法院的审判活动,对罗马法和教会法诉讼在德意志地区的普及以及诉讼法的统一产生了巨大的推动作用。

帝国枢密院是与帝国皇家法院平行的德意志帝国的最高法院,其与帝国皇家法院不同的是,起初帝国枢密院是王家或皇家的枢密院,是帝国的最高政府机关和司法机关,后来逐渐发展成为与帝国皇家法院平起平坐的皇家法院。枢密院由作为皇帝代表的枢密院主席以及 12—34 名枢密顾问组成。主要管辖涉及皇帝保留权与特权的案件、帝国采邑案件,以及针对帝国直属主体提起的刑事指控。

2. 18—19 世纪:“散发着行政气味”的司法权

18 世纪末 19 世纪初,一些邦国对行政与司法合一的做法重新审视,有些地方甚至出现了将承担行政职能的政府和负责司法职能的法院分离的现象。此外,一些邦国借鉴法国的做法,在政府机关内部按照专业事务划分局部,形成包括外交部、司法部、内务部、国防部等在内的行政机关格局。这都为行政法的提出以及行政法院的设立奠定了基础。有些邦的公民有权针对下级行政机关做出的决定,向普通法院提起诉讼。在 1849 年的法兰克福保罗教堂《宪法草案》第 182 条中规定:“停止行政性司法活动;对于所有的侵权行为,都由法院进行裁判。”1863 年,地处南部的巴登邦率先在德意志建立了行政法院,并设立邦最高行政法院。1872 年,最大的邦普鲁士开始在全邦范围内设立行政法院。在基层和中层审级,行政法院是属于行政系统的,而不属于司法系统管辖。只有最高审级的行政法院,即 1875 年设立的普鲁士高等行政法院,才完全独立于行政系统。此后几年,其他各邦纷纷仿效普鲁士,设立独立的行政法院,负责对行政行为的司法审查。

3. 20 世纪前期:刑事司法的政治化

在司法的政治化方面,德意志帝国是有传统的。在整个 19 世纪,法院在审理具有政治性质的刑事案件时,就经常发生不公正和不正常的情况,总体上是明显偏爱右派、无情打击左派。德意志帝国成立后,俾斯麦政府于1878年颁布了《反社会主义者法》,对政治左派人士、社会民主党人以及其他进步力量等所谓的“煽动者”进行残酷迫害。1910年,卡尔·李卜克内西将当时的司法称为阶级司法,可谓一针见血。这种倾向不仅一直持续到魏玛共和国时期,并且“护右反左”的倾向更加明显。虽然国体已由帝国更改为共和国,但法院的司法人员没有变化,其政治倾向也没有变化。这导致了民众对司法机关的普遍不信任,司法出现了信任危机。1921年,魏玛共和国成立了国务法院,主要审理帝国与各邦之间的法律纠纷。国务法院被认为是二战后联邦德国宪法法院的先行者。

4. 纳粹时期:司法的帝国化

希特勒攫取政权之后,在国家和社会生活的各个方面确立了极权主义的元首制。为了达到实行法西斯统治的目的,上台伊始,纳粹就着手废除公民基本权利,以及法治国家的一些基本原则。1933年的《授权法》规定,政府可以自行立法,甚至制定与宪法相抵触的法律法规。从此,立法权与行政权之间就无法做到分权制衡。此后,纳粹又以立法的形式宣布纳粹是德国唯一合法的党,禁止其他党的一切活动;废除联邦制,将各邦降格为帝国的下属行政单位,实行中央集权;解散代表各邦利益的帝国参议院。这些都为司法的帝国化创造了条件,将全国的司法活动统一置于帝国司法部长的控制之下。1942年4月,希特勒任命自己为最高司法官,这意味着司法独立性的彻底毁灭。德国从一个权力分立制衡的法治国家蜕变成了一个中央集权的恐怖国家。

此外,纳粹还在既有的法院系统之外,新设立了种族法院、特别法院和帝国战争法院,将本来应当由帝国法院管辖的政治犯罪案件交由这些特别法院来审理。这些特别法院是纳粹迫害异见人士的工具,不经过公开的司法程序进行秘密审判和刑讯逼供是其运行的基本特征。

5. 二战后东西德国的司法权状况

二战结束后,德国一分为二。民主德国几乎全盘照搬了以苏联为代表的社会主义国家的法制原则和法律、司法制度;而联邦德国则继承了19世纪和二战前的法律和司法传统,《波恩基本法》关于民主、和平、保障公民之基本人权方面的规定成为联邦德国40年宪法政治的基石。

在苏联占领的东德地区，由苏联驻德国军事当局行使立法、行政和司法权。军事当局废除纳粹法律，颁布新的法律。军事法院对纳粹战犯进行了严厉的审判，实际上，德国法院也经常行使这一权力。在苏联影响下，苏占区开始重建行政和司法机关，并加强了执政的统一社会党对国家公共领域的政治控制，实行党政不分、议行合一的政治体制，取消三权分立制衡原则。在司法体制上，将原来的若干个法院系统或诉讼管辖归并统一为唯一的一个法院。1952 年，行政法院系统被取消，1963 年，又取消了劳动法院的设置。到 20 世纪 60 年代中期，最终形成了只有一个法院系统的司法体制。

1990 年 10 月 3 日，民主德国以 5 个州的形式加入联邦德国，至此，东西德国统一为一个新的德意志联邦共和国。民主德国的法律和司法制度随着国家和政治制度的消亡而消亡，联邦德国的法律和司法制度适用于新的德意志联邦共和国全境。联邦德国在司法制度方面与二战之前最大的区别在于 1951 年宪法法院的设立。宪法法院专门处理违宪审查事项，以及承担宪法的监督与实施。宪法法院法官拥有明确的宪法性制法权。

《基本法》第 93 条规定设立联邦宪法法院，并明确了联邦宪法法院的管辖范围、组成人员及其产生方式。第 92 条及其相继条款规定，德国法院实行联邦制和多元诉讼管辖体系，并对法院系统进行了职能上的分工界定。由于深受联邦制的影响，德国在司法体制的设计上更强调司法体制内部的分权和多元化。

在《基本法》列举的联邦法院有管辖权的范围内，司法权由联邦法院行使，除此之外，司法权由各州的法院行使。从总体上看，与德国政府组织分为联邦政府、州政府和地方政府相对应，德国法院系统也由联邦法院、州法院和地方法院组成。其中地方法院是初审法院，各州法院是上诉法院，联邦法院则是最高法院。所谓多元诉讼管辖，则是指并非由一个统一的法院对所有类型的诉讼案件行使管辖权，而是由多个平行、独立的法院分别对不同类型的诉讼案件行使管辖权。在联邦层面，除设立联邦宪法法院外，分别为普通诉讼管辖、行政诉讼管辖、财税诉讼管辖、劳动诉讼管辖和社会诉讼管辖，设置作为最高法院的联邦最高法院、联邦行政法院、联邦财税法院、联邦劳动法院和联邦社会法院。此外，联邦还可以为工业产权事务设立联邦专利法院，武装部队设立军事刑事法院作为联邦法院。《基本法》第 101 条规定不得设立特别法院，只有依照法律才能设立审理专门案件的法院。除联邦法院外，其他法院都是州法院。各州也相应设立普通法院、行政法院、财税法院、劳动法院和社会法院系统。这种多元化的分工，有助于相关专业司法经验的积累和司法效率的提高。

除法院组织制度外，《基本法》对法官的法律地位做了原则规定。第 92 条明文规定，司法权由法官行使，第 97 条和第 98 条规定，法官在事务上和人身上具有独立性。这种独立性在《德国法官法》中再次被重申：法官是独立的，仅服从法律；法官仅在其独立性不受侵害的范围内接受职业监察。并且，法官的独立性有一系列具体的制度予以保障。法官原则上不得违背其意志被调任、解除公职、退休和委派。终身法官和任期法官只有在有关法官公诉的程序中、在法院惩戒程序中，为了维护司法的利益以及在法院组织发生变更的情况下，才能未经其书面同意，被调任另一个职务或被解除职务。终身法官和任期法官丧失职业能力或者职业能力受到限制的，在未经其书面同意的情况下，只有依据生效的法院裁判，才能令其退休。只有在其同意的情况下，才可以将终身法官或任期法官委派至其他法院，而且委派的时间应当明确；未经其书面同意的情况下，法官可以在一个业务年度的总共 3 个月时间，被委派至同一个审判部门的其他法院，代理其他法官的工作。当然，法官的这种地位与德国对法律教育和法律职业的重视，以及对专业化和职业化司法的极度推崇有很大关系。德国的法律工作者都必须经过系统的法学教育，并参加国家的两次司法考试，成绩合格后才有资格从事与法律相关的职业。

四、小结

在诸多的希腊城邦中，斯巴达和雅典两者的法律制度最具典型性，二者在其司法活动中都适用“集体负责制”。从司法权的角度来看，斯巴达的国王、长老会议、公民会议、监察官都享有部分司法权。而雅典的司法审判机关除由部分国家机关及官吏行使有关职权外，还设有一些司法审判组织。陪审法庭是国家最高司法和监察机关。

在整个西欧封建时期，王权、神权与领主权彼此之间的斗争，直接影响到了审判制度的发展，审判权在隶属于行政权与神权的同时，呈现出了分散化的趋势。在相当长一段时间内，各王国的中央立法机关和中央司法机关在事实上并不存在，大小封建贵族在自己的领地中享有程度不同的审判权。基督教势力不断膨胀，教会法院的司法管辖权也在不断扩大，严重挤压了世俗法院的审判空间。在中世纪之初，法院审判受日耳曼法的影响较大，实行弹劾式诉讼，教皇英诺森三世时，纠问式诉讼开始出现。格列高里九世时创办了作为特别刑事法庭的宗教裁判所。中世纪后期，为适应中央集权的君主专制制度不断强化的需要，西欧各国的审判制度渐趋统一，普遍采用了纠问式诉讼方式。

法国的法律制度是中世纪欧洲大陆封建法律制度的典型代表。法兰西王国有国王法院、领主法院、教会法院和城市法院四种法院系统交错并存。13 世纪时，路易九世实行司法改革，首先将大领主的司法权置于国王法院管辖之下，以求削弱领主法院权力，加强中央集权。同时，教会法院和城市法院的审判权也都受到一定限制。随着王权的加强，13 世纪还在巴黎建立了王室最高法院（Cour Parlement），后称为巴利门。

英国在中世纪早期实行封建集权君主制度，国家主权为国王一人所有，政府职能没有高度分化。到了 17 世纪，人们开始意识到混合政府理论的重大缺陷，分权思想开始萌芽。但此时司法权仍然被视为是行政权的一部分而未单独被提出。直到光荣革命胜利后议会主权与司法独立才得以真正确立。光荣革命后，1701 年的《王位继承法》确立了司法独立原则，为保证法官独立，实行法官终身制。

在北美殖民地早期，美国司法独立的概念并没有被提出。在早期的法律文件当中有关司法组织、司法人员的规定也都十分模糊。随着英国光荣革命的胜利，北美殖民地的殖民者开始关注司法问题。对美国联邦司法权的独立地位、司法权的独立行使做出了具体规定的是联邦宪法和 1789 年《司法法》。1803 年马伯里诉麦迪逊案之后，联邦最高法院拥有了“凌驾于美国国会、总统和各州政府所属各部门之上的最高的司法权威”。从此司法权作为三权分立制衡结构下的一个权力部门才拥有了实质上足够维系其独立的能力，也才真正的实现了民司法独立原则的内涵。

封建时期法国的司法制度经历了由领主司法到王室司法的发展过程。在 13—16 世纪，王权得到极大的加强，国王逐渐收回并掌握了司法权，领主司法走向没落。16—18 世纪时期，在国王强化专制统治的过程中，以巴黎高等法院为代表的司法权力与王权展开了有限的斗争。1771 年，路易十五成立莫普法院以取代原巴黎高等法院。1774 年路易十六上台，重建了巴黎高等法院。教会拥有司法权是法国司法制度的一个基本特征。11 世纪，教皇格列高里时期，基督教会取得了凌驾于世俗权力之上的司法权。从 12 世纪起，教会管辖着一切世俗的民诉案件，直到佛朗索瓦一世时期，世俗的民事诉讼才由教会法庭移至国王法庭审理。1790 年 9 月 7 日，贯穿于整个法国封建历史的教会司法终于在法国大革命以后被依法废除。法国大革命推翻了封建专制制度，以三权分立、司法独立为原则逐渐建立起资产阶级的司法体系。19 世纪初，拿破仑一世设置了普通法院系统和行政法院系统，确立了司法人员的独立地位。1872 年，法国颁布了专门规范行政法院的《参政院法》，使其以法国人民的名义独立行使审判权，真正成为名副其实的具有独立行政审判权的法院组织。随着 1958 年法国现行《宪法》的颁布，第五共和国的司法改革一方面大幅度提升了法官的独立地位；另一方面也确立了违宪审查制度，将法国推向了法治国家的大道。

德国司法权的演变也有其固有的特征。16—17 世纪，德国近代司法制度的主要特征就是对罗马法的“现代适用”。在中世纪末与近代的过渡时期，德意志帝国设立的帝国皇家法院和帝国枢密院，对德国现当代的司法制度产生了重大影响。18 世纪末 19 世纪初，有些地方出现了将承担行政职能的政府和负责司法职能的法院分离的现象。1863 年，巴登邦建立了行政法院，并设立邦最高行政法院。1872 年，最大的邦普鲁士开始在全邦范围内设立行政法院。此后几年，其他各邦纷纷仿效普鲁士，设立独立的行政法院，负责对行政行为的司法审查。从 19 世纪到魏玛共和国时期，德意志的司法具有政治化的倾向。希特勒攫取政权之后，将全国的司法活动统一置于帝国司法部长的控制之下。1942 年 4 月，希特勒任命自己为最高司法官，这意味着司法独立性的彻底毁灭。二战结束后，德国一分为二。民主德国几乎全盘照搬了以苏联为代表的社会主义国家的法制原则和法律、司法制度；而联邦德国则继承了 19 世纪和二战前的法律和司法传统。1990 年 10 月 3 日，东西德国统一。《基本法》强调了司法独立原则。《德国法官法》再次被重申了这一原则，并且设计了一系列具体的制度来保障法官的独立性。

第四节 世界刑事诉讼第一次革命在中国

世界刑事诉讼的第一次革命在我国也经历了一个复杂的过程。从夏朝时设立专门的司法官吏“士”和“理”开始,历经漫长的形式分离时期之后,最终在《中华民国临时约法》中确立了权力制衡意义上的司法权与行政权的实质性分离。此后司法权与行政权的实质性分离历经波折。中华人民共和国成立后,在1954年《宪法》中明确规定法官“只服从法律”,从而确立起了较为彻底的审判独立原则。1982年《宪法》则在一定程度上弱化了司法的独立性。

一、古代中国司法权的演进历程

如前所述,司法权的产生与法律的起源息息相关。一般认为,中国法律起源于夏朝。夏朝法律在产生之初,就实行礼法结合,带有君主专制等特点,在其形成过程之中,则带有氏族习惯的浓厚影响,以及种族奴隶制、宗法制的鲜明特点。夏朝统治者将以往维护部落联盟酋长权威地位的习惯改造成习惯法,以求能够巩固君主在行政、立法和司法上的支配地位。夏启出于加强专制统治的需要,经常以个人名义颁布专制性质的残酷命令,以严厉镇压各种违反王命的行为。夏朝统治者还在审判中宣扬“代天行州”[①]与神兽代天审判的思想,一方面,其目的在于增强审判的威慑力,巩固奴隶主阶级的司法统治;另一方面,这些思想也确实在一定程度上反映了氏族社会神明裁判的残留影响。夏时已经设立了专门的司法官吏“士”和“理”。在中央作为国王的司法助手叫“大理”。

商朝时期,在司法制度方面有了较大的发展。商王是最高司法长官,他握有生杀予夺和决定诉讼胜败的大权,重大案件都由商王裁决。在商王之下设置最高法官叫大司寇,其下设正、史等审判官吏。商朝的内服地区法官是士,基层叫蒙士;外服地区由地方诸侯自行处理。

西周和春秋时期的中央司法机关由国王、大司寇、小司寇和士师构成。国王是全国最高的审判官,最重大案件都由国王做最后裁决。大

---

① 《尚书·甘誓》:今予惟恭行天之罚。

司寇对国王负责,是辅佐国王行使中央审判权的最高官吏,负责中央的全部司法工作。小司寇是大司寇的属下官吏,负责具体的司法工作。士师是大、小司寇之下的司法官吏,负责掌握中央的禁令,审核地方案件,解释法律,审理士一级的案件。此外,还有其他一些负责各个方面具体事务的司法职官。地方司法职官设有乡士、遂士、县士、方士、讶士等,负责审理国中之乡、四郊之遂、野外之县、都邑、边远地区的刑、民事案件。

秦朝作为我国第一个中央集权的封建王朝,其基本的制度特征是"权制断于君"①,国家司法权也不例外,由皇帝一人操纵,秦始皇"昼断狱,夜理书,自程决事"②。秦朝时的中央司法机关由丞相、御史大夫和廷尉构成。丞相是最高行政长官,有时也负责审理皇帝交办的案件。御史大夫为丞相之副,执掌群臣章奏,下达皇帝诏令,负责监察和亲理诏谕。廷尉是中央最高的司法审判机关及职官。地方司法机构分郡、县两级,由郡守、县令或县长兼理司法审判。县丞负责协助县长或县令办理狱讼案件。

两汉时期,中央司法机关依然由皇帝、丞相、御史大夫和廷尉构成。皇帝依然是最高审判官,对疑难案件有最后裁决权,有时还亲自审理案件。汉初,丞相和御史大夫曾享有审判大权,东汉时罢丞相,御史大夫改为司空,失掉审判大权。廷尉作为中央一级司法审判长官,隶属于皇帝负责审判则一直未变。廷尉的主要职责是审理刑狱。一方面审理皇帝交办的诏狱;另一方面审理地方上报的疑难案件。汉武帝后,为了限制相权逐渐扩大了尚书的职权,赋予尚书司法行政与司法审判大权。汉成帝时设"五曹""三公曹"主断狱。东汉后,尚书台成为封建国家的中枢机关,曾设"六曹""二千石曹"主辞讼事。从此,司法大权又由廷尉和皇帝的亲信——尚书共管,加强了皇帝对司法大权的操纵。地方司法机关为封国、州、郡、县等,基本上都是郡、县两级。

三国两晋南北朝的司法制度基本上沿袭汉制,但有所兴革。三国时期中央司法机构由廷尉、御史以及尚书构成。廷尉依然是最高审判机关的长官,御史是中央监察机关和职官,尚书则是司法行政机关的长

---

① 《商君书·修权》。

② 《史记·秦始皇本纪》。

官，这些职位在不同的时期各有变动。从总体来看，这一时期中央司法机关日渐扩大，但职掌不够确定，有时有些混杂。地方司法机关与行政机关合二为一，行政长官兼理狱讼。

唐朝沿用隋制，皇帝之下设大理寺、刑部、御史台三大司法机构，共同行使中央司法机关的各项职能。大理寺是唐朝中央最高审判机关，负责审理中央百官及京师徒刑以上的案件。但是徒、流刑案件的判决，须移交刑部复核。死刑案件的判决，除刑部等中央机关的复议之外，须奏请皇帝批准，才能执行。对于刑部转送的各地疑难案件以及刑部复核的死刑案件，大理寺拥有重审的权力。刑部不单是中央司法行政的最高机构，同时兼管狱囚薄录、给养供应等，并有权对大理寺审判的案件进行复核，受理各地在押犯的申诉案件。御史台是中央司法监察机构，有权监督大理寺的审判以及刑部的审判复核，也参与全国重大疑难案件的审判工作，并有权受理有关行政方面的诉讼。在发生特别重大案件时，往往由大理寺卿、刑部侍郎、御史中丞组成中央临时最高法庭加以审理，称之为“三司推事”制度。唐朝三大司法机构分工制约，有效加强了封建司法统治以及皇帝对中央司法权的控制。在地方上，仍然实行行政与司法合一的制度，州县长官既是行政首脑，又是司法长官，掌握审判的批准权和上报权。

宋朝沿袭唐制，中央仍以大理寺、刑部、御史台为三大司法机关，各机构职责相沿未改。宋太宗淳化二年（991年），为加强对司法审判权的控制，朝廷于宫禁中增设审刑院，置知院事一人、详议官六人。全国上奏案件，须先经审刑院备案，再发交大理寺审理和刑部复核，然后由审刑院详议，并奏请皇帝裁决。这实际是在刑部之上又增加了一级复审机构，剥夺了大理寺和刑部的部分权力，使审判和复核程序复杂化。宋神宗元丰三年（1080年）改革官制，裁撤审刑院，将其职权归还刑部。此后，凡奉皇帝诏命所立案件，由朝官临时组成制勘院审断；由中书省下令所立案件，由诸路监司及州军等派官临时组成推勘院审断，从而保证了皇帝对重大案件的直接控制。此外，枢密院有权参与军政案件的审判监督，三司及户部有权参与财政赋税案件的司法审判。宋朝地方实行州（府）、县两级制，仍由行政长官兼理司法。各县有权审判杖刑以下案件，徒刑以上案件须将审理意见报送州府判决。各州有权审判徒刑以上案件，但死刑案件须上报提刑司复核，重大疑难案件要上报刑部,由大理寺审议,或经皇帝裁决。在京畿地区,由开封府和临安府负责司法审判活动。宋太宗淳化二年(991 年),在州、县之上增设路一级提点刑狱司,作为中央派出机构,主要监督本路司法审判活动,复核州、县重大案件,监察劾奏州、县长官违法行为,以加强中央对地方司法审判权的控制。

元朝统治者为维护蒙古贵族的特权,建立了由蒙古官员垄断的各领其事、不相统摄的多重司法机构。在中央分设刑部、大宗正府、御史台、宣政院、枢密院,各掌审判的有关方面。刑部"掌天下刑名、法律之政令"①以及冤案、疑案复审、死刑复核、录囚等各项工作。大宗正府同中书省、枢密院并列,不受御史台监察,专管蒙古贵族王公案件的审判,并受理京师等地蒙古、色目人诉讼的案件,成为独立于刑部的中央司法审判机构。御史台负有纠举百官违法犯罪以及监督京师与地方刑狱的职能,成为元朝中央相对分立的司法监察与审判机关。枢密院与中书省同掌军事,并兼理重大军事案件的审判。宣政院专门负责审理重大的僧侣案件和僧俗纠纷案件,道教所审理与道教有关的案件。中政院兼理皇族与内廷官吏案件的审判。元朝不仅中央司法机关交错重叠,而且军事、政治、宗教等中央机构同时兼理司法。这种各领其事、不相统摄的多重司法机构,造成了元朝司法的不统一,其地方司法机构也面临同样的问题。

明初从中央到地方设置了普通审判机关,掌管天下的一般民刑事案件。在中央,称刑部、大理寺、都察院为"三法司",其中,刑部主审,大理寺复核,都察院监督,三者相互牵制,共同对皇帝个人负责,从而形成了以皇权为中心的司法体制。在地方上司法机关分省、府、县三级,仍然实行行政与司法合一的体制。为了强化封建君主专制,又于普通审判机关之上,设立了厂、卫等特务审判机构,这是明代君主强化镇压的结果。厂卫机构凭借皇权势力,不仅专理诏狱,而且干预普通审判机关的司法工作。这反映了明代司法体制的畸形化。

清朝时刑部执掌全国的法律刑名,管理地方上诉案件,审核地方上报的重案和发生在京师的徒刑以上案件,同时也审理中央官吏违法的案件。但刑部仅有权决定流刑以下案件,并受三法司的复核和监督。

---

① 《元史·百官志》。

三法司即刑部、大理寺和都察院。刑部审理不当,大理寺可以驳回更审,刑部、大理寺均有误,都察院有权弹劾。凡斩立决案件,三法司核拟具奏皇帝,皇帝批准后即可执行。九卿会审是专门审理斩监候、绞监候案件的临时机构。九卿是由六部尚书、都察院都御使、通政司通政史和大理寺卿组成。小三司是由大理寺下属左右寺丞、都察院下属十五道御使和刑部下属承办司组成,主要负责会同审理发生在京师的笞杖刑案件,徒刑以上案件还要送刑部和三法司审理。京师还设有五城察院,专管京师治安。在地方上行政司法部分,地方长官除了按察使是专司刑名案件的官员外,其他各级行政长官均要兼理司法刑名。除此之外,清朝统治者还针对满人的案件专门设有一套特殊的司法系统,一般法司无权审理,其目的在于维护满人在司法上的特权。

总体来说,我国古代司法权的演变有一个基本的规律,即从整体上看,司法权与行政权已经有了社会分工意义上的分离,但是还尚未达到权力制衡意义上的分离。这一点在中央层面上表现得尤为明显。在地方层面上,我国古代的多数朝代都选择了两权合一、行政兼理司法的模式,即司法权仍然与行政权混为一体,并未做形式上的明确区分。

二、清末至新中国成立前中国的司法权状况

清末一项特殊的司法制度是领事裁判权制度。这是外国侵略者通过不平等条约攫取的一项特权。如《虎门条约》规定:英人华民倘若遇有交涉词讼,英国领事有权“查察”“听讼”,“其英人如何科罪,由英国议定章程、法律发给管事官照办”①。此外,英、美等国还强迫清政府建立了中外会审制度。如1858年中英《天津条约》规定,中国人如与英国人发生争执,可到被追诉人所属国家的官员处控告,如不能调解,“即由中国地方官与领事官会同审办”。实际上,会审机关完全由外国领事所把持,中国会审官员只不过是陪衬而已。领事裁判权制度的建立,是中国司法独立主权丧失的重要标志,也是清朝司法制度半殖民地化的具体体现。

20世纪以前,清政府除确认领事裁判权制度外,对内仍然沿用司法

---

① 王铁崖:《中外旧约章汇编》(第1册),生活·读书·新知三联书店1957年版,第35页。

与行政混而唯一的旧体制。清光绪三十二年(1906年),清廷决定实现司法与行政的分立,将刑部改为法部,专管司法行政;将大理寺改为大理院,专管审判。各地设高等审判庭、地方审判庭、乡献局三级审判机关,实行四级三审制度。大理院为最高审判机关,专门审理宗室官犯、抗拒政府犯、特交案件及不服高等审判厅判决或裁决的上诉案件。高等审判厅专门审理不服地方审判厅判决或裁决的上诉案件,不受理初审词讼。地方审判厅则自徒流以至于死罪的刑事案及诉讼标的值银二百两以上的民事案,皆得受理。乡献局负责审理笞杖罪和无关人命的徒罪及诉讼标的值银二百两以下的民事案件。与此同时,清廷还颁布了《大理院审判编制法》,在京师设立了一系列的审判机构,根据这些规定,一些省份和地方也陆续开始设立新的审判机构。

湖北军政府时期,先于政事部内设司法局,后单独设立司法部为"普通司法之基础",下设民事、刑事、监狱、总务等司。南京临时政府成立后,由临时大总统及司法部长分别任命之法官组成的中央裁判所行使最高审判权,依法审判民事、刑事案件。临时政府内设立司法部管理"民事、刑事诉讼事件,户籍、监狱、保护出狱人事务并其他一切司法行政事务,监督法官。"①军事司法机关负责审理有关侵犯军事利益的犯罪的案件。临时政府认为,"司法独立,为法治国分权精神所系。""自三权分立之所风行世界,无论何国、何种政体,司法均主张绝对独立。"②为保证司法独立,临时政府采取了一系列措施。如实行法官考试,如主张"尊崇法官",对审判官"优给俸薪",如限制任免权,禁止法官兼任,如《临时约法》规定"法官独立审判,不受上级官厅之干涉",等等。

北洋政府建立之初,沿袭清末司法制度,实行大理院、高等审判厅、地方审判厅、初等审判厅四级三审制。检察系统分为总监察厅、高等检察厅、地方检察厅和初等检察厅,分别设置于各级审判机关,负责侦查,提起公诉与监督判决执行。1914年,为巩固独裁地位,袁世凯裁并地方审判、检察厅以及初等审判、检察厅,审检归县知事兼理。两年后恢复地方审判厅,增置大理院分院、高等审判分厅、地方审判分厅等,用以强化司法镇压。段祺瑞时期重新恢复审检制度。由于北洋政府统治时期

① 《辛亥革命资料》第19页。
② 《辛亥革命资料》第410页。

各派军阀连年混战,军事审判已成为当时审判的主要形式,其地位实际上超过普通的司法审判。与此相适应,军事审判机关也膨胀了起来。一般案件,虽不涉军事,军事审判机关仍可以随意提出,加以审判。

孙中山在半殖民地半封建的特定历史条件下,批判性地总结了欧美各国的宪政理论,并参酌中国固有的科举制度和监察制度,提出了自己独特的五权宪法理论。他在梳理欧美宪法之后,认为"有文宪法是美国最好,无文宪法是英国最好。英是不能学的,美是不必学的",因为"当时的宪法现在已经是不适用的了"。于是,他在《民报》创刊周年纪念会上第一次提出了五权宪法的概念。他说:"将来中华民国的宪法是要创一种新主义,叫作'五权分立'。""这不但为各国制度上所未有,便是学说上也不多见,可谓破天荒的政体。"[①]"五权宪法是根据于三民主义的思想,用来组织国家的。……总而言之,都是建国的方略。"[②]"我们要想把中国弄成一个富强的国家,有什么方法可以实现呢?这个方法,就是实行五权宪法。"

在孙中山看来,五权宪法的核心是权、能的分治。权能分治理论的提出是为了扩大直接民权,防止议会专制。他说:"政治之中,包含两个力量:一个是政权,一个是治权……一个是管理政府的力量,一个是政府自身的力量。"[③]政权可以说是民权,即人民管理政治,具体指人民有选举、罢免、创制、复决四项权利;[④]治权可以说是政府权,即政府管理人民,具体指立法权、行政权、司法权、弹劾权和考试权。用通俗的话来说,即前者讲的是所有权,后者讲的是管理权,五权宪法的核心就是要将所有权与管理权进行区分。

---

① 《在东京〈民报〉创刊周年庆祝大会的演说》,载《孙中山选集》,人民出版社 1957 年版。

② 《宣传造成群力》,载《孙中山选集》,人民出版社 1957 年版。

③ 《民权主义第六讲》,载《孙中山选集》,人民出版社 1957 年版。

④ 孙中山所谓的政权,是指选举权、罢免权、创制权和复决权。这四个都是直接民权。所谓选举权就是指只要是中华民国公民,都有选举权与被选举权。官吏都是由人民选出来担任各项事务。罢免权即指人民对于不满意的官吏有罢黜的权利。创制权是指人民有权依公意创制法律或者废除法律。所谓复决权,孙中山认为是指立法院若立了好法律,立法院中的大多数议员不通过时,人民可以用公意赞成来通过。"这个法律,是立法院立的,不过人民要加以复决,这个法律才是能够通过罢了。"孙中山认为,人民有了前两个权利,可以对官吏形成强有力的制约,有了后面的两个权,可以对法律的存废起到决定性作用。只有四权齐备,人民所拥有的民权才算充分,才算是彻底的直接民权。

孙中山所谓的治权，即指立法权、行政权、司法权、弹劾权和考试权。很显然，五权宪法是以三权分立理论为基础的。他认为："英的宪法所谓三权分立……是在六七百年前由渐而生，成了习惯，但界限还没有清楚。后来法国孟德斯鸠将英国制度作为根本，参合自己的理想，成为一家之学。美国宪法又将孟氏学说作为根本，把那三权界限更分得清楚，在一百年前是最完善的了。一百二十年以来，虽数次修改，那大体仍然是未变的。"①在肯定三权分立理论进步意义的同时，孙中山也看到了三权分立理论的严重缺陷，由于人民没有直接民权，三权分立体制下很容易出现议会专制；同时他认为，通过选举和委任两个途径产生政府官员，"难免埋没人才和任用私人。"于是，他提出了考试权的设想，主张建立独立的考试机关来通过考试选用合格的大小官吏。② 此外，孙中山还认为应当建立独立的监察机关以实施对官吏的监督弹劾之权。③这样，孙中山的五权就由立法院议员的立法权、大总统的行政权、裁判官的司法权、监察官的弹劾权、考试官的考选权这五权组成，并且，这五个机关之间"各自独立，各有专司"。

只有当政权与治权"彼此保持平衡，民权问题才算是解决，政治才算是有轨道。"④"用人民的四个政权来管理政府的五个治权，那才算是一个完全的民权政治机关……中国能实行这种政权和治权，便可以破天荒在地球上造一个新世界。"在孙中山看来，直接民权是五权宪法的核心，"五权宪法如一部大机器，直接民权又是机器的掣扣。"⑤由此他得出了"直接民权才是真正的民权"的结论，并以此作为衡量真假民国的尺度，猛烈抨击北洋军阀政府统治下的民国"徒有民国之名，毫无民

---

① 《在东京〈民报〉创刊周年庆祝大会的演说》，载《孙中山选集》，人民出版社 1957 年版。

② 孙中山认为："如果有了考试，那么必须有才能、有学问的人，才能够做官，当我们的公仆。""无论那官吏是由选举的，抑或由委任的，必须合格之人，方得有效。这法可以除却盲从滥选，及任用私人的流弊。""宪法中能够加入这个制度，我想是一定很完备，可以通行无碍的。"

③ 孙中山认为，中国的御史台以及西方议会均具有这种职权，只不过前者是君主的奴隶，而后者易于导致议会专制，两者都缺乏独立的品质。从心理上说，裁判人民的机关，即司法机关已经独立，而裁判官吏的机关，即监察机关却仍隶属于别的机关，这在理论上难以自圆其说。因此，监察机关应当独立。只有这样，才是"完全无缺的治理"。

④ 《民权主义第六讲》，载《孙中山选集》，人民出版社 1957 年版。

⑤ 《五权宪法》，载《孙中山选集》，人民出版社 1957 年版。

国之实,实在是一个假民国”①。从以上的叙述中可以看到,司法权在孙中山的五权宪法理论中属于治权的范畴,是直接民权控制下的政府治理国家的一种权力。由于整个五权宪法理论以西方三权分立理论和美国式的相对彻底的三权分立实践为根基,因此,在该理论中司法权的独立属性是显而易见的。

工农民主政权时期,中华苏维埃共和国实行各级司法机关受同级政府领导的建制。这种政审合一的司法体制有助于政府对司法工作的领导,有利于政策法令的执行,适应了战时的需要。此外,实行审检合一,不设立专门的独立的检察机关,检察机关附设在审判机关之内。审判权与司法行政权在中央采取分立制度,由最高法院负责审判工作,司法人民委员部专管司法行政工作。在地方上采取合一制,各级司法机关兼理司法行政工作。在中央设最高法庭,在地方设省、县、区各级裁判部。

抗日民主政权时期,仍然实行政府领导司法的体制。由于国共合作关系,各根据地的法院组织条例都规定了受国民政府最高法院之管理,但在组织上没有任何隶属关系。1937 年 9 月,建立陕甘宁边区高等法院,各县设裁判处(后改为司法处),延安市建立了地方法院,随着根据地的开辟而逐步建立起来的其他抗日民主政权的司法机关,其设置情况,与陕甘宁边区大体相同。边区高等法院是边区的最高司法机关,执掌边区的审判和司法行政工作。高等法院分庭,是边区高等法院的派出机关,为该分区的第二审审判机关。边区政府审判委员会由边区政府正副主席以及政府委员等五人组成,其职责在于解释法令,管理不服高等法院第一审及第二审判决的刑事上诉案件,不服高等法院第一审判决的民事上诉案件,行政诉讼案件、婚姻案件和死刑复核案件。

人民民主政权时期,随着解放区的扩大、调整和合并,建立了大行政区、省、县三级司法机关,在制度上仍然沿用抗日民主政权时期行之有效的各项制度。建立人民法院,并在院长领导下设立审判委员会,民事、刑事法庭,办理民刑诉讼审判与执行事宜。各解放区还建立了人民法庭。人民法庭与地方各级人民法院不同,是县以下基层农会直接组织的群众性临时审判机关,专门审判一切违抗和破坏土地法的案件。

---

① 《在上海新闻记者招待会的演说》,载《孙中山选集》,人民出版社 1957 年版。

三、新中国司法权的演变

1949 年中华人民共和国的成立是中国司法权发展的新篇章。《中国人民政治协商会议共同纲领》第 17 条之规定:“废除国民党反动政府一切压迫人民的法律、法令和司法制度,制定保护人民的法律、法令,建立人民司法制度。”在 1954 年制定的《宪法》中明确规定了“人民法院独立进行审判,只服从法律”“地方各级人民检察院独立行使职权,不受地方国家机关的干涉”。由“审判权”和“检察权”组成的中国式司法权成为独立于立法权、行政权之外的一项国家权力,完成了司法权与行政权在形式上的分离[①]。

令人惋惜的是在随后的 1975 年《宪法》、1978 年《宪法》和 1982 年《宪法》,人民法院组织法和人民检察院组织法中都对司法独立的原则持消极态度。尤其值得注意的是,在 1975 年《宪法》规定“检察机关的职权由各级公安机关行使”“检察和审理案件,都必须实行群众路线。对于重大反革命案件,要发动群众讨论和批判”,已经彻底抛弃了司法权与行政权刚刚建立起来的界限,将司法与行政再次合二为一。我国于 1989 年建立的行政诉讼制度,将司法权与行政权的分离向前推进了一大步。但是受制于现实的司法状况,人民法院不愿意也不敢受理部分行政案件。时至今日,中国司法权同行政权仍处于实质分离的进行时态,二者只是在机构层面完成形式上的分离。

司法权在形式上的独立,并不能使其摆脱行政机关的干预。在许多地方,司法机关常常要把保障行政权及实现行政目标放在重要地位,要求法院配合行政的中心工作和目标。某些地方的法院根据本地行政机关的要求,提出要对本地区的经济保驾护航,以至于在司法审判活动中,极力保护本地当事人的利益。[②] 由于司法机关在人事、财政等方面受制于行政机关,司法权在实践中经常成为行政机关处理问题、转化矛

---

① 1951 年制定的《中华人民共和国人民法院暂行组织条例》第 10 条规定:“各级人民法院(包括最高人民法院、分庭)为同级人民政府的组成部分,受同级人民政府委员会的领导和监督。”此时的人民政府是未经全国人民代表大会选举的政府,是在特殊时期、特殊环境下建立的政府,司法机关虽于此时已经建立,但是权限的划分需要经过 1954 年《宪法》的确认。因此,本书的考察未将其列入。

② 王利明:《司法改革研究》,法律出版社 2000 年版,第 495 页。

盾的手段。从这个角度来看，司法权同行政权的实质分离仍然任重而道远。

四、小结

从整体上看，中国古代的司法权与行政权已经有了社会分工意义上的分离，但是还尚未达到权力制衡意义上的分离。这一点在中央层面上表现得尤为明显。在地方层面上，我国古代的多数朝代都选择了两权合一、行政兼理司法的模式，即司法权仍然与行政权混为一体，并未做形式上的明确区分。

清末外国侵略者通过不平等条约攫取了一些司法特权，如领事裁判权制度、中外会审制度等。这是我国司法独立主权丧失的重要标志，也是清朝司法制度半殖民地化的具体体现。除此之外，20 世纪以前，清政府对内仍然沿用司法与行政混而为一的旧体制。1906 年 10 月，清政府决定实现司法与行政的分立，将刑部改为法部，专管司法行政；将大理寺改为大理院，专管审判。湖北军政府时期，先于政事部内设司法局，后单独设立司法部为"普通司法之基础"，下设民事、刑事、监狱、总务等司。南京临时政府成立后，认为"司法独立，为法治国分权精神所系。"并采取了一系列措施保障法官独立。北洋政府建立之初，沿袭清末司法制度，实行大理院、高等审判厅、地方审判厅、初等审判厅四级三审制。1914 年，为巩固独裁地位，袁世凯裁并地方审判、检察厅以及初等审判、检察厅，审检归县知事兼理。段祺瑞时期重新恢复审检制度。军事审判已成为北洋政府时期审判的主要形式。工农民主政权时期，中华苏维埃共和国实行政审合一的司法体制，各级司法机关受同级政府领导的建制。抗日民主政权时期和人民民主政权时期，尽管在许多问题有所调整，但从总体上看仍然实行政府领导司法的体制。

孙中山以三权分立理论为基础，批判性地总结了欧美各国的宪政理论，并参酌中国固有的科举制度和监察制度，提出了自己独特的五权宪法理论。司法权在孙中山的五权宪法理论中属于治权的范畴，是直接民权控制下的政府治理国家的一种权力。由于整个五权宪法理论以西方三权分立理论和美国式的相对彻底的三权分立实践为根基，因此，在该理论中司法权的独立属性是显而易见的。

1949 年新中国的成立揭开了中国司法权发展的新篇章。在 1954

年制定的《宪法》中明确规定了“人民法院独立进行审判,只服从法律”“地方各级人民检察院独立行使职权,不受地方国家机关的干涉”。1975年《宪法》、1978年《宪法》破坏了这一原则。1982年《宪法》《人民法院组织法》和《人民检察院组织法》尽管对司法独立有所涉及,但距离1954年《宪法》的规定相去甚远。

第五节 世界刑事诉讼第一次革命的意义

司法权与行政权的分离对于世界刑事诉讼制度的发展具有极为重大的意义,这也就是为什么我们要将其称之为“革命”而非“改良”或“改革”的主要原因之一。正是由于司法权从行政权中分离出来,司法权才获得了自身发展的独立逻辑。根植于分工的细化,司法的效率提高了,并从此走上了专业化发展的道路。与此同时,行政权也获得了独立的发展,不唯行政的效率较之诸权合体时有大幅度提升,而且与司法权一样,也日益走向了自身专业化发展的道路。另一个重要的意义是:当司法权分化为一种专门的权力之后,其对于行政权的制约作用日益凸显。而且,司法权与行政权的分离也为世界刑事诉讼制度的第二次革命——控审分离奠定了基础,提供了世界刑事诉讼第二次革命借以发生所必要的基本条件和逻辑前提。

一、提高权力运行效率,促进专业化发展

前面已经说过,在亚当·斯密看来,效率的提高源自分工的不断细化。人类社会的三次大分工以及无数的事实表明,在人类提升效率的本能的驱使下,不断地细化分工是不可阻挡的趋势。并且,细化分工的过程是环环相扣、彼此相连的,任何一次分工的细化都会以前一次分工为基础,在前一次分工的基础上再做进一步的发展。事物的这种不断分化的过程与其细化分支运行效率不断提升的过程合二为一,彼此互动,难以区分。权力的分化亦是如此。当司法权与行政权两相分离之时,二者在各自的运行效率上也获得了有益的助力,即每一种权力内部均获得了力量上的集中。机构与人员上的分离使得司法权与行政权各自更为专注于自身的发展,再加上资源配置上的集中化优势以及由此带来的规模效应的催化,司法权与行政权均获得了自身运行效率上的

大幅度提高。

但是，必须注意的是，这里的所谓的权力运行效率的提高，主要指的是分立后的单个权力的运行效率的提高，而非分立后的行政权与司法权作为整体的运行效率的提高。从较短的一个时期来看，作为整体的司法权与行政权的运行效率，却会因为两权的分离而相对降低。对于这一点，无论是社会分工意义上的权力分立还是权力制衡意义上的权力分立，其结果都是一样的。当然，随着司法权与行政权各自运行效率的不断提升，作为整体的权力运行效率尽管由于两种权力相互之间的制约与掣肘而可能有降低的一面，但是，从长期的趋势来看，其整体的势头是提高的。不明确这一点，就无法理解现代社会为何一方面权力分工越来越细，权力之间的制约越来越多；另一方面权力运行的整体效率却越来越高的原因所在。从上述角度来看，司法权与行政权的分离，首先有助于司法权自身运行效率的提高，其次从更长远来看，最终也有助于作为整体的权力的运行效率的提高。

与提高司法运行效率不可分割的另一个司法权与行政权分离的进步意义在于促进司法的专业化发展。专业化往往伴随着职业化、精细化和规范化。当司法权从诸权合体中分娩出来之后，便获得了自身发展的独立逻辑。一系列与司法相关的专门知识和技能产生了，紧接着司法作为一项职业化的运作过程就会被精细化和规范化。在司法获得职业化、精细化和规范化的同时，专业化的司法也就找到了打开高效运行大门的金钥匙。不仅如此，专业化的司法直接促进了司法效果的优化。

从这个角度看这些年来司法专业化和司法大众化之争似乎结论更为明确。司法专业化与司法大众化是我国司法改革面临的一对主要矛盾。司法权与行政权的分离最终会导致司法权朝着专业化的方向发展。当司法专业化成为人们追求效率的一种本能需要之时，司法大众化的观点就不攻自破。尽管大众化的正当性在于民主，但是，专业化的司法与民主并不冲突。民主自有其固有的领地，一旦离开了其适用的领域，民主就会产生负面效应，成为效率的敌人。这里所谓的民主的固有领地指的就是立法过程，即民主应当在立法过程中发挥其应有的作用，一旦法律生效，民主就应当退场。在司法领域，专业化成为必要，法官只能服从法律，一切案件应当一断于法，不可以受民意的左右。司法只能成为一种具有确定范围的、需要专门技术或者特殊智力的垄断性职业，这不仅是司法权与行政权分离的必然结果，而且也是不断提升司法效率的切实需要。可以说，加强司法的专业化，提高法官的专业素质，保障法院独立地行使审理权和裁判权，是建立公正、高效、权威司法体制的首要前提。

当然，司法权与行政权的分离在促进司法专业化的同时，也促进了行政权的专业化发展。由于司法权与行政权不再合为一体，机构与人员上的分离使得行政权与司法权一样，也获得自身发展的独立逻辑。在集中优势的引导下，行政权不单获得了运行效率上的提升，也因此而走向了专业化的发展道路，有了自己明确的边界以及专门的知识与技能。

二、制约行政权，为控审分离奠定了基础

经验告诉人们，不宜过于信赖一种权力的自我约束能力。即使这种自我约束是靠得住的，它也不容易取得民众的信任。对权力的有效制约，通常只能来自另一种权力。而安排这种制约制度的时候，让一个看似虚弱的部门来制约监督一个更有实力的部门，比如，让司法部门来制约、监督行政权力这种“最不可萎缩也不可膨胀、最需要自由又最易自由无度、最需要控制而又最难以控制的权力”，可能是一种比较稳妥的做法。

尽管从社会分工意义来看，权力分工的基础性动力来自人类趋利避害的天性，来自人们对于权力运行效率提升的本能需要。但是，从权力制衡意义来看，权力分工的另一个重要动力却是来自人们对于权力滥用的制约与节制。也就是说，从权力制衡视野下看司法权与行政权的分离似乎有悖于人们追求效率的天性——司法权与行政权的分离其重要的结果之一便是导致权力之间的相互牵制或者掣肘，从较短的时期来看，作为整体的权力的运行效率丧失了。但是，值得注意的是，防止公权力的滥用以及保障人权与追求提升效率一样，也是人类趋利避害天性的一种表现和需要。在两种相互冲突的价值面前，人们追随天性的指引必然会有所取舍。于是，从长期利益的角度考虑，效率被在一定程度上被人们有意地漠视了，而公正或者正义却获得了基础性的地位。可以说，整个法律制度的正当性基础就主要根植于公正或者正义

之中,如果仅仅是为了追求短期效率的提升,那么从长期来看,法律制度更可能是对公正价值的一种致命的障碍,而不是有益的助推力量。从这个意义上讲,司法权与行政权的分离,尽管更可能是无意识的社会分工的结果,但是由于分离出来的司法权在运行的过程中获得了自己独立的发展逻辑,因而不可避免地形成了对行政权的制约。

资产阶级革命以后,有意识地通过分权以防止行政权滥用不仅在思想上成为人们的共识,而且在实践中也成为各国制度建设的指南。美国是通过分权实现制衡行政权目的的典型国家。根据三种权力相互制衡的原则,美国宪法规定,立法权可以对行政权进行制约,如国会有权要求总统条陈政策以备审议、批准总统对外缔结的条约、建议和批准总统对其所属行政官员的任命、通过弹劾案撤换总统、有权建议和批准总统对联邦最高法院法官的任命、宣告惩治叛国罪、弹劾审判最高法院法官等。与此同时,司法权也可以制约行政权。最高法院法官在总统因弹劾案受审时担任审判庭主席。1803 年马伯里诉麦迪逊案之后,司法机关更是拥有了违宪审查权,有权对政府发布的与宪法相违背的法令等进行审查,并宣布无效。1929 年大萧条时期,罗斯福上台颁布一系列法令,并通过国会授权取得美国总统史上前所未有的巨大权力。但美国联邦法院却经常驳回一些法令以制约几乎不受限制的行政权力。1935 年 1 月最高法院以 8∶1 的票数,宣布罗斯福的《全国工业复兴法》违宪。同年,一名失业工人试图利用《最低工资法》来取得工资补偿时,被告律师直接指出该法案违反了美国《宪法》第 14 条修正案,要求司法机关宣布该法案无效。罗斯福为推行新政,于 1936 年 3 月 6 日进行了"炉边谈话",将矛头直指司法部门,要求国会让他无限制地增加最高法院法官的数目,间接将司法部门置于行政部门管辖下。这就引起了全国范围的对分权制衡理论与实践的激烈讨论。尽管最后为了保证三权分立的政治格局,联邦最高法院的大法官有所让步,认为《最低工资法》并不违宪,但是,司法权对行政权的制约效果是显而易见的。事实上,世界上的绝大多数法治国家都依照分权制衡理论构建了本国的权力体系,不同方式的违宪审查机制也在许多国家被建立了起来,依照分权制衡理论,用司法权来制约行政权已经成为世界通例。除此之外,随着行政诉讼制度的发展,通过行政诉讼制度,由司法权对行政权滥用进行制约,也已经成为普遍的共识和实践。

司法权的出现也为刑事诉讼第二次革命——控审分离的出现奠定了基础。一个基本的常识是：所谓的国家控诉权与审判权(即司法权)的分离一定是建立在司法权出现的基础之上,否则,“皮之不存,毛将焉附?”作为对司法权的制约力量,控诉权的出现与司法权从行政权中分离出来直接相关。如果连司法权本身都还没有产生,又如何来对其进行制约或者节制呢?从这个意义上讲,刑事诉讼的第二次革命是对第一次革命未竟事业的继续,是对第一次革命成果在巩固基础上的进一步深化和发展。对于这一点,在对世界刑事诉讼第二次革命的具体论述中,我们可以清晰地感受到。

三、小结

首先,司法权与行政权分离有助于提高司法效率,促进司法的专业化发展。当司法权与行政权两相分离之时,二者在各自的运行效率上也获得了有益的助力——在二者各自分立的同时,每一种权力内部均获得了力量上的集中。而这种同质权力的集中,因为资源配置上的优势以及规模效应的催化,就能够直接有助于权力运行效率的提高。与提高司法运行效率不可分割的另一个司法权与行政权分离的进步意义在于促进司法的专业化发展。专业化往往伴随着职业化、精细化和规范化。在司法获得职业化、精细化和规范化的同时,专业化的司法也就找到了打开高效运行大门的金钥匙。不仅如此,专业化的司法还直接促进了司法效果的优化。

其次,司法权与行政权的分离还有助于制约行政权,并为控审分离奠定了基础。司法权与行政权的分离,尽管更可能是无意识的社会分工的结果,但是由于分离出来的司法权在运行的过程中获得了自己独立的发展逻辑,因而不可避免地形成了对行政权的制约。资产阶级革命以后,有意识地通过分权以防止行政权滥用不仅在思想上成为人们的共识,而且在实践中也成为各国制度建设的指南。司法权的出现也为刑事诉讼第二次革命——控审分离的出现奠定了基础。所谓的控审分离一定是建立在司法权出现的基础之上,否则,“皮之不存,毛将焉附?”作为对司法权的制约力量,控诉权的出现与司法权从行政权中分离出来直接相关。从这个意义上讲,刑事诉讼的第二次革命是对第一次革命未竟事业的继续,是对第一次革命成果在巩固基础上的进一步深化和发展。

第三章　世界刑事诉讼第二次革命：控诉权与审判权的分离

第一节　世界刑事诉讼第二次革命的界定、特征及标志

一、第二次革命的界定

刑事诉讼的第二次革命，指控诉权与审判权的分离。在刑事诉讼第一次革命——司法权与行政权分离之后，在相当长的一段历史时期内，控诉权与审判权仍然合二为一，其典型表现便是在纠问式诉讼模式之下，法官负有纠举犯罪的职责，并集审判与控诉职能于一身。随着社会分工的进一步细化，以及对国家权力的进一步制约，在第一次革命完成之后，世界刑事诉讼制度便迎来了第二次革命，实现了控诉权与审判权的分离。在讨论第二次革命这一问题时，基于研究的需要，也为避免给读者造成不必要的误解，有以下几个概念需要先行界定一下。

（一）控审分离之界定

控审分离是现代刑事诉讼制度的一项基本原则，涉及控诉与审判两大诉讼职能的配置问题。从内容上看，控审分离原则具有结构和程序两方面的意义。结构意义上的控审分离，指的是作为两种功能不同的诉讼职能，控诉职能与审判职能应当由不同的国家机构分别承担。其基本要求就是实现机构设置上和人员组织上的

审、检分离,即检察院作为专门的国家控诉机关独立于作为审判机关的法院;检察官也不得同时在法院兼任审判法官。程序意义上的控审分离,则是指程序启动上的“不告不理”以及程序运作中的“诉审同一”。所谓不告不理,是指刑事审判程序在启动上必须以承担控诉职能的检察机关或自诉人提起诉讼为前提。所谓诉审同一,是指在刑事审判过程中,法院审判的对象必须与检察院起诉的对象保持同一。①

限于研究的主旨及范围,本书所说的控审分离单指结构意义上的控审分离,不包括程序意义上的控审分离。并且,在结构意义上的控审分离中,单指国家公诉权与审判权的分离,而不包括公民私诉权与审判权的分离。我们知道,现代意义上的控诉权既包括国家控诉权,即公诉权;也包括公民个人控诉权,即私诉权。其中前者的一个典型表现即为检察官或者检察机关代表国家对被追诉人提起控诉,后者的一个典型表现即为由当事人个人对被追诉人提起控诉。世界刑事诉讼的第二次革命展开、发展和成熟的过程,就是国家控诉权产生、发展直至壮大的过程,是国家控诉权从无到有、从多元走向统一、从分散走向集中的过程。

(二)控审分离与检察制度

要想对世界刑事诉讼第二次革命有一个准确的认识,控审分离与检察制度的关系值得注意。本书在介绍控审分离的历程时,特别是介绍大陆法系国家控审分离的历程时,主要以检察制度的产生过程为主线。之所以要以此为主线,主要是考虑到世界刑事诉讼第二次革命展开、发展和成熟的过程,就是国家控诉权产生、发展直至壮大的过程。而在两大法系国家控诉权的发展过程中,检察制度扮演了主导性的角色,检察机关对于国家控诉权的控制力度和控制范围不断扩张乃至走向垄断。从一定意义上说,国家控诉权从无到有、从多元走向统一、从分散走向集中的过程,就是检察制度从无到有、从稚嫩走向成熟、从缺失到完善的过程。但是,值得注意的是,检察制度的发展历程并不完全等同于控审分离的发展历程,两条线并不完全重合,如警察行使控诉权依旧实现了控诉权与审判权的分离。尽管如此,从宏观的视角出发,以检察制度的产生和发展为主线来观察控审关系,仍然是我们准确把握

① 樊崇义主编:《刑事诉讼法学》,法律出版社2009年版,第60页。

控审分离内在逻辑和发展规律的重要途径。

二、第二次革命的特征

(一)多样性

刑事诉讼第二次革命的发生和展开具有多样性的特点。多样性是指在不同的国家,其控审分离的历程各不相同,特别是在英美法系与大陆法系国家,其控审分离形成了两条路径。以英国为代表的英美法系国家控审分离发生的时间最早,但控诉权行使的主体较为分散;以法国为代表的大陆法系国家控审分离发生的时间较晚,但成熟时间较早,形成了检察官独揽控诉权的制度。在英美法系国家与大陆法系国家内部,不同国家的控审分离情况又各有特点。所以从世界范围来看,控审分离的发生和展开具有多样性的特点。

以英美法系国家的典型代表英国为例。英国 1166 年确立的大陪审团即起诉陪审团制度,标志着控审分离的开始。由于英国实行公民私人控诉制度,规定任何公民都可以基于公共利益的考量,对犯罪行为提起控诉,所以并没有建立起专门的国家控诉机关。在英国,承担犯罪指控功能的国家机关的范围很广泛,控诉权十分分散。早期的验尸官承担着一些严重刑事案件(如命案)的控诉权,后来治安法官在公民放弃指控的情况下也行使一定的控诉权。当英国警察建制完善以后,大部分的刑事案件的控诉权由警察行使。但警察并不亲自刑事控诉权,而是委托事务律师代行控诉权。除检察机关行使控诉权外,英国的一些国家公共机构也行使一定的控诉权,如反严重欺诈局、国家关税和消费税总局、贸易与工业部、社会保障部及健康与安全执行委员会等。英国虽然于 1461 年设立了“皇家检察总长”一职,1515 年设立了“副总检察长”的官职,但并没有建立起全国的检察系统。直到 1879 年,英国颁布《犯罪起诉法》,才设立了皇家检察长的职位,承担起了部分公诉职能,形成了英国检察制度的雏形。但皇家检察长在起诉体系中的作用却相对有限。进入 20 世纪,为了解决私人控诉制和检察权分散制的弊端,英国政府开始对检察机关予以改革。1985 年的《犯罪起诉法》建立起了皇家检察署,作为全国性检察机构,形成了一套自上而下的独立、统一的检察制度。这标志着英国现代检察制度的建立。但这并没有改变英国的私诉制度,英国的检察机关不独揽国家控诉权,控诉权行使主体依旧分散。英国的控审分离制度影响了整个英美法系国家。

再以大陆法系的代表国家法国为例。法国与英国在控审分离的路径方面大不相同。法国实行国家控诉原则,刑事案件的控诉权由检察机关统一行使,并建立起了全国性的、自上而下的、科层式的检察机构。在法国,检察官独揽控诉权,其控审分离也最早完成。法国的检察官起源于国王的代理人。国王的代理人最早出现于13世纪末期。到1302年,菲利普四世赋予财务代理人以“总检察长”的钦命头衔,标志着法国控审分离的开始。由于法国实行国家公诉制度,不允许公民私人行使刑事控诉权,所以法国的检察官从建立开始起,就逐渐承担起了国家控诉职能,并最终独揽国家控诉权。大约到1351年,国王总检察长正式成为巴黎高等法院的常设机构。1498年的《普罗亚条例》、1539年的《刑事法令》和1670年的《路易十四条例》强化了法国的检察官制度。到16世纪初叶,私人控告式的民俗法私诉化检控机制彻底消失了。检察官僚开始成为法国刑事司法中真正的检控权力主体。资产阶级大革命时期,法国曾试图建立起类似于英国的检察制度,但最终以失败而告终。到1800年,检察官制得到恢复与重建。1808年,拿破仑颁布的《刑事诉讼法典》标志着法国检察官制度的成熟,也标志着刑事诉讼第二次革命的成熟。法典确立了检察官公诉制度,建立起了全国性的、上命下从的、科层式的检察机构,开创了世界检察官制度的先河。由于法国的检察官独揽刑事案件的控诉权,公民私人仅仅享有刑事附带民事诉讼的权利,所以法国的控审分离最彻底。法国的控审分离制度和检察制度,影响了整个大陆法系国家,并对英美法系国家产生了重要影响。

美国虽属英美法系,也曾为英国的殖民地,建立起英式的司法制度,但美国的检察制度却没有完全效仿英国,而是更多地效仿法国建立起了检察官公诉制度。美国是先在殖民统治时期建立起州检察系统,之后在联邦成立后才建立起联邦检察系统。州检察系统与联邦检察系统相互平行,互不隶属。但美国的检察制度仍旧保留了英国检察制度的特点。在州检察系统和联邦检察系统内部,又分为检察长和地方检察官两个层次,也即州检察长和州地方检察官、联邦总检察长和联邦地方检察官。检察长不享有对地方检察官的任命权。地方检察官承担了大部分案件的起诉工作,是检察制度的重心。所以美国实行检察官公诉制度,但却没有建立起自上而下的、科层式的检察系统。

德国作为大陆法系的另一代表性国家,也主要是效仿法国建立起了检察官公诉制度。由于历史上德国长期处于分裂割据状态,当英国和法国相继成为欧洲强大统一的中央集权化君主国时,德国仍处于各邦国各自为政的状态,中央权力极其弱小。这影响了德国法律的发展和国家检控制度的形成。由于德国各邦国地方势力强大等历史因素的影响,德国并没有建立起如法国一样的全国性统一检察机构,而是形成了帝国检察机关与邦检察机关二元并存的检察系统。由于德国实行联邦制,其检察机关分为联邦总检察机关和州检察机关两套体制,两者互不隶属,但在联邦和州的检察体制内,却实行上下级垂直领导体制。其中州检察机关承担了德国大部分的检察工作。

从世界范围来看,控审分离主要分为两条路径:一是以英国为代表的英美法系路径,其控诉权行使主体分散;二是以法国为代表的大陆法系路径,其检察官独揽刑事控诉权。在两大法系内部,各个国家的控审分离情况又各不相同。但不管各个国家的控审分离情况如何,其都是对英国控审分离和法国控审分离的借鉴,在根据各个国家自身情况的基础上,对其予以选择性继受,从而形成了各具特色的控审分离制度。从这个角度来看,刑事诉讼第二次革命在具体的路径上具有明显的多样性特点。

(二)彻底性

刑事诉讼第二次革命的另一个特征是彻底性,也就是刑事诉讼的第二次革命已经彻底完成。不管大陆法系的法国和德国,还是英美法系的英国和美国,其控诉权与审判权已经彻底实现分离。

英国虽然没有建立起专门的国家控诉机关,英国的检察机关不独揽控诉权,但不管控诉权是由一个专门的国家机关行使,还是由多个分散的国家机关行使,其实质上都实现了国家控诉职能与国家审判职能的分离。因此,英国虽然实行控诉权分散制,但其仍旧完成了控审分离。

法国实行检察官公诉制,由国家负责对犯罪提起控诉,实行以检察官公诉为主、公民自诉为辅的制度。法国刑事诉讼法明确赋予作为公诉机关的检察机关享有公诉权。在控审分离方面,由于法国建立起全国性的、上命下从的、科层式的检察制度,所以法国拥有全国性的、完整而高效的国家公诉机关,其控审分离最彻底。法国虽然没有设立独立的检察机关,其检察机关设在法院内部,实行审检合署制,但法官与检察官既不存在隶属关系,也不存在工作上的领导与被领导关系。检察机关是与法院平行的行政机关,属于司法部系统。而且,在全国检察机关系统的内部,实行的是一体化原则,下级检察机关要接受上级检察机关的领导和监督,全国检察机关必须执行总检察长的命令。从这个角度来看,法国的控审分离最为彻底。

美国建立起较为完备的检察制度,实行检察官公诉制,由检察官代表国家行使刑事犯罪的控诉权,法官严格实行不告不理。在法庭审理过程中,法官绝对消极中立。所以美国也彻底实现了控诉权与审判权的分离。

德国也效仿法国建立起上命下从的、科层式的检察制度,实行国家公诉制度,由检察机关独揽控诉权。德国刑事诉讼法规定,提起公诉权专属检察院行使。公民个人仅可以对一些轻罪和显著轻微的案件提起自诉。德国的起诉法定原则要求所有犯罪行为都应予以追究,排除了公诉机关对起诉的自由裁量权。法院也严格实行不告不理。所以德国的控审分离也很彻底。

我国在清末法制改革以前属于典型的控审合一,行政长官集控诉权与审判权于一身。清末法制改革开创了控诉权与审判权的分离,区分了刑事诉讼与民事诉讼,建立了检察机关,由检察机关行使控诉权。清末法制改革设立的检察制度主要效仿了日本的检察制度,而日本的检察制度则主要效仿了法国和德国。新中国成立后,废除了国民党的六法全书,建立起自己的法律体系。新中国的检察制度则主要效仿了苏联时期的检察制度,而苏联的检察制度则主要借鉴了法国和德国,在此基础上发展出了自己的特色。所以我国也实行国家公诉制度,检察机关是法定的刑事控诉机关,法院实行不告不理。我国虽然允许公民自诉,但仅限于一些轻微的刑事案件,处于辅助地位。法官在庭审中虽然享有一定的调查证据的权力,但这并不影响我国控诉权与审判权的分离。所以我国也已经实现了控审分离,刑事诉讼的第二次革命在我国基本完成。

从世界范围来看,刑事诉讼的第二次革命已经彻底完成,控诉权与审判权已经完全实现分离。不管是英美法系的代表性国家英国和美国,还是大陆法系的代表性国家法国和德国,其都已完全实现了控诉权与审判权的分离。即使控审分离起步较晚的我国，也已实现了控审分离，基本完成了刑事诉讼的第二次革命。所以从世界范围来看，刑事诉讼第二次革命的发展具有彻底性的特征。至于其他一些国家，由于不同国家的政治、经济、法制等各有差异，难免存在一些国家控审分离发展滞后的局面，但这并不能影响世界刑事诉讼第二次革命总的发展历程。

三、第二次革命的标志

（一）第二次革命的兴起标志

1166 年，亨利二世颁布的《克拉灵顿诏令》建立了大陪审团即起诉陪审团制度。大陪审团起诉制度的建立标志着刑事诉讼第二次革命的兴起。

在此之前，在世界范围内并没有出现专门的国家控诉机构，刑事案件的控诉方式大都由公民私人提起。虽然早在古希腊时期，便出现了自诉案件与代诉案件的区分，产生了职业控诉者阶层，但自诉案件与代诉案件的区分并不同于现代社会的民事诉讼案件与刑事诉讼案件的区分，职业控诉者阶层也并不是国家的专门控诉机关。国家的公共控诉职能并没有由公共机构来行使，而是下放至城邦的每一个公民，控诉权由公民个人行使。所以古希腊时期的控诉方式属于典型的公民私人控诉方式。

到了古罗马时期，虽然出现了公犯之诉，但这并不同于现代意义上的刑事诉讼程序。对于公犯之诉，任何公民都可以基于公共利益的需要提起控诉。虽然执法官也可以提起公犯之诉，但执法官提出控诉时，仅仅是以公民个人的身份提出控诉。所以古罗马时期仍没有出现专门行使国家控诉权的公共机构。公犯案件的控诉权由全体公民行使，国家不承担控诉职能。这种公共控诉方式仍然属于私人控诉体制。

到了日耳曼王国时期，由于各王国的法律主要以各部族的习惯法为主，司法制度大大倒退，实行典型的弹劾式诉讼方式，控诉方式实行私人控诉方式，所以这一时期更不可能出现专门的国家控诉机构。

1166 年，亨利二世对司法制度予以改革，颁布了《克拉灵顿诏令》，该法确立了大陪审团即起诉陪审团制度，在英格兰社会初步建立起了一种体制化的刑事控诉模式和刑事司法诉讼程序。大陪审团的职责是审查犯罪嫌疑人是否实施了严重的刑事犯罪，并决定对其是否予以起诉。亨利二世执政期间发生在百户区或者村镇内的所有凶杀、抢劫、盗窃等刑事犯罪都由巡回法官审判，伴随着这种巡回审判方式的确立也出现了巡回陪审。当巡回法庭开庭时，郡长应从各个百户区内遴选12名熟悉案件情况的合法居民组成陪审团向法庭控告，并证明犯罪事实。这就是“起诉陪审团”，也就是通常所说的“大陪审团”。这种大陪审团实际上已经承担起了对犯罪事实进行起诉的职能。

《克拉灵顿诏令》确立的大陪审团起诉制度，使得大陪审团在没有受害人起诉的情况下，可以自行起诉，以自身名义提出刑事指控。这是世界范围内最早承担起刑事犯罪调查与起诉功能的新制度设置。大陪审团制度第一次实现了国家控诉职能与审判职能的分离，初次开创了世界刑事诉讼的控审分离，开启了世界刑事诉讼制度的第二次革命。

（二）第二次革命的成熟标志

1808年拿破仑《重罪审理法典》的颁布，标志着法国检察官制度的成熟，也标志着世界刑事诉讼第二次革命的成熟。

1808年，拿破仑正式颁布了《刑事诉讼法典》。这部法典是折中《路易十四条例》和大革命时期采用的一些英国制度措施制定而成的。它是法国传统纠问式刑事程序与英国普通法对抗式刑事程序融合在一起的制度结晶。法典规定，公诉由检察官发动。这部法典具有开创性的意义。它意味着在西方国家，法国率先确立了系统化和专门化的检察官僚机构。法国确立了检察官独揽控诉权的制度，公民私人仅仅享有启动刑事附带民事诉讼的权利，这使得法国的控审分离最彻底。1808年拿破仑《刑事诉讼法典》的颁布，意味着法国检察官制度的成熟，也意味着法国控审分离基本完成。法国创立的检察制度，影响了整个大陆法系国家。德国后来建立起的检察制度基本借鉴了法国的检察制度。法国的检察制度还对英美法系国家产生了重要影响。

四、小结

控审分离是现代刑事诉讼制度的一项基本原则，涉及控诉与审判两大诉讼职能的配置问题。本书所说的控审分离单指结构意义上的控审分离，而不包括程序意义上的控审分离。并且，在结构意义上的控审分离中，单指国家公诉权与审判权的分离，而不包括公民自诉权与审判权的分离。世界刑事诉讼的第二次革命展开、发展和成熟的过程,就是国家控诉权产生、发展直至壮大的过程,是国家控诉权从无到有、从多元走向统一、从分散走向集中的过程。从宏观的视角出发,以检察制度的产生和发展为主线来观察控审关系,是我们准确把握控审分离内在逻辑和发展规律的重要途径。但检察制度的发展历程并不完全等于控审分离的发展历程,两条线并不完全重合。

刑事诉讼的第二次革命具有多样性、彻底性的特点。多样性是指在不同的国家,其控审分离的历程各不相同,特别是在英美法系与大陆法系国家,其控审分离形成了两条路径。以英国为代表的英美法系国家控诉权行使分散;以法国为代表的大陆法系国家形成了检察官独揽控诉权的制度。在英美法系国家与大陆法系国家内部,不同国家的控审分离情况又各有特点。刑事诉讼第二次革命的另一个特征是彻底性,也就是刑事诉讼的第二次革命已经彻底完成。不管大陆法系的法国和德国还是英美法系的英国和美国,其控诉权与审判权已经彻底实现分离。

1166 年,亨利二世颁布的《克拉灵顿诏令》建立了大陪审团即起诉陪审团制度。大陪审团制度第一次实现了国家控诉职能与审判职能的分离,初次开创了世界刑事诉讼的控审分离,开启了世界刑事诉讼制度的第二次革命。大陪审团起诉制度的建立标志着刑事诉讼第二次革命的兴起。1808 年拿破仑《重罪审理法典》的颁布,标志着法国检察官制度的成熟,也标志着世界刑事诉讼第二次革命的成熟。法国实行国家公诉制度,检察机关是国家专门的刑事检控机关,检察官独揽控诉权。1808 年拿破仑《刑事诉讼法典》标志着法国检察官制度的成熟,也标志着法国控审分离的完成。

第二节　世界刑事诉讼第二次革命发生的时代背景

一、世界刑事诉讼第一次革命的发生

世界刑事诉讼第二次革命发生的前提是世界刑事诉讼的第一次革命已经发生,也即只有在行政权与司法权发生分离之后,才会发生控诉权与审判权的分离。这是社会分工细化的基本规律。

在恩格斯看来,早期的人类历史上发生过三次意义重大的社会大分工,这三次大分工奠定了以后社会分工的基本格局,并且对社会经济发展产生了重大影响。第一次社会大分工发生于原始社会末期,指的是农业部落和游牧部落从狩猎、采集者中的分离。第二次社会大分工是指手工业和农业之间的分离。第三次社会大分工是指原始社会晚期商人阶层的产生。从历史的角度来看,这三次大分工呈逐渐细化的趋势,每一次分工都是在上一次分工基础上的进一步分工。在社会分工日益细化这一大的历史趋势的驱使之下,权力作为一种具有支配性质的社会资源,其不断细化当然也就成为社会分工细化这一大的历史趋势当中的一个支流。司法权与行政权这一上位层次的国家权力实现分离之后,便开始了司法权内部的控诉权与审判权这一下位层次权力的分离。

以最早开始控诉权与审判权分离的英国为例,公元 11 世纪,威廉一世建立了御前会议,并派出巡回法官到各地巡回审判。到亨利一世时期,负责财务行政和财物诉讼的理财法院(又称棋盘法院)从御前会议中分离了出来,专门处理涉及皇家财政税收的案件。之后又从御前会议中分离出民事诉讼高等法院和王座法院,前者专门处理有关契约侵权行为等涉及私人利益的案件;后者专门审理刑事案件和涉及国王利益的民事案件。同时,亨利一世以国王名义继续派出巡回法官,设立巡回法庭,代表理财法院调查和受理地方上涉及皇家财政税收的案件,继承威廉统治措施。这一系列举措开始了英国刑事诉讼的第一次革命,专门法院的产生开始了司法权与行政权的分离。在司法权于行政权开始分离之后,才导致了控诉权与审判权的分离。到 1166 年亨利二世时期,其颁布的《克拉灵顿诏令》建立了大陪审团即起诉陪审团制度,开始实现控诉权与审判权的分离。所以从时间来看,英国是先开始实现司法权与行政权的分离,之后才开始了控诉权与审判权的分离。

所以,在人类社会初期,司法权与行政权是合一的。官吏既负责管理国家行政事务,又负责处理纠纷。这在我国古代表现得尤为突出。地方行政长官集各种权力于一身,其既要负责征粮纳税,又要负责断案解纷,还要负责皇帝诏令的下达,是地方父母官。随着社会的进一步发展,犯罪案件数量越来越多,为了便于管理国家的需要,也为了对权力进行相互制约,统治阶层便设立了法官专门负责处理纠纷,纠举犯罪行为。其典型表现是在纠问式诉讼模式下,法官既负责审理案件,又负责纠举犯罪。随着司法权逐渐从行政权中分离出来,法官的职权也越来越大,为了对法官的权力予以制约,也为了更好地打击犯罪,维护统治秩序,国家便设立了专门机关纠举犯罪,控诉权逐渐从审判权中分离出来。

无论是从逻辑的角度讲,还是从世界范围内的实践来看,控诉权与审判权分离的前提是行政权与司法权相分离,世界刑事诉讼第一次革命的发生是世界刑事诉讼第二次革命发生的前提,并对世界刑事诉讼第二次革命的发生具有推动作用。

二、权力分立思想的影响

权力分立(分权),是指国家权力不能集中于国家机构的某一个部门或一部分人,而应当合理地分割成若干部分,由宪法授予不同的国家机构(部门)和不同的人们所执掌。分权理论的核心内容是约束和限制国家权力,而最有效的手段就是以权力制约权力,以达到保护公民的正当权益、防止权力被滥用的目的。国家的权力不能由一个人或一个机关行使,而必须由不同的国家机关分工负责,彼此约束,否则,公民的权利就得不到保障。无论是国家权力的配置,还是司法体制的构建,分权制衡理论就像一栋大厦的奠基石,维持着它们的运行。分权制衡理论揭示了划分权力和建立权力制约机制的必要性,它是国家权力配置和司法权独立的重要理论依据。控审分离就是以分权制衡为理论基础的。①

在分权制衡理论的影响下,经历世界刑事诉讼第一次革命洗礼之后从行政权中分离出来的司法权,开始了新的变化和发展。在国家控诉权产生之初,控诉权是与审判权混为一体的,两者并没有明确的划分。司法权通常包含侦查权、起诉权、审判权等方面的内容,属于垄断司法权或“超级大司法权”,法院也属于“全能法院”。法官集控诉与审判职能于一身,法官同时负有审判和纠举犯罪之责,控诉职能由法官代行而无专门的公诉人。这种控诉权与审判权不分的超级大司法权造成

① 田进春:《控审分离浅谈》,http://lawyer.110.com/261732/article/show/type/1/aid/179925/,最后访问时间:2022年6月12日。

了法官的先入为主和预断,法官不再是中立的裁判者,而是负有国家追诉职责的先行官。控审不分的情况也为法官的滥用职权和贪赃枉法提供了可能,且司法权的集中造成了阶级斗争的激化和新一轮矛盾的产生。对司法权进行分解即对司法权进行限制的问题已摆到统治阶级的桌面上:要么继续集中行使大司法权则可能导致政权的更迭、经济的失败;要么限制司法权,分解司法权,以缓和阶级矛盾,维护阶级统治。①所以控诉权与审判权的分离成为各国的必然选择。

在英美法系的代表国家之一英国,其控诉权在产生之初,与审判权也存在着重叠交叉之处。英国设立了大陪审团,通过大陪审团负责对刑事案件提起控诉以实现国家控诉职能。虽然提起控诉由陪审团负责,但陪审团的成员往往参与后面的审判,负责控诉职能的人员同时承担着审判的职能,控诉职能与审判职能由同一人行使,这实质上仍属于控诉权与审判权不分,造成权力的重叠和机构职能的混同,不利于司法的专业化。于是,为了避免这种控诉与审判不分所带来的弊端,1352年,英国国王爱德华三世下令禁止起诉陪审团(大陪审团)参与审判,要求另设一个12人的小陪审团进行实体审理,实现了陪审团起诉与审判职能的分离。

在大陆法系的代表国家之一法国,其控诉权在产生之初,与审判权完全合一,控诉职能与审判职能完全由法官负责,法官不但负责案件的审判,同时还负有纠举犯罪的职责,同时对一些案件还可以进行侦查,以获取犯罪证据,法官属于全能法官。随后,法国开始改变这种控审不分的情形,法国开始设立检察制度,将国家的控诉职能赋予检察官行使,并最终形成了检察官独揽控诉权的体制,彻底实现了控诉权与审判权的分离。

特别是在资产阶级革命以后,权力分立的思想更是深入人心,各国更是彻底贯彻了控审分离的思想,不管是大陆法系国家还是英美法系国家,法官专职负责审判,严格实行不告不理。各国均设立了行使专门国家控诉职能的机关,以实现控诉权与审判权的分离,使法官保持中立,促进司法的专业化。总之,权力分立的思想对控审分离产生了重要影响。

---

① 洪浩:《检察权论》,武汉大学出版社2001年版,第40页。

三、人权保障意识的加强

在最初的时期,控诉权与审判权分离的主要目的并不在于保障被追诉人的权利,而仅仅是在于细化对国家权力的专业化分工,明确各机构的司法职能,确保国家权力的有效行使。但是,随着人权保障意识的加强和资产阶级革命的胜利,保障被追诉人的合法权利,保障审判的中立性成为各国刑事诉讼的主要内容,相应地,控审分离又有了新的内涵和发展,控审分离相继成为各个国家刑事诉讼的基本原则。

西方人权思想的萌芽可以追溯到古希腊和古罗马。在古希腊早期人权观念没有产生之前,盛行着"天赋特权"的生而不平等的观念,根据"万物皆有定份"的自然秩序论,社会成员的不平等被赋予了自然的色彩。但是,古希腊斯多葛学派认为,从生物学意义上讲,所有的人都是一样的,都具有与上帝共同的理性,共同受同一个自然法支配。因此,所有的人,无论其出身、种族、财富以及社会地位如何不同,在具有自然赋予的理性这一点上他们都是相同的,作为一个人,他们都是平等的。斯多葛学派在西方思想史上第一个提出了平等的观念,为后世追求政治上的平等奠定了思想基础。

近代意义上的人权理论起源于14—16世纪的文艺复兴运动。文艺复兴运动倡导人文主义精神,要求以人为中心,而不是以神为中心,以"人性"反对"神性",用"人权"反对"神权",主张人生的目的是追求现实生活中的幸福,倡导个性解放,提出"我是人,人的一切特性我是无所不有"的口号,反对愚昧迷信的神学思想。德国和法国的宗教改革运动也从另一方面解放了人们的思想。马丁·路德否认教会和教皇的至上权威,认为"圣经"高于一切,教徒可以根据信仰解释并获得上帝的恩典,世俗的权力来自上帝,而与教会无关,教廷无权凌驾于世俗权力之上。在宗教改革的影响下,欧洲民众开始强调个人信仰的独立,解放了自己的思想,自文艺复兴以来的人文主义得到进一步传播和发展。

经过文艺复兴和宗教改革运动,西方人权理论已初见端倪,而启蒙运动时期的人权思想远远超过了文艺复兴时期朴素的人权思想,形成了一种自觉系统的理论即天赋人权理论。天赋人权理论首先由格劳秀斯与斯宾诺莎提出来,后经霍布斯与洛克将其发扬光大,最后由卢梭等人完成理论系统化工作。天赋人权论认为人类进入文明社会以前,受自然法则支配,人人都平等享有不可剥夺、不可转让的自然权利。由于人们同时具有自私自利等缺点,从而会对他人权利构成侵害和破坏,因此,有理性的人们便联合起来,订立契约,让渡权利,组成国家以保护人民的权利。由此得出结论,国家权力的基础是人权,国家权力的原旨和目标是维护人权,政治民主化是天赋人权的内在要求。

进入18世纪,天赋人权思想在法国的孟德斯鸠、卢梭那里得到了进一步阐述,他们继承了洛克等人的自然权利学说,认为人权作为人的基本权利不仅是人生来就具有的权利,而且是不可转让的权利。如卢梭所说:“人类主要的天然禀赋,生命和自由——这些天赋人人可以享有,至于是否有权抛弃,这至少是值得怀疑的。一个人抛弃了自由,便贬低了自己的存在;抛弃了生命,便完全消灭了自由的存在。……所以无论以任何代价抛弃生命和自由,都是既违反自然也违反理性的。”卢梭的人权理论对西方后来的人权实践产生了重要的影响。到了18世纪末19世纪初,英国的边沁为代表的功利主义法学适应了资产阶级对人权理论的新需要。在边沁看来,天赋权利并不存在,而只存在法律所允诺的权利,权利是法律的产物,不存在与法律相抗衡的权利,也不存在先于法律的权利。

随着近代资产阶级革命的胜利,人权保障的思想更是深入人心,并随着资产阶级国家的建立体现于其法律之中。在刑事诉讼领域体现为确立了一系列的原则,其中控审分离原则就是现代刑事诉讼的一条基本原则。控审分离原则要求控诉权与审判权彻底分离,控诉权由国家的专门机关行使,法官不得自行启动刑事诉讼程序,并严格实行不告不理,以实现审判的中立与公正,保障被追诉人的合法权利。控审分离原则也是对纠问式诉讼模式的反思。由于纠问式诉讼严重侵犯了被追诉人的权利,国家控诉职能与审判职能混同,被告人不享有辩护权,刑讯逼供泛滥,被告人沦为诉讼客体。所以,随着人权保障意识的加强,各国纷纷将控审分离确立为刑事诉讼的基本原则,确保审判的中立与公正,实现对被追诉人权利的保护。

四、小结

控诉权与审判权分离的前提是行政权与司法权相分离,世界刑事诉讼第一次革命的发生是世界刑事诉讼第二次革命发生的前提,并对世界刑事诉讼第二次革命的发生具有推动作用。

分权制衡理论揭示了划分权力和建立权力制约机制的必要性,它是国家权力配置和司法权独立的重要理论依据。控审分离就是以分权制衡为理论基础的。资产阶级革命以后,权力分立的思想更是深入人心,各国更是彻底贯彻了控审分离的思想。各国均设立了专门行使国家控诉职能的机关,实现了控诉权与审判权的分离。权力分立的思想对控审分离产生了重要影响。

随着人权保障意识的加强和资产阶级革命的胜利,保障被追诉人的合法权利,保障审判的中立性成为各国刑事诉讼的主要内容,各国纷纷将控审分离确立为刑事诉讼的基本原则,确保审判的中立与公正,实现对被追诉人权利的保护。

第三节　世界刑事诉讼第二次革命的发展历程

一、控审分离前刑事案件的控诉方式

(一)古希腊时期

古希腊的政治是民主政治,国家的权力掌握在公民的手中。其司法体制是大众司法体制,控诉权由公民行使,刑事控诉实行公民控诉制度。在古希腊的城邦中,最具有影响力的城邦是雅典,其政治体制和思想文明在古希腊历史上产生了重要影响。其司法体制也具有代表性意义,并影响了其他城邦。

经梭伦改革、克利斯提尼改革、埃菲厄尔特改革等一系列社会变革,最终确立的民主政治:公民大会代替元老院称为国家最高权力机关;五百人议事会作为公民大会的常设机构,行使行政权力;设立陪审法庭(heli-aea,又称赫里埃)为最高审判机关,行使司法审判权。陪审法庭是雅典城邦的最高司法机关和监察机关,它由10名法官和从全体公民中抽签选出的6000名陪审员组成,陪审法庭每年选举1次,任期1年,每位雅典公民都有权参加陪审法庭。除凶杀案和少量重大的特殊案件由公民大会审判外,其他一切刑事和民事案件均由陪审法庭做出

判决。[1] 雅典审判苏格拉底的法庭便是由 501 名来自社会各阶层民众的陪审员组成的。[2]

与大众司法体制相适应,古希腊的刑事监控模式实行公民控诉方式,国家的任何公民都可以对犯罪提起控诉。梭伦改革确立了与刑事司法休戚相关的两项制度。第一个是普遍化的公民个人控诉权,雅典的每一个公民都有权为任何刑事行为(也包括民事行为)的受害者提出赔偿请求。第二个重要制度设置就是确立了经由选举产生的公民陪审法庭的崇高地位,公民陪审法官是雅典大众司法的核心与主体。[3] 雅典大众司法体制决定了刑事监控权力异乎寻常的普遍性、开放性和公开性。在雅典,各类案件均由公民个人提起诉讼,并不存在专门化的国家控诉机关,没有公共检察官,控诉权掌握在公民手中,国家不承担控诉职能。每个公民都有权利和责任在他认为法律遭到违反的时候提出诉讼。[4]

1. 自诉案件与代诉案件的区分

古代雅典大多数的案件都没有公诉人,诉讼由公民私人提起,但根据诉讼程序的不同,雅典出现了自诉案件与代诉案件的区分。自诉案件(dikai)是指侵犯个人利益,只有利害关系人才可以对提出诉讼的案件。代诉案件(graphai)是指触犯城邦利益,所有雅典公民都可以提出诉讼的案件。这种区分方法并不同于现代诉讼制度中的民事案件与刑事案件的划分方法,但可以把自诉案件与代诉案件的划分作为民事案件与刑事案件划分的原始初态。只要某种行为被认为危害了整个城邦的利益,除了被剥夺雅典公民权者外,任何自由人都可以提起代诉案件的诉讼。代诉案件的范围主要包括:危害整个城邦利益的叛国投敌案、军事叛逃案、侵吞公款案,以及受害者无法自行起诉或被认为情节特别严重的侵犯个人权益的一些特殊案件。例如,有关雅典人与外邦人和外邦居民之间的“违法”婚姻案、通奸案、虐待孤儿案、一些特殊情况下

---

① 何勤华主编:《检察制度史》,中国检察出版社 2009 年版,第 7—8 页。

② [美]斯东:《苏格拉底的审判》,董乐山译,生活·读书·新知三联书店 1998 年版,第 8 页。

③ 黎敏:《西方检察制度史研究——历史缘起与类型化差异》,清华大学出版社 2010 年版,第 5 页。

④ [美]斯东:《苏格拉底的审判》,董乐山译,生活·读书·新知三联书店 1998 年版,第 173 页。

的盗窃案以及使用器械的伤害案、进行精神伤害的“hybris”案等私人之间的纠纷,都属于代诉案件。因为雅典人认为这些犯罪足以危及整个城邦利益。但杀人案被看作自诉案件,只能由死者的亲属起诉。①

2. 职业控诉者阶层的出现

在雅典,任何一个具有雅典公民权的人都有权向陪审法庭提出指控,而且,雅典为了鼓励广大公民参与诉讼,使他们能够积极起诉犯罪,对起诉获胜者给予丰富的奖励。在物质利益的驱动下,到公元前 5 世纪后半期,雅典逐渐形成了一个职业控诉者阶层(sykophantes,亦可称为告密者或告发者)。② 这些告密者通常精通法律,知道如何通过诉讼获得最大的利益,有时甚至为了获得报酬而采取不正当手段。③ 虽然职业控诉者阶层为雅典民主与司法公正做出了相当的贡献,但告密者为谋取私人利益而胡乱揭发或故意诽谤的行为却给雅典社会造成了巨大的负面影响。由于告密者的存在,诽谤成为司空见惯之事。为此,城邦法律也对其作出了一系列限制。例如,对于经常起诉他人的告密者,雅典法律规定了专门的起诉程序(probole),其具体内容为公民大会每年都要召开一次专门会议,用来提出对告密者起诉行为的指控;公民大会听诉以后再由陪审法庭审判,陪审法庭根据案件情况确定罚款数额。④ 虽然雅典采取了一些措施来限制告密者的负面影响,但这些举措的实际效果却有限。

通过以上分析可以看出,古希腊时期已经出现了自诉案件与代诉案件的区分,并且产生了职业控诉者阶层。这表明古希腊时期的刑事司法与检控体制已经初步发展出国家公共利益的观念,有了公共控诉的概念。但古希腊的自诉案件与代诉案件的区分并不同于现代社会的民事诉讼案件与刑事诉讼案件的区分,其代诉案件并不是所谓的刑事诉讼案件。这一时期出现的职业控诉者阶层也并不是国家的专门控诉机关,国家的公共控诉职能并没有由公共机构来行使,而是下放至城邦的每一个公民,控诉权由公民个人行使。所以古希腊时期并没有出现刑事诉讼与民事诉讼的区分,更没有出现行使刑事控诉权的国家专门

① 何勤华主编:《检察制度史》,中国检察出版社 2009 年版,第 29—30 页。

② 何勤华主编:《检察制度史》,中国检察出版社 2009 年版,第 42—44 页。

③ 何勤华主编:《检察制度史》,中国检察出版社 2009 年版,第 40—41 页。

④ 胡骏:《雅典司法制度初探》,硕士学位论文,华东政法大学,2006 年版,第 38 页。

机构。虽然这一时期的控诉权由公民行使,陪审法院也实行不告不理,表现为程序上的控审分离,但这并不属于本书意义上的控审分离,也即结构意义上的控审分离。古希腊时期的控诉方式属于典型的公民私人控诉方式。

(二)古罗马时期

到古罗马时期,刑事法律出现了私犯与公犯的划分。罗马法对侵犯国家、社会的违法行为和侵犯个人的违法行为作了区分。危害国家安全利益的行为是严重的损害行为,其产生刑事责任的罪过,属于"公犯"。损害他人人身和财产利益的违法行为属于民事不法行为,违法者主要承担损害赔偿责任,属于"私犯"。与公犯与私犯的划分相对应,其控诉模式也分为"私犯之诉"与"公犯之诉"。到古罗马帝国时期,为了与君主制的特点和结构相适应,又分化出"非常之罪",适用一种新的诉讼程序,即"非常审判程序"。

1. 私犯之诉

在古罗马的王政时期以及共和国的早期,犯罪行为是按照私犯与公犯来划分的。除了一些直接针对城邦或者亵渎神灵的行为在当时被认为是公犯之外,其他的行为都被认为是私犯,即对受害人个人的一种侵害。对私犯提起控诉仅限于直接蒙受不法行为侵害的公民,其他人无权行使控诉权。对于私犯之诉,其使用的诉讼程序属于典型的弹劾式诉讼程序。原告和被告的诉讼地位平等,且处于主导地位。法官消极、中立,实行不告不理,法官一般情况下没有主动提起诉讼、追究犯罪行为人刑事责任的权力。在庭审过程中,当出现当事人举证不能的情况时,法官也不会主动传唤证人或者收集证据来查明案件事实真相。当时对法官的要求仅是严格遵守法律规定的时限及时作出判决。[①] 如《十二铜表法》第1表第8条规定:"到了午后,(长官)则对(出庭受讯时)出席一方的要求予以批准。"第1表第9条规定:"若双方均到庭(受讯),则以日落时为(诉讼)之最晚时限。"

2. 公犯之诉

古罗马时期并没有出现民事诉讼与刑事诉讼的划分,但人们已经意识到某些特定的犯罪行为是对国家、社会公共利益的一种侵犯,所以

① 何勤华主编:《检察制度史》,中国检察出版社2009年版,第76—77页。

有了公犯与私犯之分。由于公犯比私犯侵害性更大、性质更恶劣的行为,适用与私犯之诉一样的民事诉讼程序显然不足以起到惩罚、压制的作用,所以对于公犯应当适用更为严格的解决方式。这种处理公犯的诉讼就是“公犯之诉”。

在古罗马,最早出现的、被认定为是侵犯国家的犯罪行为是敌对行为。到罗马共和国时期,敌对行为的范围扩大到窥视王位罪、侵犯护民官罪、执法官在行使执法权和军事指挥中的过失行为、未经审判而杀死市民的行为、侵犯民众会议的行为等。① 后来,公犯的范围进一步扩大,包括:官员叛国通敌、通奸、官员滥施暴力、强奸、袭击使馆、非法征税、谋杀、弑亲、伪造遗嘱、伪造货币、敲诈勒索、囤积食品谷物、贪污国家财物、贿选、拐卖人口。②

对于公犯,罗马法规定任何罗马公民都有权利也有义务控诉或者追捕任何犯罪的人或行为,即一切公民都享有对公罪的控诉权。对公犯案件提出控诉的公民,既可以是犯罪行为的受害者,也可以是与案件没有任何利害关系的普通公民。控诉可以向共和国高级官员包括执政官、裁判官等提出,也可以直接向人民大会提出。③ 公元前122年或123年的《索贿罪法》(*Lex Repetundarum*)规定,根据控告者的请求,裁判官可以允许代表受侵害的罗马市民共同利益的代言人参加诉讼。据此,任何市民均可作为罗马共同利益的代表提出控告。公元前101年左右出现的《格劳恰的塞尔维里法》(*Lex Servilia Glauciae*)进一步规定,在公诉中,任何市民均可以担任控告者,而不再是简单的代言人。其后这一制度不断发展完善,直至为公诉中的控告者必须在法庭上向执法官提出诉讼请求。如果庭审中出现对于同一个诉讼请求有数个请求人的情况,执行官首先要进行预审,通过预审来判断出获胜率高的控诉者,并接受其控告。执行官在听取了控告者的诉讼请求之后,真正的控告程序便开始了。④

① [意]朱塞佩·格罗素:《罗马法》,黄风译,中国政法大学出版社1994年版,第133页。

② Sir James Fitzjames Stephen, K. C. S. I, D. C. L., *A History of the Criminal Law of England*, London: Macmillan and Co., 1983, pp. 13-24.

③ [苏联]科瓦略夫:《古代罗马史》,王以铸译,生活·读书·新知三联书店1957年版,第105—123页。

④ 何勤华主编:《检察制度史》,中国检察出版社2009年版,第81—82页。

古罗马时期还出现了执法官提起公犯之诉的现象。对于公犯案件,执法官可以向民众会议提起诉讼,并命令被控诉人必须在规定的时间至民众会议出庭。执行官首先要进行非正式预审。三次非正式会议都在由民众出席的情况下进行。执行官要提出支持自己控诉的证据,被控诉人可以对此进行相应的辩护并发表辩护演说。在经历了三次非正式的预审、控诉双方展开了激烈的争辩之后,如果执法官仍不打算终止诉讼,则进入第四次会议也就是开始正式的预审。在正式的预审中,执行官正式对被控告人提出控告,并提出自己的起诉书,要求判处被控诉人死刑或者罚金。而民众会议开始真正发挥它的审判作用,最后判决按照执法官的控告对被控诉人科处刑罚或者宣告被控诉人无罪释放。①

古罗马时期虽然出现了公犯之诉,但这并不同于现代意义上的刑事诉讼程序。对于公犯之诉,任何公民都可以基于公共利益的需要提起控诉,这有些类似于古希腊时期的代诉案件,具有了公共控诉的性质。虽然执法官也可以提起公犯之诉,但执法官提出控诉时,其行使的并不是国家职权,而仅仅是以公民个人的身份提出控诉。古罗马时期并没有出现专门行使国家控诉权的公共机构,公犯案件的控诉权由全体公民行使,国家不承担控诉职能。这种公共控诉方式仍然属于私人控诉体制,专门行使刑事控诉职能的国家控诉机关并没有产生。不管是针对公犯案件实行公共控诉的方式,还是针对私犯案件实行私人控诉方式,都属于公民私人控诉的范畴,国家公诉权并没有产生。所以古罗马时期的控诉权与审判权的分离属于私人控诉权与国家审判权的分离,是程序意义上的控审分离,并不属于本书所指的结构意义上的控审分离。

3. 非常审判程序

非常审判程序与私犯之诉和公犯之诉不同。在古罗马的王政时期与共和时期,公犯之诉与私犯之诉都是弹劾式的诉讼模式,而古罗马帝制时期新出现的非常审判程序开始了纠问式诉讼模式的新篇章。

进入帝国时代,开放性的刑事控告模式并没有废除,只是由于大的层面整体的更迭,这种公民控诉权利制度在实践中被集权化的帝国政

---

① 何勤华主编:《检察制度史》,中国检察出版社 2009 年版,第 80 页。

府体制所覆盖或者因此而被滥用和扭曲。帝国时期的控诉方式沿袭了共和国时期的控诉方式,但由于帝国时期发达的官僚体制,其控诉体制也被打上了帝国政治文化的烙印。帝国全盛时期庞大的中央与行省官僚阶层,为取悦于君主,获得荣耀与财富,实际上把持了对刑事司法程序的启动权。罗马帝国君主及其各级政府执法官僚开始介入刑事控诉权,实际上已经分享了一部分司法权。①

在古罗马帝制时期,君主、大区长官、粮食供给官、城市行政长官,甚至是城市治安长官都有权干预审理,并且随着时间的推移,他们审理案件的程序出现了一些固定的规则,并趋于稳定,最后被规范化地称为"非常审判程序"。

非常审判程序在帝政时期得到了很大的发展。这一时期陆续出现的新的犯罪形式如阳奉阴违罪、敷衍塞责罪、通奸罪等都适用非常审判程序进行审理。严重的盗窃罪、盗窃牲口罪、溜门撬锁罪、在公共浴室盗窃罪、掠去遗产罪、侵犯陵墓罪等在共和时期被认定为私犯的犯罪行为,在帝政时期也逐渐被划分到公犯的范畴,同样适用非常审判程序。②这一时期还出现了介于公罪与私罪之间的"非常之罪",是从私罪中分化出的一种中间形态的不法行为,主要包括:引诱已婚妇女离婚、传播异教、非法抬高谷物价格、非法堕胎、流氓行为、盗墓、利用公职敲诈勒索、盗窃特殊物品、收受抢劫的赃物、抢夺、毁坏路标。③ 这些非常之罪也适用非常审判程序。到了君士坦丁时期,大量的一般违法行为也被纳入刑事镇压的范围。特别是在君士坦丁对宗教的容忍政策转变为维护信仰(指信仰基督教)和正统地位而由帝国出面干预时,还出现了大量的对异教甚至是非基督教信仰的惩罚,这些因素均在一定程度上促进了非常审判程序的发展。④

在非常审判程序中,当事人在诉讼中的地位和作用大大降低。不管是在公犯之诉还是私犯之诉,当事人都需要对诉讼的进程负责,诉讼

---

① 黎敏:《西方检察制度史研究——历史缘起与类型化差异》,清华大学出版社 2010 年版,第 18—19 页。

② 何勤华主编:《检察制度史》,中国检察出版社 2009 年版,第 83 页。

③ Sir James Fitrzjames Stephen, K. C. S. I, D. C. L. , *A History of the Criminal Law of England*, London: Macmillan and Co. , 1983, p. 24.

④ 汪海燕:《古罗马刑事诉讼制度与模式探微》,载《现代法学》2003 年第 5 期。

由原告发起和推进。但是在非常审判程序中,当事人对犯罪行为进行控诉的权利被剥夺了,取而代之的是仅有的对案件的举报权。在证据方面,当事人无须提供充分的证据,君主、大区长官、粮食供给官、城市行政长官、城市治安长官等会采取主动调查的方式,通过自己所管辖的治安机构来收集证据,而不再依赖当事人提供证据。裁判官在诉讼中也呈现出积极、主动的状态,从主动调查取证这一点便能体现出来,而且其诉讼地位也有很大提高。拥有裁判权的大区长官、粮食供给官、城市行政长官、城市治安长官等官员,都是由君主授予司法权,由君主指示和指导他们进行审判工作。这些官员在审理案件过程中可以自行使用法律,对定罪量刑有自由裁量的权力。此外,非常审判程序中不适用陪审团制度。① 通过以上内容可以看出,非常审判程序已经具备了纠问式诉讼模式的基本特征。

王政时期与共和时期存在的各种弹劾式诉讼程序,在帝制时期被与集权制相适应的纠问式诉讼模式取代,从而带来了古罗马刑事控诉制度的重大转变。这对后来欧洲大陆各国确立纠问式诉讼起到了重大影响,也为公诉制度的法制环境、诉讼模式的形成奠定了基础。

(三)日耳曼王国时期

从5世纪西罗马帝国灭亡,到11世纪西欧封建制普遍确立之前,经过了一个以日耳曼民族大迁徙为标志的过渡时期,史称蛮族时期。② 由于这一时期日耳曼人在西罗马帝国区域建立了大大小小、持续时间不等的王国,本书将这一时期称为日耳曼王国时期。

这一时期的诉讼制度是私诉化的方式,刑事诉讼与民事诉讼不分,其诉讼方式属于弹劾式诉讼方式,控诉权的行使主体主要是当事人,"国家"不主动追究犯罪。由于这一时期没有产生国家控诉机构,所以并没有出现本书意义上的控审分离,其控诉方式属于私诉控诉体制。在1066年诺曼征服英国之前,英国的社会结构、司法体制与法国并没有明显差别。在诺曼征服英国以后,英国的司法体制才走向了与欧洲大陆不同的发展路径,其率先出现了控诉权与审判权的分离。随后法国才出现了由"国王的代理人"而演变来的检察制度,开始实现控审

---

① 何勤华主编:《检察制度史》,中国检察出版社2009年版,第85页。

② [法]基佐:《欧洲文明史》,洪逵等译,商务印书馆1998年版,第41页。

分离。

在入侵罗马帝国前，日耳曼人以氏族和部落为单位生活在一起，其最高机关被称为民众大会。民众大会具有非常广泛的职能，涉及氏族和部落里所有需要商讨和解决的事务，其中最重要的职能包括作出军事决定、选举氏族长老、军事首领和部落酋长等。民众大会还负责解决部落成员之间的纠纷。但是，民众大会只承担审判职能，而不承担追诉的责任。在大多数日耳曼部落中，自诉是启动诉讼的唯一方式。在民众大会上，发生纠纷的当事人双方提出自己的诉讼理由并进行辩论。到会的人全副武装，听取双方当事人的陈述和辩论，所有在场民众以敲击武器来表示他们的赞同，以杂论的喊声来表示他们的反对。案件通常由当地有威望的人组成的陪审团作出最后的裁决。①

在日耳曼人进入原罗马帝国的疆域建立王国后，西罗马帝国的立国理念和法律信仰以及法律模式深深影响着新建的日耳曼王国。随着日耳曼王国的建立，原本的氏族部落习惯转变为日耳曼王国的习惯法。由于日耳曼王国来自不同的部落和族群，并且原先各个部落的习惯法有着强烈的属人主义色彩，所以造成了所谓的"五人犯法，即有五种法律之说"的现象。日耳曼王国建立初期，王国内部出现了两种法律，即对本族人适用的以原有部落联盟习惯为基础的法律，以及对原罗马人适用的罗马法。为了更好地维护统治，各国国王纷纷开始了以原有的习惯为主要内容的成文法典的编纂活动。流传至今的有《西哥特法典》《勃艮第法典》《萨利克法典》等。其中《萨利克法典》被认为是影响力最为广泛的一部法典。②

在诉讼制度方面，《萨利克法典》基本传承了氏族社会的特点，没有严格区分刑事案件与民事案件，诸如盗窃、抢劫、杀人等典型的刑事案件都以判处罚金的方式解决。在起诉方法上也不区分公诉与私诉，所有诉讼都采用自诉的方式提起。③ 在《萨利克法典》的第 1 节第 3 条规定了起诉的方式："凡传唤别人到法庭去者，应偕同证人，一同到被传唤人家，如本人不在，应使其妻子或者其他家属通知他本人，前赴法庭。"④

---

① 何勤华主编：《检察制度史》，中国检察出版社 2009 年版，第 99—100 页。

② 何勤华主编：《检察制度史》，中国检察出版社 2009 年版，第 100—101 页。

③ 何勤华主编：《检察制度史》，中国检察出版社 2009 年版，第 101 页。

④ 江平主编：《萨利克法典》，法律出版社 2000 年版，第 1 页。

所以传唤被告人是原告的职责。原告前往被告处进行传唤，除了要在证人的陪伴下之外，有时还必须带有法官的相关文件。特殊情况下，法官自己或派其官员直接传唤被告。起诉人在起诉时要承担诬告的风险，如果最终判决被告没有原告所指控的内容，原告要受到金钱的赔偿或肉体的惩罚。若被传唤者拒不到庭，将面临一定的处罚。其中第一节第 1 条规定，接到传唤，没有合法理由而不出庭者，须交纳 15 金币；被告人除非有公务在身，不能委托别人代为出席法庭，违者罚款 15 金币，归出庭人所有。同时，传唤他人出庭的人自己无合法理由不出庭的，同样须交纳 15 金币。同时在某些日耳曼王国还规定了起诉者起诉后自行撤诉或者和解也要受到相应的处罚。①

综上所述，在日耳曼人统治的蛮族时期，也即日耳曼王国时期，由于没有建立起统一的中央政治集权，这一时期并不存在正式的国家机构。这一时期的法律渊源主是日耳曼各部族的习惯法，犯罪观念是侵权犯罪观，认为犯罪是对私人人身与财产权利的侵犯，属于债的范畴，适用损害赔偿的救济方式。在这种犯罪观念支配下，其刑事控告方式也属于私人控告方式，犯罪由受害人及其亲属等私人提起，国家不主动追究犯罪，更不存在专门的国家追诉机关。这一时期虽然也实行着控诉与审判的分离，但这仅仅是程序上的控审分离，并不是国家控诉机关与审判机关的分离。所以这一时期还没有发生本书意义上的控审分离。

二、英美法系国家控审分离的历史考察

（一）英国控审分离的演进历程

1066 年，诺曼底公爵威廉横跨英吉利海峡，打败盎格鲁—撒克逊人，统一了英格兰，从此，英国的法律制度踏上了与欧洲大陆不同的发展路径。英国开创了普通法法系。与欧洲大陆的法国相比，英国率先开始了控诉权与审判权的分离，但由于英国强调对公民自由权利的保护，反对国家对公民的过多干预，所以英国并没有发展起如同法国一样完备的检察官控诉制度。英国的控诉制度主要是私人控诉制度，即强调每个公民都享有对犯罪的控诉权，而英国的国家控诉权行使的主体

① 李秀清：《日耳曼法研究》，商务印书馆 2005 年版，第 410 页。

也比较分散，大陪审团、验尸官、治安法官、警察、律师都先后行使过控诉权。所以，就英国的控诉制度而言，其控审分离不彻底。

1. 英国控审分离的尝试——王室官员依职权刑事检控程序制度

诺曼征服后不久，在亨利一世统治时期，英国王权在建立统一君主国家的初期，为了加强王权，将刑事案件的控诉权揽入王权管辖范围，曾试图诉诸来自罗马教会的司法手段，以制约私人控诉权。这种来自欧陆的司法技术就是兴起于12世纪西欧大陆的“依职权起诉”制度。王室官员依职权控诉程序制度是指王室官员个人可以依职权独立行使刑事犯罪的控诉权。这种新式刑事检控体制中行使权力的王室官员是英国王室最早的一批公职人员。他们从亨利一世时期开始，领取王室俸禄，依赖王室的器重与提拔。[①] 王室官员依职权刑事检控制度意味着王室官员可以代表国王对犯罪提起控诉，而不受私人控诉权的影响，不论私人是否提出控诉，只要王室官员提出了控告，被告人必须应诉。这一制度类似于后来法国确立的公诉制度。依职权刑事控诉程序制度从亨利一世开始，一直延续到亨利二世统治的早期，直到12世纪60年代才被其他措施替代。亨利二世在他的法律变革中逐渐取消了这种做法。[②] 英国试图建立类似于后来法国的完备的公诉制度的尝试以失败而告终。

这一尝试之所以失败是因为该制度在实施过程中违背了其设立的初衷。建立王室官员依职权刑事检控程序制度主要是为了制约地方的司法权，加强王权对刑事案件的管辖范围。从诺曼征服之后到12世纪60年代亨利二世改革之前，控制英格兰地方刑事司法的主要是当地大地主或贵族，他们是当时的郡长，这些地方权贵有自己的下属，是依赖土地财产因而具有很高权威和独立性的地方政治和司法力量。为了削弱地方统治势力的力量，加强中央对地方司法的控制，威廉二世和亨利一世开始向地方法庭派出王室司法官，代表国王处理一些特殊的司法事务和与国王利益有关的案件。这样，王室在百户区、郡乃至自治市镇

---

① 黎敏：《西方检察制度史研究——历史缘起与类型化差异》，清华大学出版社2010年版，第65—66页。

② “Public Prosecution of Crime in Twelfth-Century England”, in *Church and Government in the Middle Ages*, Edited by C. N. L. Brooke, Cambridge, New York: Cambridge University Press, 1976, pp, 50-51.

等地方行政区划的利益有了更好的司法权力保障。到 12 世纪 30 年代,伦敦地区也有了王室首席司法官。到斯蒂芬统治时期,这些官员的权力日益扩大,而且被一些大贵族控制或实际占据。王室司法官越来越像先前的郡行政长官那样形成了揽权独尊的态势,而不是效忠于王权,完全有可能成为独霸一方的权贵。[①]

亨利二世敏锐地察觉到这个问题的严重性。他在 1153 年指出必须选那些不会利用职权公报私仇或放纵罪犯的人出任首席司法官。后来在各个地区任命了代理人以制约郡长权力。另外,亨利二世还对地方行政管理进行了一次著名的调查,根据调查结果,他撤销了一批不忠于职守的郡长职务。[②] 1166 年亨利二世采取了一系列重大的改革措施,颁布了《克拉灵顿诏令》,以大陪审团起诉制度代替了王室官员依职权刑事检控程序制度。英国初期的控审分离尝试以失败而告终。1166 年改革是王室政权对地方官员不信任态度的集中表现,是国王为加强王权,削弱地方势力的举措。

2. 英国控审分离的开始——大陪审团起诉制度

1066 年,随着威廉征服,诺曼人将陪审团制度带到了英国。[③] 亨利二世是英国历史上推动陪审团制度向司法场域进一步发展与完善的最重要力量。改革之前的陪审团是一个由一群普通居民组成的就事实问题提供线索或意见的行政性机制,亨利二世转化了早期陪审团的权力与功能。1166 年亨利二世对司法制度予以改革,颁布了《克拉灵顿诏令》,该法是亨利二世和教俗两界大贵族、大领主一致同意而付诸实施的法律。该法确立了大陪审团即起诉陪审团制度,在英格兰社会初步建立起了一种体制化的刑事控诉模式和刑事司法诉讼程序。大陪审团起诉制度标志着英国控审分离的开始,其对英国的检控权力制度产生了深远的影响。大陪审团的职责是审查犯罪嫌疑人是否实施了严重的

---

① "Public Prosecution of Crime in Twelfth-Century England", in *Church and Government in the Middle Ages*, Edited by C. N. L. Brooke, Cambridge, New York: Cambridge University Press, 1976, p. 51.

② 黎敏:《西方检察制度史研究——历史缘起与类型化差异》,清华大学出版社 2010 年版,第 68 页。

③ 何勤华主编:《检察制度史》,中国检察出版社 2009 年版,第 218—219 页。

刑事犯罪,决定对其是否予以起诉。[①] 亨利二世执政期间发生在百户区或者村镇内的所有凶杀、抢劫、盗窃等刑事犯罪都由巡回法官审判,伴随着这种巡回审判方式的确立也出现了巡回陪审。当巡回法庭开庭时,郡长应从各个百户区内遴选12名熟悉案件情况的合法居民组成陪审团向法庭控告,并证明犯罪事实。这就是"起诉陪审团",也就是通常所说的"大陪审团"。这种大陪审团实际上已经承担起了对犯罪事实进行起诉的职能。[②]

《克拉灵顿诏令》规定:在巡回法官到场时,宣誓的陪审员应对犯有谋杀、盗窃、抢劫罪的所有嫌疑人或者窝藏犯有上述罪行的人以及犯有伪造货币和纵火罪的所有嫌疑人提出指控。对不出席审判或弄虚作假的陪审员惩罚很重,罚金额也很高。亨利二世时期突出的特征是只使用大陪审团起诉,当时还没有把陪审团审判扩展到刑事案件的审判阶段。只是后来在1215年第四次拉特兰宗教会议废除了神明裁判之后,陪审团审判才进入刑事案件。大陪审团成员从百户区和郡的居民中选出,他们负责对刑事犯罪的嫌疑人提出指控。这种指控权力具有很大的独立性。它既不受地方封建领主司法权制约,也不受包括刑事犯罪受害人在内的私人控诉者干预。大陪审团在没有接到控诉书的情况下,有权根据自己的了解和观察,对认为可能有犯罪嫌疑的人向巡回审判的王室法官提出刑事指控。大陪审团的指控具有启动巡回法庭审判的效力,被大陪审团提起控告的犯罪嫌疑人必须由工室法官审判。[③]

1176年的《北安普顿法令》进一步扩大了陪审团的检举权,明确了法官和陪审团的不同权限,陪审团检举制度得以完善。[④] 1194年查理一世发布《巡回法院规则》,该规则进一步确立了大陪审团负责起诉的制度。陪审员主要负责起诉重大刑事犯罪并且向巡回法院提供相应的书面文件。这种起诉文件包括两类:一是告发书,即陪审团自己掌握的犯罪案件;二是吁请,私人向陪审团告发,然后由陪审团审理所掌握的

---

① 黎敏:《西方检察制度史研究——历史缘起与类型化差异》,清华大学出版社2010年版,第54—55页。

② 何勤华主编:《检察制度史》,中国检察出版社2009年版,第219页。

③ 黎敏:《西方检察制度史研究——历史缘起与类型化差异》,清华大学出版社2010年版,第56—57页。

④ W. S. Holdsworth, *A History Law*, Vol. 1, London, 1956, p. 322. 转引自王新环《公诉权原论》,博士学位论文,中国政法大学,2004年。

案件。如果犯罪嫌疑人承认自己有罪,或者告发书中陈述的犯罪事实明显,则可能对犯罪嫌疑人直接定罪。如果陪审团认为被告发的被告人不是犯罪嫌疑人,就会在疑犯宣誓后将其释放。由此可见,大陪审团不仅仅负责起诉,而且还对有罪告发和无罪告发具有决定权。1275 年,英王爱德华一世颁布《威斯敏斯特条例》,沿用了亨利二世创立的陪审团制度,并进一步要求,刑事案件必须实行起诉陪审制。[①]

1352 年,英国国王爱德华三世下令禁止起诉陪审团——大陪审团参与审判,要求另设一个 12 人的陪审团进行实体审理,这就是通常所说的"小陪审团"。这一司法制度的改革不仅使得大、小陪审团作为英国司法制度的特色在英国共存了几百年的历史,而且促使了陪审团起诉与审判职能的分离。大陪审团专司重大刑事案件的侦查、起诉职能。[②]

陪审团是源自欧洲大陆卡洛林王朝时帮助处理行政及财政纠纷的早期行政听证机制。金雀花王朝的亨利二世对这项行政制度进行了司法化改造。大陪审团在没有受害人起诉的情况下,可以自行起诉,以自身名义提出刑事指控。这是在普通法形成之后,最早承担起刑事犯罪调查与起诉功能的新制度设置。大陪审团制度第一次实现了国家控诉职能与审判职能的分离,初次开创了世界刑事诉讼的控审分离,开启了世界刑事诉讼制度的第二次革命。

英国的大陪审团起诉制度从 1166 年确立后,一直到 1933 年才被取消,个别情况除外。[③] 到 1948 年大陪审团制度被彻底废除。[④] 但到了中世纪末期,大陪审团审前调查与直接指控职能逐渐弱化,开始从自主指控调查渐渐转向被动性地受理和审查来自外部的刑事指控。16 世纪初期司法实践中已经要求陪审员事先并不知晓即将由他们提出指控和裁决的犯罪事实,换言之,要求陪审员对犯罪事实保持一定的隔绝与距离。大陪审团控诉职能弱化所留下来的空白便由治安法官来填补。[⑤]

---

① 何勤华主编:《检察制度史》,中国检察出版社 2009 年版,第 219—220 页。

② 何勤华主编:《检察制度史》,中国检察出版社 2009 年版,第 220 页。

③ 黎敏:《西方检察制度史研究——历史缘起与类型化差异》,清华大学出版社 2010 年版,第 58 页。

④ 黎敏:《西方检察制度史研究——历史缘起与类型化差异》,清华大学出版社 2010 年版,第 181 页。

⑤ 黎敏:《西方检察制度史研究——历史缘起与类型化差异》,清华大学出版社 2010 年版,第 199—201 页。

3. 英国分散型控诉体制初步形成——私人控诉、大陪审团制度与验尸官

在中世纪的英国,被害人和普通私人行使着大部分刑事案件的控诉权,大陪审团依据职权可以就严重刑事案件提起控诉。此外,验尸官可以就严重的刑事命案在调查勘验后提出指控。

1194 年,查理一世期间,创立了验尸官制,协助处理地方严重刑事命案的调查指控。① 验尸官对严重刑事命案的指控是继大陪审团后,另一行使国家控诉权的主体。创立验尸官制度的目的有两个方面:一是为了制约郡长的权力,二是为了使所有最严重的刑事犯罪案件的司法管辖全部掌握在王室司法手中。验尸官专门负责所有突发的非正常死亡案件,并向王室巡回法官汇报。验尸官负责的案件类型包括:暴力致死、猝死、非自然死亡、意外死亡、不明原因的死亡、船舶失事、猎捕鲸鱼等法律禁止不良捕猎的皇鱼等法律规定需要他协助调查的死亡事件和严重刑事案件。② 在谋杀等命案中,验尸官需要勘验现场。验尸官在进行调查和勘验的过程中,有权在周边地区召集一个陪审团,陪审团成员从 4 人到 12 人不等。验尸官及陪审团在调查取证后,可以直接向法庭提出指控。当时每个镇都有 3—4 名验尸官,有些自治市镇也有自己的验尸官。③ 验尸官制度的确立是为了保证最严重的谋杀等刑事案件都进入中央王权的司法视野,接受王室权力的监控。在严重的刑事命案中,验尸官及其召集的陪审团提出的指控与大陪审团提出的指控具有相同的法律效力,其在调查取证后提出的刑事指控是一种正式的刑事检控。④ 所以验尸官可以就命案在调查勘验后向巡回法庭提出指控,其也行使一定的控诉权。

---

① "Public Prosecution of Crime in Twelfth-Century England", in *Church and Government in the Middle Ages*, Edited by C. N. L. Brooke, Cambridge, New York: Cambridge University Press, 1976, p. 53.

② 黎敏:《西方检察制度史研究——历史缘起与类型化差异》,清华大学出版社 2010 年版,第 183—184 页。

③ Briggs, John, "The Medieval Origins of England Criminal Justice System", in *Crime and Punishment in England: An Instroductionary History*, Edited by C. N. L. Brooke, Cambridge, New York: St. Martin's Press, 1996, p. 9.

④ 黎敏:《西方检察制度史研究——历史缘起与类型化差异》,清华大学出版社 2010 年版,第 61—62 页。

大陪审团控诉权和验尸官控诉权是普通法诞生后英国刑事检控权力体制中出现的两种公共因素。但这并没有改变英国社会传统的私诉体制。普通法诞生后,受害人及其近亲属依旧是最基本的检控权主体,但普通法将刑事检控权力主体扩大到一切平民,即除了犯罪的直接受害人之外,每一位英格兰平民都有权以国王的名义,对自己知晓的犯罪事实提起检控。因此,受害人及其亲属加上所有公民一起被称为英格兰的平民检察官,他们是更广意义上的私人控诉者。[①] 在法律地位上,大陪审团和验尸官与私人控诉者是平等的,他们的权力是平行的,没有高低之分,只是行使权力的方式不同而已。私人控诉者可以绕开大陪审团和验尸官直接向巡回法官提起控诉。

所以,在中世纪的英格兰,形成了分散的控诉权体制,多元化主体分享控诉权格局初步形成。当时行使控诉权的主体主要有三种:一是受害人或者普通私诉人可以就一切案件向巡回法庭或者大陪审团、地方行政长官报案并提出指控;二是大陪审团可以依据自己的职权向巡回法院就刑事案件提出指控;三是验尸官可以就命案在调查勘验后向巡回法庭提出指控。英国分散型的刑事控诉体制初步形成。英国形成的刑事检控权力分散体制成为英国今后所有刑事检控权制度发展变迁的基础。

4. 皇家检察总长和副总检察长的产生

英国的控诉体制从其确立时起,就实行私人控诉体制,任何人都有权以私人的身份、以国王或公共利益的名义提起刑事控诉。在法律上,国王是一个独立的自然人,其也享有提起刑事指控的权力。但国王的身份决定了其不可能出席法庭,因此,国王便有了一个专业的法律顾问团队,作为国王的代理人,帮助处理民事和刑事案件。在爱德华三世以前,每一个公民如果发现叛国罪,都可以不经大陪审团或其他渠道,直接向普通法法院或者议会提起叛国罪刑事指控。爱德华三世时期颁布法令,不再允许私人对叛国罪提起控诉,叛国罪指控转移给了国王。普通法上逐渐形成由国王的法律官员代表国王对叛国罪提起控诉。代表

---

① 黎敏:《西方检察制度史研究——历史缘起与类型化差异》,清华大学出版社 2010 年版,第 62—63 页。

国王参与刑事司法的高级法律官员进入了人民的视野。[①] 自英国国王派代理人代表其进行诉讼开始,主要是对涉及王室利益的财产诉讼和行政诉讼案件进行起诉。这一制度可追溯到13世纪的英格兰,是国王不能亲自出现在法庭上为自己的利益辩护的结果。[②]

英国国王的第一位代理人出现的具体时间并不确定。研究英国法制史的学者普遍认为国王的第一位代理人是劳伦斯·德尔·布朗克,自1243年开始他就代表国王对特别的案件进行诉讼。[③] 在整个13世纪和14世纪,国王法律代理人和国王律师都接受王室俸禄,作为国王的法律代表,负责在国王的法庭中为国王的案件辩护。1315年,首次出现正式任命国王代理人的记载,出任代理人的是威廉·兰利。国王的代理人逐渐获得对国王事务的更多权力。到亨利五世和亨利六世统治时期,国王的代理人一直实行终身任用制。[④] 1399年亨利四世赋予一个国王代理人可以在所有王室法院出庭发言的权力,由此奠定了现代检察制度的结构基础。[⑤] 当时国王代理人的职权十分广泛,包括:收回租金和地产提起的诉讼;控告那些宣判王室臣仆逐出教会的人;保护国王做礼拜的权利;调查杀人案;听审以确定有关国王起诉的案件,并且曾经从事一项特殊使命,即了解婚姻、监护、救济和自从约翰国王即位以来在特定的教区内所承认或让与的其他王室权利。[⑥]

1461年爱德华四世统治时期,英国国王任命约翰·赫伯特为第一位"英格兰皇家检察总长",在他的委任状中第一次出现了"皇家检察总长"这个字眼。这是关于对王室首席法律官员采用"皇家检察总长"这一被沿用到现代的名称的最早例证。同年,约翰·赫伯特与其他的法官一起被召集参与了英国上议院的会议并为立法提供建议。这种行为可以被视作对英国皇家检察总长最基本的理念反应,即英国的皇家检

---

① 黎敏:《西方检察制度史研究——历史缘起与类型化差异》,清华大学出版社2010年版,第178—179页。

② 何勤华主编:《检察制度史》,中国检察出版社2009年版,第220页。

③ 何勤华主编:《检察制度史》,中国检察出版社2009年版,第220—221页。

④ 黎敏:《西方检察制度史研究——历史缘起与类型化差异》,清华大学出版社2010年版,第179—180页。

⑤ 程汉大、李培峰:《英国司法制度史》,清华大学出版社2007年版,第380页。

⑥ [英]里约翰·J.爱德华兹:《皇家检察官》,周美德译,中国检察出版社1991年版,第15页。

察总长是为国王服务的。[①] 英国皇家检察总长的出现标志着英国检察制度的设立。皇家检察总长的主要职责是为政府提供法律方面的咨询和代表国王进行诉讼,这些职责包括:在诉讼中代表国王的利益,在任何必要的时候保护国王的权力、维护国王的利益,分担国王在刑事诉讼中的责任。[②]

1461 年,在另一份特许状中任命理查德·福勒为首任"国王初级律师",负责所有英国国王的案件、诉讼和有关国王的争议。普遍认为,此项任命为现代副总检察长官职的最早雏形。[③] 1515 年,新上任的国王初级律师被正式授予"副总检察长"的头衔。[④] 英格兰副总检察长的职务正式设立,他的设立是对皇家检察总长制度的进一步发展。这种发展为副总检察长的国王初级律师实际上和国王的代理人的职能非常相似,主要职责也是对破坏王室利益的案件起诉和听审。因为自 1525 年起,即从提升理查德·利斯特到总检察长职位的那时起,被任命为副总检察长官职,被视为组织晋升为皇家检察总长的阶梯。[⑤]

国王的总检察长和副总检察长与普通私人检控者的最大区别不在于权力大小,而在于行使权力的案件类型有所区别。爱德华三世以后,考虑到叛国罪直接危及君主国家的安危等问题,私人检控者对叛国罪的直接控诉权被废除,改由国王的正副总检察长提起指控,启动普通法上的所谓"国家审判"。在英国《国家审判》记录的大大小小的案例中,叛国罪的指控都由正副总检察长负责。[⑥]

由于英国私诉和公诉并存的局面,皇家检察官在 1616 年之前,担任皇家检察总长和副总检察长的人积极地从事私人诉讼,长期以来私人执业成为他们主要的报酬来源,并且由此获得的报酬不受任何限制。

---

① 何勤华主编:《检察制度史》,中国检察出版社 2009 年版,第 221 页。

② [英]里约翰·J. 爱德华兹:《皇家检察官》,周美德译,中国检察出版社 1991 年版,第 15 页。

③ [英]里约翰·J. 爱德华兹:《皇家检察官》,周美德译,中国检察出版社 1991 年版,第 25 页。

④ 黎敏:《西方检察制度史研究——历史缘起与类型化差异》,清华大学出版社 2010 年版,第 242 页。

⑤ [英]里约翰·J. 爱德华兹:《皇家检察官》,周美德译,中国检察出版社 1991 年版,第 26 页。

⑥ 黎敏:《西方检察制度史研究——历史缘起与类型化差异》,清华大学出版社 2010 年版,第 222 页。

自 19 世纪开始,下议院为了让皇家检察总长和副总检察长精力集中地从事公共起诉,对他们逐步施加压力,并最终于 1871 年 12 月 14 日的财政部备忘录中规定了皇家检察官所得报酬的新条款。自 19 世纪开始,由于交给皇家检察总长和副总检察长的涉及政府部门的诉讼事务和非诉讼事务大量增加,1892 年,格拉斯顿的内阁最终做出限制皇家检察总长和副总检察长从事私人诉讼的著名决定。[①]

5. 玛丽法案赋予了治安法官有限的强制起诉权

英国的治安法官大约兴起于 13 世纪初期,是针对 11 世纪、12 世纪以来广为诟病的郡长制度的腐败与失效问题而提出的解救方案之一。治安法官从 12 世纪负责地方治安的骑士发展而来。爱德华三世统治期间颁布的几个法令进一步确立了治安法官在刑事司法中的地位,治安法官得以正式建制。他们在宣誓后负责维护地方各郡县的社会治安,最初的治安法官职责是半军事性半警务性的。在 14 世纪前期,英国赋予了治安法官一定的刑事调查权与检控权。[②] 1360 年通过新法令,规定各郡委派 1 个乡绅或贵族以及该郡 3—4 名最富有的人负责维持治安,他们有权逮捕罪犯,受理对犯罪的指控,在有些轻微案件中可以直接作出判决。[③] 到 15 世纪,治安法官已经享有非常广泛的刑事司法管辖权,重罪犯的逮捕、宣判和执行刑罚都可能在治安法官组成的季审法庭进行。到 16 世纪,治安法官既管辖行政事务,又涉及刑事司法事务。既有关于单个治安法官权力的规定,又有关于治安法官组成的季审法庭权力的规定。自中世纪以来,英格兰每个郡县都有治安法官,治安法官主要来自当地的贵族、绅士、骑士等上等阶层的人物。国王对他们实行任命制,通过颁发治安法官委任状来实现中央的集中控制。治安法官一经委任就承担起维护当地社会秩序与安全的职责,包括对各种刑事犯罪(从重罪到经济犯罪、施巫罪等犯罪行为)的全面调查及指控。在当时的英国,除郡长之外,承担普通刑事案件及轻微刑事案件

---

① 何勤华主编:《检察制度史》,中国检察出版社 2009 年版,第 224 页。

② 黎敏:《西方检察制度史研究——历史缘起与类型化差异》,清华大学出版社 2010 年版,第 186 页。

③ 蒋孟引主编:《英国史》,中国社会科学出版社 1986 年版,第 187 页。

检控与司法的最主要地方官员已经是治安法官。①

1555年,玛丽女王时期,议会通过了保释法和拘押法,这两部法律对英国近代以后的刑事检控权力制度产生了深远影响。这两部法案的主角都是治安法官。玛丽保释法是为了督促治安法官在刑事司法中合法适用保释权。拘押法对于不能适用保释的刑事案件中治安法官在审前调查与检控程序中的职权进行了特别规定。玛丽法案将治安法官的责任扩大到协助私人检控者进行刑事检控与调查。② 玛丽拘押法案规定,私人检控者继续享有对刑事案件的检控权,但是在没有私人检控者或者受害人的案件中,或者在私人检控方的起诉证据尚不充分的情况下,治安法官有责任继续展开调查、走访证人并在巡回法庭上提出控告。③ 玛丽法案中关于治安法官有权强制受害人起诉并出庭作证的规定,剥夺了私人放弃刑事起诉的权力,但治安法官的强制起诉权力只发生在受害人不愿起诉的情况下。

玛丽法案确立了治安法官审前协助体制,对英国刑事检控权力继续在私诉与分权体制轨道上运行起到了保障和巩固的作用,从刑事检控体制内部消除了近代英国建立专门检察官系统的可能性。④ 玛丽法案赋予治安法官小部分的自主检控权,为近代英国检控权力注入了一定的准公诉因素。玛丽拘押法通过强制帮助私人受害人起诉和进入刑事诉讼的方式,客观上在英国历史上首先构建起了一种针对重罪案件的、非常有限的具有准公诉特征的刑事司法机制。⑤ 这意味着,在英格兰,除了在叛国罪和命案中由国王的王室法律官员和验尸官自主行使控诉权外,普通法的重罪案件中,治安法官在没有私人检控者或私人检控证据不足时,也自主行使一定的检控权。

---

① 黎敏:《西方检察制度史研究——历史缘起与类型化差异》,清华大学出版社2010年版,第187页。

② 黎敏:《西方检察制度史研究——历史缘起与类型化差异》,清华大学出版社2010年版,第203—205页。

③ John H. Langhein, *The Origins of Adresary Criminal Trial*, Oxford: Oxford University Press, 2003, p. 41.

④ 黎敏:《西方检察制度史研究——历史缘起与类型化差异》,清华大学出版社2010年版,第213页。

⑤ John H. Langbein, *The Origins of Adversary Criminal Trial*, Oxford: Oxford University Press, 2003, p. 42.

从16世纪中期一直到19世纪,玛丽法案确立的治安法官,一直保有其调查与检控职能,直到19世纪英国现代警察制度正式建立之后,才正式废除。此后治安法官行使的刑事检调职权转移给了英格兰警察。[①]

6. 警察以及政府公共机构行使控诉权与检控事务律师的出现

在英国,不仅公民私人、大陪审团、验尸官、治安法官等享有控诉权,警察以及国家银行、国家造币局、财政部、邮政部等政府公共部门也享有一定的控诉权。警察以及政府公共机构多数情况下并不自己行使控诉权,而是聘请事务律师代为指控。

英国警察最早可以追溯到原来的巡警。他们是在13世纪以后逐渐被法律赋予一定的地方行政司法职能的行动者。1285年《温切斯特法》对王国警察与治安方面的问题作了许多重大的规定,奠定了英国近代警察体制的基础。[②] 1361年治安法官法对警察的刑事司法职能作出正式的规定:英格兰早期警察有责任在当地法庭出庭控告刑事犯罪的嫌疑人。[③] 在近代之前,英格兰警察在刑事司法中与验尸官、郡长和治安法官相比没有什么优势,只是不起眼的民间协作力量。玛丽法案以后,早期警察的检控作用几乎被治安法官完全取代。但从18世纪开始,由于犯罪形式的日益严峻,英国检察便开始走到刑事检控权力体制的前台。1829年议会通过了《大都市警察法》,规定新建制的警察制度在刑事方面的职责是预防和调查犯罪。1829年法案通过后,警察逐渐在英格兰刑事检控权力体制中发挥作用,治安法官行使的审前调查与检控权让位给了警察。19世纪以后,警察在刑事检控方面越来越重要,警察负责了很多的刑事指控,作为私人刑事指控的补充。[④] 英格兰警察行使检控权时,如果遇到法律上的难题,往往会聘请专业的事务律师或出庭律师给予帮助。警方一般将向法庭提交正式起诉书的任务交给事

① 黎敏:《西方检察制度史研究——历史缘起与类型化差异》,清华大学出版社2010年版,第213页。

② 黎敏:《西方检察制度史研究——历史缘起与类型化差异》,清华大学出版社2010年版,第233页。

③ Richard J. Terrill, Cincinnati, *World Criminal Justice Systems*, OH: Anderson Pub, 1999, pp. 20-22.

④ 黎敏:《西方检察制度史研究——历史缘起与类型化差异》,清华大学出版社2010年版,第234—237页。

务律师完成。久而久之，就逐渐形成了警方长期聘用一批事务律师代表控方出庭的制度化做法。这些长期与警方合作的律师便形成了相对固定的圈子——控方事务律师所。①

在英国，一些政府职能部门和大经济实体也享有刑事犯罪控诉权。从18世纪早期开始，很多新兴的政府职能部门和大经济实体在遇到刑事案件时普遍地聘用事务律师来帮助自己提出刑事指控。受雇的事务律师们不但负责确定指控意见，还协助控方查找法庭辩论所需要的证据。这些受雇于英格兰国家银行、国家造币局、财政部、邮政局等政府公共机构，专门负责执行刑事指控的律师就是工业革命后大量出现于英国刑事司法中的建制化的检控事务律师。学者们也将其称为公共机构检察官。英格兰国家邮政总局从1683年开始启用事务律师协助刑事检控，《邮政总局档案》关于本局检控事务律师的最早记载是在1774年。造币局启用检控事务律师始于1713年。造币局检控事务首席律师的主要职责就是在助手的协助下调查收集犯罪证据并提出起诉。②这些代表政府职能部门提出刑事指控的事务律师，其主要工作任务包括：搜集证据、寻找证人和向法庭提出刑事指控。他们通常是单独行动，有的也带几名助手，在很多大城市，公共机构检察官也经常与治安法官合作，以便寻找到推动诉讼进程的更好线索。③

7. 英国近代检察制度的发展——1879年检察长的设立

1879年英国颁布《犯罪起诉法》，该法设立了皇家检察长的职位，承担起了部分公诉职能，形成了英国检察制度的雏形。

自英国设立皇家检察总长和副总检察长100多年以来，一直都没有专门的公诉机关将刑事案件起诉到法院。这一问题早已引起关注，许多学者认为，在英国缺乏一个像苏格兰一样的检察长是英国刑事司法制度中的一个反常现象。④ 19世纪初，英国开始了对这一制度的改革。1827年增设了追究破坏王室利益以外案件的检察官。这样检察机

---

① 黎敏：《西方检察制度史研究——历史缘起与类型化差异》，清华大学出版社2010年版，第255页。

② 黎敏：《西方检察制度史研究——历史缘起与类型化差异》，清华大学出版社2010年版，第229—230页。

③ John H. Langbein, *The Origins of Adversary Criminal Trial*, Oxford: Oxford University Press, 2003, p. 115.

④ 何勤华主编：《检察制度史》，中国检察出版社2009年版，第226页。

构的职能冲出了长期以来的只为王室利益而运行的范围，开始从国家利益的角度活动。[①] 1845 年一些负责刑事案件的法官在发表的公报中曾用文件说明当时没有专门的机关负责起诉这种现象的缺点，并指出，"由于国家缺少这方面的经费和劳动力，不能对案件进行努力的、正直的和充分的调查，不时有一些控告进行得松垮无力，不能令人满意。而依赖私人主持控诉，则为行贿、共谋与非法妥协打开方便之门"，同时还指出，"克服这种缺点，直截了当的办法就是任命检察官"[②]。1879 年议会接受了这项动议，并于 1879 年根据《犯罪起诉法》设立了皇家检察长一职，成为英格兰和威尔士检察制度发展过程中的重要转折点。

1879 年《犯罪起诉法》序言宣称："要求检察长……提起的诉讼案件如：受国务大臣之命迄今一直为财务部法务官受理的案件，以及财政部法务官认为采用一般的方式起诉已不足使之得到适当处理的其他案件。"[③]所以皇家检察长最初接替了财政部法务官的职能。同时该法还赋予了皇家检察长的职责和权限，即从事刑事诉讼，给警察署长、司法职员及其他人在实施与刑事诉讼有关的行为时提供建议和帮助。[④] 但是在皇家检察长之下没有设立地方检察官，地方的检察职能仍然保留在警察机关。该法对皇家检察长和皇家检察总长的关系也有所涉及。该法第 2 条规定：检察长要在"皇家检察总长的监督下"进行工作，并在"特殊的案件中"接受皇家检察总长的指示。[⑤]

1907 年的《刑事上诉法》赋予了皇家检察长开始在上诉案件中进行辩护的权利。1908 年的《犯罪起诉法》授予了皇家检察长新的权限。该法规定："不得妨碍任何人提起或继续进行任何诉讼，但检察长在任何阶段都可承接他认为适合于他办理的诉讼。"[⑥]新法案在保留了英国个人自诉传统的同时，授权检察长可以在诉讼的任何阶段接管私人或警察起诉的刑事案件。1879—1908 年，是近代英国皇家检察长的建立时期，也是英国检察制度发展的重要阶段。

---

① 任允正、刘兆兴：《司法制度比较研究》，中国社会科学出版社 1996 年版，第 5 页。

② ［英］里约翰 · J. 爱德华兹：《皇家检察官》，周美德译，中国检察出版社 1991 年版，第 304—305 页。

③ 何勤华主编：《检察制度史》，中国检察出版社 2009 年版，第 227 页。

④ 何家弘：《中美检察制度比较研究》，中国检察出版社 1995 年版，第 61 页。

⑤ 何勤华主编：《检察制度史》，中国检察出版社 2009 年版，第 227 页。

⑥ 何勤华主编：《检察制度史》，中国检察出版社 2009 年版，第 228 页。

1946年《犯罪起诉条例》是在1908年《犯罪起诉法》的基础上对检察长和总检察长的关系做了更加细化的规定："检察长就所有的案件决定是否提起诉讼，包括选派和训练律师在内，都要服从总检察长的指导。"①这一规定改变了先前皇家检察长向皇家检察总长和内务大臣同时负责的双重责任制。1979年的《犯罪起诉法》废除了1879年的同名法律，但并没有对英国的检察制度作大的变革。该法第2条宣布：皇家检察长的任务是在皇家检察总长的指导下提起诉讼和向警察机关提供咨询和帮助。② 所以皇家检察长在从事提起诉讼、向警察机关提供咨询和帮助这两项活动时，要接受皇家检察总长的监督。

虽然检察长这一头衔实质上无所不包，但他在起诉体系中的角色却相对有限。直到1985年《犯罪起诉法》设立的皇家检察署接管所有由警察开始的刑事诉讼程序活动后，才彻底改变了检察长的低位，之后检察长由皇家检察署直接领导。

8. 英国现代检察制度的建立——1985年皇家检察署的设立

1985年5月英国议会通过了《犯罪起诉法》，该法在英国建立起了皇家检察署，作为在检察长和皇家检察总长领导之下的全国性检察机构，标志着英国现代检察制度的建立。

在1985年《犯罪起诉法》颁布以前，英格兰和威尔士并没有统一的起诉机关，刑事案件的起诉在多数情况下是由警察机关决定，然后指定私人开业的律师出庭担任"公诉人"。案件的侦查和起诉由警察负责，侦查权与起诉权不分，存在着严重的弊端。很大一批案件在没有证据定罪的情况下也提出了起诉程序，更有甚者，一些案件的起诉人认为应当放弃，但警察机关也起诉了。另外，在决定起诉问题上存在的地方差异使得起诉的政策和行为也存在差异。③ 皇家刑事诉讼事务局在1981年的报告和随后的三个批评刑事司法系统的报告中认为：警察不应该同时负责调查案件和决定是否起诉。负责调查案件的警察并不能公正地决定是否提起诉讼；不同的警察机构使用不同的起诉标准；警察的起

---

① ［英］里约翰·J. 爱德华兹：《英国总检察长政治与公共权利的代表》，王耀玲等译，陈中天译校，中国检察出版社1991年版，第48页。

② 何勤华主编：《检察制度史》，中国检察出版社2009年版，第230页。

③ 中国政法大学刑事法律研究中心组织编译：《英国刑事诉讼法》（选编），中国政法大学出版社2001年版，第44页。

诉会使得大多数的轻微案件被起诉到法院,导致判决无罪的概率提高。同时该委员会建议政府把建立一个独立的检察机构的草案提交国会。[①]1983年英国的内政部发表了《关于在英格兰和威尔士设立独立的检察机关的白皮书》,希望能建立一个独立的全国性起诉机构,改变在处理刑事案件过程中的一些弊端。[②]

1985年《犯罪起诉法》的颁布使专门的国家公诉机关的建立成为现实。该法在开篇就开宗明义地提出"本法旨在为英格兰和威尔士建立皇家检察署而制定"[③]。在该法的基础上,英国成立了各级皇家检察机关,形成了统一领导的从中央到地方的独立行使起诉权的检察系统。该法颁布之后,在英国侦查犯罪由警察负责,检察官不承担侦查犯罪的职责,只是对警察移交的案件进行审查,决定起诉、撤回起诉或变更起诉。起诉权和侦查权的分离,克服了由侦查人员担任起诉人员所带来的弊端,从根本上改变了英国刑事诉讼的架构。[④]

自1986年1月1日起,英格兰和威尔士建立了皇家检察署,检察署的长官是检察长。最开始在31个区域都设立了检察署(其中爱尔兰设有29个,威尔士有2个),后来增加到38个。在1993年皇家检察署的设置有所改变,31个区域并为13个更大的区域。其中包括一个覆盖伦敦在内的整个区域。伊恩·格莱德维尔勋爵在1998年《皇家检察署论》中严厉批判了英国皇家检察署。他认为1993年改革犯了一个错误,就是组织过于集中和专制。他建议将原有的13个区域的检察署扩展到42个区域,这些皇家检察署对其所辖区域的案件进行起诉。皇家检察长应该将工作重心从皇家检察署的行政事务转移到起诉和司法程序。政府采纳了他的建议,并于1999年4月22日正式建立了42个皇家检察署。[⑤]

英国检察机关的职能是从警察机关分离出来的,但分离后的皇家检察署与警察部门是相互对立的。皇家检察署继受了所有原来警察机

---

① 何勤华主编:《检察制度史》,中国检察出版社2009年版,第231页。

② 何勤华主编:《检察制度史》,中国检察出版社2009年版,第235页。

③ 中国政法大学刑事法律研究中心组织编译:《英国刑事诉讼法》(选编),中国政法大学出版社2001年版,第506页。

④ 何勤华主编:《检察制度史》,中国检察出版社2009年版,第233—235页。

⑤ 何勤华主编:《检察制度史》,中国检察出版社2009年版,第233—234页。

关行使的起诉权。检察机关不拥有侦查权或只对很小一部分案件拥有侦查权。皇家检察署没有自己独立的侦查部门,案件的侦查主要依靠警察。警察机关承担着侦查犯罪的职责,不受检察机关的监督。[①] 警察对案件侦查终结并决定移送起诉后,应将该案的全部案卷和证据材料移送检察机关,由检察机关指派专人接受移送起诉的案件。检察机关对于警察机关移送起诉的案件,如果认为证据达不到起诉标准或者出于政策考虑觉得不宜起诉,可以撤回起诉或者从法律适用的角度变更起诉;如果认为证据不充分要求警察机关补充侦查而警察机关不同意补充侦查的,检察机关只能中止诉讼。[②]

1985 年英国《犯罪起诉法》的颁布,标志着在英国自上而下建立起一套独立、统一的检察制度。英国的检察机关在皇家检察总长和皇家副总检察长的领导下建立起了皇家检察署,由皇家检察长和检察官组成。英国的检察系统实行财政独立,经费单独核算。皇家检察署的负责人是皇家检察长,检察长之下是皇家首席检察官和皇家检察官。[③] 根据 1985 年《犯罪起诉法》的规定,"检察长应当由皇家检察总长任命",同时检察长必须是由任职不少于 10 年的出庭律师或者事务律师担任。检察长的薪金须由财政部同意,由皇家检察总长决定。[④] 在皇家检察署中,检察长之下是皇家首席检察官,他们对皇家检察署的 42 个区域的运作负责。检察长还可以指派出庭律师和事务律师作为皇家检察署的成员,由此指派的成员成为皇家检察官。皇家检察署中除了检察长和检察官参与诉讼工作之外,还可以将案件的诉讼责任委托给私人执业的出庭律师或事务律师。1985 年,《犯罪起诉法》第 5 条规定:皇家检察长可以随时任命非皇家检察官去提起或者承担由检察长分派给他的刑事案件的控诉行为。[⑤]

在英国拥有起诉权的机关除了皇家检察署之外,还有反严重欺诈局、国家关税和消费税总局、贸易与工业部、社会保障部及健康与安全

---

① 何勤华主编:《检察制度史》,中国检察出版社 2009 年版,第 236—237 页。

② 程味秋主编:《外国刑事诉讼法概论》,中国政法大学出版社 1994 年版,第 26 页。

③ 何勤华主编:《检察制度史》,中国检察出版社 2009 年版,第 242—244 页。

④ 中国政法大学刑事法律研究中心组织编译:《英国刑事诉讼法》(选编),中国政法大学出版社 2001 年版,第 507 页。

⑤ 何勤华主编:《检察制度史》,中国检察出版社 2009 年版,第 244—245 页。

执行委员会。其中，反严重欺诈局负责对严重复杂的欺诈犯罪进行起诉。皇家检察署也处理严重的欺诈案件，但是不如反严重欺诈局处理得那样复杂。关税和消费税总局负责处理大量的毒品大案，也处理一些有非法进口货物和故意逃避关税的犯罪。贸易和工业部负责处理违反公司法及公司条例的犯罪。社会保障部负责处理要求获得津贴或福利的案件。由上可知，英国虽然建立起了皇家检察署，形成了一套自上而下的独立、统一的检察制度，但英国的控诉权行使主体仍然是分散的，检察机关不独揽国家控诉权。所以至今，英国仍没有建立起如法国一样上命下从的、科层式的、独揽控诉权的检察制度，英国的控诉权行使主体分散。

（二）美国控审分离的演进历程

1. 殖民国家对美国检察制度的影响

在独立之前，美国属多个国家的殖民地，所以美国检察制度的确立与这些殖民国家密切相关。在这些殖民国家之中，英国、荷兰、法国对美国检察制度的影响最大。虽然英国成为美国最早的殖民国家，美国的法律制度也主要以英国的普通法为蓝本，但美国的检察制度却并没有因此而采取英国的私诉传统，而是实行检察官公诉制度，由国家专门机关行使控诉权。

（1）英国对美国检察制度的影响与检察官公诉制度的确立

1619 年以后，英国在北美洲弗吉尼亚殖民地建立起了美国独立之前的第一个法院，该法院的刑事案件审判由法院的行政长官、行政委员会以及当选的议员共同开庭审理，这与当时殖民地人口稀少的单纯社会性质有关。1643 年，英国给弗吉尼亚各殖民地的法院任命了一位官员作为国王的代表，这位官员名叫理查德·李，他是弗吉尼亚的第一位检察长。当时理查德·李的地位实际上是弗吉尼亚各法院的皇室律师，他的主要职责在于为殖民地诉讼活动中产生的问题咨询提供解答。美国学术的主流观点认为，这位王室律师或者检察长实际上就是现代美国检察官的前身。①

北美殖民地建立之初，司法都以英国的制度为蓝本，在 17 世纪各个独立的殖民地几乎都设有像英国王室律师那样的国家律师长或者副

① 何勤华主编：《检察制度史》，中国检察出版社 2009 年版，第 249—250 页。

律师长。但英国的检察制度并没有在美国牢牢扎根,美国并没有采取英国的私人控诉制度,而是实行国家控诉主义。造成这一状况的原因很多。首先,英国最初在美国东北部建立的殖民地绵延北美洲东海岸数千里,路途距离遥远,加上当时交通不便、通讯落后,殖民地相互之间无法保持有效的沟通联络,客观上限制了英国政权核心与殖民地保持最密切联系,英国无法充分地向殖民地施展权威和影响力。其次,在主要借鉴英国普通法私诉体制的那些殖民地,地方当局逐渐觉得这种适合于英国本土的检控权机制在新大陆的复杂局面下,非但不能发挥制度的应有功效,反而显得弊端丛生。18 世纪初,弗吉尼亚等地相继出现很多滥用私人控诉权的现象,严重破坏了社会的秩序与安定,也给地方政府的司法机构造成极大的财政压力。私诉体制下的大陪审团起诉制度也由于人们普遍较低的教育水准而难以发挥平衡私人诉讼弊病的作用。最后,在刑事犯罪实体理论上,美国人认为犯罪不仅仅是受害人私人利益的侵害,而且更是对社会公共利益和人类公共安全的蔑视和侵犯,国家与社会本身也是犯罪的受害者。所以美国逐渐背离了英国的私人控诉制度,而采取国家公诉原则。

1704 年,北美洲的康涅狄格殖民地正式采用了检察官公诉制度,该殖民地法院任命县的律师为检察官,1704 年的《康涅狄格条例》中规定:“自今以后,每个县都应有一个头脑清醒和信奉宗教的人由县法院任命为王室律师,负责根据法律对所有犯罪实行追诉,和做所有其他的为制止犯罪和不道德行为所必需而且合适的工作。”①这一法令实际上即宣告采用公诉制度。随后其他殖民地迅速效仿,确立了检察官公诉制度。尽管在詹姆斯敦和普利茅斯,有部分英国移民支持和采用自诉制度,但是自诉制度很快就消失了。其根本原因是美国本土发展起来的刑事司法理念认为,一旦犯罪行为涉及公众,那么整个社会都是最终的受害者。这一理念的最早实践是 1796 年的佛蒙特州《宪法》,该法宣布:一切犯罪行为都是侵犯了“州的治安和尊严”②。在殖民地时代的后期和独立革命前夕,取代英格兰私诉体制的各州,较为普遍地确立了州检察官公诉制度。到 1776 年独立革命爆发以后,美国社会整体上已

① W. Scott Van Alstyne, “The District Attomey—A Historical Puzzle”, *Wisconsin Law Review* (1952), p. 125.

② 何勤华主编:《检察制度史》,中国检察出版社 2009 年版,第 252 页。

经废弃了普通法的私诉权利体制。① 现在,美国几乎所有州都不允许使用刑事自诉,某些州即使允许刑事案件自诉,也将自诉案件的范围限定在几类案件,法院的诸多判决也明确地表示反对自诉。②

英国检察制度对美国的影响主要表现在美国各州模仿英国总检察长的建制而普遍设立了州检察长的职位。州检察长主要是州长和州政府的法律顾问,实际上刑事检控权能很虚弱,刑事控诉的职能几乎全部由各县、各乡镇的地方检察官执行。因此,从刑事检控与司法的角度看,州检察长是一个虚职,主要特征是它本身的刑事公诉职能很弱;从政府组织机构来看,州检察长乃是一个咨议性职位,负责向州长和州政府部门提供法律或立法建议。美国的州检察长和英国的总检察长相似,不但他们的刑事公诉职能弱化,而且没有隶属于他们的检察官下属。美国的州检察长无法指挥和领导与他们平行的各县、各乡镇检察官。③

(2)荷兰与法国对美国检察制度的影响

在纽约、新泽西、宾夕法尼亚、德拉威等殖民地,荷兰检察制度的影响远远超过了英国普通法。17 世纪初荷兰殖民者占领了北美洲的纽约和新泽西地域,当地的刑事追诉制度深深地受到荷兰的法律制度的影响,尤其是受到称为荷兰司法行政官职位(schout)职责的影响。④ 荷兰殖民者于 1653 年在新阿姆斯特丹(现在的曼哈顿)和 1661 年在伯根(现在新泽西州的伊丽莎白城)建立了殖民地最初的法院。这些法院按照荷兰的模式建立,由一名院长、三名治安法官和一名主审官(也称为司法行政官)组成,主审官的职责就是在法庭上提出对罪犯的刑事指控,该官员已经具备了检察官的控诉职能。⑤

1663 年 2 月 17 日,新阿姆斯特丹法院的首任主审官科尔内尼奥斯·范·泰豪芬第一次在刑事审判中作为原告出庭指控,这一职责一直延续到 1665 年其任期届满为止。根据这种指控犯罪的职能,该职位实质上可视为“检察官”。1664 年英国以王室和约克公爵的名义占领

---

① 黎敏:《西方检察制度史研究——历史缘起与类型化差异》,清华大学出版社 2010 年版,第 358 页。

② 何勤华主编:《检察制度史》,中国检察出版社 2009 年版,第 253 页。

③ 黎敏:《西方检察制度史研究——历史缘起与类型化差异》,清华大学出版社 2010 年版,第 366—367 页。

④ 何勤华主编:《检察制度史》,中国检察出版社 2009 年版,第 253 页。

⑤ 何家弘:《论美国检察制度的特色》,载《外国法译评》1995 年第 4 期。

了纽约和新泽西这块荷兰殖民地,但根据当时英国颁布的临时法典,司法行政官仍然是法院的官员。当时代表大英帝国利益的纽约殖民地行政长官 Richard Nichols 着手修改当地的法律,他将英国的习惯法和荷兰的法律制度融合在一起,保留了司法行政官指控犯罪的职能。1674 年英国普通法在纽约、新泽西、特拉华等前荷兰属殖民地内生效,司法行政官作为治安检察官的职责和权力被普通法中的保安官一职所继承。1686 年新泽西柏林顿设立了一个县检察官的职位。同年,塞西法尼亚的费拉德尔菲县也设立了同样的职位。在地理上这两个县都靠近先前属于荷兰的殖民地,在设立县检察官职位之前,司法行政官一直承担着这两个县的犯罪起诉工作。①

在美国独立革命战争前,法国在就已在北美扩张势力。到 1775 年美国独立战争时,美国各州因对英国的反感以及对法国支持美国的好感,在当时的政治家、知名律师的主张下,美国各州都按照法国的方式改善了自己的检察制度,几乎所有的州都先后在各郡确立了“区律师(District Attorney)”或者“国家律师(State Attorney)”的法国式公诉检察官职位。由于各州在改善检察制度时采取了法国严格划分司法权和行政权的原则,检察官的地位得到了加强和巩固。② 加上法国大革命广泛而深远的历史影响,当时的美国人已非常羡慕法国的文化和制度,法国的检察官公诉制度也随之渗透到美国。

2. 美国检察制度的确立

美国的检察系统分为地方检察系统和联邦检察系统,两者是平行的,并无隶属关系。美国刑事司法制度中的检察官公诉机制一个根本的特点是:它首先是,并且主要是美国早期地方政府制度的产物。③ 美国检察制度与欧洲法官和英国检察制度发展的路径不同,法国和英国检察制度都是各自国家中世纪以来王权致力于政治统一的产物,而美国检察制度却首先出现于联邦政府建立之前的地方各州。

(1)地方检察制度的确立

在北美殖民地时期,某些殖民地就已经出现了专门负责刑事案件

---

① 何勤华主编:《检察制度史》,中国检察出版社 2009 年版,第 254—255 页。

② 何勤华主编:《检察制度史》,中国检察出版社 2009 年版,第 255 页。

③ 黎敏:《西方检察制度史研究——历史缘起与类型化差异》,清华大学出版社 2010 年版,第 360 页。

起诉的官员。1662年，康涅狄格殖民地率先设置了县检察官，首次出现了县律师担任检察官，负责刑事案件的起诉。1704年康涅狄格又成为北美第一个明确建立公诉制度的殖民地。其《康涅狄格条例》规定，无论受害人及其亲属是否提出指控，各县的检察官都有权代表地方政府和人民对所有刑事案件提出起诉。1666年马里兰殖民地设立了检察长一职，检察长不但负有咨询的责任，还负责向大陪审团提交起诉书，在所有的刑事审判中以州长行政会议的成员身份出庭。1670年弗吉尼亚殖民地的检察长，必须长期居住都在首府，奉命出席高等刑事法庭的所有审判。1678年弗吉尼亚向各周边县的法院派去了副检察长。1711年，该殖民地的检察长及其副手负责处理所有严重的刑事案件追诉。1677年北卡罗来纳殖民地总督约翰·杰金斯任命乔治·德伦特为检察长。1738年，南、北卡罗来纳殖民地通过法令统一建立了检察长这一职务，法令还允许检察长在各个县设立副检察长，副检察长基本统揽了县法院的追诉工作。新罕布什尔殖民地在殖民地最初的45年中没有设立检察长一职，1683年该殖民地设立了这个职位，检察长负责向大陪审团提出所有的案件控诉。北美殖民地县一级政府设立检察官，标志着地方检察制度的形成。①

1776年美国独立后，由于法国在独立战争和建国历程中与美国交好以及与英国关系恶化等大背景，殖民地时期已经雏形出具的美国检察官制进一步朝着与英格兰体制背离的方向发展，法国检察官公诉制度的影响迅速超过英国私诉体制及其之下的王室检察官的影响，不仅独立革命之前仅有的几个尚未采用政府公诉制度的州陆续实行刑事公诉机制，而且，18世纪末新加入的州也实行检察官公诉制度。至此，检察官制度基本普及于美国全境。伴随着新的合众国的诞生，殖民地时代逐渐兴起的检察官公诉制度也就自然地演变成为建国后美国各州检察官制度的历史基础。②

美国州检察官制度可以分为两个范畴：州检察长和州的地方检察官，州的地方检察官主要是指州的各县、各郡或各县镇的检察官。州本身设立的州检察长是州长或州政府的法律顾问，除了几个面积较小的

---

① 何勤华主编：《检察制度史》，中国检察出版社2009年版，第256—257页。

② 黎敏：《西方检察制度史研究——历史缘起与类型化差异》，清华大学出版社2010年版，第368页。

州的刑事检控直接由州检察长及其助理执行之外，绝大多数州的检察长实际上都不具体执行刑事公诉。在州的县与乡镇设立的州地方检察官是州刑事公诉的主要执行力量。独立后的各州的地方检察官制度并不是整齐划一的一个模式，最突出的一点是这些在州的各个县或乡镇代表政府当局提起刑事公诉的地方公共官员的名称不尽相同：有的是县或乡镇选举出来的律师，有的是县的法院任命的，有的身份则是州检察长的代理人。①

这一时期检察官的遴选方式主要是任命制。州的县和乡镇检察官由同一行政区划的政府或法院任命。即使在建国之后几十年间，任命制的选任方式与选举制方式依旧并存，并且前者占据优势。这种选任方式对州检察长与州的地方检察官之间的权力关系结构产生了深远影响。州的检察官失去了对州的地方检察官的体制上的实际影响力和控制力，受命于地方当局的县和乡镇检察官在体制上获得了与州检察长平行的独立自治的地位，所以州检察长与州的地方检察官不可能形成上下级隶属关系。②

（2）联邦检察制度的确立

1776 年之后的几十年间，联邦政府也在各州实行的政府检察公诉制度的基础上组建起了联邦检察制度。1787 年，在联邦主义宪法的基础上成立了联邦政府。1789 年，在第一届国会上通过了《司法条例》，这是第一部联邦司法法。该法的颁布标志着联邦检察官制度的正式建立。③

根据 1789 年《司法条例》的规定，联邦设立总检察长 1 名，由总统任命，参议院审批，联邦总检察长之下设立联邦地区检察官数名，成为"联邦检察官"。总检察长联邦地区检察官享有指挥监督权，他是联邦检察官署的首长；联邦总检察长负责追诉所有属于联邦司法管辖范围之内的与联邦有关的刑事犯罪的检控，同时，他也是美国总统与联邦行

① 黎敏：《西方检察制度史研究——历史缘起与类型化差异》，清华大学出版社 2010 年版，第 365 页。

② 黎敏：《西方检察制度史研究——历史缘起与类型化差异》，清华大学出版社 2010 年版，第 366 页。

③ 黎敏：《西方检察制度史研究——历史缘起与类型化差异》，清华大学出版社 2010 年版，第 370 页。

政机关的法律顾问;联邦地区检察官是负责在94个联邦司法区代表联邦政府行使刑事控诉职能的公职官员,每一个联邦司法区设立一个联邦检察处,联邦检察处是总检察长领导的联邦检察官署派驻联邦各司法管辖区的分支机构;联邦地区检察官是他所在的联邦检察处的首长;94个联邦司法管辖区的所有联邦地区检察官均由总统提名任命,参议院批准。①

1789年建制的联邦总检察长与联邦地区检察官的关系具有双重性:联邦总检察长对联邦地区检察官享有法律规定的指挥监督权,具有等级关系,但由于联邦地区检察官并不是由联邦总检察长选任,而是由总统确定。这就严重削弱了两者之间的等级关系。联邦检察官的刑事指控权限于联邦司法管辖区,联邦检察官无权行使地方各州司法管辖的刑事案件的指控权,该项控诉权能属于地方检察官的职权范围。从刑事公诉职能的角度来看,与联邦有关的刑事案件的公诉几乎全部由联邦地区检察官包办,联邦总检察长只对极少数特殊的与联邦中央政府具有直接利害关系的案件执行检控事务。因此,与州检察官制度一样,联邦检察官制度的重心也在联邦的地方检察官。②

概括而言,1789年美国检察官制度的整体框架可以归纳为两个方面:一方面,联邦检察官制度与各州检察官制度是相互平行、平等的关系,并不存在上下级隶属关系,它们共同构成美国检察官制度的两条平行双轨;另一方面,联邦检察官制度划分为联邦总检察长与联邦地区检察官两个层次,各州的检察官制度划分为州检察长与州的地方检察官两个层次。但是不管在联邦还是在各州,地方检察官都是检察制度的重心。

3. 美国检察制度的发展

(1)地方检察官从任命走向普选

19世纪以后,美国检察制度在18世纪末期奠定的联邦主义体制的基本架构基础上不断发展完善,其中最主要的变革就是州检察官的选任方式由任命改为了普选,这对美国检察制度产生了深远的影响。

---

① Steven M. Cox, John E. Wade, *The Criminal Justice Netword*: *An Introduction*, *Third Edition*, The Megraw-Hill Companies Inc. , 1998, p. 146.

② 黎敏:《西方检察制度史研究——历史缘起与类型化差异》,清华大学出版社2010年版,第371页。

19世纪20年代以来,美国绝大部分州的检察长和地方检察官的遴选方式都由任命制改为了普选制,成为美国检察官制度的最大特色。美国州检察官选任方式转变的直接动力是19世纪20年代席卷美国的杰克逊民主运动。19世纪初期美国出现的民主主义运动是一场为下层中产阶级要求权力的民主运动,它意味着一个普选时代的来临。[①] 1828年杰克逊当选为美国总统,标志着杰克逊民主运动是美国19世纪初民主主义运动的继续,它一直延续到美国内战前夕。此间,美国社会政治民主化进程急剧加速,普通民众享有直接参与政治过程的权利观念深入人心。这种直接民主的观念形态认为每一个公民既是公民本身,又同时是潜在的公职官员候选人。[②] 杰克逊民主主义复苏了殖民地时代存在的平等的平民主义精神,其制度化的结果是大量的政府公共职位实行选举制。现代美国各州地方检察官的选举体制就是杰克逊民主主义政治运动的著名产物。

1807年,密西西比州将州检察长与州地方检察官的关系正式厘定为相互独立的关系,具体措施就是州地方检察官由地方选民从律师中直接选出。1812年,路易斯安那州建立检察官选举制,并规定地方检察官独立于州检察长,不受其制约。1819年,亚拉巴马州也相继实行检察官普选制。到1812年,西北部各州的反集权化运动也达到高潮,检察官选举制在其制定法中得到确立。1828年,安德鲁·杰克逊当选为美国总统,以公共官职普选和广泛的选举权为主要内容的民主运动席卷美国各地,几乎每个州都在公共官职的选任制度上实现了向选举制的转型。随后的20年间,1776年,构成合众国的13个州中有7各州将选举制写进了宪法,不但地方检察官实行选举,不少州的州检察长也实行普选。1832年,密西西比州成为第一个明确具体地将地方检察官普选制规定在宪法中的州,随后,1846年,爱荷华州的县检察官开始实行选举制。1843年,马萨诸塞州废除了州检察长的职位,立法当局认为地方检察官的主体作用使得州检察长没有存在的必要。1846年,纽约州地方检察官成为一个具有宪法地位的公共官职。1850年3月,宾夕法尼

---

① [美]路易斯·哈茨:《美国的自由主义传统:独立革命以来美国政治思想阐释》,张敏谦译,中国社会科学出版社2003年版,第82页。

② Joan E. Jacoby, *The American Proseculor: A Research for Identity*, Toronto: D. C. Heath and Company, Lexington, Massachusetts, 1980, pp. 21—22.

亚的县自治运动将地方检察官选举制正式写进了法律。①

到19世纪50年代,全美国除了康涅狄格、新泽西、德拉维、罗德岛和佛罗里达5个州的地方检察官不实行选举制以外,其余各州均在法律或宪法中规定了地方检察官选举制,候选资格中最主要的一条是当选者必须是有执业经验的律师。到20世纪中后期,佛罗里达州地方检察官已经改为选举制,而德拉维州则由于州面积较小取消了地方检察官的设置,刑事公诉由州检察长和其助理执行。所以,到1978年,只有康涅狄格和新泽西州的地方检察官实行任命制,其余各州均采用民选方式从律师队伍中遴选检察官。当选的地方检察官任期一般是4年,也有的州规定为2年。②

由于县和乡镇在美国政治生活中的绝对中心地位,县和乡镇选举出来的检察官就获得了独立于联邦检察当局和州检察长的地位。除了受制于选民的意志之外,地方检察官不受任何上级官署的干预和控制。由于这些选举出来的检察官全部都是职业律师,所以美国的地方检察官可以说成是律师型检察官。他们在刑事司法中的自由裁量权很大,选举制的确立又为自由裁量权的落实提供了政治条件。美国各州地方检察官普遍实行民主选举方式,创立了不同于法国和英国的检察官遴选方式,成为影响美国检察制度风格的界碑性事件。

(2)大陪审团控诉逐渐让位于检察官

在美国,除了检察官行使刑事控诉权外,大陪审团也行使一定的刑事控诉权。美国在诉讼过程中发展出了一种检察官公诉与大陪审团公诉并存的公诉制度。1635年在马萨诸塞州北美殖民地第一个大陪审团正式建立,弗吉尼亚州随之在1641年建立了大陪审团。大陪审团的基本职能是对犯罪指控进行调查并决定是否将案件提交审判,所以当时大陪审团实质上已经具备了公共追诉的性质。随着各个殖民地对于大陪审团的选任制度和议事制度进一步完善,大陪审团逐渐具备了刑事案件的调查起诉功能,同时还具备了地方民众议会的功能。《美国联邦

---

① Joan E. Jacoby, *The American Prosecutor: A Research for Identity*, Toronto: D. C. Heath and Company, Lexington, Massachusetts, 1980, pp. 24-25.

② David W. Neubruer, *America's Courts and The Criminal Justice System*, Fourth edition, Wadsworth Publishing Company, Belmont, California, A Division of Wadsworth, Inc., 1999, pp. 104-105.

宪法修正案》第 5 条更规定:非以大陪审团提起公诉,公民不受死罪或不名誉罪的宣告。这明确了大陪审团的起诉具有公诉的性质。①

尽管普通法传统认为大陪审团能够保证排除缺乏依据的起诉,但在殖民地时期,检察官被认为可以从专业上防止大陪审团滥用公共权力。由于大陪审团的成员常常在法庭上表现出个人偏见和憎恶,某些缺乏法律专业素养的大陪审团成员、受雇的政府官员代为指控的行为客观上都存在渎职的嫌疑。所以,随着大陪审团的增加,美国人开始意识到,保护个人的合法自由权利,公平公正的法庭审判需要有更多的具备专业法律知识的检察官参与。1751 年弗吉尼亚各法院下令,"即使是最简单的案件,所有的证人和控告人在提出控告或者宣誓证词之前,都必须向在法院任职的副检察长咨询,否则将得不到任何证人的补贴费或者报酬"。弗吉尼亚州各法院的检察官根据这条法令可以在指控提交法院之前审查这些指控,并对指控程序施加影响。至 1930 年,美国 24 个州已经放弃了大陪审团程序,几乎所有的刑事案件都是由检察官以告发书的形式起诉。其余各州也进行了类似改革,起诉权不再由大陪审团控制,而是转由地方选举的检察官掌握。②

目前,美国的联邦司法系统和一部分州的司法系统仍然保留了大陪审团制度。各州法律对大陪审团组成人数规定并不统一,最少的为 5 人,最多的为 23 人。例如,印第安纳州规定为 6 人;俄勒冈州规定为 7 人;俄亥俄州规定为 9 人;蒙大拿州规定为 11 人;联邦大陪审团规定为 23 人。有些州对大陪审团人数的规定具有灵活性。例如,弗吉尼亚州规定为 5—7 人;南达科他州规定为 6—8 人;北达科他州规定为 8—11 人;马萨诸塞州规定为 16—23 人。③

三、大陆法系国家控审分离的历史考察

(一)法国控审分离的演进历程

法国的前身是法兰克王国。公元 5 世纪末 6 世纪初,法兰克首领克洛维统一了高卢地区,建立了法兰克王国。到查理曼大帝时,法兰克王国的版图几乎与西罗马帝国不相上下。查理曼大帝死后,他的子孙

① 何勤华主编:《检察制度史》,中国检察出版社 2009 年版,第 263 页。

② 何勤华主编:《检察制度史》,中国检察出版社 2009 年版,第 263—265 页。

③ 何勤华主编:《检察制度史》,中国检察出版社 2009 年版,第 263 页。

罗退尔、日耳曼人路易、查理二世三人及其所率领的效忠于他们的贵族之间展开了争夺王位和土地的内战，国家陷入封建割据状态。三方于公元842年开始谈判，843年8月正式签订了《凡尔登条约》，把法兰克王国分为法兰西、德意志和意大利三个独立的国家，其中法兰西王国就是今天的法国。[①]

11世纪以后，在英国踏上与欧洲大陆国家不同的发展路径时，法国也开始形成自己的法律体系。与英国控诉权行使主体分散这一特征相比，法国形成的控诉权则集中于检察官行使，其控诉制度具有系统性、国家性的特点。由于在法国行使国家控诉权的主体只有检察官，检察官独揽控诉权。所以法国控审分离的过程和检察制度的形成过程密切相关。

1. 检察官形成前法国控诉权行使方式——私人控诉与法官控诉

在14世纪法国检察官制开始建制之前，法国的控诉权主要由公民私人和法官行使。

在法国建立初期，中央王权较弱，地方领地势力较强，法国处于封建割据状态。从12世纪末13世纪初到14世纪中叶，卡佩王朝中后期的三位善于治理的国王，即菲利普二世、路易九世和菲利普四世，继致力于推进封建法国的政治权力重建、初步建立了集权化的君主政权。刑事司法中国家化因素开始萌芽。在巴黎，国王亲自在御前会议即中央国王法庭审理案件。国工在几位精通罗马—教会法知识的幕僚协助下做出判决，国王法庭具有上诉审职能，主要审结来自各个领地的上诉案件。[②] 此外，菲利普二世为了管理地方司法行政事务而新创设了一种新的王室官职——地方大法官，其职责是作为新的国王代理人，专门监督王室领地上的主要地方官吏。在地方大法官设立之前，国王利益在各个行省或领地的代表是从加洛林王朝查理曼帝国时代延续下来的地方法官，但后来国王一度失去了对这些官职的实际控制。[③] 设置地方大法官是菲利普二世面对地方王权代表失控的局面而采取的瓦解行政长官权限的有力措施。

---

① 何勤华主编：《检察制度史》，中国检察出版社2009年版，第140页。

② ［法］皮埃尔·米盖尔：《法国史》，蔡鸿滨等译，商务印书馆，第96页。

③ 黎敏：《西方检察制度史研究——历史缘起与类型化差异》，清华大学出版社2010年版，第84页。

大法官是国王在各个行省的代表,拥有财政与司法大权。地方大法官的设置是国王为扩大王权,加强对地方控制的措置之一。大法官主持的法庭就是王室地方法庭。地方大法官是王室地方法庭的主要官员即法官。在法国南部和布列塔尼地区,王室地方法庭的大法官叫作司法总管。在刑事司法方面,大法官或司法总管代表国王处理各种刑事案件。大法官或司法总管由国王任命,依靠国王的俸禄生活。大法官或司法总管刚开始是地方法庭的全权型人物,在诉讼方面包揽所有的程序行动,侦查、起诉与审判职能没有严格的分工,大法官或司法总管一身兼三种职能。在地方法庭设立之初,大法官或司法总管在司法实务、实施王室政策和指挥地方贵族军队方面有很大的权力。[①] 在王室地方法庭没有出现职能分化之前,法国社会并没有专任化的检察官制度出现的迹象。王室政权对刑事犯罪的调查与控诉职责由大法官或司法总管执行,大法官或司法总管集控诉与审判职能于一身。在王室地方法庭,控诉职能与审判职能合一。所以在政治扩张的最初阶段,国王在地方的行政与司法并没有严格意义上的分工,而全部由地方王室法庭管辖,实行政刑合一。

13 世纪中叶之前,在法国,对所有犯罪行为的追诉均由私人,也就是被害人及其家属或家臣执行,但国王与大贵族稍有些例外,当国王或大贵族的利益受到损害时,可以不亲自追诉,而是由其私人代理人代为控诉。这时候的代理人并不是公职人员,而仅仅是国王或大贵族私人雇佣的财务代理人,这种代理人可以受雇于好几个东家,即可以兼职。除上述情况所指的控诉权主体之外,任何人不得代替他人而为刑事案件的追诉。[②] 所以在 13 世纪上半叶之前,法兰西社会刑事检控权力的分布局面包括两种制度情形:一种情形是,传统习惯法中,私人控诉仍然是主要的检控方式,但这种私人控诉模式的又一种特殊形式是,国王与大贵族在自身及其家庭利益受到侵犯的案件中,可以由他们私人雇佣的代理人提出控诉。另一种情形是,随着国王政治扩张的推进,王权逐渐显露出公共管理性质,菲利普二世新设立的大法官即地方王室法

---

① 黎敏:《西方检察制度史研究——历史缘起与类型化差异》,清华大学出版社 2010 年版,第 85—86 页。

② 黄东熊:《各国检察制度沿革概论》,载《台大法学论丛》第 11 卷第 1 期。

庭制度是法国王权建立中央集权化国家的早期努力之一。[①] 此外，地方大贵族领主还享有一定的刑事司法权。所以，这一时期，私人受害者、地方王权代表即大法官或司法总管和大贵族领主三方分享法兰西社会刑事犯罪的控诉权。

2. 法国控审分离的开始——检察官制度的确立

13 世纪中期以后，在菲利普二世时期已经崭露头角的王室刑事司法权威继续攀升，王室检察官制度就在这个过程中孕育而生。大约自 13 世纪 50 年代以后，从御前会议中初步分离出一个固定于巴黎王宫的专门机构，即巴黎高等法院，它最初的主要职责是处理与国王有关的司法事务。[②] 1278 年的法令对巴黎高等法院的组织与司法程序制度进行了规定，使其以非常专业化的司法机构的形象独立于御前会议，这样法兰西王室的最高中央司法正式建制。巴黎高等法院法官是由国王亲自选择效忠于王权的精通法律的专业人士担任。所以到 13 世纪末期，巴黎王宫中就已经初步设置了一个不需要国王亲自在场也具有司法职能和权威的中央最高司法机构——巴黎王室高等法院。[③]

从 13 世纪末期以后，国王亲自出席审判的现象越来越罕见。为了维护王权在司法领域的威信与利益，也为了在涉及国王及其家庭的案件中维护王室利益，国王渐渐从自己身边的亲信中挑选法庭代表。这些人是司法领域王权利益的代表，被称为“国王的人”。在这些人中，最主要的成员是国王的财务代理人，但这些人还并不是专职人员，他们既是国王雇佣的财务代理人，同时对外还是其他当事人的普通律师，代理其他一些法律事务。[④] 所以圣路易时期有两个方面的历史情况对刑事检控权力史研究具有重要意义：一个是巴黎高等法院的初步设立为王权有效总揽全国刑事犯罪的管辖提供了有效而正式的制度平台；二是财务代理人作为“国王的人”开始正式代表国王介入巴黎高等法院的刑事司法。

---

① 黎敏：《西方检察制度史研究——历史缘起与类型化差异》，清华大学出版社 2010 年版，第 86—87 页。

② John P. Dawson, *The Oracles of the Law*, London: The University of Michigan Press, 1968, p. 274.

③ 黎敏：《西方检察制度史研究——历史缘起与类型化差异》，清华大学出版社 2010 年版，第 94 页。

④ J. H. Shennan, *The Parlement of Paris*, London: Sutton Publishing, 1998, p. 43.

1302年,菲利普四世颁布法令对代理人的职责予以进一步规范。第一,要求代理人在处理与国王有关的诉讼之前需要宣誓;第二,除特殊情况外,禁止国王的代理人同时服务于好几个东家,代理他人的诉讼。① 为了扩大自己在司法中的影响力,菲利普四世采取了两方面的重要举措。第一,在中央巴黎高等法院的司法审判决策中,菲利普四世赋予财务代理人以"总检察长"钦命头衔。国王总检察长不仅在法律诉讼中要维护王权利益,而且还要承担起解决幅员辽阔的王国日益复杂的社会治安问题的责任。② 与此同时,在地方层面,国王还向地方王室法庭即大法官或司法总管主持的法庭派驻自己的代理人,他们被称为"国王检察官"。③ 王室检察官一方面去辅助大法官和司法总管执行刑事司法事务,监督地方王室官员和封建领主的行动。第二,国王检察官享有一些特权,即为了维护王国公共利益和秩序,在刑事犯罪或被严重侵害的受害人由于各种原因没有提出控诉的情况下,检察官作为王室官员,有权代表公共利益提出刑事指控。这就是公诉检察官制度这项由法国向欧陆诸国贡献的制度成就的历史起源。④

在菲利普四世时期被钦命的国王总检察长,大约在1351年正式成为巴黎高等法院的常设机构。他有权挑选两名主要助手协助领导这个王国最高检察机构的工作,助手的人事与薪水问题由总检察长全权负责支配。⑤ 由于总检察长的重要使命和其作为全国刑事案件总指挥的重要角色,所以,总检察长身边就慢慢出现了一些专门代表他出席巴黎高等法院刑事审判的专职大律师。这些大律师直接属于总检察长管辖。他们属于王室的律师,其重要性使他们取得了"国王的律师"的头衔。大约在14世纪30年代,在巴黎高等法院总检查机构中,已经配有两名常规化的大律师。到1375年,这些国王的律师正式取得"代理检察长"的官职头衔。两位代理检察长中,通常一位是教士,另一位是"俗人"。教士代理检察长专门负责重大的民事案件,而俗人代理检察长专

---

① A. Esmein, *A History of Continental Procdre*, London: Boston Litle Brown and Company, 1913, p. 116.

② J. H. Shennan, *The Parlement of Paris*, London: Sutton Publishing, 1998, pp. 42-43.

③ J. H. Shennan, *The Parlement of Paris*, London: Sutton Publishing, 1998, p. 43.

④ J. H. Shennan, *The Parlement of Paris*, London: Sutton Publishing, 1998, p. 43.

⑤ J. H. Shennan, *The Parlement of Paris*, London: Sutton Publishing, 1998, p. 44.

职刑事司法事务,这种职能分工一直延续到16世纪才有所改变。①

在检察官建制后的一个实践中,王室检察官对刑事检控的渗透渐渐正式化。检察官提起控诉并非出于个人的报复,也并非个人与犯罪有直接的利害关系,而是基于"国王的和平",其渐渐具有了公共控诉的性质。随着起诉权逐渐由王室检察官专门享有,王室立法也加强了对检察官权能的规制。王室法令比照教会法的纠问程序模式,将王室法院的刑事诉讼分为两个阶段:第一阶段是官员控告阶段。在这个阶段,检察官既可以根据自己进行的调查提出控告,也可以在接到法官的通知后进行调查提出控告。第二阶段是审判阶段。② 伴随着纠问制司法的到来,法国刑事检控权力体制的变局到14世纪已非常明显。第一,古老的日耳曼对抗制程序中的私人控告变得罕见,只有1332年和1388年的两件刑事诉讼源自私人的直接指控。从此以后,私人受害人在法国刑事诉讼中慢慢地演变为附带民事诉讼的当事人。第二,古老刑诉法中的很多犯罪控制的做法渐渐演变为官方主导型。③ 法国逐渐进入了纠问式刑事诉讼模式。

所以,法国检察官逐渐掌握了国家控诉权,取代了公民私人控诉权。检察官产生后,便逐渐承担起了国家控诉职能,使国家刑事追诉权与审判权相分离。检察官的诞生标志着法国控审分离的开始。

3.《普罗亚条例》、1539年《刑事法令》和《路易十四刑事条例》对检察官制的推进

1498年,路易十二统治时期《普罗亚条例》的颁布是15世纪王室检察官制历史上一个具有重要意义的事件。对于法国刑事检控的官方化体制,该条例起到了重要的强化作用,它是法国近代之前试图对刑事程序整体予以规范的王室立法。④

这部法律所有重要的内容都在客观上巩固了检察官在王室司法中

---

① 黎敏:《西方检察制度史研究——历史缘起与类型化差异》,清华大学出版社2010年版,第104页。

② A. Esmein, *A History of Continental Criminal Procedure*, London: Boston Little Brown and Company, 1913, pp. 120-121.

③ A. Esmein, *A History of Continental Criminal Procedure*, London: Boston Little Brown and Company, 1913, pp. 124-125.

④ 黎敏:《西方检察制度史研究——历史缘起与类型化差异》,清华大学出版社2010年版,第117页。

的作用。首先,《普罗亚条例》以正式立法的形式确立了王室司法实践中的普通程序与特别程序,规定了适用这两种程序的具体条件,从而将这两种程序提高到了制定法的地位。检察官无论是在普通程序还是特别程序中都是主要角色。普通程序的启动者是国王的法庭代表即检察官,检察官向法官提出控告,他可以单独提起,也可以与私人当事人一并提起。加入被告人需要判处死刑或者被告人不承认罪行,检察官将要求法庭启动特别程序。其次,该条例第106条明确规定:所有被监禁的、被捕的、被传讯的嫌疑人接受讯问和调查后的所有情况必须记录在案,以书面形式提交给检察官审查。最后,该部法律对国王检察官的权限本身专门作了正式而详细的规定。检察官除了有权对一切普通的刑事案件提出起诉之外,还具有受理民众控告、侦查犯罪、向法院请求惩罚犯罪、执行刑罚没收等刑罚,以及以公益代表人的资格出席民事审判并陈述意见、监督司法行政事务等广泛的权力。在组织结构上,这部法律进一步确认了将检察官官署设在法院之内的传统模式,从而成为近代法国检察机关的滥觞。① 经由《普罗亚条例》规定,14世纪以来初步建制的国王检察官在刑事司法中的地位得到体制化加固。

到16世纪初叶,私人控告式的民俗法私诉化检控机制彻底消失了。在法国刑事司法中,真正的检控权力主体已经是越来越强势的检察官僚。② 检察官以社会王国公共利益的名义提起刑事诉讼,他们成为司法正义的新象征载体之一。私人受害人通过刑事诉讼达到个人报复的传统权利实际上已被国家剥夺,检察官决定是否提起刑事诉讼,受害人只能在刑事诉讼中提起民事诉讼,从而形成了法国刑事诉讼的一个显著特色——刑事附带民事诉讼。

法国刑事检控史上另一部重要的立法是法兰西斯一世颁布的1539年法案,也即1539年《刑事法令》。该法为法国近代刑事司法体制搭建起一个完整的框架,随后的1670年《路易十四条例》只是在这个框架的基础上进行了更细化的规定。

1539年《刑事法令》对检察官在刑事诉讼中的地位和角色的规定

① 黎敏:《西方检察制度史研究——历史缘起与类型化差异》,清华大学出版社2010年版,第117—118页。

② A. Esmein, *A History of Continental Criminal Procedure*, Boston: Little, Brown and Company, 1913, pp. 142-143.

主要体现在以下几个方面：第一，检察官在每一件刑事诉讼中都是诉讼主体，所有案件的审签调查都是在检察官启动、法官主持下联合展开。第二，每一个诉讼阶段分为两个持续时间完全不对等的部分：调查阶段和审判阶段。第三，法案第145条对检察官在审前调查阶段的发动机作用再次予以强化。无论控告消息源来自私人还是其他官员，所有犯罪控告信息都必须先到检察官那里汇总，由检察官审查后决定是否正式提交给法官。第四，这部法律对被告人的权利的约束与限制大大增多，而将整个审前程序控制权全部置于检察官和法官手中。① 这项由官僚主导刑事审前调查询问的司法程序制度的普遍适用进一步促成了国王检察官在所有刑事诉讼中的深入而广泛的参与。从此，国王检察官在每一个刑事案件中，都作为刑事控告方代表王权和公共利益成为诉讼中的一方当事人。

1670年8月，巴黎高等法院又审查通过了《路易十四刑事条例》，这是路易法典的一部分。这部刑事条例是集权政治体制在刑事司法方面的鲜明表现，大大加固了大革命之前法国刑事检控权力体制的基本格局——检察官僚控制检控权的国家化体制。

1670年《路易十四刑事条例》意味着法国中央集权政治对全国刑事司法的全面管辖已经取得彻底胜利。关于刑事诉讼程序，该条例在继承旧制的基础上继续强化刑事程序的秘密化和官方主导。条例规定，在刑事案件的侦查阶段，完全以秘密侦讯的方式搜集能证明被告人有罪的证据，并将所搜集的证据制成笔录，审判官则以非公开的方式审查侦查笔录，并以此为依据来确定被告人是否实施了犯罪行为、是否有罪、应该如何科加刑罚，整个程序从头到尾完全不见审判之实质。《路易十四刑事条例》并没有改变《普罗亚条例》以来王室检察官的任何旧制。王室检察官在司法体制和刑事司法中的重要地位没有丝毫动摇。《路易十四刑事条例》规定：在法国，无论是现在还是将来，只有检察官是刑事检控权力的真正主体，受害人只能提出民事赔偿请求。条例的颁布意味着民诉法上的对抗制和私诉体制在法国实际上失去了延续的

---

① A. Esmein, *A History of Continental Criminal Procedure*, Boston: Little, Brown and Company, 1913, pp. 150-156.

可能。[①]

4. 对英国检察制度引进的失败

1789 年爆发的法国大革命是法兰西社会的转折点。法国大革命推翻了旧政府,废除了旧的社会制度。在这场大革命中,法国的检察制度也曾被推翻,而试图建立类似于英国的检察制度,但最终以失败而告终。

1789 年 10 月 8—9 日,法国制宪会议颁布了两部法律,为刑事司法导入了公开审判和辩护权这两项原则,但检察制度尚无大的变动。1789 年 12 月 22 日,制宪会议法令规定检察官不再由任命产生,而改为选举产生。与此同时,要求引进和效仿英国刑事司法权力体制模式在法国社会已经成为最受支持的刑事司法改革思潮。到 1790 年,制宪会议开始试行治安法官制和陪审团制,以分解刑事检控权,并且开始对检察官制进行第一次正式变动,废除旧检察机构,新设置两种职位取代旧检察官制。第一种是国王委员,他们仍然由国王任命,专门负责向法院请求法律的适用与监督刑罚的执行,第二种是公诉人,主要职责是在刑事诉讼中承担指控与辩论职责。国王委员和公诉人已经不再是专任性的公诉权力主体,他们的职责分别是审判阶段的司法行政和进行法庭辩论。至此,旧制度下那种“国王的代理人”或“国王的人”所指称的公诉检察官制度被大革命正式终结。[②]

1791 年 9 月 16 日和 9 月 29 日再次修改的刑事司法制度,在法律中正式确立了英国刑事司法权力制度的构建,刑事检控方面的私人代行公诉和起诉陪审团制度成为正式生效的制度。根据 1791 年 9 月 16 日和 9 月 29 日制宪会议颁布的法律,将从 1790 年开始试行的公诉陪审团制和治安法官制未做变动地确立下来。治安法官是刑事案件审前程序的主要司法行政官,实行选举制,分享审前侦查和控诉审查权;新设立司法警察与治安法官分享案件的审前侦查权;公诉陪审团由 8 位选举出来的普通公民组成。依据 1791 年 9 月法律的规定,治安法官依据两种令状执行刑事案件的侦查与控诉职能,他根据讯问与侦查得出的

---

① 黎敏:《西方检察制度史研究——历史缘起与类型化差异》,清华大学出版社 2010 年版,第 136—139 页。

② 黎敏:《西方检察制度史研究——历史缘起与类型化差异》,清华大学出版社 2010 年版,第 157 页。

情况写出报告并决定是否向公诉陪审团提出刑事指控。[1] 公诉陪审团由 8 位陪审员组成,他们在陪审员主席的领导下工作。陪审员主席代表陪审团受理和审查来自治安法官的起诉意见,如果他认为有必要向陪审团全体成员提出这种起诉,那么他必须签发刑事控告书,呈交给陪审团审查。如果陪审团认为有充分的证据和理由支持控告书的起诉意见,那么就可以立即对嫌疑人执行必要的刑事程序强制措施。在这种刑事检控体制下,私人公民都有权行使一定的控诉权,其控诉具有启动刑事程序的效力。他们既可以向治安法官报案,也可以直接向陪审团提出有关控告。随着治安法官与公诉陪审团检控权体制的正式确立,检察官公诉体制正式瓦解,刑事控诉权被分散化。[2]

1791 年,刑事司法权力的改革,将刑事检控权分散给了治安法官、起诉陪审团和私人公民,结束了旧制度下由检察官专掌刑事检控权的局面。作为检察官职替代的国王委员和公诉人,其权力也被大大地缩减。至此,法国的检察制度全盘仿照了英国模式,法国社会的刑事诉讼基本上完全改为英国式的分散型刑事司法权力体制。

法国大革命时期对英国检察制度的移植被证明是失败的。陪审团的起诉功能经常被扭曲为政治陷害,而且面对革命时代法国抢劫和盗窃等刑事犯罪行为的不断猖獗,陪审团体制运作所要遵循的复杂程序不能有效地打击犯罪以维护社会治安。在社会动荡不安的时代环境当中,旧有的制度被推翻,新的制度又没有发展成熟,国家专门检控机构的缺失非但不意味着自由和安宁,反而被迅速证明使本就不安的社会秩序更加恶化。这都促使着法国原有检察制度的复活。

到 1799 年,旧的刑事司法权力体制复苏初露端倪,检察官制得以重建。根据 1799 年的《宪法》规定,公诉人和政府委员(由“国王委员”转变而来)合并在一起,合并后的职位不再实行选举制,这意味着旧的检察官职实际上得到恢复。到 1800 年,检察官制得到体制化重建。1800 年的法律恢复了两项传统司法官职制度,一个是检察官公诉制,另一个是预审法官制度。根据 1800 年《宪法》第 24 条的规定,在法国各

---

① A. Esmein, *A History of Continental Criminal Procedure*, Translated by John Simpson, London: Boston Little Brown and Company, 1913, pp. 408-411.

② 黎敏:《西方检察制度史研究——历史缘起与类型化差异》,清华大学出版社 2010 年版,第 158—159 页。

县新设立政府代表，作为代表国家的律师，由共和国第一执政全权任命，相当于旧制度下的代理检察长。第1条规定，在所有的刑事案件中，代理检察长既有审前调查职能，又有刑事公诉职能。第3条规定，检察官有权受理各种刑事申诉和控告。另外，法律还赋予了检察官空前的专有权力，检察官不但在审前调查和起诉阶段起主导作用，而且还享有极为广泛的阅卷权。第12条和第13条确立了预审法官和检察官在审前程序中的主导地位：检察官提出起诉，预审法官展开调查。这部法律生效后，旧制度刑事案件的审前程序全部复活。[①] 1800年这一立法标志着旧的纠问刑式程序的复活。这意味着官方对刑事司法主导地位的恢复，大革命时期建立的私人代行刑事公诉等英国制度模式已经实质瓦解，检察官制度重新复活。

5. 法国控审分离的完成——1808年拿破仑《刑事诉讼法典》

雾月政变以后，拿破仑的个人专权得到了确立。1799年拿破仑执掌政权，开始对政治体制进行改革。拿破仑新政府的改革以中央集权化为首要特征，同时，改革促进了官员的专业化。1799年3月18日司法系统改革开始，除了律师属于自由职业，其他主要司法人员全部受政府调配，检察官人选也由拿破仑决定。[②] 国家检察官的职务完全重新树立起来。刑事法庭的检察官的职能是与作为中央政权代表的政府专员的职能结合在一起的，司法系统的集中化速度急剧加快。第一共和国八年的行政改革和司法改革在法国历史上的重要性，仅次于1789年制宪会议的成就。[③]

在拿破仑的主持下，法国先后组织制定了1804年的《民法典》、1806年的《民事诉讼法典》、1807年的《商法典》、1808年的《刑事诉讼法典》以及1810年的《刑法典》等。其中，1804年的《民法典》以及1806年的《民事诉讼法典》首先对民事检察制度做了全面规定。在民事领域，检察官作为主当事人（或者原告，或者被告）参加诉讼，或者作为联

---

① 黎敏：《西方检察制度史研究——历史缘起与类型化差异》，清华大学出版社2010年版，第161—163页。

② A. Esmein, *A History of Continental Criminal Procedure*, Translated by John Simpson, London: Boston Little Brown and Company, 1913, p. 441.

③ 黎敏：《西方检察制度史研究——历史缘起与类型化差异》，清华大学出版社2010年版，第163—164页。

合当事人参加诉讼,主要体现在《民法典》第 184 条、第 185 条、第 190 条、第 191 条等规定。此外,1806 年的《民事诉讼法典》第 83 条规定,检察官可以作为联合当事人参与民事诉讼,并可向法官提出法律适用意见,这主要是针对法律监督的适用。这些规定为法国民事检察制度的形成与发展打下了坚实的基础。①

1808 年,拿破仑正式颁布了《刑事诉讼法典》。这部法典是折中《路易十四刑事条例》和大革命时期采用的一些英国制度措施制定而成的。它是法国传统纠问式刑事程序与英国普通法对抗式刑事程序融合在一起的制度结晶,即审前阶段依旧采用秘密书面程序,不实行对审,而采预审纠问,而法庭审理阶段采用对抗式程序。由于当时国内政局动荡不安,国家检察官制被认为是保护国家权力的必要设置,所以 1808 年法典对旧检察官制予以保留。《刑事诉讼法典》规定:公诉由检察官发动。检察官署设于法院之内,组织系统严密、等级分明。② 该法典规定检察官处于独占公诉权的原告地位,享有侦查、公诉犯罪、监督并指挥军警及预审法官、监督法院裁判执行的权力。③《刑事诉讼法典》强化了检察机关的作用,具体表现如下:一是全面规定了检察官在刑事诉讼中的地位和职权;二是规定了公诉活动的基本原则和具体程序;三是扩大了检察机关追究刑事犯罪的范围;四是增加了检察机关干预民事诉讼的职权。该法典不仅进一步赋予了检察官在刑事诉讼中的举足轻重的地位和作用,而且其所体现的刑事诉讼权由检察官独立行使等一系列原则和制度是构成现代检察制度的基石。④ 这就形成了比较完善的资产阶级国家检察制度。在此后的 200 年间,法律虽对检察制度有所修改,但法国检察制度的基本格局没有大的变化。

对于世界刑事控诉制度来说,1808 年拿破仑《刑事诉讼法典》具有开创性的意义。它意味着在西方国家,法国率先确立了系统化和专门化的检察官僚机构。法国检察官制度的确立标志着近代西欧刑事检控权在法国首先实现了国家化和官僚体制化。法国确立了检察官独揽控

① 何勤华主编:《检察制度史》,中国检察出版社 2009 年版,第 151—152 页。

② 黎敏:《西方检察制度史研究——历史缘起与类型化差异》,清华大学出版社 2010 年版,第 165 页。

③ 邓思清:《检察权研究》,北京大学出版社 2007 年版,第 7 页。

④ 何勤华主编:《检察制度史》,中国检察出版社 2009 年版,第 152 页。

诉权的制度,国家控诉权由检察机构统一行使,公民私人仅仅享有刑事附带民事诉讼的权利。这使得法国的控审分离更加彻底。1808 年拿破仑《刑事诉讼法典》的颁布,意味着法国检察官制度的成熟,也意味着法国控审分离基本完成。法国创立的检察制度,影响了整个大陆法系国家,特别是德国,德国后来建立起的检察制度基本借鉴了法国的检察制度。法国的检察制度还对英美法系国家产生了重要影响。

6. 法国现行控审分离情况

法国实行国家公诉制度,检察官独揽控诉权,所以法国的检察制度情况即反映了法国的控审分离情况。

法国没有设立独立的检察机关,其检察机关设在法院内部,实行审检合署制,但法官与检察官既不存在隶属关系,也不存在工作上的领导与被领导关系。检察机关是与法院平行的行政机关,属于司法部系统。在法国,181 个检察院设在 181 个大审法院中,33 个总检察院设在 33 个地方上诉法院以及海外上诉法院中,在最高法院设有 1 个总检察院。最高法院检察院设总检察长 1 人,首席代理检察长 1 人,检察官 19 人;上诉法院检察院设检察长 1 人,检察官若干人;大审法院检察院设检察官 1 人,代理检察官和助理检察官若干人。基层法院不设检察官。①

法国检察官的任职资格和条件与法官基本相同。检察官和法官一样必须具有法学学士学位,通过司法官职的一次性合格考试后,在司法研习中心进行 3 年实务训练和 6 个月的学习。所有检察官都一律经司法部长推荐,由总统任命。共和国检察官的提名由最高司法会议设立的专门机构负责,该机构的成员包括共和国总统、国民议会议长与参议院议长任命的 3 名人士。该机构提名后由共和国总统发布政令予任命。② 法国的法官和检察官统称为审判官,两者除职责不同之外,其地位、任职条件、工资待遇均相同,检察官又被称为“站着的法官”。

法国检察机构的一个基本特征就是检察机关有上下隶属的级别关系。下级检察机关要接受上级检察机关的领导和监督。《法官章程》第

---

① 何勤华主编:《检察制度史》,中国检察出版社 2009 年版,第 153 页。

② 本书课题组编著:《外国司法体制若干问题概述》,法律出版社 2005 年版,第 333 页。

5 条规定,检察院接受上一级的监督与领导,但所有的检察官都必须服从司法部的领导。所以检察官员隶属于政府管辖,司法部长是检察院的首长。全国检察机关系统内部实行一体化原则,下级检察机关必须执行上级检察机关的命令,全国检察机关必须执行总检察长的命令,总检察长则直接对司法部长负责。

法国刑事诉讼法明确赋予作为公诉机关的法国检察机关公诉权。法院受理的刑事案件以检察官提起公诉为主,以被害人自诉为辅,只有少数轻微的犯罪案件才允许自诉。法国《刑事诉讼法典》第 36 条规定:"司法部长可以通知检察长有关所获悉的触犯刑事法律的罪行,命令他进行起诉或者由他使所属进行起诉,或者命令他向有管辖权的法院提出与自己判断相适合的公诉书。"在法国,"按照一般原则,是否发动公诉的决定,要由专于此项任务的公诉机关作出,也就是说,要有检察官作出……在任何情况下,公诉均不得由急于证明自己清白的犯罪嫌疑人本人提起"①。

公诉程序启动后,检察官将作为原告在庭审的各个阶段出庭支持公诉。法国《刑事诉讼法典》第 32 条规定:"检察官在各个刑事审判法院都有自己的代表。检察官参加审判法院的辩论;所有裁决都应在检察官在场时宣布。检察官保证司法裁决的执行。"但检察官比一般的诉讼当事人享有更广泛的诉讼权力,如检察官有权在诉讼程序的任何阶段要求查阅案卷资料、提交书面或口头的诉讼请求等。检察官还可以对所有司法判决不服提起上诉。在庭审阶段,检察官必须亲自或指派一名代理检察官出庭支持公诉。检察官所陈述的内容主要包括起诉书中的事实要点、被告人性格、所建议适用的主刑及附加刑以及据以定罪量刑的正当依据。检察官在庭审中必须按照上级的指示提出书面意见,但也可以凭自己的良知作自由口头发言。②

判决作出以后,如果检察官不服,可以在 10 日以内提出上诉。但不管上诉期限是否已过或者检察官是否认为有必要提起上诉,总检察长依然可以在 2 个月内决定提起上诉。但总检察长对上诉法院轻罪庭作出的判决只能提起撤销之诉,上诉事由仅限于纯法律事由。总检察

---

① [法]卡斯东·斯特法尼等:《法国刑事诉讼法精义》(下),罗结珍译,中国政法大学出版社 1999 年版,第 490—491 页。

② 何勤华主编:《检察制度史》,中国检察出版社 2009 年版,第 157—158 页。

长应将撤销之诉的诉状提交至驻最高法院总检察长。驻最高法院的总检察长负责在最高法院刑事庭审理案件(主要是撤销审之诉)时出庭支持公诉。①

(二)德国控审分离的演进历程

德国控审分离的情况与英国和法国大不相同。由于德国长期处于分裂割据状态,当英国和法国相继成为欧洲强大统一的中央集权化君主国时,德国仍处于各邦国各自为政的状态,中央权力极其弱小。这成为影响德国法律发展,特别是国家检控制度发展的最根本因素。德国刑事诉讼发展的一个显著特点是对意大利、法国、英国等国家法律制度的选择性继受,而没有自己的原创性制度。在控审分离方面,德国的检察制度主要是对法国检察制度的移植,但又由于德国各邦国地方势力强大的历史因素的影响,德国并没有建立起如法国一样的全国性统一检察机构,而是形成了帝国检察机关与邦检察机关并存的二元结构的检察系统。

1. 德国早期的刑事控诉方式——私人控诉制

德意志国家初创于萨克森王朝,在中世纪又叫"德意志神圣罗马帝国"。实际上,该帝国不是一个统一的国家,而是一个由各邦组成的松散的联盟。至13世纪,德国境内形成了全面的封建割据状态,邦国林立,诸侯称雄,皇帝徒有虚名。各邦诸侯在自己的管辖范围内享有最高统治权,皇帝无权干涉各邦内部事务,皇帝人选也由《金玺诏书》确认的选侯制度即通过具有选举皇帝资格的选侯加以推选。从德意志王国建国到13世纪德国开始继受罗马法之前,德国刑事司法的形态主要是延续日耳曼民诉法,实行传统的对抗式诉讼。民众大会是早期的日耳曼人生活中解决纠纷的机构。"无原告就无法官"是早期民众大会主持诉讼活动的一项重要原则。只有原告才可以启动诉讼,被告的传唤也是由原告进行的。被告必须逐一回答原告对其起诉的内容。② 德意志刑事司法最重要的特征是司法组织原始简单,刑事诉讼程序与民事诉讼程序之间没有区别,刑事检控权力私人化和地方化是普遍状态。③

---

① 施鹏鹏:《法国检察官职权》,载《人民检察》2007年第17期。

② 何勤华主编:《检察制度史》,中国检察出版社2009年版,第167页。

③ 黎敏:《西方检察制度史研究——历史缘起与类型化差异》,清华大学出版社2010年版,第272页。

由于当时德国各诸侯邦国的势力强大,中央王权的势力非常弱小,所以真正意义上的国王统治区没有形成。当英法逐渐朝着统一的领土化国家前进、建立起强大的政治与法律权威时,在德意志,政治与法律权威却是散落而多元的。刑事法实质上落入地方自主事务范畴,刑事司法组织结构与刑事司法体制在帝国层面和各公国层面出现多头式的不平衡发展。打击与控制犯罪的权力交给多方诸侯把持,刑事司法事务由各邦国行使领地司法主权,帝国层面对各诸侯国刑事问题施以影响的主要方式是和平条例。中世纪德国的刑事司法组织的绝对重心在各个邦国和自治城市,而不在帝国。①

刑事司法程序方面,在 13 世纪之前,德国各类世俗法庭适用的是日耳曼传统民诉法程序,对犯罪的检控属于私人事务。地方各类法庭的刑事诉讼程序与民事诉讼程序形同。诉讼程序为纯粹的古典弹劾方式。程序是公开的、口头的,告诉之提起只得限于被害人及其家族,即私人控诉或私诉。此种告诉主要涉及赔偿,并且是以金钱为赔偿,尤其是对杀人的补偿金(即对被杀害之人所为之赔偿),还有对地方团体之赔偿(即对部落要赔偿和平金)。② 在这个阶段,德国的刑事司法及其程序属于私人控诉,刑事司法中没有公共的官方检控。刑事案件中的原告往往是受害人自己及其家族,他们通常亲自参与诉讼。刑事诉讼遵循一条习惯法,即没有受害人就没有审判,除非犯罪人被现场抓获,则不用原告也能启动刑事诉讼审判。③ 所以这一时期的国家控诉制度并没有出现,虽然这一时期控诉权与审判权也是相分离的,但并不是本书意义上的国家控诉权与审判权在结构意义上的分离,所以这一时期并没有出现本书所指的控审分离。

2. 对罗马法的继受与《卡罗林纳法典》对纠问式诉讼的确立

13 世纪初,德国开始继受罗马法,纠问制在德国境内获得普遍确立,成为德意志各政治实体的共同取向,刑事检控开始走向国家化和官僚化。在拿破仑征服德国之前,德国的刑事诉讼制度主要是纠问式刑

---

① 黎敏:《西方检察制度史研究——历史缘起与类型化差异》,清华大学出版社 2010 年版,第 276 页。

② ［德］克劳斯·罗科信:《刑事诉讼法》,吴丽琪译,法律出版社 2003 年版,第 614 页。

③ 黎敏:《西方检察制度史研究——历史缘起与类型化差异》,清华大学出版社 2010 年版,第 280 页。

事诉讼模式,德国并没有建立起专职的国家检控体制,控诉权主要由行政官僚和纠问法官行使,控审分离发展缓慢。

大约在1258年,德意志很多城市实行了刑事司法程序的改革。根据这种程序,法官有权提出指控或者指定特定之人提出指控,特别是在涉及穷人的刑事案件中运用得更加普遍。这意味着在德意志城市司法中,职权性质的纠问式诉讼程序开始取代原始的日耳曼对抗式诉讼程序。① 到15世纪初,这种转变已经变得很普遍。旧有的地方法庭不再是民众集会方式司法的所在,相反,人民开始认识到,将检控权完全付诸受害人家族或社区居民的日耳曼诉讼程序存在明显的缺陷,将对犯罪的检控与审理交给具有法律知识的专门之人才是更好的做法;在领主法庭的审判中已经出现了具有专门知识的职业法官协助领主任命的外行参审官审判。② 从15世纪开始,德意志出现了对意大利法律制度的实质的有效继受。

1400年出版的《法鉴》取得了极大成功,它除了讲述传统对抗式诉讼外,还重点描述了纠问式诉讼程序制度。根据新程序制度,如果法官能证实刑事犯罪已经发生,那么他可以提出正式控告。如此一来,法官一人即担当了原告及审判者之双重角色。被害人为证人,而犯罪嫌疑人即为侦查之客体,即被纠问者。③ 到15世纪的最后几年,来自意大利法学的这些制度与原则已经在德意志取得了决定性的胜利,在一些特定的法案中获得确立,1498年帝国法律改革和1499年帝国的法案对此都有所反映。④ 到15世纪末年,德国刑事司法已经朝着纠问制方向迈进,刑事司法的职权主义进程有加速的趋势。

德国继受罗马法的典型例子是《卡罗林纳法典》的颁布,这部法典在德意志刑事检控史上具有里程碑意义。1532年6月27日,国王查理五世代表帝国政府正式公布了这部法典,通俗名称是《卡罗林纳刑事法

---

① 黎敏:《西方检察制度史研究——历史缘起与类型化差异》,清华大学出版社2010年版,第290页。

② A. Esmein, *A History of Continental Criminal Procedure*, Translated by John Simpson, London: Boston Little Brown and Company, 1913, p. 303.

③ 黎敏:《西方检察制度史研究——历史缘起与类型化差异》,清华大学出版社2010年版,第292页。

④ A. Esmein, *A History of Continental Criminal Procedure*, Translated by John Simpson, London: Boston Little Brown and Company, 1913, p. 304.

院组织法》。[①] 这部法典是在《班贝尔格法典》的基础之上编纂而生,因此,它被称为《卡罗林纳法典》的母法。《卡罗林纳法典》既是一部德国刑法,也是一部德国刑事诉讼法。

从刑事司法角度看,《卡罗林纳法典》是德国法律史上最重要也最复杂的法典。法典导入了依职权主义原则作为德国刑事诉讼的基本原则。实行纠问式程序制度,秘密的调查程序取代口头的审判程序成为刑事诉讼的主要程序。[②] 就刑事检控权力来说,虽然法典没有直接建构专门化的职业检控机关,但是,由于它对整个刑事司法制度的转型具有巨大影响,受此影响而出现的一些重要制度客观上促进了传统日耳曼刑事检控体制的逐渐瓦解和消失,促进了刑事诉讼法从私法范畴中脱离并走向公法化,为欧陆纠问制司法及与之相配的职权主义检控模式在德国的巩固和普及打下了坚实的历史基础,使得传统的公众弹劾诉讼制度受到遏制。法典规定在严重刑事案件中,如果没有原告,则可以由官方提出指控,但这里的官方还不是专门化的检察官,而是一般意义上的政府官员,包括纠问制程序中的法官。关于刑事检控权,法典由30多个条文专门规定纠问法官如何在重罪与疑难案件的检控和审判阶段中有效合法地获得专家意见。通过该部法典,对刑事犯罪提出刑事惩罚要求的刑罚请求权不再只是一种私人的权利,它开始成为等级制"国家"的权力。刑事诉讼的进展与运作也不再像传统意义上那样主要受制于当事人及其亲族,而是渐渐朝着"国家"主导和官僚职权化的方向变迁,虽然此时的国家还不是近代意义上的国家。[③] 德国普通刑事诉讼法的发展即根植于《卡罗林纳法典》。直到19世纪初,该部法典一直是德意志各邦的重要法源,被视为普通德国刑事法。

《卡罗林纳法典》标志着纠问制司法程序的合法性在德国地方各邦中得到承认。法典确立了国家追诉原则,使刑事追诉开始成为国家的事。法典确立了纠问法官对刑事案件的起诉权,结束了私法性质的刑

---

① A. Esmein, *A History of Continental Criminal Procedure*, Translated by John Simpson, London: Boston Little Brown and Company, 1913, p. 306.

② Dr Anke Freckmann, Rechtsanwaltin, Heidelberg and Dr Thomas Wegerich, Rechtsanwalt, Executive Directcrl, Heidelbrg, *The German Legal System*, London: Sweet & Maxwell, 1999, p. 14.

③ 黎敏:《西方检察制度史研究——历史缘起与类型化差异》,清华大学出版社2010年版,第300—303页。

罚请求权。虽然该部法典并没有建立起专职的刑事指控机关，也没有确立控审分离原则，其确立的纠问法官控诉制度更是控审合一，但该部法典确立的国家追诉原则对控审分离却具有重大意义。它使得国家享有了对犯罪的追诉权，将公民私人享有的对犯罪的追诉权收归国家所有，结束了公民私诉的局面，为下一步国家控诉权与审判权的进一步分离奠定了基础。

在德意志继受罗马法，构建纠问式诉讼的最初阶段，并没有产生专职的检察机构。但在《卡罗林纳法典》颁布前夕，有邦国设立了一种叫作财务官的官职，受邦君领导，代表王室或邦君管理领地内的一些税收与警察等事务。法典颁布之后，刑事检控体制发展最快的邦国是巴伐利亚国。1553 年，巴伐利亚国法律规定，针对刑事犯罪，财务官可以代表邦君提出公诉。但是在整个德意志帝国层面，还从来没有出现全国性的检察机构建制的迹象。1726 年，另一个邦国特里维的《刑事法典》建立了由王室财务官负责对犯罪提出刑事公诉的制度。[①] 这是在巴伐利亚国 1553 年法律之后，德意志又一个邦国明确提出建立财务官有权介入刑事指控的制度。德国的财务官制度有些类似于法国的国王代理人制度，但法国的国王代理人最终演变为总检察长，是法国检察官制的前身。而德国的财务官却并没有发展成为德国检察官，其权力范围也仅仅停留在邦国层面。所以德国财务官提起公诉的出现在一定程度上有控审分离的迹象，但其性质是代表邦君私人的，其权力范围也仅仅及于邦国，与检察官提起公诉相比，两者在性质和作用上的差距都还很大。

3. 德国检察制度的建立

1806 年，德意志帝国因拿破仑率领的法国军队的攻入而解体，存在了近 900 年的“德意志神圣罗马帝国”覆灭。拿破仑对欧洲的征服也是拿破仑法典对欧洲的征服，拿破仑对德国的征服也将其法律制度带入了德国。虽然拿破仑帝国随后被反法同盟推翻，但拿破仑制定的民法典、刑事诉讼法典等法律制度却永久地留存下来。法国的检察制度也对德国产生了深远的影响，德国的检察制度便是对法国检察制度的

---

① A. Esmein, *A History of Continental Criminal Procedure*, Translated by John Simpson, London: Boston Little Brown and Company, 1913, pp. 311-312.

移植。

1830 年后，德国借鉴法国模式，在全国范围内全面而正式地建构起检察官制度。受政治形势的影响，德国建构检察官制度的过程主要经历了三个阶段：第一阶段是 1831—1848 年，是提出创建动议阶段，主要是一些邦国提出创建检察公诉机关的构想。第二阶段是 1848—1849 年，检察制度进入建制的加速发展阶段，并取得实质性成果。第三阶段是 1849 年《宪法》颁布后到 1879 年《法院组织法》颁布，是一个后续恢复与巩固阶段。①

(1)自由派提出检察建制要求——德国构建检察制度的第一阶段

第一阶段的主要成果是在自由主义政治改革形势的推动下，德国南部率先提出正式建制检察官制的动议，要在现行德国法中引入检察公诉机关。自由派希望通过建立检察官制以改革纠问制司法的弊端，进而依托刑事法律程序革新，推进对德国公民个人权利的实质保护。自由派的建制设想遇到了来自保守派的维护君主专制政府的潜在阻力。保守派想将新设立的检察机关建构成强大可靠的、帮助政府控制司法运作的官僚机器。虽然两派对引进检察制度的看法不同，但两派各取所需。在两派势力建制理念的角逐中，法国式检察制度在 19 世纪 30 年代后在德国各邦先后建立。②

以德国各邦国中势力最强的普鲁士为例，普鲁士于 1846 年 6 月 17 日通过了设立检察机关的法案，并首先在柏林上诉法院的刑事审判中被迅速适用。刑事司法中正式导入检察官参与，规定由国家检察官垄断公诉，并以此为契机采用一种更为快捷、公开、口头的刑事诉讼。这也是德国历史上第一次由专门的现代检察官出席刑事审判，垄断行使公诉权。普鲁士法律规定，检察官由国家司法部长领导，并对其负责。在移植之初，各邦政府的改革小心翼翼，最初给检察官规定的权力比较小，但后来很快扩大，直至检察机关成为以准行政权方式行使准司法权

---

① Erhard Blankenburg and Hubert Treiber, "The Establishment of The Public Prosecutor's Office in Germany", in *International Journal of The Sociology of Law*, 1985, pp. 12, 375-391, London: Academic Press Inc. Limited, p. 380.

② 黎敏：《西方检察制度史研究——历史缘起与类型化差异》，清华大学出版社 2010 年版，第 331—332 页。

的强势司法机构。[①] 巴登在1931年、哈诺化在1841年、维路天贝路克在1943年均先后移植了法国的检察制度。[②]

(2)1848年革命巩固法国模式在德地位——德国构建检察制度的第二阶段

第二阶段虽然时间跨度很短,但相比前一个阶段却是取得更多成果的黄金时期。1848年自由主义革命再次爆发,各邦政府面临巨大的改革压力,改革刑事司法体制成为自由派对政府提出的重要要求。此前仅在若干邦国建立的检察官制度迅速在更多邦国建立。这样,在革命形式的影响下,检察制度的构建进入攻坚与加速发展阶段。[③]

柏林三月革命后,德意志的一些邦国同意选举成立一个全德意志国会,并选定在美因河畔的法兰克福市圣保罗教堂召开第一次全德意志的"国民会议"。1849年3月27日,"国民会议"通过小德意志方案,选举普鲁士的威廉四世为德意志皇帝,通过1849年帝国《宪法》。该部《宪法》在此前的《德意志民族基本法》的基础上制定。《宪法》条文中明确规范了公共诉讼及与之相关联的检察机关,建立检察官公诉制度的规定得到很多邦国的同意。[④]

经过1848年革命的洗礼后,德国刑事司法分化成以法国模式为主体的三种制度形态。第一种形态是1848年后绝大多数邦国在自由主义都采纳的法国新模式,即在审判阶段引入对抗制元素(陪审团)的混合纠问制程序。这是最主要和最大的一个阵营。第二种形态是维持旧的德意志普通法制,即实行典型的旧纠问制,代表性邦国是梅克伦堡和利珀。第三种形态是在吕贝克和萨克森-阿尔滕贝格,主要实行日耳曼传统对抗制,但是没有建立陪审团制度。[⑤] 尽管这些邦建立的检察制度

---

① Erhard Blankenburg and Hubert Treiber, "The Establishment of The Public Prosecutor's Office in Germany", in *International Journal of The Sociology of Law*, 1985, pp. 12, 375–391, London: Academic Press Inc. Limited, pp. 380–381.

② 黄东熊:《各国检察制度沿革概论》,载《台大法学论丛》第11卷第1期。

③ 黎敏:《西方检察制度史研究——历史缘起与类型化差异》,清华大学出版社2010年版,第337页。

④ 黎敏:《西方检察制度史研究——历史缘起与类型化差异》,清华大学出版社2010年版,第338页。

⑤ A. Esmein, *A Hisory of Continental Criminal Procedure*, Translated by John Simpson, London: Boston Little Brown and Company, 1913, p. 580.

之间有一些差别,但改革的方向和价值取向是一致的。政府积极主动立法推动设立检察机关,一个共同的建制特点是规定以司法部长为检察官的行政首长。从组织结构特点来看,德国各邦基本都采取以邦司法部长领导之下的科层官僚制结构组建检察系统。[①] 检察制度在德意志境内得到更大范围的建制和推行。

(3)全国检察官僚机构的建立——德国构建检察制度的第三阶段

第三阶段是一个后续恢复与巩固阶段,检察制度进一步席卷其余邦国。在吕贝克和萨克森-阿尔滕贝格这两个实行日耳曼对抗制的邦国,也转向1808年法国刑事司法制度模式,建立检察机关,实行公诉。所以到180年时,除了梅克伦堡所属的两大公国以及利珀所属的两个侯国之外,德意志全境内都已经采用法国式的检察制度。[②] 所有这些邦在新制定的刑事诉讼法中,都建立起了刑事公诉制度,组建检察机关统一实施刑事指控。在整个19世纪后半期,检察制度在德国进一步普及和巩固。[③]

1862年,德国容克贵族和大资产阶级利益的忠实代表俾斯麦被任命为普鲁士宰相。普鲁士在铁血宰相俾斯麦的领导下,于1864年对丹麦的战争和1866年对奥地利的战争中,先后击败丹麦和奥地利,巩固了普鲁士王国在德意志北部和中部的霸主地位,实现了德意志统一大业。在奥地利和南部德意志数邦退出联邦之后,1866年普鲁士通过拟定《北德意志联邦宪法》改组德意志联邦为北德意志联邦。[④] 1870年,普鲁士领导北德意志邦联及南方的德意志诸邦,打败了法国。普鲁士国王威廉一世于1871年1月18日,即普鲁士王国成立170周年纪念日,在法国凡尔赛宫镜厅登基,成为德意志帝国的皇帝,宣布建立以普鲁士王国为首的德意志帝国(Deutsches Reich),即所谓的德意志第二帝国(Das Zweite Reich)。国家建立后的首要任务是统一法律。新帝国由22个君主邦、3个帝国自由市及帝国领地亚尔萨斯和洛林2区组

---

① Erhard Blankenburg and Hubert Treiber, "The Establishment of The Public Prosecutor's Office in Germany", in *International Journal of The Sociology of Law*, 1985, pp. 12, 375–391, London: Academic Press Ine. Limited, p. 381.

② 黄东熊:《各国检察制度沿革概论》,载《台大法学论丛》第11卷第1期。

③ 黎敏:《西方检察制度史研究——历史缘起与类型化差异》,清华大学出版社2010年版,第344页。

④ 何勤华主编:《检察制度史》,中国检察出版社2009年版,第167—168页。

成，各邦保留自己的宪法和法律，由自己的政府管理内政。1871 年通过了帝国宪法，赋予帝国对刑法及刑事诉讼程序的立法权限。1874—1877 年，在帝国司法局及联邦参议会的审议、在帝国议会的协商讨论及在帝国司法委员会的会议中，对法院组织法、刑事诉讼法及其他的帝国司法进行讨论，并且立法。[①] 此次立法运动成为推动构建德国检察机关的历史转折点。

1877 年《帝国法院组织法》和《帝国刑事诉讼法》是构建统一德国检察制度的核心法律。两者也是今天德国刑事司法的基本法源。《帝国法院组织法》规定了检察院和法院各自的职能、内部组织结构等重要内容。德国检察院设在法院之内，合署办公，但职权相互独立。[②] 1871 年 2 月颁布了《刑事诉讼法》，原则上规定刑事案件的起诉权由检察官行使。但某些情形下，被害人、被害人的代理人以及行政官吏也可以进行告发或起诉。检察官提起公诉后即进入审判程序；如果不服第一审裁判，检察官可以向上一级法院提出上诉。[③]《帝国刑事诉讼法》将混合纠问制确立为统一后的德国刑事司法模式。这标志着德意志在 19 世纪后期完成刑事司法的现代转型，即从日耳曼对抗制模式到罗马—教会法谱系的典型纠问制，再到借鉴法国 1808 年确立的混合纠问制。[④]

随着政治统一和刑事司法体制的近代转型，全国性的检察系统终于建立。在德国各级法院内设立职权独立的检察机关，公诉由检察官这种专职官僚依职权提起，由检察官负责发动刑事诉讼。《帝国法院组织法》规定了检察官的组织结构及其在刑事诉讼中的职责。《帝国刑事诉讼法》确定刑事诉讼实行职权与公诉原则，依据这两项原则启动刑事审判。根据这些原则，刑事检控权由国家检察官垄断性地统一行使，实

---

① ［德］克劳斯·罗科信：《刑事诉讼法》，吴丽琪译，法律出版社 2003 年版，第 626—627 页。

② Erhard Blankenburg and Hubert Treiber, "The Establishment of The Public Prosecutor's Office in Germany", in *International Journal of The Sociology of Law*, 1985, pp. 12, 375 - 391, London: Academic Press Inc. Limited, p. 292.

③ 樊崇义、吴宏耀、种松志主编：《域外检察制度研究》，中国人民公安大学出版社 2008 年版，第 168 页。

④ 黎敏：《西方检察制度史研究——历史缘起与类型化差异》，清华大学出版社 2010 年版，第 347 页。

行强制追诉与起诉主义。[①] 这些原则性规定体现出鲜明的科层官僚体制特点。检察机构按照科层结构组织为垂直的、统一管理的官僚机构。司法部长的指令依科层等级自上而下传达。实行检察一体,在检察组织中上命下从,最高检察首长对下级检察官有业务上的替代权和转移权。法典还规定检察机关与法院合署办公但职能相互独立,法警附属于检察系统指挥管理。[②] 这些原则性规定适用于邦检察机关,邦的各级检察官接受邦司法部长的指挥监督。所以,在德国统一之初,初步形成了一个二元结构的德国检察系统,即帝国检察机关与邦检察机关,这两大系统都严格按照科层制原则组建。[③]

统一后的德国检察系统采用司法部长领导下的科层官僚等级结构,德国检察机关在权利组织的基本原则上,完全效仿法国模式。德国的检察制度是对法国检察制度的移植。德国检察制度的最终确立,也标志着德国控审分离的完成。

(4)德国检察制度的曲折发展——纳粹党统治时期

1933 年 1 月,德国总统兴登堡根据《宪法》任命纳粹党头目希特勒,攫取权力,出任总理,组成政府,标志着德国法西斯专政的建立和资产阶级民主制度的覆灭。这既改变了德国的法律制度,又改变了德国的检察制度。具体改变如下:[④]

其 ,在人员的录用上,检察官和法官一样一律任命忠实于希特勒的纳粹党人担任。魏玛共和国时期,无论检察官还是法官,对希特勒稍有不忠,立即撤换。

其二,在法制思想上,当时明确宣布,希特勒的旨意就是司法官吏所应遵循的最高法律依据。希特勒就是德国人民的最高法官。纳粹的

---

① 黎敏:《西方检察制度史研究——历史缘起与类型化差异》,清华大学出版社 2010 年版,第 347 页。

② Erhard Blankenburg and Hubert Treiber, "The Establishment of The Public Prosecutor's Office in Germany", in *International Journal of The Sociology of Law*, 1985, pp. 12, 375 - 391, London: Academic Press Inc. Limited, p. 382.

③ Antoinette Perrodet, "The Public Prosecutor", in European Criminal Procedure, Edited by Mireille Delmas - Marty and J. R. Spencer, Translation supervised by J. R. Spencer, London: Cambridge Universiry Press, 1995, p. 428.

④ 李游、吕安青:《走向理性的司法——外国刑事司法制度比较研究》,中国政法大学出版社 2001 年版,第 245 页。

二号头目戈林对检察官们说："法律和元首的意志是一回事。"这就从法制思想上制约了检察机关，使他们只能按希特勒的旨意而不是法律的原则去履行职责。

其三，在诉讼程序上，纳粹党可以使法院任意改变程序，用血腥的手段来对付敌人。在希特勒的统治下，法院按正常秩序审判的"犯罪"常常不能让纳粹们满意，此时纳粹就可以自己行使"司法"权力，检察机关也只能成为实施恐怖的工具。在这样的法制环境下，检察机关不能履行资产阶级机关传统的职能，只能成为纳粹统治的傀儡。

第二次世界大战以后，纳粹党统治被推翻，德国战败，被划分为西德和东德。西德是指德意志联邦共和国，实行资本主义制度。东德是指德意志民主共和国，实行社会主义制度。两国的法律也被分为两种：西德重新恢复了资产阶级民主与法制的建设，检察制度也相应地得到了恢复与发展；东德的检察制度则以苏联检察制度为蓝本，实行社会主义类型的检察制度。1991 年，东欧剧变，东欧社会主义国家纷纷放弃了社会主义制度，开始实行资本主义制度。东德和西德合并，德国法律再次实现统一。西德的法律适用于整个德国，西德的检察制度也相应适用于整个德国。

(5)德国现行控审分离情况

德国与法国类似，其控诉方式也是实行国家公诉制，由检察机关行使控诉权。所以德国的检察制度状况也即反映了德国的控审分离情况。

与法国类似，德国的检察机关设置与普通法院设置相对应，都隶属于司法部。德国设有联邦最高法院检察院(总检察院)、州法院检察院和市法院检察院，初审法院的检察事务由市检察院负责。德国是一个联邦国家，所以德国的检察机关分为联邦体制和州体制，检察机关分为联邦总检察机关和州检察机关两部分。联邦总检察机关设联邦总检察长和副总检察长，州检察机关设州检察长，分别受联邦司法部长和州司法部长领导，接受司法部长所作的关于案件的具体处理之外的事项的指令。德国现有 16 个联邦州，除联邦总检察院之外，每个州有一个与法院平行设置的检察院，各州辖下的市法院内分别设市检察院。检察机关的案件管辖范围与相对应的法院一致。检察机关相对法院独立，不受法院管辖。[①] 德国检察官的任职资格和条件与法官基本相同,检察官和法官都是终身职务,其身份受法律保障,非因法定事由不被免除。

由于德国是联邦制国家,所以联邦总检察长和副总检察长受联邦司法部长的领导,各州检察院和高级检察院由州高级检察院检察长统一领导,州高级检察院检察长受州司法部长的领导。上级检察院与下级检察院之间是领导与被领导的关系,但联邦总检察机关不是州检察机关的领导机关,两者不存在领导与被领导关系,只是依诉讼程序而建立的工作关系。联邦总检察机关只负责处理涉及联邦整体利益的案件,如恐怖案件、就引渡案件指定管辖等,绝大部分案件都由州检察机关承担。在州检察系统内,州高级检察机关检察长统一领导本州的检察工作。[②] 德国检察机关分为联邦总检察机关和州检察机关两套体制,两者互不隶属,但在联邦和州的检察体制内,却实行上下级垂直领导体制。其中州检察机关承担了德国大部分的检察工作。

与法国一样,德国对刑事案件的起诉以检察机关提起公诉为主,公民个人的自诉为辅。德国《刑事诉讼法》第 152 条规定:"提起公诉权,专属检察院行使。除法律另有规定外,在有足够的事实根据时,检察院负有对所有的可予以追究的犯罪行为作出行动的义务。"德国《刑事诉讼法》第 374 条规定了包括非法侵入等八种自诉案件的范围。对于这些轻罪和显著轻微的案件,被害人可以通过自诉途径解决,但除这八种自诉案件以外的刑事案件,检察机关均应对案件事实主动调查,查清事实。如果证据充分,犯罪行为确已实施,检察官必须提起公诉。所以德国实行起诉法定原则,该原则要求对所有犯罪行为都应予以追究,排除了公诉机关对起诉的自由裁量权。与起诉法定原则相对应的是起诉便宜原则,这主要是针对轻罪和显著轻微之罪,如果行为人的行为轻微又没有造成严重后果,检察机关就可以采取起诉便宜原则,由检察机关自由裁量,其结果一般为不予追诉。

检察机关提起公诉以后,就负有出庭支持公诉的义务,某些轻微案件可以例外。德国《刑事诉讼法》第 226 条规定:"审判是在被召集的裁判人员、检察员和书记处一名书记员不间断地在场进行。"检察官除负

---

① 尹晋华、熊少敏等:《德国检察人员分为四大类》,载《检察日报》2005 年 2 月 22 日。

② 何勤华主编:《检察制度史》,中国检察出版社 2009 年版,第 172 页。

有出庭支持公诉的义务以外，还负有主持公正的义务。如果检察官认为法院对被告人不公正时，可以提出有利于被告人的事实，保护被告人的权利。在庭审中，检察官可以变更起诉。德国《刑事诉讼法》第266条规定："检察官在审判中将公诉延伸到被告人的其他犯罪行为之上时，法院如果对案件有权管辖并且准予起诉的，可以裁定将这些其他行为纳入程序。追加起诉须给予被告人辩护的机会，对此被告人可以申请中断审理。"对于法院的判决，检察官如果对法院认定的事实有不同意见，有权提出抗诉；如果对法院适用法律有不同意见，有权要求复审。对于已经生效的判决，检察官还有权提出缓期执行或者监外执行的要求。①

四、小结

在古希腊、古罗马和日耳曼王国时期并没有产生国家公诉权，所以也就不存在控诉权与审判权的分离，这一时期刑事案件的控诉方式主要实行公民私人控诉方式。古希腊时期虽然出现了自诉案件与代诉案件的区分，但代诉案件并不是所谓的刑事诉讼案件。这一时期出现的职业控诉者阶层也并不是国家的专门控诉机关，控诉权由公民个人行使。古希腊时期的控诉方式属于典型的公民私人控诉方式。古罗马时期虽然出现了公犯之诉，但这并不同于现代意义上的刑事诉讼程序，仅仅具有公共控诉的性质。古罗马时期并没有出现专门行使国家控诉权的公共机构，公犯案件的控诉权由全体公民行使，国家不承担控诉职能。在日耳曼王国时期，其犯罪观念是侵权犯罪观，刑事控告方式属于私人控告方式，犯罪由受害人及其亲属等私人提起，国家不主动追究犯罪，更不存在专门的国家追诉机关。所以在11世纪之前，由于并没有产生国家公诉权，也就不存在控审分离。

1066年，诺曼底公爵威廉横跨英吉利海峡，打败盎格鲁-撒克逊人，统一了英格兰，从此，英国的法律制度踏上了与欧洲大陆不同的发展路径。英国开创了普通法法系。与欧洲大陆的法国相比，英国率先开始了控诉权与审判权的分离，但由于英国强调对公民自由权利的保护，反对国家对公民的过多干预，所以英国并没有发展起如同

---

① 何勤华主编：《检察制度史》，中国检察出版社2009年版，第174—175页。

法国一样完备的检察官控诉制度。英国的控诉制度主要是私人控诉制度,即强调每个公民都享有对犯罪的控诉权,而英国的国家控诉权行使的主体也比较分散,大陪审团、验尸官、治安法官、警察、律师都先后行使过控诉权。所以,英国的控诉制度主要是私人控诉制度,其控审分离不彻底。

由于美国是一个移民国家,在其独立前,美国属于各个国家的殖民地,所以美国检察制度的确立与这些殖民国家密切相关,其中,英国、荷兰、法国对美国检察制度的影响最大。虽然美国的法律制度也主要以英国的普通法为蓝本,但美国的检察制度却并没有采取英国的私诉传统,而是实行检察官公诉制度,由国家专门机关行使控诉权。美国的检察系统分为地方检察系统和联邦检察系统,两者是平行的,并无隶属关系。美国检察制度与欧洲法官和英国检察制度发展的路径不同,法国和英国检察制度都是各自国家中世纪以来王权致力于政治统一的产物,而美国是先建立了各州检察制度,最后才建立联邦检察制度。

法国的国家控诉权集中于检察官行使,其控诉制度具有系统性、国家性的特点。由于在法国行使国家控诉权的主体只有检察官,检察官独揽控诉权。所以法国控审分离的过程和检察制度的形成过程密切相关。法国的检察制度源于国王的代理人。1302 年,菲利普四世赋予财务代理人以“总检察长”钦命头衔。大约在 1351 年,国王总检察长正式成为巴黎高等法院的常设机构。1498 年,路易十二统治时期《普罗亚条例》、1539 年《刑事法令》和 1670 年《路易十四刑事条例》对法国检察制度起到了重要的强化作用。法国在大革命时期曾试图建立类似于英国的检察制度,但最终以失败而告终。1808 年拿破仑《刑事诉讼法典》的颁布,意味着法国检察官制度的成熟,也意味着法国控审分离基本完成。

德国刑事诉讼发展的一个显著特点是历史地出现了对意大利、法国、英国等国家法律制度的选择性继受,而没有自己的原创性制度。在控审分离方面,德国的检察制度主要是对法国检察制度的移植,但由于德国各邦国地方势力强大的历史因素的影响,并没有建立起如法国一样的全国性统一检察机构,而是形成了帝国检察机关与邦检察机关并存的二元结构的检察系统。1830 年后,德国借鉴法国模式,在全国范围内全面而正式地建构检察官制度。德国建构检察官制度的过程主要经历了三个阶段:第一阶段是 1831—1848 年,是提出创建动议阶段,主要是一些邦国提出创建检察公诉机关的构想。第二阶段是 1848—1849 年,检察制度进入建制的加速发展阶段,并取得实质性成果。第三阶段是 1849 年《宪法》颁布后到 1879 年《法院组织法》颁布,是一个后续恢复与巩固阶段。

第四节 世界刑事诉讼第二次革命在中国

一、古代的御史制度没有实现控审分离

我国古代的御史具有谏言皇帝、纠察百官、监督法律实施的职能,所以古代的御史制度与现代的检察制度在功能和性质上具有一定的相似之处。古代的御史也行使一定的控诉职能,但御史的控诉职能主要是针对违法乱纪的官吏,是对官吏的渎职和违反行为的监督,其性质更像是现代的行政监察。而对于一般的刑事犯罪,御史很少过问,其控诉权多由地方行政长官行使。这就造成地方行政长官集控诉权与审判权于一身的现象,即控审合一。所以,我国古代的御史制度虽然与现代的检察制度有一定的相似之处,但从总体上说,我国古代并没有发生控诉权与审判权的分离。

(一)御史制度的起源与演变

我国西周时期的官职中即已出现了御史之名,不过当时的御史主要是在君主左右掌管文书档案和记事的史官,并不行使监察职能。到战国时期,韩、赵、魏、齐、秦都设御史,御史虽然仍主要行使记事职能,但已经兼有了监察的职务。如《史记·滑稽列传》中记载淳于髡曰:“执法在旁,御史在后”,而不敢放量饮酒。

到秦朝时期,御史主要负责监察内外官吏,促使国家法令上下贯彻实行。秦朝设立了御史大夫,位于“三公”之列,相当于副丞相,其助手御史中丞负有掌管朝廷的图籍秘书、记事、处理直达君王的奏章和在殿中察举违法官吏的职责。秦朝还设有监御史,负责监理诸郡,察地方违法事宜。分察地方三十六郡的监御史由御史大夫领导。

汉承秦制,御史大夫相当于副丞相,但其职权重心逐渐向监察方面

转移。御史大夫负责“典正法典、总领百官、上下相监临”①,下属御史中丞、侍御史、治书御史等。汉初废除了秦时的监御史,改由丞相随时派出的“丞相史”监察各郡。汉武帝时将全国划分为十三个部,各派一名刺史为固定监察官,根据汉武帝手订的六条问事,对所属郡国进行监督。刺史直属御史中丞统领。东汉时期,将御史大夫改为大司空,监查职务则由其属官御史中丞行使,另建御史台作为其专门公署。

魏晋南北朝时期,御史台名义上不再隶属少府,而由皇帝直接领导。御史号称“天子耳目”,御史中丞职无不察,专道而行,威势显赫,震肃百僚。魏以后开创了御史“风闻弹事”的先例。为促使御史尽职,规定百官如有重罪,而中丞失科,则免其官职。所以御史中丞及其属僚为了不因谨慎被黜,宁可风闻弹奏无辜。晋时给事中设定正员,其职务为“趋伏左右,以备顾问”。

隋朝时期,将御史台长官御史中丞改为御史大夫,但此时的御史大夫与秦汉时期的御史大夫不同,其下设治书侍御史两人作为副手,又设检校御史 12 人(炀帝时增至 16 人)代替原来的巡御史,专掌出外巡查。隋朝重新设置了司隶校尉(东汉时一度设立,后废除),居司隶台,以司隶大夫为台长,直属皇帝。后因司隶台与御史台职权重叠,相互掣肘,唐以后便废除了司隶台和司隶刺史。

唐朝,在中央设御史台,御史大夫为台长。御史台又分台院、殿院、察院三院。台院为御史台本部,设侍御史 6 人,掌管纠弹中央百官,参加大理寺审判和推鞫皇帝交付的重大案件。殿院设殿中侍御史 9 人,掌管殿庭供奉之仪,每逢班朝,纠察离班和出言不逊者,皇帝巡幸,则往来门旗之内,检校仪物亏失。察院依全国十道监察区设监察御史 10 人(后来,道增至 15 人,监察御史也增至 15 人,有时人数不定),掌官监察地方官吏及民情,亦效仿汉刺史以六条问事。

宋沿唐制。皇帝开始亲自选任御史(唐时可由宰相推荐),提高了御史官的品位,并增加员额,扩大其权限范围。但实际上,由于宋代兼官之风盛行,他官可兼御史,御史也可兼他官,御史的监督职能受到削弱。

元代,御史的专职得到复原。在中央废止三院制,实行两院制:殿

① 《汉书·朱博专》。

中司和察院。并将全国划分为二十二道监察区，由察院派遣监察御史常驻，称为“肃政廉访使”。为了加强对各道肃证廉访使的领导，在河南和陕西二地特设两个“行御史台”。行御史台是中央御史台的排除机关，组织体系与中央御史台相同，其职责为统制各道宪司。

明朝，御史台改为“都察院”，设左右都御史为长官，左右副都御史、左右佥都御史为副贰。地方上按照行政区划设十三道督察御史（明末改为十五道）共110人。此外，还不定期派遣御史巡按地方，称之为巡按御史。明代都察院的职权范围规定得比以往任何一个朝代都详细。

清朝，在总结历代统治经验的基础上，其监察机关在组织形式上也发展到新的高度。雍正三年，将六科给事中并入都察院。清都察院下设十五道监察御史，分察地方，所以都察院内的给事中上察中央各科，道监察御史下察地方，合称“科道”制，从而形成了直属皇帝领导的、集中统一的法律监督体系。清末改制后，新成立的外交部、农工商部、民政部，所处理的事务及其上谕和颁文都不关报都察院，都察院的监督审判职能也转移给了新成立的检察厅。最终，随着清王朝的灭亡，都察院也从历史上消失了。[①]

（二）御史的职能

1. 言谏皇帝

我国古代的御史制度具有对皇权进行监督约束的作用，其方式主要是言谏。我国自春秋时期一直到清代，都设有谏官，其中唐代的言谏制度完备有效而为后人称道。把言谏归入御史制度，一是因为自宋朝以后，专职谏官开始向御史台归拢；至明代，谏官并入给事中；到清朝时期，给事中及谏官都归入都察院。所以，从宋朝开始台谏便合一了。另一个原因是各朝代的御史职能中，都有言谏一项。唐代李善感为检察御史，永淳年造宫室，李上书极谏，时人喜谓“凤鸣朝阳”。宋制，御史入台，满旬而无章疏者，谓之“辱台”，未尽职责，要受责罚。所以，刘挚被任命为监察御史，尚未陛对，便上书言事，被认为称职。傅尧俞为御史谏官四年，所上疏呈160余章，多能忌讳，名重朝廷，凛然天下。[②]

在中国历史上，对皇权进行一定的约束，促使皇帝按照反映统治阶

---

① 王桂五主编：《中华人民共和国检察制度研究》，中国检察出版社2008年版，第16—19页。

② 王桂五主编：《中华人民共和国检察制度研究》，中国检察出版社2008年版，第21页。

级整体利益的法律和原则行事,收到了一定的效果。如唐朝的“贞观之治”,与唐太宗虚怀纳谏有很大关系。但由于封建专制制度的本质决定了皇权至高无上,居于一切制度之首,制度能否遵守,主要依赖皇帝个人的修养和好恶。所以历史中御史、谏官因言事而触犯龙颜,结果被罢黜甚至杀头的大有人在。所以御史并不能真正制约皇权,御史弹奏不得不顾及龙颜和各种关系,常常敷衍职事。

2. 监督官吏

御史的主要职能是纠察百官、监理州郡,其中还有诸如参与吏部荐举、巡仓、巡粮、检查会计等类职务,所以御史制度类似于现代的“行政监察”。御史对官吏的监督主要有以下几类:①

(1)监督官吏选任。汉、隋的六条中都有考察各级官吏举荐人才情况的内容。汉六条察“二千石选署不平,苟阿所爱,蔽贤宠顽”;隋六条察“德行孝悌,茂才异行,隐而不贡”。从唐朝开始,中央由吏部专司官吏选任考核,御史有权参与。清朝,凡京师内官吏荐举,由本衙门填注考语事绩,造册密送吏部,然后,吏部、都察院吏科京畿道会考,最后奏请皇帝批准。御史参与官吏选任并不负责具体业务的考核,只是对此进行监督,以防止用人不当,以及各级官吏或吏部借举荐之机结党作弊,排除异己或提携奸黠。

(2)考察官吏。历代御史都对中央和地方各级官吏的工作情况有检查权,包括许多具体的督巡工作,如巡仓、巡关、巡粮等。此外,还包括对官吏贪污受贿一类事迹和行政事务的失职和无能行为的纠举。唐六条使监察御史:察户口流散、籍账隐没、赋役不均。《唐律·户婚》规定,不仅百姓脱漏户口、逃避赋役要处以徒刑,州县长官也依所辖地区脱漏户口和逃避赋役的多少而处以刑罚。唐、宋、明、清的御史都有巡察京师和地方仓库的职能。御史考察纠举的事项见于律条的还有:国家机关人员编制过限,里正应课农桑而不课,边境置放烽燧违反规定数目或方式,官吏应值不值,应宿不宿、当番不到,等等。甚至当御史讯问管内民情、生产与灾荒情况,该地方官如答不上来或答得不完全,也要处以刑罚。

① 王桂五主编:《中华人民共和国检察制度研究》,中国检察出版社 2008 年版,第 21—23 页。

(3)监察礼仪。御史负有监察利益的职能。在朝会时,若应至的官吏点名未到或无故早退,若于宫殿中误行皇帝专行的御道,未经允许擅自逾越宫门、殿门、进入上阁,若仪仗队卫兵或主帅擅离职守或所持兵仗远离身体,若冲闯仪仗队,若言辞喧嚣,坐立怠慢,等等,皆处以笞、杖、徒至死刑。① 在祭祀之中:"大祀二十日前,所司预审祀部,祀部颁告诸司,其不预申期及不颁下所司者,杖六十,即虽申及颁下,事不周悉,所坐亦同。以故废祠祀者,所由官司徒二年。""牲宰玉帛之属不如法,杖七十,阙数者杖一百,全阙者徒一年。""诸大祀在散斋而吊丧问疾、判署刑杀、文书及决罚者,笞五十,奏闻者杖六十,致斋者各加一等。"②

3. 诉追犯罪

御史纠察百官、监督法律实施的主要方式是弹劾。对于封建官吏的犯罪,大多由御史通过弹劾的方式行使(地方官府负责纠报一部分低级官吏的犯罪)。对于弹劾,"实质是在朝廷起诉"③。

弹劾的对象很广,上自亲王公主、宰相执政,下至群司百僚以致地方豪强,凡有罪过,御史皆可得而弹之;弹劾的内容,也因法网严密细微而极宽泛,贪赃枉法、工作疏怠、违犯朝仪等,皆在弹劾之列。弹事的提及,有由御史自己访得者,也有由百姓赴台陈状者。著名的"风闻弹事",即是御史出台接受文状,略去姓名情节,然后以"风闻"之名弹奏论罪。唐开元十四年(1727年)设受事御史,每日在台值班,接受诉状,遂于状头题写当事人姓名或诉讼之事,经御史对辞状推复尽理之后弹奏之。弹劾是御史的专职。弹劾一经提出,并不直接治罪,而是由专职"折狱""详刑"的机关——大理寺或刑部研究治罪,后者谓之法推。④ 也就是御史起诉犯罪,廷尉、大理寺或刑部进行审判。

4. 监督审判

御史还有监督审判的职能。御史监察分为两大部分:上察中央百四,下监地方诸州郡,其中就包括对审判的监督。监督审判是地方监察的主要内容之一。"按临所至,必先申录罪囚,吊刷卷案,有故出入者理

---

① 《唐律·职制》《唐律·卫禁》。

② 《唐律》。

③ 张晋藩、王超:《中国政治制度史》,中国政法大学出版社1987年版,第484页。

④ 王桂五主编:《中华人民共和国检察制度研究》,中国检察出版社2008年版,第23页。

辩之。”①发现地方官“不恤疑狱,风历杀人,怒则任刑,喜则淫赏,烦扰刻暴,剥截黎元,为百姓所疾”者,必察举追究,发现冤假错案,大案上报朝廷,小案会同地方官重审,以求纠正。在中央,御史有参与重大案件审判的职能。唐朝开创了对后世影响至深的会审制度,每逢重大案件,由大理寺卿会同刑部尚书、御史中丞,共同审理,称之为“三司推事”,即为明、清时“三法司”的前身。其他皇帝临时就重大案件召集非审判机关与大理寺、刑部共同进行的“庭鞫”,御史台也要派员参加。② 御史通过参加审判的过程,纠举大理寺、刑部和其他本司在审判中的违法失当行为,防止冤假错案的发生,保证办案质量。

除上述职能外,御史还有讨捕盗贼,安抚属国州县,监护东宫,荐举,参与朝廷大政,议事,单独的审判(东西推)等职能。

通过以上分析可以看出,我国古代的御史主要行使监察职能,监督皇权,纠察百官,监督法律实施。我国古代的御史虽然行使一定的控诉职能,但其主要是对官吏违法行为的检举,更类似于现代的行政监察,而对于一般的犯罪案件,则多由地方行政长官负责。我国古代的控诉方式主要有官诉和私诉两种形式。官诉即官吏代表国家纠举犯罪。由于地方行政长官集行政权与司法权于一身,普通的刑事犯罪一般由地方行政长官负责纠举。私诉即有关当事人向官府控诉,但自诉的范围和等级,各朝法律都严加控制,超出规定者要处以重刑。

我国古代御史制度的设立并没有实现控诉权与审判权的分离,御史对犯罪的控诉更多的是行政监察权,而对于一般犯罪案件的控诉,御史则很少涉及。御史台并不是我国古代专门的刑事控诉机关,而像是一种监察机关。对于一般的刑事案件,除当事人亲自向官府控诉以外,多由地方行政长官亲自纠举和审判,地方行政长官集控诉权与审判权于一身。所以我国古代没有专门的国家控诉机关,属于典型的控审合一。

二、中国控审分离的开始——清末法制改革

鸦片战争以后,我国沦为半殖民地半封建社会。外国侵略者凭借

① 《续文献通考》。

② 王桂五主编:《中华人民共和国检察制度研究》,中国检察出版社 2008 年版,第 25 页。

大量不平等条约,攫取了我国领事裁权。面对列强的侵略,清政府也考虑开始变法维新,以图自强,来维护其统治。1901 年慈禧太后以光绪皇帝的名义颁布“预约变法”的“上谕”,拉开了晚晴最后十年“新政”的序幕。1902 年,清廷开始筹建修订法律馆,作为修律的专门机构。1905 年,清政府派出五大臣去欧洲、美国、日本考察西方宪政。自 1906 年起,清政府开始改革官制,变法修律。[①] 新官制效仿西方君主立宪制下的“三权分立”,实行皇权控制下的行政、立法、司法相划分的体制。将刑部改为法部,专管司法行政;把大理寺改为大理院,下设各级审判厅专管审判;各级审判厅内附设各级检察局,作为专门的公诉机关。至此,我国开始转变司法与行政合一的局面,以法律的形式确立了相对独立的司法机构,并实现检审分离,我国的检察制度也由此开始形成。清末开始实现控审分离主要体现在民事诉讼与刑事诉讼的区分和检察制度的设立。民事诉讼与刑事诉讼的区分是实现控审分离的前提,检察制度的设立是实现控审分离的开始。

(一)区分民事诉讼与刑事诉讼

清末的法制改革首次实现了民事与刑事诉讼的区分。早在 1905 年 4 月,御史刘彭年在其上折中便涉及外国民事与刑事分设的问题,他提出:“东西各国裁判所,原系民事、刑事分设,民事即户婚、田产、钱债等是也。刑事即人命、贼盗、斗殴等是也。中国民刑事不分”,“相应请旨饬下修律大臣体察时势,再加详慎,并饬于刑事诉讼法告成后,即将民法及民事诉讼法剋期纂订,以成完备法律。”[②]

随后,《各级审判厅试办章程》首次区分了民事案件与刑事案件,“凡因诉讼而审理之曲直者”为民事案件;“凡因诉讼而定罪之有无者”为刑事案件,根据案件的性质不同,区分民事诉讼与刑事诉讼。1906 年,《大清刑事民事诉讼法》草案告成,分为总则、刑事规则、民事规则、刑民事通用规则、中外交涉案件处理规则等 5 章共 260 条。1908 年,修订法律馆决定将刑事和民事诉讼法律分开,至 1911 年 1 月两部法律草案相继完成。《大清刑事诉讼律草案》分为总则、第一审、上诉、再审、特别诉讼程序、裁判之执行等 6 编共 515 条,是中国历史上第一部独立的

① 何勤华主编:《检察制度史》,中国检察出版社 2009 年版,第 325—327 页。

② 《伍廷芳集》(上册),中华书局 1993 年版,第 269 页。

刑事诉讼法草案。《大清民事诉讼律草案》分审判衙门、当事人、通常诉讼程序、特别诉讼程序等4编共800条,是中国历史上第一部独立的民事诉讼法草案。① 虽然这两部草案因清朝的灭亡而未及实施,但对民国时期的司法审判制度产生了重要影响。

民事诉讼与刑事诉讼的区分是实现控审分离的前提。刑事诉讼不仅涉及对被害人利益的侵害,更涉及对国家利益的侵害,所以现代国家一般都将刑事诉讼的控诉权归由国家行使,以实现国家对犯罪的有效打击与控制,维护其统治秩序。而民事诉讼主要涉及私人利益的纷争,属于债的范畴,因其并没有涉及对国家利益的侵害,所以现在国家一般不出面干涉,而将民事诉讼的控诉权授予当事人,由当事人决定是否起诉。在西方国家,刑事诉讼与民事诉讼的区分也主要是国家对犯罪观念的转变,是国家为有效打击犯罪、维护统治秩序的需要。刑事诉讼与民事诉讼相区分,才产生了刑事诉讼里的控审分离制度。所以民事诉讼与刑事诉讼的区分是实现控审分离的前提。

(二)设立检察制度

清政府宣布"预备立宪"以后,军机大臣庆亲王奕劻于1906年要求按照立宪国制,按照立法、行政、司法三权分立的原则,对中央官制进行改革。清政府于同年9月20日颁布上谕,"刑部著改为法部,专任司法","大理寺著改为大理院,专掌审判"②。沈家本作为大理院正卿,向清廷上《审判权限厘定办法折》,要求按照西方国家设置审判的四级三审制度。大理院为最高审判厅,京师和各省设高等审判厅,在省会和各地方设立地方审判厅和初级审判厅。在各级审判厅内,设置相应级别的检察厅,作为监察机关,同时作为向审判机关提起公诉的专职机关。最初置于法部内的总检察厅改设于大理院,作为最高检察机关,实行审检合署,掌管大理寺内民、刑事案件的检察事务,监督各级检察厅,调度司法警察官吏。高等审判厅内的检察厅,掌管纠正同级审判监督下级检察厅的事宜。地方审判厅和初级审判厅内亦附设同级检察厅,负责检察事务。③

在清末变法修律的过程中,制定了大量与检察相关的立法。其中

---

① 何勤华主编:《检察制度史》,中国检察出版社2009年版,第331页。

② 《清末筹备立宪档案史料》(上册),中华书局1979年版,第471—472页。

③ 何勤华主编:《检察制度史》,中国检察出版社2009年版,第331—332页。

涉及控审分离的主要有1906年制定的《大理院审判编制法》,1907年制定的《高等以下各级审判厅试办章程》,1910年颁布的《法院编制法》等。

1906年制定的《大理院审判编制法》对检察制度作了相应规定。其中第2条规定:"大理院在京直辖审判厅局有三:一、京师高等审判厅,二、京师城内外地方审判厅,三、京师分区城谳局。"第12条规定:"凡大理院以下审判厅局均须设有检察官,其检察局附属该衙署之内,检察官于刑事有提起公诉之责,检察官可请求用正当之法律,检察官监视判决后正当施行。"第13条规定:"各检察局亦须置有一定之员数。"第31条规定:"高等审判厅内附设检察局,置检察长一人。"第39条规定:"各地方审判厅、各检察局附设于该厅之内,检察局须置检察长一人。"①根据该法的规定,以京师为限,设立了审判的四级三审制度,各审判厅内附设检察局,并规定检察局负责刑事案件的提起公诉、监督审判和监视判决执行。该法明确确立了检察局的提起公诉职责,实现了控诉与审判的分离。

1907年制定的《高等以下各级审判厅试办章程》全面确立了检察制度。其中第三章为公诉,第46条规定:"凡刑事案件因被害者之告诉、他人之告发、司法警察官之移送或自行发觉者,皆由检察官提起公诉,但必须亲告之事件(如妨害安全信用名誉及秘密罪、奸非罪等)不在此限。"②第四章为各级检察厅通则,第97条规定:"检察官统属于法部大臣,受节制于其长官对于审判厅独立行其职务其职权如下:一、刑事提起公诉,二、收受诉状请求预审及公判,三、指挥司法警察官逮捕犯罪者,四、调查事实搜集证据,五、民事保护公益陈述意见,六、监督审判并纠正其违误,七、监视判决之执行,八、查核审判统计表。"第101条规定:"检察厅就审判厅管辖区域内负检察之责任,但不得干涉审判实务。"③根据该法规定,检察官享有除亲告事件之外的一切公诉权,对于被害者告诉、他人告发、司法警察官移送,或检察官自行发觉的刑事案件,都必须由检察官提起公诉,并享有指挥警察、调查案件、监督审判等职权。但检察厅不得干涉审判厅的审判事务。该法确立了检察官独揽

---

① 闵钐编:《中国检察史资料选编》,中国检察出版社2008年版,第3—4页。

② 闵钐编:《中国检察史资料选编》,中国检察出版社2008年版,第9页。

③ 闵钐编:《中国检察史资料选编》,中国检察出版社2008年版,第10页。

控诉权的制度,实行控诉权与审判权的分离。

1910 年颁布的《法院编制法》是清末全面开始学习继受西方司法制度的标志。该法设第十一章"检察厅"专章,详细规定了检察厅的编制、检察官任用的资格和限制、检察官职权和检察机构规范化等问题。该法第 85 条规定:"各审衙门分别配置检察厅如下:一、初级检察厅,二、地方检察厅,三、高等检察厅,四、总检察厅,地方及高等审判各分厅、大理分院分别设置地方及高等检察分厅、总检察分厅。"第 90 条规定:"检察官之职权如下:一、刑事,遵照刑事诉讼律及其他法令所定实行搜查处分提起公诉实行公诉,并检察判断之执行,二、民事及其他事件,遵照民事诉讼律及其他法令所定为诉讼当事人或公益代表人实行特定事宜。"[①]根据该法的规定,检察厅分四级,其刑事方面的职权包括搜查处分、提起公诉、支持公诉、监督判决执行等,并规定了其民事方面的职权,使检察制度更加完备,进一步确立了我国控诉权与审判权的分离。

清末的法制改革是在列强的侵略下而被迫展开的,是清政府为摆脱不平等条约束缚的一种表现,特别是想取消不平等条约中的治外法权。经过改革,清朝中央官制中的"三法司"——刑部、大理院、都察院,改为法部、法院、检察厅,基本实现了相对独立的近代司法体制。其中检察厅是由都察院演化而来,但都察院仍然保留,其职能主要为"纠察行政缺失、伸理冤滞",开始从法律监督机构向行政监督机构的方向转变。[②]

清末法制改革初步实现了司法权与行政权的分离,以及控诉权与审判权的分离,确立了相对独立的西方近代司法体制,结束了我国古代长期以来司法与行政合一的局面,具有革命性意义。虽然清末的法制改革是在列强的侵略下,清政府为维护其统治而开展,且多停留在法律规定层面,没有彻底实施。但清末的法制改革对我国法律制度的影响,特别是民国时期的法律制度具有重大意义,民国时期的法律制度多数沿袭清末的法律。清末法制改革首次确立了检审分离的体制,实现了控诉权与审判权的分立,对我国今后控审分离的发展具有巨大意义。

---

① 闵钐编:《中国检察史资料选编》,中国检察出版社 2008 年版,第 15—16 页。

② 王桂五主编:《中华人民共和国检察制度研究》,中国检察出版社 2008 年版,第 32 页。

三、中华民国时期的控审分离

中华民国时期基本沿用了清末的法律制度，实行“审检合署”制。但由于这一时期国内战争频繁，政权更迭，控审分离的模式并没有实质性进展，基本停留在清末法制改革的层面。中华民国时期又分为南京临时政府时期、北洋政府时期和南京国民政府时期，在不同时期，其控审分离又有不同特点。

（一）南京临时政府时期的控审分离

从1912年1月至1912年3月，是南京临时政府时期。由于南京临时政府存续时间短暂，并没有来得及制定详细规范的法律，且这一时期国内形势不稳定，地方上多由军阀控制，所以这一时期的控审分离基本停留在清末状态。

辛亥革命推翻了封建专制制度，建立起近代资产阶级性质的国家政权。辛亥革命后建立的南京临时政府实行三权分立的原则，司法体制沿用清末法制改革后的制度。在审判组织上参照《法院编制法》实行四级三审制，并在各级审判厅辖区内设置同级检察厅。但由于南京临时政府存续时间短暂，加上当时国内形势不稳定，有的地方援用清末旧律，有的地方自定新律，司法制度极其混乱。

在司法建制方面，在中央设立中央裁判所，地方上至少设立高等审判检察厅与地方审判检察厅，有条件的地方增设初级审判检察厅，审级基本沿用清末修律中提出的四级三审制度。由于革命派认为“编纂法典，事体重大。非集中外硕学，积多年调查研究，不易告成”。只能“关于皇室之命全章及关于内乱罪之死刑，难碍适用外，余皆由民国政府，声明继续有效，以为临时适用法律”[①]。南京临时政府援引了清末修律的《刑事诉讼法》《民事诉讼法》《法院编制法》，并按照这些法律的有关规定为检察机构设定了相应的权限。所以南京临时政府时期的控审分离状况基本沿用是对清末修律时期的沿用。

（二）北洋政府时期的控审分离

从袁世凯窃取辛亥革命成果，成为临时大总统后，一直到1928年

---

① 《临时政府公报》第47号，参见中国社科院近代史研究所史料编译组编《辛亥革命史料》，中华书局1961年版，第352—353页。

南京国民政府成立,这一时期政权由北洋军阀控制,称为北洋政府时期。

袁世凯上台后即公布了《临时大总统宣告暂行援用前清法律及暂行新刑律令》,仍继续沿用前清的各项法令,只是与民国相抵触的一律无效。北洋政府时期在司法体制上仍然沿用期末法制,实行四级三审制,在各级审判厅内设同级检察厅;并设司法部,专管司法行政。1915年北洋政府修正了《法院编制法》,将司法体制改为三级二审制,删除了初级审判厅和初级检察厅的规定,检察厅仍设于各级审判厅辖区内。同时对检察厅内的称谓作了改动,将总检察厅丞改为总检察长,地方各检察厅的典簿、主簿、录事等改称为书记官长和书记官。[①] 初级检察厅撤废后,各军阀执政时期一直沿用,直至段祺瑞政府时期,才恢复了四级三审制度,但没有恢复四级检察制度,在最低一级的审判机构内只设置检察官。

由于民国成立时间短促,各省的审判检察体制尚未完全确立。各省仅设立了高等审判厅、检察厅,而地方审判厅、检察厅的设立不尽同步。1914 年袁世凯召开"政治会议",于 4 月 5 日发布了第 46 号令,公布了《县知事审理诉讼暂行章程》,规定全部撤废初级检察厅,裁撤 2/3 的地方审判厅,民刑事案件由县知事兼理,或由暂设的审判处管辖。1914 年公布的《惩治盗匪法》第 5 条规定:"兼理司法事务之县知事审判案件,附具全案,分别报告京兆尹及京师高等检察厅检察长,转报司法部合办。"[②]这些规定使得在县知事兼理审判的情况下,地方的行政、审判、控诉大权又合二为一,回到了封建时代司法与行政不分,控诉与审判不分的老路上来,是对控审分离制度构建的极大倒退。

北洋政府时期还颁布了一些法令。1912 年 10 月颁布的《刑事案件须照检察制度各节办理通令》,强调除自诉案件外,其余刑事案件一概由检察官提起公诉。1914 年颁布的《民事审判中发现刑事犯应通知检察厅饬》,要求在民事审判中发现刑事案件时,应当通知同级检察厅,并移送处理。[③] 所以北洋政府时期的检察官仍享有刑事案件的控诉权。此外,检察机关对于司法警察移送的案件和检察官自行侦查终结的案

---

① 谢振民编著:《中华民国立法史》,张知本校订,正中书局 1937 年版,第 1216 页。

② 何勤华主编:《检察制度史》,中国检察出版社 2009 年版,第 345—347 页。

③ 何勤华主编:《检察制度史》,中国检察出版社 2009 年版,第 345 页。

件也享有提起诉讼的权利。同时为了弥补清末法律规定的不足,还规定对审判中发现的新罪行,由参加审判的检察官口头起诉,效力等同于起诉书的效力,只是事后须补充起诉书,或在审判笔录中记明。①

1914 年袁世凯政府公布的《地方审判厅刑事简易庭暂行规则》第 3 条规定:"事件应否属于简易案件由地方检察厅检察长认定之。"同年公布的《审检厅处理简易案件暂行细则》第 1 条规定:"凡收受案件时应归简易庭办理者,由总务主任表明案件要旨,送检察长认定后交配置简易庭之检察官即时起诉。检察官收受案件行侦查处分未逾二日发见案件合于简易条件者得依前项程序行之。"②根据这些法令的规定,检察官享有对刑事简易案件起诉审判的认定权、速诉权和定案权。这一规定其目的是快速打击日益增多的轻微犯罪,取消对适用简易程序的预审程序,但也在某种程度上削弱了对刑事被告人的法律保护,对被告人不利。

1920 年段祺瑞政府时期公布的《处理命令暂行条例》第 1 条规定:"地方审判厅简易厅,对于五等有期徒刑、拘役或罚金案件,得因检察官之声请,不经审判,径以命令处刑。"③这实际上赋予了检察官部分的审判权,使检察官对于五等有期徒刑、拘役或罚金的案件,集控诉权与审判权于一身,重新恢复了控审合一的状态,是控审分离制度的倒退。

此外,这一时期还扩大了自诉案件的范围:妨害个人、集团的安全、信用、名誉的犯罪;泄露机密罪;强奸罪则必须由被害人提出自诉,否则不予追究。④ 自诉案件范围的扩大,削弱了国家公诉权的范围,不利于有效打击与控制犯罪,容易造成对犯罪行为的放纵。

由以上法令规定可以看出,北洋政府时期的控审分离制度基本沿用了清末时期的制度。但由于这一时期政局不稳、连年混战,而且地方上的检察机构设置不健全,出于打击犯罪的需要,北洋政府时期的法律制度里面出现了控审合一甚至司法权与行政权合一的规定,如检察官享有部分案件的审判权、县知事兼理司法等现象,这些都是控审分离制

---

① 民国政府司法院参事处编纂:《增订国民政府司法例规》(上),京华印书馆 1931 年版,第 373 页。

② 闵钐编:《中国检察史资料选编》,中国检察出版社 2008 年版,第 34 页。

③ 何勤华主编:《检察制度史》,中国检察出版社 2009 年版,第 348 页。

④ 何勤华主编:《检察制度史》,中国检察出版社 2009 年版,第 348 页。

度建设的倒退。

(三)南京国民政府时期的控审分离

1927年4月18日,蒋介石在南京建立了代表大地主、大资产阶级利益的政权,称为“南京国民政府”。

南京国民政府时期,以蒋介石为代表的国民政府,实行“五权分立”的“五权制”政体,设立法院、行政院、司法院、考试院和监察院。1927年的《最高法院组织暂行条例》,规定法院仍实行四级三审制,将大理院改称为最高法院,设在国民政府所在地;各级审判厅改称为法院,设置于相应的各级行政区域;取消了各级检察厅的设置,采用“配置制”,在各级法院内设置检察官执行检察事务,结束了北洋政府时期的“审检分立制”。1927年12月,国民政府最高法院颁布了《最高法院办事章程》,明确了审判与检察分别独立行使职权,规定了五项检察官处务制度,确认了五类属于检察机关管辖的案件。[①] 根据这两部法律的规定,虽然国民政府取消了检察厅的设置,采用配置制,但仍规定了审判与检察分别独立行使职权,所以这一时期的控诉权与审判权仍然是分离的。

国民政府时期的控审分离制度还主要体现在以下几部法律文件中。

1928年7月28日公布,9月1日实施的《刑事诉讼法》(又称“旧刑事诉讼法”)第3条规定:“本法称当事人者,谓检察官自诉人及被告人。”第244条规定:“检察官认为案件有下列情形之一者应不起诉:一、起诉权已消灭者;二、犯罪嫌疑不足者;三、行为不成犯罪者;四、法律应免除其刑者;五、对于被告无审判权者。”第245条规定:“检察官认为案件具有下列情形者得不起诉:一、属于初级法院管辖者;二、情节轻微以不起诉为有实益者;三、被害人不希望处罚者。”第253条规定:“检察官依侦查所得之证据足认被告有犯罪嫌疑者应向该管法院起诉;被告所在不明者亦同。”[②]通过以上条文可以看出,南京国民政府时期在诉讼过程中实行“国家追诉主义”,由检察官代表国家行使刑事原告职权,实行控审分离。只有检察官、自诉人和被告人是刑事诉讼的当事人。检察官依据侦查所得的证据,认为足够可以证明被告有犯罪嫌疑时,应当向

① 何勤华主编:《检察制度史》,中国检察出版社2009年版,第353页。

② 闵钐编:《中国检察史资料选编》,中国检察出版社2008年版,第97—106页。

该案件的管辖法院起诉。并赋予检察官应不起诉权和得不起诉权。检察官享有控诉权，法官享有审判权，控诉权与审判权分别由不同国家机关行使，实行控审分离。

1932 年公布的《法院组织法》第 26 条规定："最高法院设检察署，置检察官若干人，以一人为检察长，其他法院及分院各置检察官若干人，以一人为首席检察官，其检察官名额仅有一人时不置首席检察官。"第 28 条规定："检察官之职权如下：一、实施侦察，提起公诉，实行公诉，协助自诉，担当自诉及指挥刑事裁判之执行；二、其他法令所定职务之执行。"[①]根据以上条文的规定，最高法院内设置检察署置，配置几位检察官，并以其中一人为检察长。在其他法院及分院中，则设置几名检察官，并以其中一人为首席检察官。当检察官的人数只有一人时，则不设置首席检察官。这就确立了在最高法院内置检察署，其他法院内仅配置检察官的原则，是一种合署置和配置制的混合体。该法规定检察官享有提起公诉和实行公诉的职权，将国家的控诉权赋予检察官，实行检察官独揽控诉权的制度，以实现控审分离。

1935 年制定的《刑事诉讼法》（又称"新刑事诉讼法"）第 3 条规定："本法称当事人者，谓检察官、自诉人及被告。"第 230 条规定："检察官依侦查所得之证据足认被告有犯罪嫌疑者，应提起公诉。被告之所在不明者，亦应提起公诉。"第 232 条规定："检察官于刑法第六一条所列各罪之案件，参酌刑法第五七条所列事项，认为以不起诉为适当者，得为不起诉之处分。"第 243 条规定："提起公诉应由检察官向管辖法院提出起诉书为之。"第 248 条规定："检察官于第一审辩论终结前，发现有应不起诉或以不起诉为适当之情形者，得撤回起诉。撤回起诉，应提出撤回书叙述理由。"[②]可见，1935 年制定的新《刑事诉讼法》是对 1928 年旧《刑事诉讼法》的继承与完善，仍实行国家追诉主义，并赋予检察官以国家控诉权。控诉权与审判权分别由检察官和法官行使，实现了控诉权与审判权的分离。

但南京国民政府期间，在控审分离方面仍有一些倒退。1935 年 5 月，国民政府中央军事委员会先后公布实行《各省高级军事机关代核军

---

① 闵钐编：《中国检察史资料选编》，中国检察出版社 2008 年版，第 136—137 页。

② 闵钐编：《中国检察史资料选编》，中国检察出版社 2008 年版，第 142—154 页。

法案件暂行办法》和《县长及地方行政长官兼理军法暂行办法》，这两部暂行办法赋予了县长及地方行政长官审判部分刑事案件的权力。这部分的刑事案件包括：比较轻微的军人犯罪；违反禁烟法令，处有期徒刑三年以下者；违反其他法令，处十年以下有期徒刑者。[①] 县长及地方长官兼理司法，实际上拥有地方刑事案件的处理权，使得部分案件的行政权与司法权不分，使司法独立极大后退。此外，南京国民政府在各省建立反省院，以迫害共产党人及进步人士，并于1929年制定了《反省院条例》。该条例规定，"反革命"案的被告人送入反省院者，"由检察官经行处分"[②]。这就赋予了检察官对部分案件的审判权，使得这些案件的控诉权与审判权合一，是控审分离制度的极大倒退。

纵观民国时期的法律制度，虽然不同阶段的审级制度不同，但均设立了检察机构，行使控诉权，并指挥侦查，协助自诉，指挥刑事裁判的执行。检察机构虽然均附设于法院，但控诉权与审判权总体上仍是分离的，这不同于我国古代地方行政官员既负责纠举犯罪，又负责审判的控审合一的体制。民国时期的控审分离的体制基本是对清末法制改革成果的沿袭，没有实质性改变。这与这一时期战争混乱、政局不稳有着密切的联系。民国时期虽然实行控审分离，但其特点是"审检合署"，检察厅附设于法院。从总体上来看，民国时期的控诉权与审判权是分离的。但不同时期，对于部分案件，却又实行控审合一。

四、新民主主义时期的控审分离

1927年中国共产党领导的新民主主义革命拉开了武装反抗国民党反动派的序幕。在新民主主义革命时期，中国共产党在打击敌人、巩固革命政权的同时，建立起了自己的法律制度，为新中国成立后的法律制度奠定了基础。在这一时期，中国共产党在刑事诉讼程序中，也初步建立起了控审分离的制度。根据不同历史阶段不同的革命性质和革命任务，可以将新民主主义时期的控审分离划分为三个阶段：第一阶段，工农民主政权时期的控审分离（1927—1937年）；第二阶段，抗日民主政权时期的控审分离（1937—1945年）；第三阶段，解放区人民民主政权

---

① 何勤华主编：《检察制度史》，中国检察出版社2009年版，第358—359页。

② 何勤华主编：《检察制度史》，中国检察出版社2009年版，第359页。

时期的控审分离(1945—1949年)。

(一)工农民主政权时期的控审分离

南昌起义、广州起义和秋收起义爆发后,中国共产党在井冈山地区逐步建立起了红色根据地,成立了工农革命政权。由于革命政权刚刚建立,各项制度还不够成熟,检察机构也处于刚刚建立阶段,所以这一时期的控审分离也具有初创和不成熟的特点。

1932年6月9日,中华苏维埃共和国中央执行委员会颁布的《裁判部暂行组织及裁判条例》建立了裁判部,作为临时司法机关,并第一次将检察制度确定下来。该条例第5章为检察员的工作和任务,其中第33条规定:"省裁判部得设正副检察员各一人,县裁判部则设检察员一人,区裁判部则不设立检察员。"第34条规定:"检察员是管理案件的预审事宜,凡送到裁判部的案件,除简单明了,无须经过预审的案件之外,一切案件,必须经过检察员去预审过,并且凡是一切违法行为,检察员有监督之权。"第35条规定:"经过预审手续之后,检察员认为有犯法的事实和证据,作出结论后,再转交法庭去审判。"第39条规定:"检察员是代表国家的原告人,开庭审案时,可以代表国家出庭告发。"①这初步确立了我国检察制度的雏形,赋予了检察员以国家公诉权,初步实现了控审分离。

1934年2月17日公布的《中华苏维埃共和国中央苏维埃组织法》第39条规定:"最高法院设检查长一人,副检查长一人,检查员若干人,检查长副检查长由中央执行委员会主席团委任之。"②该条确立了我国的检察制度实行审检合署制。检察机关设于同级审判机关内部,受审判机关领导,不构成独立的组织体系。在中华苏维埃共和国的政权机构中,中央工农检察人民委员部(后改为中央工农检察委员会)和国家政治保卫局检察科承担部分检察职能,与军事检察所和最高法院、各级裁判部内设的检察机构共同组成了苏区的检察机构体系。③

这一时期检察机关的主要任务是负责管理案件的预审、提起公诉和出庭支持公诉,初步实现了控诉权与审判权的分离。但由于当时战争年代的特殊环境,新政权建立时间短暂,司法制度不健全,导致了司

---

① 闵钐编:《中国检察史资料选编》,中国检察出版社2008年版,第215—216页。

② 闵钐编:《中国检察史资料选编》,中国检察出版社2008年版,第217页。

③ 何勤华主编:《检察制度史》,中国检察出版社2009年版,第371页。

法机构行政化倾向十分严重,审判案件实行“政审合一”的制度。司法机关成为各级政府的组成部分,各级党政领导都有权处理案件。当时并没有建立起统一的检察系统,检察权由不同机关来行使。司法人员对案件的处理不具有独立的审判权和检察权,使得司法不独立,控诉权与审判权并没有严格的分离。而且当时的注意力主要集中在打击危害革命的反革命分子,对其他刑事案件不是很重视。

(二)抗日民主政权时期的控审分离

1937年“七七事变”以后,为了同国民党建立统一的抗日民族统一战线,按照国共两党联合抗日的协定,1937年9月将中华苏维埃共和国临时中央政府西北办事处改组为陕甘宁边区政府。在各根据地里建立了边区政府、行政公署、专员公署、县政府、乡政府各级抗日民主政权。虽然按照国共两党联合抗日的协定,各边区政权的司法审判及检察制度名义上必须服从和遵照中央政权的法统,但各根据地的法律并没有屈服于旧法统或成为旧法统的有机组成部分。各根据地分别设立了各种形式的检察机构,在一定程度上仍实行控审分离的制度。

1939年4月4日公布的《陕甘宁边区高等法院组织条例》第12条规定:“高等法院检察处,设检察长及检察员,独立行使其检察职权。”第13条规定:“检察长之职权如下:一、执行检察任务;二、指挥并监督检察员之工作;三、处理检察员之一切事务;四、分配并督促检察案件之进行;五、决定案件之裁定或公诉。”第14条规定:“检察员之职权如下:一、关于案件之侦查;二、关于案件之裁定;三、关于证据之搜集;四、提起公诉,撰拟公诉书;五、协助担当自诉;六、为诉讼当事人,或公益代表人;七、监督判决之执行;八、在执行职务时,如有必要,得咨询当地军警帮助。”①从以上规定可以看出,陕甘宁边区法院内设置检察处,各县司法处设置检察员,检察长及检察员享有提起公诉的职权,实现了控审分离。但该条例仍规定了检察长和检察员享有案件裁定的职权,在一定程度上实行控审合一的制度。这是出于战时特殊情况的考虑。到1942年1月,由于精兵简政,边区政府裁撤了边区的检察处和各县的检察员,普通刑事案件由司法机关代行检察职权,而汉奸、间谍、盗匪等类型的案件则由公安机关行使公诉权。这一政策虽然不利于控审分离,但

① 闵钐编:《中国检察史资料选编》,中国检察出版社2008年版,第232页。

在当时战时情况下也是不得已之举。

1941 年 10 月 15 日公布实施的《晋冀鲁豫边区高等法院组织条例》第 14 条规定:“本院检察处设检察长一人及检察官若干人,由院长呈请边区政府任命之,独立行使其检察职权。”第 15 条规定:“检察长之职权如下:一、执行检察任务。二、指挥并监督检察员之工作。三、处理检察员一切事务。四、分配并监督检察案件之执行。五、决定案件之裁定或公诉。六、制定检察员莅庭陈述对于案件处理之意见。七、对高等法院判决如有不同意见,有权向边区政府提出控告,边区政府接受其控告可组织特别法庭或交还高等法院复审。”第 16 条规定:“检察员之职权如下:一、关于案件之侦查。二、关于案件之裁定。三、关于证据之收集。四、提起公诉,撰拟公诉书。五、协助或担当自诉。六、为诉讼当事人或公益代理人。七、监督判决之执行。八、在执行职务时,如有必要得请当地驻军或公安队协助。”①通过以上规定可以看出,在晋冀鲁豫边区,检察机关附设于法院,检察官享有提起公诉的职权,在一定程度上实行控审分离。但法律仍赋予了检察官对案件的裁定权,出现了控审合一的情况。

1943 年 2 月 4 日晋察冀边区行政委员会公布的《晋察冀边区法院组织条例》第 17 条规定:“各级法院各设首席检察官一人,检察官若干人,并得以各该管辖地区之地方行政长官兼任首席检察官。县司法处设检察官一人,由县长兼理之。”第 18 条规定:“检察官之职权如左:一、实施侦察、提起公诉、协助自诉、实行公诉、担当自诉及指挥刑事裁判之执行。二、其他法令所定职务之执行。”②所以晋察冀边区也是在法院内或县司法处设置检察官,但地方行政长官兼任首席检察官,县长兼任检察官。检察官享有提起公诉和实行公诉的职权。虽然地方行政长官兼任首席检察官,县长兼任检察官,出现了行政权干涉司法权的状况,但这在一定程度上仍然是控审分离。

(三)解放区人民民主政权时期的控审分离

抗日战争结束后,全国进入了解放战争时期,又称为第三次国内革命战争时期。陕甘宁边区于 1946 年第三届司法会议上决定恢复检察

---

① 闵钐编:《中国检察史资料选编》,中国检察出版社 2008 年版,第 247 页。

② 闵钐编:《中国检察史资料选编》,中国检察出版社 2008 年版,第 239—240 页。

机关,重新成立了陕甘宁边区高等检察处,在分区设立分处,县设检察员。检察机关的恢复建制,有利于控审分离制度的构建。

1946年公布的《陕甘宁边区暂行检察条例》是新中国成立之前第一部关于检察机关职权、组织、办案程序等方面内容的单行法规。该条例第1条规定:“检察职权如左列:1. 关于刑事法规内之事项。2. 关于宪法内所定人民权利义务,经济财政及选举等之违反事项。3. 关于行政法规内所定之惩罚事项。4. 关于一般民事案件内之有关公益事项,如土地租佃,公营事业,婚姻等。5. 实施侦察。6. 提起公诉,或提付行政处分。7. 协助自诉。8. 担当自诉。9. 指挥刑事判决之执行。10. 其他法令所定职务之执行。上列各款职务之执行,各检察员应互相协助。”第2条规定:“高等法院配置高等检察处,设检察长一人,检察员若干人,书记员若干人,视事之繁简定之。”第4条规定:“地方法院设检察员、书记员各若干人,视事之繁简定之。检察员如系二人以上者,由高等检察长遴选其中干练者一人为首席检察员。”第5条规定:“县司法处设检察员、书记员各一人。”①通过以上规定可以看出,1946年以后,免去了检察员对案件的裁定权,避免控审合一的现象。检察机构主要设在法院内和县司法处内,属于配置制。陕甘宁边区的高等法院检察处被改为陕甘宁边区高等检察处,控审分离的检察体制被确定下来。

1947年6月关东行署颁布了《关东各级司法机关暂行组织条例草案》,其中规定关东各级检察官的职权主要有实施侦察、提起公诉、实行上诉、协助自诉等,确立了控诉与审判分离的制度。而华北人民政府确立的检察制度则与东北的检察制度不同。华北人民政府一方面在各部门组织规程中对人民法院的检察事项进行强调;另一方面又规定各县市公安机关行使检察职权,即由公安机关取代检察机关侦查案件,决定是否起诉,并担当公诉人。② 由公安机关行使控诉权,虽然不利于对犯罪嫌疑人权利的保护,但仍属于控诉权与审判权的分离,只不过是控诉权行使的机关不同而已。由公安机关行使控诉权也是由当时的战时环境决定的。

---

① 闵钐编:《中国检察史资料选编》,中国检察出版社2008年版,第236—237页。

② 何勤华主编:《检察制度史》,中国检察出版社2009年版,第379页。

五、新中国成立后的控审分离

新中国成立后,我国控审分离才有了进一步的发展。新中国的检察制度是在吸收新民主主义革命时期检察制度优良传统,发扬古代御史制度的精华,并吸收借鉴苏联社会主义检察制度建设经验基础上,结合中国实际建立起来的。我国的检察制度体现了人民民主专政理论和列宁关于社会主义检察制度的思想,是符合我国国情的制度构建。我国的检察制度自新中国成立以来,经历了 60 多年的发展完善,已基本实现了控审分离。在这 60 多年的发展过程中,我国控审分离经历了确立、反复与重构的历程。

(一)控审分离的确立与完善

1949 年新中国成立至 1957 年上半年反右派斗争之前,我国检察制度建设得到了创建与发展,控审分离也得到了确立与完善。

1949 年 9 月 21 日中国人民政治协商会议第一届全体会议召开,会议通过了《中国人民政治协商会议共同纲领》(以下简称《共同纲领》)和《中华人民共和国中央人民政府组织法》(以下简称《中央人民政府组织法》)。起临时宪法作用的《共同纲领》第 17 条规定:“废除国民党反动政府一切压迫人民的法律、法令和司法制度,制定保护人民的法律、法令,建立人民司法制度。”《中央人民政府组织法》则对人民司法制度作了具体规定。其中第 5 条规定:“中央人民政府委员会组织政务院,以为国家政务的最高执行机关;组织人民革命委员会,以为国家军事的最高统辖机关;组织最高人民法院及最高人民检察署,以为国家的最高审判机关及检察机关。”第 28 条规定:“最高人民检察署对政府机关、公务人员和全国国民之严格遵守法律,负最高的检察责任。”第 29 条规定:“最高人民检察署设检察长一人,副检察长若干人,委员若干人。”[①]这一规定表明:(1)我国检察机关是保障国家法律得以严格遵守的法律监督机关;(2)我国的检察机关是一个独立于行政机关和审判机关之外的国家机关,在设置上改变了新民主主义革命时期根据地和解放区检察机关一般设在审判机关内部的审检合署的体制,从而确立了

---

① 闵钐编:《中国检察史资料选编》,中国检察出版社 2008 年版,第 385 页。

检察机关在中华人民共和国国家体系中的十分重要的地位。[①] 1949年10月22日最高人民检察署举行了第一次检察委员会议,宣布最高人民检察署成立。检察机关的设立标志着我国控审分离的确立。我国的检察机关独立设置,而不采取审检合署的体制,这就使得检察机关的地位大大提高,其与审判机关处于同等地位,使其控诉权更能得到有效行使,所以与民国时期的控审分离相比,新中国的控审分离更加彻底,是对控审分离的改革与发展。

1949年11月2日,最高人民检察署举行了第二次检察委员会议,会议议定了《中央人民政府最高人民检察署试行组织条例草案》(以下简称《试行组织条例》),草案于12月20日由中央人民政府毛泽东主席批准试行颁布。其中第2条规定:"中央人民政府最高人民检察署依中央人民政府组织法第五条及第二十八条之规定,为全国人民最高检察机关,对政府机关、公务人员和全国国民之严格遵守法律,负最高的检察责任。全国各级检察署均独立行使职权,不受地方机关干涉,只服从最高人民检察署之指挥。"第3条规定:"最高人民检察署受中央人民政府委员会之直辖,直接行使并领导下级检察署行使下列职权:一、检察全国各级政府机关及公务人员和全国国民是否严格遵守人民政协共同纲领及人民政府的政策方针与法律、法令。二、对各级司法机关之违法判决提起抗议。三、对刑事案件实行侦查,提起公诉。四、检察全国司法与公安机关犯人改造所及监所之违法措施。五、对于全国社会与劳动人民利益有关之民事案件及一切行政诉讼,均得代表国家公益参与之。六、处理人民不服下级检察署不起诉处分之声请复议案件。前项各款之职权,在下级检察署尚未设立的地区,得暂委托各该地公安机关执行,但其执行须直接受最高人民检察署的领导。"[②]该草案确立了我国检察制度的基本内容,规定最高人民检察署直接行使并领导下级人民检察署行使公诉权,不受地方机关干涉,这就确立了我国控审分离的制度,控诉权由检察机关行使。虽然规定在下级检察署尚未设立的地区,得暂委托各该地公安机关执行各项检察职权,但其执行必须直接受最高人民检察署的领导,其实质仍是控审分离,只不过此时的控诉权由公

---

① 王桂五主编:《中华人民共和国检察制度研究》,中国检察出版社2008年版,第41页。
② 闵钐编:《中国检察史资料选编》,中国检察出版社2008年版,第389—390页。

安机关暂行之。该组织条例是新中国第一部有关检察制度的单行法规，确立了我国检察制度的基本内容，确立了控诉权与审判权相分立的体制。

1950年2月21日中央人民政府毛泽东主席批准了《最高人民检察署1950年工作计划纲要》，明确了其首要工作是建立各级检察机构，采取重点建设、积累经验、创造条件、逐步发展的组织建设方针。同年8月毛泽东主席批准了最高人民检察署制定的《各级检察署工作人员任免暂行条例》，开始建立起检察机关的人士任免制度。同年9月4日中共中央向全党发出的《关于建设检察机构问题的指示》强调指出：各级党委要负责在本年内将各大行政区、各省、市检察署全部建立和充实起来，某些专区、某些大县选择重点建立，并于1951年普遍建立各县检察署。

1951年9月3日中央人民政府委员会第十二次会议审议通过了《中央人民政府最高人民检察署暂行组织条例》和《各级地方人民检察署组织通则》。《中央人民政府最高人民检察署暂行组织条例》第2条规定："中央人民政府最高人民检察署，为全国人民最高检察机关，对政府机关、公务人员和全国国民之严格遵守法律，负最高的检察责任。"第3条规定："最高人民检察署受中央人民政府委员会之直辖，直接行使并领导下级检察署行使下列职权：（一）检察全国各级政府机关、公务人员和全国国民是否严格遵守中国人民政治协商会议共同纲领、人民政府的政策方针和法律法令；（二）对反革命及其他刑事案件，实行检察，提起公诉；（三）对各级审判机关之违法或不当裁判，提起抗诉；（四）检察全国监所及犯人劳动改造机构之违法措施；（五）处理人民不服下级检察署不起诉处分之声请复议案件；（六）代表国家公益参与有关全国社会和劳动人民利益之重要民事案件及行政诉讼。前项二、三两款之职权，在下级检察署尚未设立的地区，得暂委托各该地公安机关执行，但其执行检察业务时须受上级检察署的指导。"《各级地方人民检察署组织通则》第2条规定："各级地方人民检察署之职权如下：（一）检察各级政府机关、公务人员和国民是否严格遵守中国人民政治协商会议共同纲领、人民政府的政策方针和法律法令。（二）对反革命及其他刑事案件，实行检察，提起公诉。（三）对各级审判机关之违法或不当裁判提起抗诉。（四）检察全国监所及犯人劳动改造机构之违法措施。

(五)处理人民不服下级检察署不起诉处分之声请复议案件。(六)代表国家公益参与有关全国社会和劳动人民利益之重要民事案件及行政诉讼。"①这两部法律进一步确立了检察机关行使公诉权原则,进一步确立了控审分离的制度。在下级检察署尚未设立的地区,由公安机关行使控诉权,但须受上级检察署的指导,其实质仍是控审分离。此外,根据这两个法律文件的规定,在全国设置五级检察机关,将领导体制由垂直领导制改为双重领导制。到1953年年底,在五大行政区均设立了最高人民检察署分署;30个省级人民检察署全部建立;专区和省辖市人民检察署建立了196个,占应建数的69%;县(市、区)人民检察署建立了643个,占应建数的29%;全国共有检察干部5000余人。② 我国检察机构已初具规模,标志着我国地方上已基本实现控诉权与审判权的分立。

我国控诉权与审判权分立的进一步实现是1954年《宪法》的颁布。1954年9月15日第一届全国人民代表大会第一次会议通过了第一部《中华人民共和国宪法》。该《宪法》第2章第6节对人民检察院的设置、职权、领导关系和活动原则等做了原则规定。其中第81条规定:"中华人民共和国最高人民检察院对于国务院所属各部门、地方各级国家机关、国家机关工作人员和公民是否遵守法律,行使检察权。地方各级人民检察院和专门人民检察院,依照法律规定的范围行使检察权。地方各级人民检察院和专门人民检察院在上级人民检察院的领导下,并且一律在最高人民检察院的统一领导下,进行工作。"第83条规定:"地方各级人民检察院独立行使职权,不受地方国家机关的干涉。"③该法以国家根本法的形式确立了人民检察院独立行使职权原则,确立了我国的检察制度,标志着我国的控审分离得到了国家根本法的确认,具有标志性意义。

1954年9月21日会议又通过了第一部《中华人民共和国人民检察院组织法》(以下简称《检察院组织法》),系统规定了人民检察院的设置、职权,行使职权的程序、组织与活动原则,检察人员的任免等检察制度的基本内容。其中第1条规定:"中华人民共和国设立最高人民检察院、地方各级人民检察院和专门人民检察院。地方各级人民检察院分

① 闵钐编:《中国检察史资料选编》,中国检察出版社2008年版,第391—393页。

② 王桂五主编:《中华人民共和国检察制度研究》,中国检察出版社2008年版,第43页。

③ 闵钐编:《中国检察史资料选编》,中国检察出版社2008年版,第387页。

为省、自治区、直辖市、自治州、县、市、自治县人民检察院。省、自治区、直辖市人民检察院按照需要可以设立分院。直辖市和设区的市人民检察院按照需要可以设立市辖区人民检察院。专门人民检察院的组织由全国人民代表大会常务委员会另行规定。”第3条规定：“最高人民检察院对于国务院所属各部门、地方各级国家机关、国家机关工作人员和公民是否遵守法律，行使检察权。”第4条规定：“地方各级人民检察院，依照本法第二章规定的程序行使下列职权：(一)对于地方国家机关的决议、命令和措施是否合法，国家机关工作人员和公民是否遵守法律，实行监督；(二)对于刑事案件进行侦查，提起公诉，支持公诉；(三)对于侦查机关的侦查活动是否合法，实行监督；(四)对于人民法院的审判活动是否合法，实行监督；(五)对于刑事案件判决的执行和劳动改造机关的活动是否合法，实行监督；(六)对于有关国家和人民利益的重要民事案件有权提起公诉或者参加诉讼。”①该法以部门法的形式进一步确立了检察院行使控诉权的原则，进一步实现控审分离。

1954年《宪法》与《检察院组织法》这两部法改变了检察机关的称谓，将人民检察署改为人民检察院；调整了检察机构的设置；重新确立了垂直领导体制；在内部领导制度上实行检察长领导检察委员会；适当调整了检察机关的职权。这两部法律的颁布，确立了全国人民代表大会及其常委会之下的国务院、最高人民法院、最高人民检察院的“三院”体制，使检察院的地位与法院平行，以有效地行使控诉权，实现对审判权的制约。至此我国的控审分离从国家根本法上得到了确认。

据资料显示，到1955年年底，全国各级检察机关已经基本上普遍建立起来；1956年上半年，各级铁路、军事等专门人民检察院也基本建立。各级检察机关的组织和业务已经基本上建立起来，已经能够基本上担负起国家赋予它的职责了。② 检察机关的普遍建立与检察业务的成熟，标志着作为行使国家控诉权的专门机关已经建立。国家的控诉职能由检察院行使，审判职能由法院行使，检察院的设置与法院彻底分离且地位与法院平行，意味着我国的控诉权与审判权已经实现分立，并且控诉权已经成为审判权的有效制约。

---

① 闵钐编：《中国检察史资料选编》，中国检察出版社2008年版，第401—402页。

② 王桂五主编：《中华人民共和国检察制度研究》，中国检察出版社2008年版，第47页。

(二)控审分离的曲折与反复

1957年下半年反右派斗争开始至1978年第五届全国人民代表大会第一次会议召开之前,我国检察制度建设经历了波折与中断,控审分离也经历了曲折与反复。

1957年下半年开始,在全国范围内开展了一场被严重扩大化的反右派斗争,"左"的思想膨胀,表现在法制上则是轻视法律和法律虚无主义严重泛滥。我国的检察机关则首当其冲,检察建设受到严重挫折。一些敢于坚持真理的检察干部则被扣上"右派"的帽子,予以打击。1958年开始的"大跃进"运动和人民公社化运动,使"左"的错误更加泛滥。在当时的政法工作中,提倡公检法三机关联合办案,实行"一长代三长""一员代三员"的错误做法,使检察机关名存实亡。1958年6月最高人民检察院召开的第四次全国检察工作会议进行"务虚",并给检察机关妄加了四个方面的"罪名"。会议还肯定了打破程序制度、实行联合办案的错误做法。1960年2月10日最高人民检察院召开的第五次全国检察工作会议,继续推行"左"的错误。由于受"左"的错误的影响,当时对检察机关刮起了一股"取消风",检察机关面临着有无存在必要的问题。后来最高人民检察院向党中央反映了广大检察干部的意见,才刹住了"取消风"。① 在这种社会背景下,检察机关的业务活动受到了严重影响,三机关联合办案,严重影响了控审分离的制度发展,使控诉权不能对审判权进行有效的制约,检察制度建设遇到了波折,控审分离也出现了曲折。

然而,我国控审分离的曲折历程还远没有停止。1966年5月开始的"文化大革命"使我国检察制度的发展被中断,控审分离也出现了反复。最高人民检察院受到冲击,并迅速蔓延到全国各级检察机关。1967年全国掀起了针对公检法机关的浪潮。到1968年上半年,全国公检法机关都受到重创,组织上严重瘫痪,检察工作被迫停止。1968年12月,最高人民检察院军代表、最高人民法院军代表、内务部军代表和公安部领导小组联合提出《关于撤销高检院、内务部、内务办三个单位,公安部、高法院留下少数人的请示报告》,提出要撤销检察院。随后最

---

① 王桂五主编:《中华人民共和国检察制度研究》,中国检察出版社2008年版,第48—51页。

高人民检察院、军事检察院和地方各级人民检察院先后被撤销，检察制度中断。[①] 1975 年 1 月第四届全国人民代表大会第一次会议修正通过的第二部《宪法》第 25 条规定："检察机关的职权由各级公安机关行使。"检察机关从国家根本法上被撤销。

检察机关是行使国家公诉权的专门机关，检察机关被取消，必定影响国家公诉权的行使，控审分离也受到极大重创。这一时期开展的公、检、法三机关联合办案，实质上是将侦查权、起诉权与审判权合一，这三种权力合一必定带来国家公权力的膨胀，司法权缺少了内部的监督与制约，导致了大批冤假错案的发生。后来将检察机关的职权划归公安机关，虽然从程序上仍然是控审分离，但由公安机关行使控诉权，其效果必定大大减损。况且这一时期的公安机关和法院也受到重创，其司法权的行使多由会议决定，案件开个会便可以解决，这又造成了行政权凌驾于司法权之上，司法中立性无从言起。这一时期我国的控审分离经历了曲折反复的发展历程。

（三）控审分离的重构与成熟

1978 年第五届全国人民代表大会第一次会议召开至今，我国检察制度建设实现了重建与发展，控审分离也实现了重构与成熟。

1978 年 3 月 5 日，第五届全国人民代表大会第一次会议通过了第三部《中华人民共和国宪法》。叶剑英委员长在关于修改宪法的报告中指出："鉴于同各种违法乱纪行为作斗争的极大重要性，宪法修改草案规定设置人民检察院。国家的各级检察机关按照宪法和法律规定的范围，对于国家机关、国家机关工作人员和公民是否遵守宪法和法律，行使检察权。"[②]经过"文化大革命"，饱受法制破坏、公民权利被任意侵害的中国人民，已经深深认识到恢复法治建设，恢复检察机关，开展同违法乱纪行为作斗争的重要性。所以 1978 年《宪法》第 2 章第 5 节为"人民法院和人民检察院"，恢复了对人民检察院的建制，并将其置于与法院同等的地位。该部《宪法》第 43 条规定："最高人民检察院对于国务院所属各部门、地方各级国家机关、国家机关工作人员和公民是否遵守宪法和法律，行使检察权。地方各级人民检察院和专门人民检察院，依

① 王桂五主编：《中华人民共和国检察制度研究》，中国检察出版社 2008 年版，第 51—52 页。

② 王桂五主编：《中华人民共和国检察制度研究》，中国检察出版社 2008 年版，第 53 页。

照法律规定的范围行使检察权。人民检察院的组织由法律规定。最高人民检察院监督地方各级人民检察院和专门人民检察院的检察工作,上级人民检察院监督下级人民检察院的检察工作。最高人民检察院对全国人民代表大会和全国人民代表大会常务委员会负责并报告工作。地方各级人民检察院对本级人民代表大会负责并报告工作。”该法恢复了人民检察院的建制,赋予检察院以检察权,并确立了人民检察院的双重领导体制。这标志着我国检察制度开始恢复和重建,我国控审分离也开始重新构建。

1979 年 7 月 1 日,第五届全国人民代表大会第二次会议通过并颁布了第二部《检察院组织法》,该法是根据 1978 年《宪法》的基本规定和中共第十一届三中全会的精神制定,并总结了新中国成立 30 年来检察工作正反两方面的经验与教训。该法第 1 条规定:“中华人民共和国人民检察院是国家的法律监督机关。”第 5 条规定:“各级人民检察院行使下列职权:(一)对于叛国案、分裂国家案以及严重破坏国家的政策、法律、法令、政令统一实施的重大犯罪案件,行使检察权。(二)对于直接受理的刑事案件,进行侦查。(三)对于公安机关侦查的案件,进行审查,决定是否逮捕、起诉或者免于起诉;对于公安机关的侦查活动是否合法,实行监督。(四)对于刑事案件提起公诉,支持公诉;对于人民法院的审判活动是否合法,实行监督。(五)对于刑事案件判决、裁定的执行和监狱、看守所、劳动改造机关的活动是否合法,实行监督。”第 9 条规定:“人民检察院依照法律规定独立行使检察权,不受其他行政机关、团体和个人的干涉。”该法首次规定了检察机关的性质是法律监督机关,进一步恢复并完善了检察机关的建制,规定对于刑事案件提起公诉,支持公诉,确立了检察机关行使国家控诉权的职能,并规定检察机关独立行使职权原则,使我国控审分离得到进一步发展与完善。

1982 年 12 月 4 日,第五届全国人民代表大会第五次会议通过了第四部《宪法》,对检察机关做了进一步明确规定。该法从国家根本法角度确立了人民检察院是国家的法律监督机关;确立了人民检察院依照法律规定独立行使检察权,不受行政机关、社会团体和个人的干涉。我国从国家根本法上规定人民法院和人民检察院独立行使职权原则具有重大意义。这首先意味着行政权不能干涉司法权,从国家根本法意义上确立了司法权与行政权的分离。其次意味着行政权不能干涉控诉权,这是行政权与司法权分离的进一步表现。再次意味着控诉权与审判权分立,控诉权由检察院行使,审判权由法院行使,并且控诉权对审判权起到监督与制约的作用。至此控审分离原则从国家根本法上得到了确立。

此外,我国于 1979 年 7 月 1 日第五届全国人民代表大会第二次会议通过了我国首部《刑事诉讼法》,并于 1996 年 3 月 17 日第八届全国人民代表大会第四次会议予以修正,后又于 2012 年 3 月 14 日第十一届全国人民代表大会第五次会议进行了第二次修正。刑事诉讼法从程序法上对控审分离如何实行予以了细化落实。确立了法院和检察院的职权:检察、批准逮捕、检察机关直接受理的案件的侦查、提起公诉,由人民检察院负责。审判由人民法院负责。除法律特别规定的以外,其他任何机关、团体和个人都无权行使这些权力。确立了法、检独立行使职权原则:人民法院依照法律规定独立行使审判权,人民检察院依照法律规定独立行使检察权,不受行政机关、社会团体和个人的干涉。确立了三机关的相互关系:人民法院、人民检察院和公安机关进行刑事诉讼,应当分工负责,互相配合,互相制约,以保证准确有效地执行法律。这些原则与权限的规定进一步明确了控诉权与审判权的分立,并使控诉权对审判权予以监督与制约。

至此,从我国《宪法》《刑事诉讼法》《人民检察院组织法》等一系列法律文件中可以看出,我国目前已基本完成了刑事诉讼的第二次革命,实现了控诉权与审判权的分立。控诉权由专门的国家机关人民检察院来行使,审判权由人民法院来行使,人民检察院与人民法院独立行使职权,并且相互制约。

六、中国台湾地区的控审分离

中国台湾地区在清政府统治时期,法律制度主要实行清朝时期的法律制度,刑事诉讼与民事诉讼不分,控诉权与审判权合一,地方行政长官集行政权与司法权于一身。1895 年日本根据《马关条约》霸占了中国台湾全岛及其附属岛屿的主权,开始了对其长达 50 年的殖民统治。这一时期台湾主要实行日本明治时期的西式法律制度,台湾开始实现控审分离。1945 年南京国民政府收回台湾,台湾开始实行中华民国时期的法律制度。1949 年中华人民共和国成立,中国台湾的司法制度进入了新的发展时期,控审分离也有了进一步的发展。

(一)日本占领时期的控审分离

从1895年5月8日到1945年日本战败,台湾一直处于日本的殖民统治时期。日本在占领台湾之前,已经通过维新变法建立起了西式的司法制度。日本占领台湾后,也将其本国的司法制度与法制经验一并移植到台湾,开启了台湾现代司法制度的大门。台湾开始建立起现代的检察制度,开始实现控诉权与审判权的分离。

1895年10月,日本政府的台湾总督府发布"台湾总督府法院职制",建立了台湾总督府法院,①但是该法令并没有参照日本裁判所法,设置"检事"之职,台湾并没有建立检察制度。在实际的刑事诉讼操作中,由行政长官、警部长等人代行检察事务,作为诉讼法上的"检察官"。虽然台湾当时并没有建立起检察制度,但由行政长官、警部长等人代行检察事务,负责提起公诉,也实现了控诉权与审判权的分离。所以台湾地区的控审分离也由此开始。

1896年5月1日,台湾总督府发布了"台湾总督府法院条例",据此建立起台湾总督府法院体系,确立三审终审制,建立一个高等法院、一个复审法院、十五个地方法院。同时该条例明确设置检察官,由台湾总督任命。在检察官职权方面,该条例第7条规定:"检察官的职权为实施侦察、提起公诉、实行公诉及指挥刑事裁判之执行,并在关于国家之诉讼代表国家进行诉讼。"②该条赋予了检察官以实施侦察、提起公诉、实行公诉和指挥刑事裁判之执行的权力。检察事务以公诉为中心,检察官有权代表国家向法院提起诉请,开启审判。这一时期检察官对于重罪案件可以不经过预审而直接提起公诉。开庭审理时,检察官应当莅临法庭,实施公诉,履行控诉职能。检察官负责提起公诉,行使国家的控诉权,法院负责审判,这使得控审分离制度得到进一步明确。但该条例第7条第5项规定:"地方检察官的职务,得使警部长及警部代理之。"这表明在日据时期,台湾存在特殊的代行检察官职务制度,但警部长及警部等行政官员代理检察官职权,仍然属于控诉权与审判权的分离,控审分离的制度并没有改变。

---

① 王泰升:《台湾法律史概论》,台北,元照出版社2004年版,第207页。

② 樊崇义、吴宏耀、种松志主编:《域外检察制度研究》,中国人民公安大学出版社2008年版,第420页。

1898 年 7 月,“台湾总督府法院条例”修正,修正后的条例实行二审终审制,仅设三个地方法院和一个复审法院。自此,台湾建立起与法院相独立的复审法院检事局、地方法院检事局两级检察组织,并确立了上命下从检察一体的组织体系。在侦察中,检察官享有指挥警察的权力。该条例第 10 条第 1 项规定:“检察官指挥监督司法警察官。”[①]这就赋予了检察官指挥警察的权力,台湾开始实行检警一体制。

1899 年 4 月总督府颁布的律令第 9 号规定:“对于台湾人及清国人触犯重罪之案件,检察官得移送预审法官进行预审,或径移送法院审判,俾使罪迹显着,毋须搜集证据之案件,可不拘泥于预审的形式”。换言之,就原应经预审的案件,台湾检察官可以自行扮演预审法官的角色,径行提起公诉,而无须预审审查。1901 年 5 月律令第 4 号,为了使检察官能够及时地保全证据及人犯,将在日本内地预审程序中由预审法官行使的扣押权及羁押人犯权授予检察官,但于羁押后二十日内未起诉应即释放。[②] 这赋予了台湾检察官以强制处分权。自此,台湾检察官开始享有羁押、搜查扣押等强制处分权,这一权力一直持续到 1997 年“刑事诉讼法”修改。

(二)中华民国时期的控审分离

1945 年日本战败投降,台湾主权回归中国,结束了半个世纪的殖民统治。台湾开始了中华民国的法制历史。从 1945 年台湾收复到 1949 年中华人民共和国成立,这一时期台湾实行中华民国的检察制度,其控审分离情况也与中华民国一致。

中华民国法制虽自 1945 年 10 月 25 日起实行于台湾,但其检察制度系同年 11 月 1 日之后才实际运作。由于接收人员不足,检察司法行政部派来接收人员,决定在 1945 年 11 月 1 日先只接收原台湾总督府高等法院及台北地方法院及原配置于各该法院的检察局。台北以外其他地区的法院因人力不足不能前往接受,台湾高等法院乃于同年 11 月 16 日命令其他各地方法院照常工作,唯文件应改书中华民国年号,原有日据时期法令与中华民国法令有抵触者,适用时均应请示办理,但原有人员暂仍照旧。借助原台湾人判官的协助,各地方法院及其支部所配置

---

① 樊崇义、吴宏耀、种松志主编:《域外检察制度研究》,中国人民公安大学出版社 2008 年版,第 419—420 页。

② 王泰升:《台湾法律史概论》,台北:元照出版社 2004 年版,第 265 页。

的检察部门,自始即由从中国大陆来台担任首席检察官者办理接收。另外,暂派日据时期曾在台湾或日本内地担任过判事、学习司法官或辩护士者,出任中华民国推事或检察官。① 这一时期,台湾的"法律"直接援用了中华民国时期的法律,检察制度也直接援用国民政府的检察制度,所以其控审分离情况基本与南京国民政府时期的控审分离情况保持一致。

台湾光复后,法院按照中华民国法院编制法的规定设置,将台湾总督府高等法院改为台湾高等法院,各地方法院在原有名称上添加"台湾"二字。名称及管辖区域跟随着法院的原"检察局",则分别改称为检察处。② 这一时期,台湾司法制度的改造基本上依靠日据时期台湾司法官的力量完成,所以日据时期的司法传统也会通过这些人传承下来,影响现在台湾法制,所以台湾法律制度沿革并未因政权更迭而中断。

(三)国民党当局迁移台湾后的控审分离

中华人民共和国成立,我国台湾地区的司法制度也进入了新的时期。从1949年中华人民共和国成立到1980年《法院组织法》实行检审分立制度之前,我国台湾地区实行"最高法院"以下不设检察机关的制度,在其他法院仅设检察官。且这一时期我国台湾地区部分地区长期处于戒严状态,其司法制度与其他时间相比又有所不同。

1949年国民党当局执政我国台湾地区后,检察制度依然是根据之前所制定之包括动员戡乱和戒严体制在内的各项制度,以及"法院组织法"等在运行。检察制度依然保持"最高法院"设立检察署,其他法院仅设检察官,不设独立检察机构的组织体系。由于自1949年5月20日起我国台湾地区开始实施戒严,地方司法事务移交当地最高军事长官掌管,军事审判机关对于一些特定的刑事案件可以自行审判或交法院审判,其他的刑事案件及所有民事案件在无法院可管辖时,亦得由军事审判机关审判,法院内检察机关也由不同的军事检察机关取代。③ 虽然整

---

① 王泰升:《台湾检察制度变迁史》,http://fwh.znufe.edu.cn/article_show.asp? id=4196,最后访问时间:2012年8月2日。

② 樊崇义、吴宏耀、种松志主编:《域外检察制度研究》,中国人民公安大学出版社2008年版,第425页。

③ 樊崇义、吴宏耀、种松志主编:《域外检察制度研究》,中国人民公安大学出版社2008年版,第426页。

个戒严时期的检察制度受到军事机关的很大侵蚀,但其控诉权与审判权还是相分离的,只不过行使的机关不同而已。不过由军事机关行使检察权与审判权,其中立性和宽严程度必定受到影响,控审分离也会受到一定程度的影响。

检察官在刑事诉讼上的职权也随着刑事诉讼法的发展而有所调整。1967 年 1 月 28 日公布实施的"刑事诉讼法"关于检察官的职权相对于旧的"中华民国刑事诉讼法"有以下几点不同。(1)新法规定检察官就被告人犯罪事实有举证责任。该规定意在强调检察官在控诉式诉讼程序上作为原告的角色,但依循在大陆时期的运作模式,检察官仍习惯于在审判阶段不莅庭。(2)检察官作出微罪不起诉时,可命令被告人向被害人支付相当数额的慰抚金,而新法将不起诉之范围缩小,仅规定已受重刑之确定判决者,检察官始得为不起诉处分。(3)除规定当事人、检察官可以上诉外,增加了刑事诉讼程序的告诉人或被害人,也可请求检察官上诉,如非显无理由,检察官不得拒绝。[①] 对检察官负举证责任和对不起诉范围缩小的规定,有利于规范检察权,明确和强化检察机关的控诉职责。规定告诉人或被害人可请求检察官上诉,有利于实现对检察官控诉权的监督,避免检察官怠于行使控诉权的情形发生。这都有利于进一步明确控审分离制度。

这一时期整个司法检察系统仍受到军事机关相当大的牵制。我国台湾地区自 1945 年改行中华民国法制后,即不再允许警察机关就轻罪径行裁决,警察机关只能就不再被视为刑事犯罪的违警行为径行裁决,这使得检察机关的刑事追诉权不致被警察机关所瓜分,在一定程度上有利于控审分离的发展,毕竟由检察机关行使控诉权比由警察机关行使控诉权更有利于保护被追诉人的权利。但是这一时期我国台湾地区许多地区长期实行戒严。在戒严地域内,司法事务受最高司令官指挥,军法机关还对某些犯罪类型的案件拥有审判权。自 1952 年起,军法机关保留对少数几种重大案件(如叛乱犯案件)的审判权,其余交由法院审判。这在一定程度上有利于控审分离制度的发展,因为一旦某种刑事犯罪案件由军法机关审判,则配置于法院的检察官即无权侦查或起

① 王泰升:《台湾检察制度变迁史》,http://flwh.znufe.edu.cn/article_show.asp? id=4196,最后访问时间:2012 年 8 月 2 日。

诉等，由检察官行使控诉权比由军事机关行使控诉权更能保障被追诉人的权利。

(四)中国台湾地区控审分离的现状

1980年6月29日公布了“法院组织法”，改变了“最高法院”以下不设检察机关的历史，在此之后实行审检分立制度。我国台湾地区的控审分离制度也有了新的发展和变革。在我国台湾地区，除少数案件实行自诉以外，检察官享有大部分刑事案件的控诉权，实行检察官独揽控诉权。但这一时期检察官的自由裁量权有所扩大，我国台湾地区刑事诉讼发展出了认罪协商制度和缓起诉制度。此外，检察官还享有协助自诉和担当自诉的权力。

1. 检察机关的设置和职权

在我国台湾地区，审检分立以前，检察机关仅有“最高法院”检察署的设置，高等以下各级法院及分院仅配置检察官，而无检察机关的名称与组织，实行检察官配置法院制度。实行审检分立以后，根据“法院组织法”第1条的规定，法院分为三级，即地方法院、高等法院和“最高法院”，以三级三审制为原则。该法第58条规定：“各级法院及其分院各配置检察署”，从而确定了检察机关的三级制：“最高法院”检察署、高等法院(分院)检察署和地方法院(分院)检察署。

根据“法院组织法”第59条的规定，各级法院及分院检察署置检察长，“最高法院”检察署以1人为“总检察长”，其他法院及分院检察署各以1人为检察长，分别管理各该署行政事务，各级法院及分院检察署检察官员额在6人以上的，得分组办事，每组以1人为主任检察官，监督各改组业务，以此强化检察机关配置法院的制度。①

虽然各级检察机关配置于各级法院，但检察机关的地位与法院的地位完全平等，检察机关行使职权不受法院干涉，检察官对于法院独立行使其职权。各级检察机关检察官的职位与同级法院法官相当，即主任检察官的职位与同级法院的庭长相当，检察长的职位与同级法院的院长相当，“最高法院”检察署的“总检察长”与“最高法院”的“院长”相当。②

---

① 樊崇义、吴宏耀、种松志主编：《域外检察制度研究》，中国人民公安大学出版社2008年版，第430页。

② 林贻影：《两岸检察制度比较研究》，中国检察出版社1998年版，第33页。

2. 检察官提起公诉

提起公诉是指检察官就特定案件侦查终结后提起刑事诉讼，请求法院审判的诉讼行为。我国台湾地区"刑事诉讼法"第 251 条规定："检察官依侦查所得之证据足认被告有犯罪嫌疑者，应提起公诉。"这表明，检察官依据侦查所得的证据，足以认定被告有犯罪嫌疑时，不论被告在押、具保或所在不明，都应当提起公诉。我国台湾地区实行国家公诉制度，即除少数案件允许被害人自诉以外，其余案件均由国家出面提起公诉，检察机关是行使国家公诉权的专门机关，所以我国台湾地区也是检察官独揽控诉权。

①提起公诉案的要件。根据"刑事诉讼法"第 251 条的规定，检察官侦查终结后提起公诉或不予起诉，应遵循法定的原则。提起公诉的要件是有罪判决的高度可能性，包括具备诉讼要件以及到达公诉嫌疑门槛两者。具备诉讼要件是法院作出有罪判决的前提，欠缺诉讼要件也就是欠缺有罪判决的高度可能性，检察官不能贸然起诉。到达公诉嫌疑门槛是指其嫌疑程度介于发动侦查时简单的开始怀疑与有罪判决的确信程度之间。检察官若就侦查结果，判定案件尚无或无法到达此等嫌疑程度者，如其行为不罚或犯罪不能证明者，应作出不起诉处分。①

②不起诉裁量权。原来我国台湾地区"刑事诉讼法"规定的不起诉案件仅限于涉及"刑法"第 61 条所规定的微罪。1995 年 10 月修正后的"刑事诉讼法"将检察官的裁量权范围扩大到"刑事诉讼法"第 376 条所规定的案件，使更多轻微案件无须开启审判程序即可终结。同样，将简易处刑案件的范围也扩大到"刑事诉讼法"第 376 条所规定的案件，并修改了检察官的简易程序专属启动权，使法官于讯问被告后亦可改行简易程序。检察官通过不起诉裁量权分流了很大一部分案件。2002 年我国台湾地区各地检署侦查终结的案件中，起诉案件 153,003 件，占所有案件数量的 40%，不起诉(含缓起诉)案件 152,103 件，占所有案件数量的 39.8%。②

③认罪协商制度。1997 年 12 月修正后的"刑事诉讼法"确立了认罪协商制度，并规定法院原则上应当受检察官求刑范围的拘束，试图使

---

① 林钰雄：《刑事诉讼法》(下)，中国人民大学出版社 2005 年版，第 86 页。

② 林钰雄：《刑事诉讼法》(下)，中国人民大学出版社 2005 年版，第 3 页。

当事人或用简易程序，以减轻检察官及法官的案件负担。2004年4月7日修正后的“刑事诉讼法”将认罪协商适用的范围扩大到除所犯为死刑、无期徒刑、最轻本刑3年以上有期徒刑之犯罪或高等法院管辖第一审案件之外的案件。检察官在征询被害人意见后，或者依照被告或其代理人、辩护人的请求，在经法院同意后，可以就有关事项在审判之外进行协商。当事人双方达成合意并且被告人认罪的，检察官可申请法院将案件改为协商程序判决。认罪协商程序赋予了检察官较大的自由裁量权，以对案件进行处理或分流。

④缓起诉制度。2002年2月8日修正后的“刑事诉讼法”关于侦查终结的处分增加规定缓起诉处分制度，赋予检察官更大的起诉与否的空间，以实现案件的分流。缓起诉处分的适用条件有二，一是排除重罪案件，并将适用缓起诉处分的案件种类限制在“被告所犯为死刑、无期徒刑、最轻本刑三年以上有期徒刑以外之罪”。二是检察官在审酌各款后认为被告罪责轻微的情形。缓起诉的成就条件为：一是犹豫期间届满，即一年以上3年以下的缓起诉期间。二是缓起诉未经撤销。撤销的理由有两大类，即被告未履行负担和被告故意再犯他罪的情形。在缓起诉的期间内追诉权时效停止进行，被告在缓起诉期间内无法享有追诉权时效消灭的利益。在告诉乃论之罪的情形，经检察官侦查并作出缓起诉处分后，不允许被告人在缓起诉犹豫期间内直接向法院提起自诉。①

⑤实行公诉。检察官提起公诉以后，就以原告的身份，处于当事人的地位，在审判期日时到庭，与刑事被告人在法院进行诉讼行为，也即出庭支持公诉。法院讯问被告人后，检察官应当陈述起诉的要职。法院在审判过程中进行搜索、扣押或检验时，检察官应当在场。检察官可以直接诘问证人鉴定人。证据调查完毕后，检察官应当就事实和法律进行辩论。

3. 检察官协助自诉

在我国台湾地区，对于刑事案件，除检察官提起公诉以外，还允许犯罪直接被害人提起自诉。由于很多民众不熟悉法律，从而延误诉讼程序，以致影响自诉人的权利。况且虽然自诉案件多是侵犯个人法益

① 樊崇义、吴宏耀、种松志主编：《域外检察制度研究》，中国人民公安大学出版社2008年版，第448—449页。

的犯罪,但不乏与国家、社会有密切关系的犯罪。所以检察官协助自诉,在法院通知审判日期时,出庭陈述事实或法律上的意见,能够有利于诉讼的进行。但这不是自诉的必要程序,检察官可以出庭陈述,也可以不出庭陈述。

自诉案件作出判决以后,判决书应同时送达检察官。检察官对判决不服的,可以独立上诉。当检察官接受不受理或管辖错误的判决书后,认为应当提起公诉的,应即开始或续行侦查,即使该案为告诉乃论的案件,也无须另经告诉。如不属其管辖的,可以移送有管辖权的检察官侦查。①

4. 检察官担当自诉

自诉人提起自诉后,不进行或不能进行诉讼时,或为被告威胁利诱而撤回自诉时,若任自诉人撤诉弊端较大;另外,自诉人经合法传唤,无正当理由而不当庭,或于辩论前丧失行为能力或死亡的,这时应由检察官担当自诉,以保障诉讼程序的顺利进行,达到制裁犯罪的目的。自诉案件一经检察官担当诉讼后,系由检察官取代自诉人地位而居于追诉者立场,故由自诉程序转变为公诉程序继续进行。②

七、小结

我国古代的御史具有谏言皇帝、纠察百官、监督法律实施的职能,所以古代的御史制度与现代的检察制度在功能和性质上具有一定的相似之处。古代的御史也行使一定的控诉职能,但御史的控诉职能主要是针对违法乱纪的官吏,是对官吏的渎职和违反行为的监督,其性质更像是现代的行政监察。而对于一般的刑事犯罪,御史很少过问,其控诉权多由地方行政长官行使。这就造成地方行政长官集控诉权与审判权于一身的现象,造成控审合一。我国古代的御史台并不是国家专门的刑事控诉机关。所以从总体上说,我国古代并没有产生控诉权与审判权的分离。

自1906年起,清政府开始改革官制,变法修律。新官制效仿西方

---

① 樊崇义、吴宏耀、种松志主编:《域外检察制度研究》,中国人民公安大学出版社2008年版,第450页。

② 樊崇义、吴宏耀、种松志主编:《域外检察制度研究》,中国人民公安大学出版社2008年版,第450页。

君主立宪制下的“三权分立”,实行皇权控制下的行政、立法、司法相划分的体制。将刑部改为法部,专管司法行政;把大理寺改为大理院,下设各级审判厅专管审判;各级审判厅内附设各级检察局,作为专门的公诉机关。至此,我国开始转变司法与行政合一的局面,以法律的形式确立了相对独立的司法机构,并实现检审分离,我国的检察制度也由此开始形成。清末开始实现控审分离主要体现在民事诉讼与刑事诉讼的区分和检察制度的设立。清末法制改革首次确立了检审分离的体制,实现了控诉权与审判权的分离,对我国今后控审分离的发展具有重大意义。

中华民国时期基本沿用了清末的法律制度,实行“审检合署”制。但由于这一时期国内战争频繁,政权更迭,控审分离的模式并没有实质性进展,基本停留在清末法制改革的层面。民国时期的法律制度,虽然不同阶段的审级制度不同,但均设立了检察机构,行使控诉权,并指挥侦查,协助自诉,指挥刑事裁判的执行。检察机构虽然均附设于法院,但控诉权与审判权总体上仍是分离的,这不同于我国古代地方行政官员既负责纠举犯罪,又负责审判的控审合一的体制。民国时期的控审分离的体制基本是对清末法制改革成果的沿袭,没有实质性改变。从总体上来看,民国时期的控诉权与审判权是分离的。但不同时期,对于部分案件,却又实行控审合一。

1927 年中国共产党领导的新民主主义革命开始了武装反抗国民党反动派的序幕。在新民主主义革命时期,中国共产党在打击敌人、巩固革命政权的同时,建立起了自己的法律制度在刑事诉讼程序中,也初步建立起了控审分离的制度。虽然由于当时战乱环境的影响,这一时期的控审分离制度和检察制度很不健全,但却为新中国成立后的控审分离制度和检察制度奠定了基础。

新中国成立后,我国控审分离才有了进一步的发展。新中国的检察制度是在吸收新民主主义革命时期检察制度优良传统,发扬古代御史制度的精华,并吸收借鉴苏联社会主义检察制度建设的经验基础上,结合中国实际建立起来的。我国的检察制度自新中国成立以来,经历了 70 多年的发展与完善,已基本实现了控审分离。我国控审分离的发展经历了三个阶段:1949 年新中国成立至 1957 年上半年反右派斗争之前,我国检察制度建设得到了创建与发展,控审分离也得到了确立与完善;1957年下半年反右派斗争开始至1978年第五届全国人民代表大会第一次会议召开之前,我国检察制度建设经历了波折与中断,控审分离也经历了曲折与反复;1978年第五届全国人民代表大会第一次会议召开至今,我国检察制度建设实现了重建与发展,控审分离也实现了重构与成熟。

第五节　世界刑事诉讼第二次革命的意义

一、实现了司法权力内部的分立与制约

控诉权与审判权的分离实现了司法权内部的分立与制约。司法权从行政权中分离出来之后,便作为一种独立的权力承担着国家的诉讼职能,但随着社会分工的不断细化,司法权力内部也开始了进一步的分立。控诉职能与审判职能由不同的国家机构行使,实现了司法权力内部的相互制约与监督,保证了司法权力的有效运行。西方国家普遍设立了检察机关作为行使国家控诉权的专门机关,检察机关与法院的相互独立与制约体现了控诉权与审判权的分立与制约。

控诉权与审判权的分离还有助于实现检察权与警察权之间的制约。"创设检察官制度的最重要目的之一,在于透过诉讼分权模式,以法官与检察官彼此监督节制的方法,保障刑事司法权限行使的客观性与正确性。创设检察官制度的另外一项重要功能,在于以受严格法律训练及法律约束之公正客观的官署,控制警察活动的合法性,摆脱警察国家的梦魇。"战后,联邦德国著名的检察官华格纳指出:"检察官制之创设,乃催生法治国并克服警察国之明显指标。"由此可见,控审分离有助于防止警察权的滥用。

二、保障了审判的中立与公正

审判中立,是指承担审判职能的法院及其审判人员不能由控辩双方或者与案件有利害关系的机关或者人员担任,而且审判者应当对控辩双方不偏不倚,平等对待。

如上所述,在国家控诉权产生之初,控诉权是与审判权混为一体的,两者并没有明确的划分。司法权通常包含侦查权、起诉权、审判权

等方面的内容,属于垄断司法权或“超级大司法权”,法院也属于“全能法院”。这种控诉权与审判权不分的超级大司法权造成了法官的先入为主和预断,法官不再是中立的裁判者,而是负有国家追诉职责的先行官。因此,为了保证审判的中立,控审必须分离。控诉权与审判权的分离使得国家控诉职能与审判职能分别由不同的机关和人员担任,负责案件审判的法官不再承担控诉职能,负责案件起诉的公诉人员也不再参与案件的审判,从而保证了审判的中立和公正。

而且,这种控审不分的情况也为法官的滥用职权和贪赃枉法提供了可能,法官收受贿赂,被告方以钱买刑甚至以钱买命的比比皆是,我国历代就存在这种情形。此外,司法权的集中造成了阶级斗争的激化和新一轮矛盾的产生。对司法权进行分解即对司法权进行限制的问题已摆到统治阶级的桌面上:要么继续集中行使大司法权则可能导致政权的更迭、经济的失败;要么限制司法权,分解司法权,以缓和阶级矛盾,维护阶级统治。各国纷纷通过控诉权与审判权的分离以解决这一问题。

三、提供了现代刑事诉讼构造形成的前提

现代刑事诉讼构造主要是由控、辩、裁三方构成,裁判方居中裁判,控辩双方两造对抗,形成一个等腰三角形结构。现代刑事诉讼构造是在反对封建纠问式诉讼的残酷与黑暗,在自由、民主、人权的斗争过程中建立起来的,是权力分立与人权保障思想在司法权中的进一步体现。现代刑事诉讼构造形成的前提是实现控诉权与审判权的分离,只有控诉权与审判权分离之后,审判权才能中立,为了抗衡国家控诉权,辩护权才会得以发展,控、辩、裁三方才得以形成,并进而形成现代的刑事诉讼构造。所以控诉权与审判权的分离提供了现代刑事诉讼构造形成的前提。

我国较早对刑事诉讼构造进行研究的学者是李心鉴,他在分析研究日本刑事诉讼构造理论的基础上,提出“刑事诉讼构造是由一定的刑事诉讼目的决定的,并由主要诉讼程序和证据规则中的诉讼基本方式所体现的控诉、辩护、裁判三方的法律地位和三方关系”①。这一观点一

① 李心鉴:《刑事诉讼构造论》,中国政法大学出版社 1992 年版,第 7 页。

经提出便在学术界产生了较为广泛的影响，逐渐成为我国理论上关于“刑事诉讼构造”的通说定义。刑事诉讼构造着眼于刑事诉讼要素的微观组合。

在弹劾式刑事诉讼模式下，由于并没有产生国家控诉权，也就不存在国家控诉机关。刑事案件均由被害方自行提起，实行公民私诉制度，法官处于消极、中立的地位，实行不告不理。这时的刑事诉讼构造也是三角形构造，刑事诉讼构造的主体也存在控、辩、裁三方，但只有裁判方属于国家机关，行使国家权力，控诉方与辩护方均是公民私人，其行使的是私人权利。由于这一时期并不存在国家控诉权，所以其三角形构造并不是现代意义上的刑事诉讼构造。在纠问式刑事诉讼模式下，虽然产生了国家控诉权，但国家控诉权与审判权不分，法官同时行使控诉职能和审判职能，被告人不享有辩护权，其仅仅是被追诉的对象。这一时期的刑事诉讼构造属于线形构造，只存在追诉一方和被追诉一方，即只存在刑事诉讼的主体和客体，与现代意义上的刑事诉讼构造截然相反。

现代的当事人主义和职权主义的刑事诉讼模式下，控诉权与审判权发生了分离，辩护权得到了有效发展，并成为与控诉权平等并相互对抗的一极重要力量，刑事诉讼的构造也发生了巨大的变化。现代刑事诉讼的构造包含三方主体，即控诉方、辩护方和裁判方。其中裁判方居于中立地位，其对案件实行不告不理，控诉方与辩护方相互平等并且两造对抗，共同构成了现代刑事诉讼的三角形结构。而形成这一切的前提又是控诉权与审判权的分离，只有控诉权与审判权发生了分离，才会产生处于中立地位的裁判方，而国家的控诉职能则由控诉方来行使，进而促进了辩护权的发展和强化，并最终与控诉权平等并相互对抗。控诉权与审判权的分离使得国家司法权发生了分立，促进了辩护权的发展和强化，并最终形成了现代的刑事诉讼构造。所以控诉权与审判权的分离为现代刑事诉讼构造的形成提供了前提。

四、奠定了世界刑事诉讼第三次革命的基础

控诉权从司法权中分离，结束了法官独揽大权的局面，避免了法官在早期侦查中形成的主观预断，降低了对被告人的定罪率。而与控诉权相伴随产生的是被告人的辩护权，使被告人在刑事诉讼中的权利得

到了进一步保障。刑事诉讼的第三次革命实现了控诉权与辩护权的平等对抗,而要实现控辩关系的平等,首先需要有独立的控诉权,即首先要实现控诉权与审判权的分离。只有实现了控诉权与审判权的分离,法官才能作为中立的裁判者,作为与控诉权相抗衡的辩护权才会得以发展和强化,控辩双方才能平等对抗。

刑事诉讼的第三次革命表现为控辩双方的平等对抗,其突出的特征是辩护方享有充分的辩护权利,其诉讼地位与控诉方完全平等,并与控诉方平等对抗。而发生这次革命须具备的条件是:一是控诉方作为刑事诉讼中独立的一方,代表国家提起控诉;二是裁判方处于中立地位,对控辩双方不偏不倚;三是辩护方享有充分的辩护权利,可以与控诉方平等对抗。这条件的发生均需具备一个前提,即控诉权与审判权相分离。只有控诉权与审判权分离之后,行使审判权的法官才会处于中立地位,其在控诉方与辩护方之间才会居中裁判;控诉方才会作为单独的一方代表国家提起控诉,专门履行控诉职能。由于控诉方代表国家行使追诉职能,法官要想保持中立,就必须壮大辩方的辩护权利以与控诉方相抗衡,以保持各方力量的平衡。所以只有控诉权与审判权分离之后,才会产生辩护权发展的土壤,催生辩护权的发展壮大。所以控辩平等发生的前提是控诉权与审判权相分离,控诉权与审判权的分离奠定了世界刑事诉讼第三次革命的基础。

五、小结

控诉权与审判权的分离实现了司法权的分立与制约。司法权从行政权中分离出来之后,便作为一种独立的权力承担着国家的诉讼职能。随着社会分工的不断细化,司法权力内部也开始了进一步的分立。控诉职能与审判职能由不同的国家机构行使,实现了司法权力内部的相互制约与监督,从而保证了司法权力的有效运行。

控诉权与审判权的分离保障了审判的中立与公正。审判中立,是指承担审判职能的法院及其审判人员不能由控辩双方或者与案件有利害关系的机关或者人员担任,而且审判者应当对控辩双方不偏不倚,平等对待。为了保证审判的中立,控审必须分离。审判只有中立才能公正,无中立即无公正。控诉权与审判权的分离使得国家控诉职能与审判职能分别由不同的机关和人员担任,负责案件审判的法官不再承担控诉职能,负责案件起诉的公诉人员也不再参与案件的审判,从而保证了审判的中立和公正。

控诉权与审判权的分离为现代刑事诉讼构造的形成提供了前提。现代刑事诉讼构造主要是由控、辩、裁三方构成,裁判方居中裁判,控辩双方两造对抗,形成一个等腰三角形结构。现代刑事诉讼构造形成的前提实现控诉权与审判权的分离,只有控诉权与审判权分离之后,审判权才能中立,为了抗衡国家控诉权,辩护权才会得以发展,控、辩、裁三方才得以形成,并进而形成现代的刑事诉讼构造。

控诉权与审判权的分离奠定了世界刑事诉讼第三次革命的基础。控诉权从审判权中分离,结束了法官独揽大权的局面,避免了法官在早期侦查中形成的主观预断,降低了对被告人的定罪率。而与控诉权相伴随产生的是被告人的辩护权,使被告人在刑事诉讼中的权利得到了进一步保障。刑事诉讼的第三次革命实现了控诉权与辩护权的平等对抗,而要实现控辩关系的平等,首先需要有独立的控诉权,也即首先要实现控诉权与审判权的分离。只有实现了控诉权与审判权的分离,法官才能作为中立的裁判者,作为与控诉权相抗衡的辩护权才会得以发展和强化,控辩双方才能平等对抗。

第四章　世界刑事诉讼的第三次革命:控辩平等

第一节　世界刑事诉讼第三次革命的界定、特征及标志

世界刑事诉讼第三次革命是指刑事诉讼中的控辩双方由不平等趋向平等。刑事诉讼第三次革命是世界范围内刑事诉讼制度向现代诉讼制度迈进的一次重大跨越。这次革命使得许多国家刑事诉讼的理念、结构、原则和制度产生了巨大的变化。为更好地解读这场革命所带来的变革和影响,本章从控辩双方的主体范围和控辩平等的内涵对“刑事式诉讼第三次革命”这一命题进行了界定;从两大法系代表国家控辩平等开展的历程中概括出第三次革命的特征和标志。

一、第三次革命的界定

(一)控辩平等主体的界定

在整个诉讼过程中,“控”,是指控诉方,在公诉案件中,从广义上说,控诉方除了检察官之外,还包括侦查人员、被害人,因为侦查人员为检察官进行控诉提供条件,确定犯罪嫌疑人,收集证据,是公诉行为的准备阶段;“辩”,是指辩护方,具体指犯罪嫌疑人、被告人及其辩护人(主要是律师)。控辩双方依据各自职能充分行使自己的权力(权利),形成两造对抗。

在现代国家,控诉职能一般由侦查机关和检察机

关享有(在自诉案件中,由自诉人执行控诉职能)。侦查机关的侦查活动是控诉的准备阶段;检察机关代表国家提起刑事诉讼,要求追究被告人的刑事责任,其诉讼地位比较复杂。一方面检察机关有着类似于原告的诉讼地位,因为它既要调查犯罪事实,查明案件真相,又要向法院提起诉讼请求对被告人定罪量刑;另一方面,检察机关又负有客观公正的义务,因为它行使的是国家控诉权,追求的是整个社会的利益,既要收集被告人有罪、罪重的证据,也要收集被告人无罪、罪轻的证据。

与控诉职能相对应的是辩护职能。辩护职能,是指刑事诉讼法赋予刑事案件的犯罪嫌疑人、被告人享有的反驳指控,维护犯罪嫌疑人、被告人合法权益的职能。辩护职能作为控诉职能相对应的一个方面,对于保证司法机关客观公正地确定刑事案件的客观事实具有重大意义,也反映了人类对人权理念和人权保障的追求。法律赋予犯罪嫌疑人、被告人以辩护权的一个重要目的,就是使犯罪嫌疑人、被告人成为诉讼主体,具有与控诉主体平等对抗的能力。

(二)控辩平等内涵的解读

1. 立法上的体现——平等武装

最早使用“平等武装”一词的是欧洲人权委员会,该委员会在对Ofner and Hopfing v. Nstria 一案裁决中认为:委员会认为,检察官与被告人(在刑事诉讼中)的程序平等(procedaral equlity)一般可称为平等武装,这是公正审判的一项内在要素。[①] 其后,1972 年国际刑法学大会首次以“平等武装”为题对在刑事诉讼中控辩双方诉讼地位的平等问题进行了探讨。随着这一理论的不断发展和实践应用,“平等武装”一词已被越来越多地描述为控辩双方之间对等的程序权利义务关系。

平等武装要求这种对等的程序权利义务关系要贯穿于侦查阶段和审判阶段。具体表现在:在侦查阶段,侦控方可以调查、收集证据,犯罪嫌疑人及其辩护律师也有权调查、收集对自己有利的证据;在审判阶段,控方有权向法庭提供物证、询问证人、质证,被告人及其辩护律师也有权向法庭出示物证、询问证人、质证。

---

① 陈瑞华:《刑事审判原理论》,北京大学出版社 1996 年版,第 261 页。

然而,“刑事诉讼不同于民事诉讼,它并非是一次对等的诉讼。”①“控辩双方都各有其独特优势,因此互相抵消。例如,一方面,控方拥有广泛的国家调查资源是辩方不可能享有的;另一方面,辩方依据宪法所受到的保护对于控方来说是不可能享有的。”②因此,有必要通过增加控诉方的义务,加大控诉方的控诉难度或者扩张被追诉方的权利,减少被追诉方的义务这样一种方式来实现实质意义上的平等。

2. 司法上的体现——平等保护

“平等武装”实质上是一项立法原则,它为实现控辩平等创造了条件,而控辩平等的真正实现还有赖于在司法层面法官对控辩双方的对等保护。平等保护在第三次革命中的内容体现,可以从主观方面和客观方面两个角度进行阐述。

从主观方面来看,诚如美国学者戈尔丁所言:“纠纷解决者不应有支持或反对某一方的偏见。”③即对控辩双方的主观情绪要一致,对待双方态度要保持始终的不偏不倚。考察各国控诉方、被追诉方和审判方之间的关系设置,作为裁判者的法院和作为追诉者的控诉机关都是在代表国家参与刑事诉讼,加上控诉方在查明案件事实真相的能力较强这一客观事实,法官在情感以及逻辑思维上往往易倾向于控诉方。平等保护则要求法官在司法程序中,必须突破情感上的倾向和逻辑思维的定式,努力保持自己的中立地位。这表现在刑事诉讼过程中,裁判者对待控诉方、被告人及其辩护人的举止神情,包括语言、动作、语气等,以及要求控诉方、被告人及其辩护人在诉讼活动中的语言、动作、形体规范等,以及对于控辩双方实施行为的看法和采取的行动应当保持一致。

除去主观意识的考虑,在客观方面,尤其是在具体制度设计上更要有平等保护。其要求为:其一,在刑事诉讼中,随着诉讼活动的开展,要始终遵循控辩平等这一原则,就要求裁判方给予控辩双方平等的诉讼机会。具体到实践环节,应允许控辩双方均可对管辖权提出异议,申请回避,申请停止羁押或上诉(抗诉)等。在庭审过程中亦应充分维护被

---

① United States v. Turkish,623 F. 2d Q769,774(2d Cir. 1980).

② Leev. Illinois,476U. S. 530, 540 (1986) ; Williams v. Florida, 399. U. S. 78, 111 - 112 (1970);United States v. Ash,413U. S. 300,309(1973).

③ [美]戈尔丁:《法律哲学》,齐海滨译,北京三联出版社 1987 年版,第 240 页。

追诉人的话语权,使直接言辞原则与平等保护原则相统一。其二,对于控辩双方参加诉讼活动的条件应平等地予以提供,包括时间和空间两个方面。时间上,如会见时间、阅卷时间、举证期限、质证期限、上诉或抗诉期限等,要将控辩双方视为平等之主体,对两者的时间安排、限定不偏不倚。空间上,如会见地点、阅卷地点、庭审现场布置等均应一视同仁,不能区别对待。再者,应遵循统一诉讼标准。对于控辩双方出示的证据和提供的意见应当予以同等关注,适用同样标准予以判断,突破心理上的定势和倾向,作出客观的判决。[①]

3. 控辩双方攻防中的体现——平等对抗

刑事诉讼程序中的平等对抗主要是控诉权与辩护权的对抗,表现为"对权力的限制"以及"以权利制约权力"的本质特征。控方的国家属性和法律赋予的强制处分权力容易造成权力的滥用,隐藏着对被追诉人专断与恣意的危机。为切实维护被追诉人的合法权益,保障其人身自由和财产安全或使其在诉讼上受到平等审判之对待,法律有必要赋予被追诉人一系列防御性权利与控诉权相抗衡。具体而言:

控方的追诉处分权需要辩方的辩护权去制约,控方的先天性优势和强势地位需要增加辩方的辩护权来抗衡;对于控方的强制侦查权,则需要程序法定和司法审查制度去规范和制约,侦查权的隐秘性容易造成对被追诉人的专断和恣意,而以公权力去制约则更能有效地保障被追诉人的合法权益;对于控方的讯问权,根据各国实践来看,只有赋予被追诉人以沉默权和律师在场权才能有效地防止刑讯逼供或其他不法获取证据方式的实施,在律师的帮助下更好地维护自身合法权益;针对实践中控方较为广泛的采取逮捕和拘禁这些情形,需要建立司法审查制度进行有效监督,对辩护人赋予保释权也可以最大限度地维护被追诉人的合法权益;案件的审理主要依赖于证据所重构起来的案件事实,而控方的调查取证权有国家强制力做后盾,司法资源雄厚,一方面,控方证据的取得相对简单容易;另一方面,控方为利于证据的取得,易对被追诉人造成权益侵害。因此需以非法证据排除规则予以制约,用否定的形式规范控方的取证行为,同时建立证据开示制度和举证质证规

① 谢佑平、万毅:《刑事诉讼法原则:程序正义的基石》,法律出版社 2002 年版,第228 页。

则加大控方指控难度，进而维护被追诉人的利益。

二、第三次革命的特征

（一）多样性

刑事诉讼第三次革命首先是世界范围内的刑事诉讼革命，是发生在英美法系和大陆法系两大法系下的革命。不同法系下各国革命历程不同，也就形成各自的特征。

英美法系国家的控辩平等关系是从开始建立的形式上的平等，逐步发展为实质上的平等。这是由于英美国家早期没有确立国家独占控诉权的体制，因而实行了完全的对抗式程序。以英国为例，英国早期实行弹劾式诉讼模式，直至在诺曼征服以后的一段时间里，特别是在神示制度废除之前，英国刑事诉讼模式在很大程度上保留了弹劾式的特征。[①] 在中世纪欧洲其他国家刑事程序纠问化进程的同一时期，英国走上了与其他国家不同的道路，英国刑事诉讼从弹劾式转变到对抗制的诉讼模式。

英美法系下以控辩双方的诉讼对抗和法官的中立听证为基本特征，该诉讼模式奉行程序法治原则和公平竞争原则，其运行模式完全置于程序规则之下，充分体现了程序法治原则。因而英美法系控辩原则的特点在于：控诉权与审判权真正分开，防止法官专横，保障公正审判；强化被告人权利，加强诉讼中控、辩、审三方的互相牵制，实现控辩平等。[②]

随着英美国家逐渐确立了国家独占控诉权的体制，控辩双方力量失衡严重，形式上的平等无法掩盖实质上的不平等。所以，新的程序正义理念认为，为了克服这种实质的不平等，法律应当允许控辩双方必要时进行适度的“合作”，对较弱的被告一方给予特殊保护。[③] 在新的程序正义理论影响下，英美法系国家逐渐从形式平等走向了实质平等的改革之路。

在控辩平等产生和演进的过程中，大陆法系国家的控辩平等是伴随着人权保障运动的不断发展和被追诉人诉讼地位的日益提高而形成

---

① 卞建林：《刑事诉讼法学》，科学出版社 2008 年版，第 20 页。

② 冀祥德：《控辩平等论》，法律出版社 2008 年版，第 173 页。

③ 冀祥德：《控辩平等论》，法律出版社 2008 年版，第 174 页。

的。职权主义诉讼模式下控辩平等的特点在于:提起刑事诉讼后,法官依照职权主宰诉讼进程,诉讼终结与控辩双方关系不大。①

这是职权主义诉讼模式固有特征所决定的。职权主义诉讼模式下,起诉程序中实行起诉法定主义,即强调起诉机关依职权和责任提起公诉,检察官对是否起诉一般无自由裁量权。而法官是整个庭审活动的中心,法官在诉讼过程中起主导作用,当事人处于受支配的地位。法官可依职权主动讯问被告人、询问证人,有权对当事人及其他诉讼参与人的申请作出决定等,因而在职权主义诉讼模式下,被告人的权利受到一定程度的限制。

(二)曲折性

刑事诉讼第三次革命力求实现控辩双方的真正平等,然而这种平等的过程充满曲折性。作为上层建筑的一部分,刑事诉讼的变革必然引起社会各方面的较大浮动,考察两大法系代表国家英国、美国、法国、德国四国的历史可发现控辩平等的历程是在曲折中前进的。

英国作为陪审制度诞生最早的国家,也得以为控辩平等关系的形成架构出刑事诉讼结构基础。然而,陪审制度在其诞生那天起就为封建统治君主所控制,君主通过人事安排等手段控制了陪审团成员的组成,使得陪审制度成为统治者继续控制庭审的工具。这种状况直到资产阶级革命后始有改变。此外,辩护制度也是在曲折反复中才得以确立,辩护制度在英国出现得很早,但直到1696年《叛逆罪审判法》的出台,刑事辩护制度才开始被引入,而在此前,人们是禁止为被追诉人辩护的。除此之外,保释制度、证据制度等确立的过程也不是一帆风顺的,而是在面对学者们争议的同时,接受着实践的考验,在质疑与斗争中各项有利于被追人的制度才逐步建立起来。

美国作为较为年轻的国家,在其宣布独立后,便大张旗鼓地变革自己的刑事诉讼法律。在外无封建君主禁锢,内无历史传统束缚的优越条件下,美国似乎可以迅速实现控辩双方的平等,但是,从历史上来看,美国推进控辩平等的历程仍然是非常曲折的。虽然美国在其《独立宣言》中宣称"人人生而平等",但是黑人奴隶制度仍然在美国存在了很长时间,这种制度反映在刑事诉讼中便是适用法律时的不平等。为消除

① 冀祥德:《控辩平等论》,法律出版社2008年版,第175页。

种族歧视,美国众多有识之士为此进行了近一个世纪的不懈斗争,直到1868年《宪法第十四修正案》的通过,“平等保护”原则才得以真正确立。另一个典型的例证便是“米兰达法则”的适用问题,美国在适用沉默权制度问题上也曾产生过争议、动摇,甚至一些判例主张将其废弃,如何在维护社会稳定与人权保护之间取得平衡直接影响了控辩平等的进程。

德国是一个有着古老传统的国度,在其由封建社会向资本主义社会过渡的进程中,许多封建专制制度得以保留,这决定了这种社会变革的不彻底性。反映在刑事诉讼中,便是律师地位的低下。作为刑事辩护的最主要力量,律师在辩护中却不能享有平等的地位,不仅如此,法律也设置了种种限制条件,大大削弱了辩方的防御力量。这种状态随着1871年德意志帝国的成立而得以改变,律师不仅成为自由职业者,而且地位得以显著提高。然而,随着法西斯统治的上台,律师制度几乎被破坏殆尽,剩下的少数律师沦为法西斯统治的附庸,辩护职能近于消失。

法国同其他国家一样在由纠问式诉讼向现代诉讼制度迈进的过程中充满了曲折和往复。法国于1789年爆发了资产阶级革命,资产阶级为切实维护自己的“平等”“自由”,主张废除传统的刑事诉讼制度,引入了英国的陪审团制度,希望以此实现对公权力的有效制约。然而,在实践中,“陪审团制度”在法国发生了“水土不服”的现象,低效的审理方式无法应对不断增高的犯罪率,外来制度解决不了本国维护社会稳定的这一现实迫使法国人民对陪审制度进行反思,并一度考虑将其废弃。这最终导致了法国学习英国对抗制模式的失败,并转向职权主义模式。受此影响,保释金制度也随着这次学习的失败而遭到贬损,将其视为“对穷人的歧视”而被主张一概废除。

从上述各国代表制度的发展历程中,我们可以看出,一项制度的确立并非顺理成章,这期间充斥着观念的冲突、情感的抵触、制度的矛盾等问题,因此,控辩平等的历程呈现出曲折往复的状态,也正是这一曲折的过程才形成了各国刑事诉讼第三次革命的特色轨迹。

(三)必然性

每种制度或规则的产生与发展,与其背后社会需要与现实之间的矛盾密不可分,刑事诉讼制度也是如此。控辩平等作为一种程序设计,是为适应社会公平与正义的需要而产生,力图以完善的规则设计排除程序义务人主观随意性和各种外在关系的影响,实现证据判断、认定事实和适用法律的客观、公正。

"平等武装"是控辩平等中最基本的要素之一,"'平衡方能永葆公正'而确保平衡的最直接的途径是确认平等武装原则"①。在法庭上要形成控辩双方的"势均力敌"进而实现平等对抗,就要以平衡控辩双方的竞技技能为基点,赋予竞技双方相同的或利害程度相当的攻击和防御工具,才能使双方平等参与赛事并最终赢得公正的胜利。

"平等保护"是实现程序均等原则和公正审判原则的必然要求。随着刑事诉讼的不断发展,公正审判原则不再是遥不可及的审判理想,人们完全可以通过对刑事诉讼规则的创设来加以规范和调整,以确保司法程序公平进行以及各当事方的权利得到尊重。这需要客观制度的规范,也需要裁判者主观意识的努力。程序均等原则是对裁判者主观态度的规范。实现程序均等原则,要求裁判者尽最大努力避免或者克服自己的先入为主或者偏见,应当具有给予控辩双方同等对待的意识。公正审判,是针对法庭所面对的控辩双方而言的,只有裁判者坚持对控辩双方的公平对待才能保证给予诉讼当事人各方充分的机会来陈述本方的理由,进而在客观事实的基础上进行公正审判。面对控辩双方,居于中立地位的裁判者必须坚持平等保护这一理念,才能真正实现上述两大原则。

"平等对抗"不可或缺是因为双方平等对抗有利于发现事实。控辩双方的平等对抗是发现真实最有效的审判方式。案件事实认定的基础是诉讼证据,而对抗式诉讼模式注重两造平等的对抗过程,利于调动当事人举证和调查证据的积极性。作为认定案件事实根据的证据完全由控辩双方收集和提供,其内在动因在于诉讼中控辩双方与案件的实体判决之间的重大利害关系,由此,二者有足够的动力和压力去收集尽可能多的与案件事实相关的证据。加之诉讼证据规则的运作、控辩双方对同一证据的交叉询问等,都有助于对证据进行全面、深入的考察,从而更易于发现案件事实。而实际上控方具备法律知识的素养和充足的司法资源,辩论时优势明显,而犯罪嫌疑人、被告人往往是非法律专业

① 冀祥德:《控辩平等论》,法律出版社 2008 年版,第 49 页。

人士,缺乏法律知识的素养,可利用司法资源相对缺乏,辩论准备不充分,如不能赋予被追诉人各种诉讼权利,使得控辩双方平等对抗,则难以通过双方强有力的辩论发现事实的真相。

综上所述,“平等武装”是在形式上赋予控辩双方对等的诉讼权利及进攻手段,而对被告的行为裁判是否有罪,最终取决于法官对双方提供的证据和意见的关注和采信程度,这需要真正的“平等保护”,而在两者基础之上形成的两造对抗最终有利于事实的发现。因此,控辩平等的产生是其自身合理性的必然发展结果,它的产生利于事实真相的查明和正义的维护,符合人类追求公平与正义的需求。

三、第三次革命的标志

(一)第三次革命兴起的标志

1696 年英国《叛逆罪审判法》对刑事辩护制度的规定是刑事诉讼第三次革命兴起的标志。1640 年英国爆发了资产阶级革命,在这一动荡的时期,资产阶级为保护自身利益与封建阶级展开了激烈的斗争,反映在刑事诉讼法上则表现为刑事辩护制度的引入。这一时期,英国平均主义派首领李尔本提出了许多反对封建专制的资产阶级民主原则,他在《人民约法》《英国根本法和自由》等著作中认为:诉讼必须采用公开、直接和辩论的形式;被告人有辩护权;除了被告人自行辩护外,还享有请他人为其辩护的权利。这是英国资产阶级革命时期较早提出近代意义上的律师辩护制度的声音。

直至 18 世纪,人们仍自信地宣称,禁止辩护律师有利于被告,因为如果被误控,被告可以通过其直观而无辜的反应洗刷其不白之冤;如果被告有罪,其反应则“往往就能显露事实真相之一斑;而如果由他人越俎代言,则真相可能不易彰显”。在 1836 年之前,法官和法学家们甚至认为“法官应当是被告人的辩护人”。但是,这一时期,资产阶级维护自身权益的努力始终并未改变,随着资产阶级革命的胜利,1695 年律师制度开始逐渐扩及刑事案件。1695 年威廉三世以敕令规定严重叛国案的被告人可以请辩护人。在 1688—1689 年光荣革命后,“天主教阴谋”案(1678—1680 年)、“赖宅阴谋”案(1683 年)、“血腥巡回审判”(1685 年)等一系列著名叛逆案件受到质疑,针对伪证频出、司法公正沦丧的情形,律师辩护制度应运而生,首次对禁止辩护制度作出重大突破的是

1696年《叛逆罪审判法》的制定。该法案规定,叛逆罪的被告在审判中和审前阶段有权获得律师帮助。并且该法案在其前言中表现出了这样一种理念:被告可能是无辜的,因此他在程序上获得与控方平等的地位就显得很重要。“被指控为叛逆者……在这样的案件中,不应被剥夺所有公正和平等的途径以证明自己的清白。”1836年威廉四世颁布的法律规定:“不论任何案件的预审或审判,被告人都享有辩护权。”据此取消了对辩护的种种限制,英国正式确立了律师制度。[①] 从而在当事人主义诉讼模式下,刑事案件的被告人拥有了辩护权利。

随着世界范围内的资产阶级革命浪潮,英国的刑事辩护制度得以广泛传播。美国在独立战争后仍然保留了其作为英国殖民地时期盛行的当事人主义诉讼模式和律师辩护制度,虽然后来时有更迭,但律师辩护制度最终得以保留下来并不断完善。英国律师辩护制度不仅影响着英美法系国家,也同样影响到了大陆法系国家。法国在大革命后,也曾对英国的刑事诉讼制度推崇备至,并将当事人主义诉讼模式引入国内,律师辩护制度和陪审制度同样得以引进,并在以后的改革和变换中得以借鉴或保留。

（二）第三次革命成熟的标志

第三次革命走向成熟的标志是德国的《律师法》第1条关于律师执业豁免权的规定:“律师是独立的法律工作者,律师依法执行职务,进行辩护时不受法律追究。”[②]

有观点认为:律师执业豁免权是指律师在执业活动过程中因履行辩护或代理职责的需要而应当享有的某些特定执业行为不受法律追究的权利。[③] 也有观点认为:律师执业豁免权是指律师在法庭上的辩护言论不受法律追究的权利。司法机关不得因律师在法庭上的言论,而拘留、逮捕律师或以其他方式打击、迫害律师或追究律师责任。[④] 还有观点认为:律师执业豁免权是指律师在刑事诉讼中,尤其是在法庭上的辩

---

① 熊秋红:《刑事辩护论》,法律出版社1998年版,第33页。

② 赵秉志、时延安:《辩护律师执业豁免:近在眼前还是遥不可及》,载《中国律师》2001年第7期。

③ 李佑标、安永勇:《律师执业豁免权研究》,载陈卫东主编《“3R”视角下的律师法制建设》,中国检察出版社2004年版。

④ 陶髦、宋英辉、肖胜喜:《律师制度比较研究》,中国政法大学出版社1995年版,第112—113页。

护言论不受法律追究。对律师进行刑事责任豁免应具备 3 个条件：(1)律师刑事责任的豁免只能发生于律师行使辩护职能的活动中，而非执业活动中产生的刑事责任是不能豁免的。(2)律师刑事责任的豁免只限于刑事诉讼中。(3)律师责任的豁免只限于刑事责任。不包括律师在刑事程序中因刑事辩护应承担的民事责任、行政责任。[①] 上述观点在律师执业豁免权的表述中，都适用了限制豁免原则，观点二更是表达了言论豁免的立场，但是，在刑事诉讼中，辩护律师的辩护言与行是无法完全割裂开来的，仅仅对刑事辩护言论的豁免是无法达成、实现立法者设置律师执业豁免权的本意与宗旨的。对刑事辩护律师进行豁免权的设计，应当是全面的，即言与行的一并豁免。但全面豁免并不意味着全部豁免，对律师执业豁免的言与行应当有一定的限制。因此，笔者认为，律师执业豁免权是指，律师在刑事诉讼过程中，因履行辩护职责的需要而应当享有的某些特定执业言行不受法律追究的权利。具体而言，律师豁免的含义不仅是指"律师在法庭上发表的代理、辩护意见不受法律追究"，在庭审前的诉讼阶段发表的代理、辩护意见及向有关部门提交的诉讼文件，亦不受法律追究。

为什么要以律师执业豁免权作为刑事诉讼第三次革命的成熟标志？刑事辩护制度的目的就是为了保障被告人的人权，使其能够受到公正的审判，从而保证司法的权威性。刑事辩护制度实现着控辩双方平等对抗的作用，使私权利能够与公权力对抗。由于被告人的法律知识、诉讼经验等通常比不上辩护律师，所以在整个刑事辩护中，往往辩护律师能否有效履行辩护职责才是体现刑事诉讼是否平等对抗的关键。律师执业豁免权则极大地解除了辩护律师的后顾之忧，使其尽其全力为被追诉人辩护，这主要体现在：

第一，保障辩护律师的人权，维系辩方基本力量。律师既是刑事诉讼中的诉讼参与人，又是法律允许其提供法律服务的专业人员，其人身权、人格权、财产权受法律保护。这是保障人权的应有之意。法律对于辩护律师权利的保障，其意义不止于对辩护律师自身的保护，因为辩护律师在诉讼中履行着维护犯罪嫌疑人、被告人合法权益的职责，其辩护

---

① 赵秉志、时延安：《辩护律师执业豁免：近在眼前还是遥不可及》，载《中国律师》2001 年第 7 期。

职能正常发挥的前提是在诉讼过程中的独立性和自主性。如果辩护律师的权利处处受外在因素的限制,或者合法权利因参与诉讼而受威胁,在这种自顾不暇的情况下,让辩护律师成功履行辩护职责是不可能的,也不利于对犯罪嫌疑人、被告人权利的保护。赋予律师刑事诉讼中的执业豁免权,是保障犯罪嫌疑人、被告人人权的基本要求,也是保障刑事辩护律师这一人权保障实践者的人权的基本要义。

第二,实现程序公正,保障诉讼各方的诉讼权利。在刑事诉讼中,给予控辩双方平等的保护,确保诉讼各方当事人充分发表自己的观点、主张、论据,并进行一些积极的交涉和抗辩,这在很大程度上会使他们拥有对审判程序控制、对裁判结果形成施加积极影响的机会。因此,在现代诉讼体制下,程序公正成为各国司法界努力追求的目标之一,公正的程序通过确保诉讼各方充分享有和发挥诉讼权利,使诉讼公正能够被体现。但是,司法实践中,刑事辩护律师的权利并未得到应有的保障。

第三,促进律师辩护作用的最大限度发挥。律师维护犯罪嫌疑人、被告人的人权的作用要得以最大限度的发挥,最基本的保障是:律师不会担心因为维护犯罪嫌疑人、被告人的合法权益而被控诉机关敌视、甚至肆意地执业报复;律师不会因为害怕控诉方有强大的国家力量作为后盾,可随时对律师发起追诉,而使自己沦为被追诉者;律师更不会因为担心裁判者有对法庭的控制权和对案件最终的裁判权,就畏首畏尾、踌躇不前。律师刑事执业豁免权恰能提供这样的保障,缺乏这种基本保障,就没有人敢与控诉方、裁判方对抗,也没有人愿意担任刑事案件的辩护人。其后果只能是刑事案件的辩护形同虚设,逐渐走向衰落,这是现代诉讼所不能容忍的倒退。国家赋予辩护律师辩护执业豁免权,才有可能从制度上保障辩护律师“知无不言言无不尽”和“敢作敢为”,也才可能在法庭上实现真正意义上的“平等武装”和“平等对抗”,律师执业豁免权则能够真正消除辩护律师的后顾之忧,防范辩护律师的执业风险,最终使辩护律师在庭前庭后积极作为,法庭上畅所欲言,履行辩护职责,从而真正实现辩护制度的根本意义。

第四,是现代诉讼制度构建的迫切需要。刑事辩护律师为被告人服务,维护被告人的合法权益,必然会与公诉方产生对立。这就类似于同公权力对立,也就必然面临巨大的职业风险。但同时,由于辩护律师有自己的职业操守,需要履行自己的辩护职责,就必须要尽力为被告方争取最大的法律利益,此时辩护律师就陷入了两难境地。作为辩方的中坚力量,如果辩护律师屈服于控诉机关的强权压力,辩方权利定会萎缩甚至成为虚设,那么势必扭曲现代诉讼"等腰三角形结构"。相反,赋予刑事辩护律师执业豁免权,则使辩护律师回归到其本应处的位置,是辩方权利得到不断巩固和加强,也只有在这种情形下,控辩才有可能平等,继而产生平等对抗。

第五,实现充分辩论,保证实体公正。英美法系国家普遍认为辩论是发现事实的最好的途径。"控辩双方可以从不同的角度对案件事实和法律适用进行认识,弥补因种种条件限制而造成的对事实和法律的曲解,使审判机关能够准确认定案件事实,正确适用法律,实现司法公正。"简言之,通过控辩双方针锋相对的陈述、质疑、证明,然后再由审判人员得到内心的确信,从而确定案件的最终判决,这种判决也更易让公众所信服。在刑事诉讼中,控诉方是检察机关,在控辩双方的对抗中,处于绝对的强势地位,一旦和强大的公权力机关对抗,那么就可能面临极大的职业风险。辩护律师为了保全自己,就不得不牺牲被告人的利益,就不会尽力为被告人的合法权益而和公权利机关抗争,辩论效果可想而知。审判人员在控方的主导下,对案件的事实、法律的适用予以认定,这种情形下还原的事实显然是不为人所信服的,判决又何来实体公正呢?

总之,刑事辩护律师的执业行为,是为维护被告人的合法利益,是其履行辩护职责的行为,从整个诉讼参与角度而言,这本身也是属于诉讼行为,是辩护权的延伸,那么不管被告人最终是否被定罪,辩护律师在法庭上为被告人所作的努力是整个辩方的应然要求,都不应当随意受到刑事处罚。赋予律师执业豁免权是由辩护律师所担负的职责所决定的,辩护律师作为司法公正天平上另一端的砝码,其主要职责是针对控方获取的有罪证据,运用自己的法律知识和所掌握的证据材料,帮助犯罪嫌疑人、被告人更有效地行使自我辩护权。而检验辩护律师的言论是否与事实及法律相符,只能由诉讼的实践来证明,而不是由控方的观点、看法来决定。如果仅仅因为律师在辩护中的言论与事实及法律不符,就可以追究其法律责任,势必导致律师在刑事辩护中畏首畏尾,不敢发表自己的观点和意见,最终牺牲的是共同追求的诉讼目标的实现及刑事诉讼价值的体现。

四、小结

控诉和辩护是现代诉讼的两大基本职能,二者贯穿于诉讼程序的始终,呈现出既对立又统一的辩证关系。没有控诉,则没有辩护;失去辩护,控诉本身就失去了诉讼的法治意义,成为专制的纠问式诉讼。在长期的纠问式诉讼体制下,被追诉人成为审讯的客体,毫无权利可言。随着社会的不断进步,人民追求自由、平等的意识逐渐增强。面对日益强大的公权力,作为辩方的私人力量该如何捍卫自己的合法权利不受侵犯成为刑事诉讼第三次革命需要解决的主要问题。人们在实践与理论的摸索中逐渐认识到以权利制约权力的重要性,赋予辩方更多的权利,给予这些权利足够的制度保障,使控辩双方真正形成势均力敌的对抗,也成为这次革命的主题。

实现权利对权力的制衡固然是保障自由、平等的捷径,但如何能够真正实现这种制衡还需要具体制度体系的支撑。在这种需求下,人们通过平等武装、平等保护、平等对抗三个方面搭建起了控辩平等的框架体系,而每一方面下的具体制度成为控辩双方达到真正平等的保障。这些制度包括:陪审团制度、保释制度、律师辩护制度、证据制度、沉默权制度、法律援助制度等。因此研究控辩平等的发展历程是以研究这些主要制度确立及成熟过程为主线的。这些制度的主要作用体现在促进法官的中立、对公权力进行规制或增强辩方的防御力量。在这些制度中,律师辩护制度尤为重要,贯穿整个诉讼程序的始终。律师辩护也是辩方主要的辩护力量,因此,辩方力量增强的过程在一定程度上也是辩护律师权利增强的过程。此外,证据制度也是平衡控辩双方力量的重要元素之一。在法治比较发达的国家大多建立了起了证据开示、强制取证等制度,大大增强了辩方的力量。

第二节　世界刑事诉讼第三次革命发生的时代背景

刑事诉讼第三次革命的发生不是偶然的,是各种因素促成的结果。为进一步探析这次革命兴起的根源,需要对其发生的时代背景进行必要的研究。这次革命的发生的时代背景主要包括刑事诉讼第二次革命的推动、资本主义运动、司法价值追求转变三个方面。

一、世界刑事诉讼第二次革命对控辩平等的推动作用

诉讼格局的形成需要具备三方主体：控、辩、审，三者之间分别形成了控审关系、控辩关系以及裁判者与其他主体的关系。这三个关系并非相互独立的，任何关系的变动都可能带动其他两者的相应变动，这对控审关系与控辩关系而言尤为明显，主要体现在：

一方面，控审分离推动了程序主体性理论的实践和发展，为控辩平等提供了理论基础。程序主体性理论要求作为刑事诉讼活动的主要参加者，被追诉人应当具有主体资格，并享有相应的主体性权利。如果缺少主体资格和权利，被追诉人就会失去其主体地位而成为程序中被审讯的客体。

因此，程序主体性理论强调刑事诉讼中的被追诉人在刑事诉讼过程中与控诉机关、审判机关拥有同等的程序主体地位，他们与法官和检察官在身份上并没有高低之分，只是所担当的诉讼角色不同。正如法国启蒙思想家孟德斯鸠的描述："法官还应与被告人处于同等的地位，或者说，法官应该是被告人的同辈，这样，被告人才不觉得他是落到倾向于用暴决手段对待他的人们的手里。"如果控审不分，让法官与检察官共同承担起追究被追诉人刑事责任的任务，就会使国家权力无法得到有效制约和制衡，控辩平等也就缺乏相应诉讼结构和程序保障。

另一方面，控审分离符合诉讼职能区分理论的要求，为控辩平等提供了制度基础。所谓诉讼职能区分，是指参与刑事审判活动的诉讼主体在诉讼角色、功能和作用方面的分工。整个刑事审判活动就是在控诉、裁判和辩护这三项诉讼职能的区分及其相互制衡中进行。① 没有诉讼主体的诉讼职能区分，他们的诉讼行为就会出现混乱和无序，审判程序将难以具备基本的公正性和合理性。控审分离使得控诉、辩护和裁判三项诉讼职能由三方独立的诉讼主体分别承担，为控辩平等提供了制度条件。

---

① 陈瑞华：《刑事审判原理论》，北京大学出版社 2003 年版，第 186—187 页。

二、资产阶级革命对控辩平等的推动作用

(一)资本主义经济的促进作用

一个社会的政治制度和法律制度归根到底要由这个社会的经济发展水平来决定。恩格斯早就明确指出:“一切社会变迁和政治变革的终极原因,不应当在人们的头脑中,在人们对永恒的真理和正义的日益增进的认识中去寻找……而应当在有关的时代的经济学中去寻找。”①因此,法律的本质和特征都由经济基础决定,并反映经济基础的要求。在经济上占统治地位的阶级,是现实经济关系即经济基础的代表者。对它们来说,维护这种经济基础是生存的根本。作为占统治地位阶级的意志集中体现的法律,也就必然要以这种经济基础的要求为转移。

西方国家很早就以交易行为为基础产生了商品经济,并出现了商人阶层和商业社会及至后来发展成为的资产阶级和资本主义社会。商品经济滋润着人们自由、平等、权利等法权观念的发达。这就为高扬个人价值的制度及观念体系的生成,提供了社会条件。

在自由资本主义发展阶段,“自由资本主义国家的政治特征是资产阶级以自由主义的方式来统治国家”②。以自由主义为指导思想的政治形态又称“权利政治”,强调公民的权利,尤其是自由权利,反对专制政治的地方特权、等级特权和人身束缚,实现从“身份社会”向“契约社会”的转变,虽然其实质就是保护资本的自由,但是在意识领域产生的“权利”意识仍是人类社会的巨大进步。

在垄断资本主义阶段,社会化经济与原先的自由资本主义制度之间的矛盾开始凸显,国内外之间、宗主国与殖民地之间矛盾不断。这推动着整个社会制度的加速变革或改革。德、意、日走上法西斯主义道路,专制复辟,法制退化,人权保障遭到践踏。美国则走上福利国家道路,法治事业得到充分发展,律师辩护、陪审团制度得到进一步完善并为战后西欧各国所效仿。而苏联形成了特有的社会主义法律体系,影响了周围许多国家。

应当指出的是,法律由经济基础所决定,并不意味着经济基础是唯

---

① [德]恩格斯:《社会从空想到科学的发展》,载《马克思恩格斯选集》第3卷,人民出版社1972年版,第425页。

② 王惠岩主编:《政治学原理》,高等教育出版社1999年版,第73页。

一决定的因素。正因为如此,处于同一经济基础和相同生产力发展水平上的不同国家,法律往往呈现千差万别的情况。当然,这种交互作用都是在经济因素最终起决定作用的情况下发生,并不影响经济基础决定上层建筑的本质。

(二)启蒙思想运动的理论推动

随着社会生产力的发展,新兴资产阶级独立意识逐渐增强,而腐朽的封建专制政治体制严重束缚了资本主义的发展。"充满生机的欧洲资产阶级必须为自己的行为提供全新的理论,从而确立新的价值观和资产阶级意识形态。启蒙运动就是在这样的社会背景下发生的一场深刻的文化革命。"①启蒙运动高举理性与人性的大旗。"决不要让有理性的人屈从于无理性者的统治,新生的一代将为他们的理性和自由感激我们"②,他们以理性的名义进攻一切传统的观念和神圣的权威。包括宗教、自然观、社会形式、国家制度,法律制度是上层建筑的重要组成部分,反对封建专制制度不能不涉及刑事诉讼制度,即刑事诉讼法的"不够理性与人性"。

孟德斯鸠认为自由最大的威胁来自公共控诉或私人起诉。刑事诉讼程序不应当仅仅只考虑到惩罚犯罪人,他还应当保护所有人的自由。在《论法的精神》一书中,还提出了"三权分立"学说,并把"司法独立"列为一项重要的原则,要求法官凭良心独立行使职权,不受任何方面意见的影响;同时明确提出要对被告人实行人道主义。

意大利法学家贝卡里亚在其《论犯罪与刑罚》一书中,对刑讯逼供的野蛮性和形式证据制度的荒谬性进了深刻的剖析与批判,并提出了著名的"无罪推定原则",主张在法院没有作出有罪判决之前,任何人都应当被看作无罪的人而受到法律的保护。"让判决公开;让犯罪证据公开,让唯一能进行社会控制的大众意见公开,只有它才能限制暴力与激进;这样人民会说:我们不是奴隶,我们受到保护。"③这一系列思想和原则,尖锐而深刻地批判了封建专制的司法制度,为资产阶级的刑事诉讼

① 孟节省、林雪原:《西方文化漫谈》,红旗出版社2002年版,第191页。

② [美]威尔·杜兰特:《哲学的故事》,朱安等译,文学艺术出版社1991年版,第247页。

③ [意]贝卡里亚:《论犯罪与刑罚》,黄风译,中国大百科全书出版社1993年版,第20页。

奠定了基础。

伏尔泰痛斥纠问式刑事诉讼的秘密性和刑讯逼供制度，他写道："在罗马法中，在被告人在场的情形下，公开地听讯证人。被告人可以答复证人，向证人提问，或者聘请律师代为之。这种程序是高尚、不掩饰的。它吸收了罗马的宽宏大量的气度。"①

资产阶级在启蒙运动中尖锐而深刻地批判了封建专制的司法制度，提出了一系列反映资产阶级意志、保障诉讼民主化和控辩平等的诉讼原则，并为政权建立后对原有的刑事诉讼加以改造或扬弃奠定了基础，将诉讼法制推到一个新的阶段。

（三）资产阶级革命运动的制度支持

17 世纪后期至 19 世纪初的资产阶级革命，改变了整个人类的历史。资产阶级在猛烈抨击专横黑暗的封建司法制度的斗争中，确立了与纠问式诉讼有质的区别的新的辩论式诉讼制度，将诉讼法制推到一个新的阶段。

资产阶级为取得政权在西欧各国发动资产阶级革命运动，取得政权后通过国家立法形式来确保新的诉讼原则的实行。英国国会 1689 年和 1701 年分别通过了《权利法案》和《王位继承法》两个宪法性文件，并明确规定了"法院独立"原则和"法官终身职"制度。1788 年，奥地利制定了历史上第一部刑事诉讼条例。1808 年，拿破仑编纂制定了法国《治罪法》（*Coded' instruction Criminelle*），确立了具有大陆法系鲜明特点的职权主义诉讼模式。德国于 1877 年制定了《刑事诉讼法典》，日本则先是于 1880 年仿照 1808 年的法国《治罪法》制定了日本《治罪法》，并于 1882 年实施，后又于 1890 年参照德国 1887 年的《刑事诉讼法》重新制定了《刑事诉讼法》。其他殖民地如加拿大、澳大利亚等，也基本沿用英国的刑事诉讼制度，有司法独立原则、平等对抗原则、无罪推定原则、公开审判原则等原则的不同程度的体现。特别值得注意的是，美国刑事诉讼制度的最大特点，是把刑事程序中一些重要的诉讼权利和诉讼原则直接规定在宪法中，由国家根本大法为公民在诉讼中的人身权利、民主权利提供保障。

---

① A. Esmein, *A History of Continental Criminal Procedure*, Trans. By John Simpson, London: Little Brown and Company, 1913, p. 360.

同时,这一时期形成控诉、辩护、审判"三足鼎立"的刑事诉讼结构,控诉人、被告人都是诉讼的当事人,与法院一起构成诉讼主体。公诉人或自诉人履行控诉职能,被告人、辩护人履行辩护职能,法院履行审判职能。控辩双方在平等的地位上互相对抗,法院在此基础上居中裁断。这就是近现代刑事诉讼的基本结构模式。在证据制度方面,资产阶级废除了纠问式诉讼时期的法定证据制度,代之以自由心证制度。

综上所述,英美法系和大陆法系虽各成体系,但共同构成了现代刑事诉讼的基本框架,确立起一系列现代刑事诉讼的原则和制度,直接推动和体现了刑事诉讼法第三次革命的发生和发展。

三、司法价值追求的转变对控辩平等的推动作用

(一)平等观念的传播

14 世纪以来,随着社会生产力的不断发展,资产阶级也经历了资本主义萌芽向自由资本主义发展的阶段。"当经济关系要求自由和平等权利时,政治制度却每一步都以行会的束缚和特殊的特权同它相对",因此,逐渐成为社会主导力量的资产阶级"注定成为现代平等要求的代表者"。在这种时代背景下一批伟大的启蒙思想家也应运而生。

著名政治思想家伯里克利最早提出了"法律面前人人平等"的口号。① 启蒙思想家们从自然法中得出结论:人人生而平等,这是与生俱来的天赋权利。在启蒙运动的号角声中,平等的观念和理论得到了广泛的传播并逐渐为世人所认同,平等权利由此演化而来。

霍布斯认为,人是生来平等的,表现在人类身体和心灵的能力上的平等。洛克也认为,自然状态是一种平等的状态,一切权利和管辖权是相互的,没有一个人享受有多于别人的权利。卢梭在《社会契约论》中指出:"社会公约在公民之间确立了这样一种平等,以至于他们大家全都遵守同样的条件并且全都应该享有同样的权利。"②在卢梭看来,公民的平等本身,只是人们自然平等的一种形式和必然结果。

资产阶级革命胜利后,平等权被作为一种法定权利。1776 年《弗吉尼亚权利法案》第 1 条规定:"一切人生来享有平等的自由权、自立

① 冀祥德:《控辩平等论》,法律出版社 2008 年版,第 68 页。

② [法]卢梭:《社会契约论》,何兆武译,商务印书馆 2003 年版,第 44 页。

权……其生命和自由不得以任何契约而丧失或剥夺”,这是世人首次以法律条文的形式规定平等权。美国《独立宣言》亦强调:“……人人生而平等……他们都从他们的‘造物主’那边被赋予了某些不转让的权利,其中包括生命权、自由权和追求幸福的权利。”1789 年法国《人权宣言》第 1 条规定:“人们生来并且始终是自由的,在权利上是平等的;社会的差别只可以基于共同的利益。”继美、法之后,随着资产阶级革命在世界范围内的胜利,资本主义国家宪法大都把平等权(公民在法律面前人人平等)作为一项主要内容加以规定。

公民在法律面前一律平等的原则也被社会主义国家确立为宪法原则。苏联《俄罗斯苏维埃联邦社会主义共和国宪法(根本法)》明确规定,一切公民不分种族和民族都享有平等权利,并且宣布任何特权和歧视都是违背共和国的根本的。至此平等权已成为一项实实在在的宪法权利。[①] 控辩平等原则就是在平等原则基础上发展演化而成的。“创造权利的东西(我指的是今天的权利)恰恰就是确认人们的平等。这种确认的平等先于司法。是平等创造了司法和构成了司法。”[②]因此,平等思想的传播为控辩平等的兴起与发展奠定了基础。

(二)权力分立思想的深化

权力制约的传统模式是立法、行政、司法三权分立,其思想渊源最早可以追溯到古希腊罗马时代。亚里士多德在《政治学》一书中提出了著名的政府机能三要素论,即议事、行政、审判三职能需分立制衡。波里比阿提倡罗马的混合政体,认为执政官、元老院、保民官理应相互牵制,这样可以抵制一切揽权的倾向和独裁现象。

步入近代以来,权力分立思想得到进一步深化。洛克认为:“如果同一批人同时拥有制定和执行法律的权力,这就会给人们的弱点以绝大诱惑,使他们动辄要攫取权力。”他强调立法、行政、对外权三权分立,但立法权地位要高于行政权和对外权,因此实际上只是立法和行政两权分立。孟德斯鸠在此基础上近一步提出了完整意义上的三权分立思想,他主张国家立法、行政和司法三种权力需由不同机关行使,三权相互制衡。美国独立战争取得胜利后,首先实践了“三权分立”原则,“每

① 陈光中、[加]丹尼尔·普瑞方廷主编:《联合国刑事司法准则与中国刑事法制》,法律出版社 1998 年版,第 116—117 页。

② [法]皮埃尔·勒鲁:《论平等》,王允道译,商务印书馆 2005 年版,第 23 页。

一部门都有各自的权力范围,制约着另外两大部门的权力。这三大部分各自保持相当程度的独立”,即在美国立法权、行政权和司法权不仅仅是相互独立,也得以相互否定、牵制从而实现了三权之间的制衡。[①]

权力分立思想的不断发展衍生出“三权分立”的制衡模式。在反封建专制的斗争中,权力分立思想成为历史前进的航标;“三权分立”的制衡模式在资产阶级革命后建立起来的国家里,成为立宪者们纷纷借鉴的政治架构。有效的权力制约机制,也限制了公权力在司法领域的“扩张”和“渗透”,对保护和促进民主、自由与人权起到了重要作用。

(三)人权保障理念的加强

英国1628年的《权利请愿书》和1689年的《权利法案》是迄今为止发现的最早载有人权规定的法律文件,也是西方国家人权立法的初步形态,它确立了以法律保障个人自由权利的制度。[②] 法国在其1789年《人权宣言》中明确表述了人权的核心地位,它在世界历史上第一次以宪法的形式肯定了人权原则,其宣言开篇就写道,不知人权、忽视人权或轻蔑人权,是造成公众不幸和政府腐败的唯一原因。然而,从理论转化为制度和现实的人权,远远不是颁布一部宪法或者人权法案所能实现的。法国革命在恐怖期间就曾对人权也进行了肆意的践踏;美国联邦宪法也曾因为缺乏保护基本公众自由和权利的规定而受到抨击。资产阶级革命正是在这种背景下对“人权”理念进行了探索和实践。资产阶级在政治、法律和社会制度上对人权的确立开启了近代国家人权保障的坎坷却又保持向前的践行历程。

二战后,人权事业的发展步入了一个新的阶段。这得益于国际法的发展,国际法这一传统上国家之间关系的法律现在将其范围扩大到了其他实体,包括个人,个人在很长时间内是国际法的客体,现在变成了国际法的主体。1948年,联合国大会通过《世界人权宣言》,标志着人权原则作为人类社会最基本的道德准则已在世界范围内获得普遍认同。它与《经济、社会和文化权利的国际公约》《公民权利和政治权利国

① [美]麦克斯·J.斯基德摩,马歇尔·卡特·特里普:《美国政府简介》,张帆、林琳译,中国经济出版社1998年版,第85页。

② [瑞士]托马斯·弗莱纳:《人权是什么》,谢鹏程译,中国社会科学出版社2000年版,第3页。

际公约》共同构成了“国际人权宪章”,是世界范围内的人权基本文献。迄今为止,有关各国已经通过了70多个关于人权的国际宣言、公约、协议和议定书等。

人权事业的发展影响甚至决定着世界刑事诉讼法的变革,包括实体与结构的变革。随着联合国人权理事会、欧洲人权委员会、欧洲人权法院的设立,其组织项下的成员国不得不设置相关程序和制度来具体保证条约义务的实施,而其中关系最大的就是刑事诉讼法,因而变动最多的也是刑事诉讼法。为保障人权,和解制度、个人申诉制度、控辩平等理论等得到广泛传播和应用,并指导着刑事诉讼法的不断修改和完善。

四、小结

刑事诉讼第三次革命是在特定的时代背景下发生的。这包含刑事诉讼第二次革命、资本主义革命、司法价值追求的不断推动。刑事诉讼的第二次革命,实现了控诉权与审判权的分离,不仅推动了程序主体性理论的实践和发展,为控辩平等提供了理论基础,也推动了控诉职能、辩护职能与审判职能的分离,为控辩平等提供了制度基础。

法律制度归根到底要由这个社会的经济发展水平来决定。法律的本质和特征都由经济基础所决定,并反映经济基础的要求。这一时期资本主义经济获得迅速发展,为突破封建经济体制的束缚,早期资产阶级在思想和现实领域展开了积极的斗争。启蒙运动高举理性与人性的大旗。他们以理性的名义进攻一切传统的观念和神圣的权威,包括旧有刑事诉讼的“不够理性与人性”。孟德斯鸠、伏尔泰、贝卡里亚等思想家在痛斥纠问式诉讼模式的同时,提出了保障人权、平等、司法独立、无罪推定、自由心证等理念、原则和制度,为刑事诉讼第三次革命的发生和发展奠定了坚实的理论基础。

随着资产阶级革命时代的到来,这些主张被广泛用于实践,推动了刑事诉讼的现代化进程。“平等”逐渐成为诉讼活动中的基本理论源泉,并贯穿于整个诉讼活动之中;权力分立思想的不断发展衍生出“三权分立”的制衡模式,有效的权力制约机制,也限制了公权力在司法领域的“扩张”和“渗透”;二战后,人权事业的发展步入了一个新的阶段。人权事业的发展影响甚至决定着世界刑事诉讼法的变革,包括实体与结构的变革。随着联合国人权理事会、欧洲人权委员会、欧洲人权法院的设立,其组织项下的成员国不得不设置相关程序和制度来具体保证条约义务的实施。刑事诉讼第三次革命就是在这样一种时代背景下展开的。

第三节　世界刑事诉讼第三次革命的发展历程

刑事诉讼第三次革命是刑事诉讼制度在世界范围内的制度变革。这一过程中控方权力的规制和辩方的权利的扩张成为主题。本书在综合研究的基础上以英美法系和大陆法系代表国家的主要制度为主线,通过阐述这些制度的产生直至确立的历史过程来研究控辩平等的发展进程。由于各国发展情况不同,并不是所有的制度都得以被广泛认可和接受,因此,笔者认为,考察各国制度的同时不能简单以有无判定控辩是否做到了平等,而是要看其所形成的制度体系是否真正形成了控辩双方足以平等对抗的态势。

一、英美法系国家控辩平等的历史考察

(一)英国控辩平等的演进历程

英国的刑事诉讼诉讼第三次革命开始的较早,这和其刑事诉讼的当事人主义模式密切相关。英国不同于其他国家,从弹劾式诉讼模式时期便强调当事人的主导地位,而且没有经历过纠问式诉讼模式便过渡到现代当事人主义诉讼模式。因此,英国控辩平等的历程早而漫长。其经历了萌芽、开始、进一步发展、初步形成、走向成熟五个阶段。各阶段是通过对保释制度、陪审团制度、人身保护令制度、证据制度、法律援助制度、律师制度的发展历程来表现的。

1. 控辩平等的萌芽阶段——保释制度的建立

英国保释(bail)制度开始于9世纪,bail一词源于古法语bailer,意指移交。最初是指将被释放之人移交给担保人或保证人看管。是从英国早期无效率的法院体制中逐渐发展起来的制度。[①] 早期的英国司法体制不发达,实行法官巡回审判制,审判需等待很长时间才能进行,犯罪嫌疑人就一直被羁押下去,直到郡司法长官到来进行审判。为避免

① 齐树洁:《英国司法制度》,厦门大学出版社2007年版,第508页。

长期羁押的不公平及解决羁押场所不足的问题,当时的郡长要求提供证人或保证金担保的方式对被羁押人进行释放。从被追诉人角度而言,这是英国人维护自由的一种努力。

从控辩平等角度而言,在审前程序中,被逮捕者一旦被怀疑有罪并被限制人身自由后,面对的是强大的国家机器,国家有足够的人力、物力、财力调取和收集其有罪的证据。而被逮捕者处于明显的不利地位,其申辩和证明自己无罪比司法当局证明其有罪要困难得多。保释制度则能对侦查、起诉机关强制处分权的行使进行必要的约束,且又不妨碍其追诉犯罪的积极性和主动性;对被追诉人而言,能够保障其在遭受超期羁押等不法侵害时能够获得及时、有效的程序性救济,使整个程序体现出正当性。

现代意义上的保释权是平等武装理念的一种体现,它是为了确保某项公平、自然正义的理念不受特殊情况影响而赋予的,是犯罪嫌疑人诉讼地位提高的表现。赋予被追诉人以审前释放的权利,对他的利益是显而易见的。一方面,可以防止错押、超期羁押等问题的出现;另一方面,可以对司法程序形成正面的影响,就使得被告人在不妨碍刑事诉讼进行的情况下易于寻找证人,发现新证据,有更多的机会与律师商谈,为辩护做好准备。

但是,从这些角度而言,出现于9世纪的英国保释制度,不具有现代意义的保释制度的相关职能,它的目的主要是解决羁押场所不足问题,只是在客观上起到了保护被追诉人的功能,和现代的司法理念相去甚远。只是,它带来的客观影响却反映出控辩平等的合理性和必然趋势,因此,从这个角度而言,开始于9世纪的保释制度是控辩平等的萌芽阶段。

2. 控辩平等的开始——陪审团认定事实职能的产生

1166年,亨利二世颁布的《克拉伦登法》建立了大陪审团即起诉陪审团制度,第一次实现了国家控诉职能与审判职能的分离,控辩平等这一命题始有发展的空间和必要。1215年《大宪章》(*Magna Carta*)对这一制度进行了保留和发展,其第39条款规定,“凡自由人除经其同等地位者依法判决或根据王国法律,不得被逮捕、监禁、没收财产或者自由”①。

---

① 齐延平:《自由大宪章研究》,中国政法大学出版社2007年版,第177页。

以法律形式把陪审团制度固定下来,规定了由起诉陪审团起诉的形式以及人民享有接受与自己同等人审判的权利。这一规定促使陪审团具有了起诉职能和认定事实这一审判职能。正是认定事实职能的出现和固定,控辩平等才有了发展的基础。

陪审制度促进了英国程序结构的模式的形成。由于陪审团是临时组织起来的组织,不存在长久存在的可能性,因此,客观上要求案件在尽可能的范围内实现持续性审理。由于陪审团必须在较短的时间内集中地听取证据和辩论并作出判断,开庭前所做准备活动的主要内容就是必须使案件的准备内容在开庭时达到适合连续、集中审理的程度,这就形成了英国"充分的审前准备+主要期日开庭审理"的程序结构模式;为防止证据突袭的出现,又产生了庭前证据提供和交换的要求。① 在陪审团兼有认定事实职能制度下,事实问题与法律问题的划分促进了法官相对消极地位的形成。对于事实的认定是由陪审团来认定的,法官根据陪审团的认定结果来决定法律的适用。因此,在认定事实这一法庭审判最重要的环节中,法官得以保持消极的行为方式。法官在这一环节中的任务只是确保庭审的正常进行,这在很大程度上表现为法官对程序的主导和维护。

陪审团成员系非法律专业人士且非专职人员,使自由心证、辩论、交叉询问、集中审理等原则和制度成为必要。而保障这些原则和制度的实施,又催生了其他规则和制度的产生。以"自由心证"为例,因为陪审员缺少必要的法律修养,在证据判断上靠的是自由心证,但是在实际运行中,这些人员往往缺少应有的鉴别能力和沉着冷静,为防止出现当事人及律师的不良诱导下导致陪审团成员的不当心证行为,英国形成了一系列有效的证据规则,以"限制无关联性之证据、偏颇之证言、虚伪之证言或足致陪审员因本身之感情与同情之偏见、易于发生错误之证据,提出于法庭,使陪审员,仅得凭其合理性且富有安全性证明力之证据,而为合理之判断"②。此外传闻证据、意见证据等规则也是在这种要求下产生的。

综上所述,陪审团认定事实职能的产生使得法官失去了事实审这

---

① 齐树洁:《英国司法制度》,厦门大学出版社 2007 年版,第 126 页。

② 宋英辉、吴宏耀:《外国证据规则的立法及发展——外国证据规则系列之一》,载《人民检察》2001 年第 3 期。

一职权,中立地位得以形成和保障;与此同时,自由心证、辩论、交叉询问、集中审理等原则和制度也为控辩平等的发展提供了空间和条件。但是,在这些制度和原则确立的初期,其形式意义远远大于其实质意义,陪审团制度在具体运作中沦为国王指控犯罪的工具,针对这种状况,英国人民又进行了一系列改革,促进了控辩平等原则的进一步发展。

3. 控辩平等的初步形成

控辩平等的进一步发展处于资产阶级开始萌芽发展并和封建集团开始摩擦斗争的时代。至17世纪初,随着资本主义商品货币经济的发展,资本主义的生产方式逐渐建立起来,以圈地为主要形式的土地使用方式开始形成。在这种背景下,新贵族和资产阶级的利益同封建君主和封建贵族的利益开始发生分歧,新兴贵族和资产阶级往往沦为被追诉人,为捍卫自己的权利,增强自身的抗辩力量,二者与封建统治者展开了权力与权利之间的斗争。这一时期,英国保释制度、陪审团制度、人身保护令制度、证据制度、法律援助制度得以形成,至此,英国形成了制衡公权力的制度体系,标志着控辩平等的初步形成。

(1)保释制度的形成

12—13世纪,英国对于犯罪嫌疑人的羁押或者释放一直都由当地郡长决定。郡长的这种权利不受司法制约,往往滥用保释为自己谋取利益,甚至收受贿赂。为了消除上述种种弊端,英国于1275年制定了一部规范审前释放程序的法律——《威斯敏斯特法》,该法将犯罪分为可保释和不可保释两类,以此试图消除地方郡长的保释自由裁量权。就可保释的罪行而言,基本前提是犯罪嫌疑人能够提供足以令人相信的出庭受审的保证,就可以获得保释。1677年《人身保护令法》扩大了保释制度的适用范围,规定了某些情形下被指控者应得到保释,并制定了保释听审程序的基本框架。1689年《权利法案》认为,要求被保释者交纳过高保释金实质上侵犯了公民的自由权利,因而,明确禁止在保释决定中苛加过高的保释金。至此,无论是被保释者的范围,还是具体的保释金额条件都得以发展。同时,在这一过程中,赋予被追诉人保释权利逐渐成为常态,对被追诉人而言,有更多的机会和力量去和控诉方相抗衡。1976年《保释法》(*Bail Act*)制定了保释决定标准和程序,创设了有利于保释的推定制度,即要求法官在拒绝保释的情况下,必须出具理由。该法第1条规定:在某人被指控或被宣告有罪的程序及相关程序中,可准予保释;因某一罪行被逮捕或正在被签发逮捕证的犯罪人,可准予保释。据此,被追诉人在诉讼的各个阶段均有权获得保释,而且准予保释应是常态,而不准保释则是例外。

(2)陪审团制度的形成

1352年,爱德华三世颁布公告,禁止检举陪审团参与审判,并另设一个由12人组成的审判陪审团。检举陪审团与审判陪审团的区分正式确立。其意义在于使大小陪审团实现了分离,利于减少公权力的过多干涉。因为,在此之前,陪审团职能最初的区分并不能增强被追诉人的辩护力量,反而为封建君主所利用,以求控制整个刑事审判。这是因为审判陪审团的成员多数为国王从检举陪审团中指定的成员,而在"一个陪审员不能作出互相矛盾的裁决"原则下,同时参与两个陪审团的成员必须在审判和起诉上作出一致的表示。后来民众的不满情绪日盛,国王不得已于1352年下令禁止检举陪审团参与审判并允许成员提出反对或回避,自然那些曾参与起诉陪审团的成员一般就会遭到反对,从而被"淘汰出局"。由此,渐渐地,大、小陪审团并终于在后来完全分离。被追诉人注定有罪的命运得以改变,控辩平等得以继续发展。与此同时,在1367年以前,陪审团作出裁决只需简单多数通过,后为加强对被告权利的保护,英国法院在Henry v. Robert一案中确立了如下规则:陪审团裁决必须意见一致。① 这显然有利于被追诉人,对控方而言则是增加了胜诉的难度。

(3)人身保护令制度的形成

1679年的《人身保护法》对逮捕、拘禁等剥夺、限制人身权利和自由的措施制订了详细的程序规则,标志着以"法律的正当程序"保护人身权利和自由的资产阶级法治的开端。② 其最具代表性的内容就是"人身保护令状"(又称"出庭状")制度的运用。其要求是犯罪嫌疑人和刑事被告人可以向王座法庭申请颁发人身保护令状,要求审判机关对侦查机关抓人、捕人的合法性进行审查,并保证犯罪嫌疑人获得被迅速审判的权利。该法第4条规定:"各官员,或其属员,或管狱员,或助理员,

---

① 齐树洁:《英国司法制度》,厦门大学出版社2007年版,第299页。

② 董云虎:《世界人权约法》,四川人民出版社1990年版,第278页。

延误或拒绝覆者,或在上列规定各期间内不依令状之规定解送在押人犯者,或经被羁押之被告人或他人请求抄发押标或居留状而不于6小时内备受本律规定抄给者,其主管狱官就科予第一次应处罚金……”第5条规定:“凡依人身保护令状已经解送或保释之被告,除送照保结所载应行尊传投庭之法院或其他主管法院,所为命令与程序者外,任何人不得引起同一或捏饰犯罪行为而再羁押。”[①]通过法律的规定,英国得以保证法院审判的合法性和程序性,对国家或公权力机关限制人身自由和审问的权力进行了规制,使得被追诉人的防御力量得到了显著的加强,很好地实践了对控方权力的制约和对辩方力量的增强这一刑事诉讼革命第三次革命的主题。

(4)控辩平等下证据制度的形成

为应对侦控方先天性的取证优势所带来的取证力量不平衡问题,1898年《刑事证据法》与1984年《警察与刑事证据法》两部法案通过自我作证、强制作证、沉默权、证人缺席不利于控诉等制度来寻求控辩双方在取证方面的力量平衡。具体而言:

其一,证据制度对辩方寻求证据力量的倾斜。

《刑事证据法》赋予了被告人作为辩护证人的资格。该法第1条规定:“每一个被控犯罪的人在诉讼的每个阶段将是一个有能力的辩护证人,不管他是单独被控告,还是与任何共犯一同被控共同犯罪。”这一规定表明,被告人(包括犯罪嫌疑人)可以作为证人为其辩护利益提供证据或作出陈述。同时,被告人也是一个为同案犯辩护或者控告同案犯的有资格但无强制性的证人。根据该条的规定,只要一个人了解该案情况,并在诉讼各阶段,尤其在法庭上合法地陈述其所了解的情况,或提供所掌握的证据,该人将被视作证人,而是否与案件有特殊的利害关系或者属于特定的诉讼身份,则在所不问。

强制证人出庭制度增强了辩方寻求证人的力量。按照规定,凡具有作证义务的证人,经起诉方或被告方传唤,都应出庭作证。在英国,证人出庭的义务,不仅是证人作证义务的一种重要延伸,同时也是证人从事作证活动的最主要的表现形式。而在此以前被告人在为自己进行辩护时根本无权向法庭提供证据,而这一法律首次赋予被告人提出本

---

① 王世杰,钱端生:《比较宪法》,中国政法大学出版社1997年版,第63页。

方证据的权利，并规定被告人只能在"自己提出请求时"才提供证据，这暗含着他不能被迫提供证据的意思，这也被视为沉默权之保障。

其二，证据制度对侦控机关取证权力进行了规制。

面对侦控方的强势地位，《刑事证据法》赋予了辩护人以沉默权相抗衡。在英国，保持沉默的权利（right to silence）又被称为不被强迫自证其罪的特权（privilege against selfincrimination），指被告人不应被强迫提供任何可能归罪于他的证据并有权要求控方证明其有罪，同时可以在审判前或审判中不回答任何问题。其基本要求有二：一是被告人不得被强迫提供证据或做出供述；二是被告人受到指控时有权不做对自己不利的陈述。①

《刑事证据法》是对沉默权做出规定的最早的成文法，该法明确规定被告人享有沉默权是刑事诉讼的重要原则之一，由此彻底颠覆了英国教会法院的纠问式诉讼制度，对后来的西方其他国家特别是美国的司法制度产生了极大的影响。沉默权的确立被认为是"人类在通向文明的斗争中最重要的里程碑之一"②。1984 年《警察与刑事证据法》是一部关于警察权力的"大宪章"，此法的出台，英国法律将沉默权制度的适用范围扩大到了警察对犯罪嫌疑人的审讯之中。根据《警察与刑事证据法实施细则 C》的规定，沉默权获得了进一步发展，这体现在，警察在实行逮捕时必须对当事人进行告知，在讯问之前也应当首先告知，告知的基本内容是：对于警察的提问，嫌疑人可以不做任何回答，控方也不能以此为由向法庭指控其有罪。而此前，在很长的历史时期内，英国法律中的沉默权都局限于审判阶段，有关的判例只认可被告人在法庭上享有沉默权，未将沉默权的适用范围扩大到庭前警察对犯罪嫌疑人的审讯。时至今日，沉默权在被告人的权利体系中已经处于基础性的地位，是一种优先于其他权利的权力，是其他权利的基础和保障。

侦查机关取证时的未成年人的合适成年人在场制度。《警察与刑事证据法实施细 C》规定，青少年、精神病患者以及智障者在接受警察讯问时，除了具有一般法律规定的权利之外，还必须有一个具有适当身份的成年人在场，这个人可以是父母，也可以是一名社会工作者。未成

---

① 齐树洁主编：《英国司法制度》，厦门大学出版社 2007 年版，第 531 页。

② 袁曙光、张静：《沉默权：一个无法沉默的话题——从我国刑诉法"应当如实回答"谈起》，载《山东省青年管理干部学院学报》2009 年第 1 期。

年人由于其心智的不成熟性,面对侦查机关的讯问往往不能认识到自己言行的后果,因此,对其自身权利而言构成了很大的潜在威胁。未成年人的合适成年人在场制度一方面有助于缓解未成年人的紧张或抵触情绪;另一方面能对侦查机关的行为进行有效监督,防止对未成年人的权利侵犯。

设立专职羁押官和审查官。为了确保犯罪嫌疑人在警察局羁押期间能够获得法律所规定的各项权利,该法规定,警察在对某人实施逮捕并将其带到警察局以后,应当将其移交给羁押官,由羁押官决定是否可以对其实行拘留。羁押官负责制作羁押记录,该记录应当包括羁押的全过程。此外,羁押官还负责检查《警察与刑事证据法》的执行情况。法律这样规定的目的显然是为了保护犯罪嫌疑人不受非法羁押和羁押中的非法侵害。

确立了非法证据排除规则。根据《警察与刑事证据法》第 76 条规定,若有证据证明供述是或可能是通过对被告人采取压迫的手段或者实施可能导致被告人的供述不可靠的任何语言或者行为而获得的,该证据将作为非法讯问证据而被法庭排除。据此,法庭可以拒绝采信通过不正当程序获得的证据,如果警察违法的目的就是为了定罪,那么这种排除违法证据的做法对于防止警察违法行为无疑是有效的。

审判时的证人缺席审判制度。在英国对抗式的庭审程序下,控诉证人和辩护证人分别由控方和辩方传唤,法官处于中立的第三者地位,一般情况下不主动传唤和询问证人,除非诉讼一方或双方提出请求,需要由法官传唤某一特定证人到庭的。由于法庭审判是由起诉方发起的,起诉的成立有赖于控方证人的出庭,因而控方传唤证人出庭作证更为重要。如果控诉证人缺席,庭审将因控诉不能成立而告终结。然而,"起诉方因超过自身控制的情况而不能获得证人的出庭,如证人失踪,或不能查找……如果证明获得证人的出庭是不可能的,法庭以裁决形式可以允许在无控诉证人出庭的情况下进行审判。"事实上,在缺乏控诉证人情况下的审判,对控诉方极为不利。

其三,明确控方的举证责任。

证明责任在刑事诉讼中意味着控方负有使陪审团信服被告人实施所指控罪行的法定责任。控方的这种证明责任不可转移,在庭审阶段始终由起诉方承担证明责任而不转移至被告方。这是英美刑事证据中证明责任的一项基本原则,也是贯穿英国刑事法律之网的一条“金线”①。

该原则由英国上议院在 1935 年 Woolmington v. DDP 一案中得以确立。该案中,被告人 Woolmington 被指控谋杀已与其分居的妻子。他承认枪杀了妻子,但否认是谋杀,辩称由于意外。初审法官指示陪审团说,一旦证实被害人的死亡是被告人的行为造成的,那么被告人就有责任证实那属于意外事件,说服陪审团这是意外造成的。而上议院认为初审法官的指示是错误的,大法官 Sankey 认为:“起诉方必须证明刑事被告人犯了所指控罪行,而被告人没有证明其无罪的责任,他只要对其有罪提出一个疑问就足矣……不论什么指控,公诉方必须证明刑事被告人有罪的原则是英国普通法的一部分,任何削减该项原则的企图均不予考虑。”②

在 1985 年,英国刑事诉讼法进行了改革,设置了检察机关承担公诉权。按照 1985 年《犯罪起诉法》的规定,在英格兰和威尔士建立了由检察长领导的全国性的起诉机构。最终形成了决定起诉的权力在警察,而进一步审查起诉是否符合条件的权力在检察官的权力合理配置格局,设计者初衷是既可防止警察肆意提起诉讼的情况,也进一步将“平等武装”原则运用在了审前阶段。不过,时至今日,英国的警察不仅具有比较广泛的刑事侦查权,而且对部分刑事案件还有起诉权,他们可以直接承担公诉人的角色,警察负责向法院起诉,如何应对警察日益扩大的侦查权力所带来的控辩双方力量失衡的状况,成为控辩平等发展的重要动力来源,并最终促进了控辩平等在英国的初步形成。

(5)法律援助制度的形成

早在 1903 年,《贫困囚犯辩护法》(*Poor Prisons' Defence Act*)就规定了刑事法律援助。在 1914 年,英国议会又通过了《穷人程序法》,对法律援助制度进行了再次改革,进一步扩大了法律援助的对象范围。它将年收入不足 50 英镑的英国公民均列为法律援助的对象范围;且在某些特定的案件中,援助的对象可以扩大到年收入不足 100 英镑者(此规则仅适用于高等法院和上诉法院)。

---

① 齐树洁主编:《英国民事司法改革》,北京大学出版社 2004 年版,第 244 页。

② [英]丹宁勋爵:《法律的界碑》,刘庸安、张弘译,法律出版社 1999 年版,第 386—389 页。

1949 年的《法律援助及法律咨询法》(*Legal Aid and Advice Act*)标志着英国现代法律援助制度的建立。《法律援助及法律咨询法》的受援助对象的范围基本上涵盖了所有的贫民,其实施被当时的英格兰总检察长称作保证“小人物到达英国正义法庭的宪章”[①],该法的进步性还体现在:首先,放宽了接受法律援助的资格条件,扩大了受助人的范围;其次,法律援助所需费用由政府财政划拨,保障了资金来源;再者,为确保法律援助工作的相对独立性,由职业组织律师公会具体负责法律援助事务的管理;最后,法律援助内容更为丰富,不仅提供一般的诉讼性质的法律援助,非诉讼的法律援助和法律咨询也有较为详细的规定。

此后,英国法律援助制度在历史发展过程中,不断进行自我修正和完备,形成了体系清晰、层次分明的框架结构。法律援助的形式包括三种:法律咨询(advice)、法律协助(assistane)和法律代理(representation)。根据《法律援助及法律咨询法》的规定,法律援助可以分成以下主要六种:绿色计划(green form scheme)、代理方式的协助(assistance by the way of representation,缩写 ABWOR)、民事法律援助(civil legal aid)、刑事法律援助(criminal legal aid)、警察局提供的值班律师制度(duty solicitior)和治安法院中的值班律师制度(duty solicitior)。

总体而言,英国刑事法律援助不仅仅限于审判中被告人受到的以代理形式的法律援助,咨询和扶助等方式在刑事法律援助中应用的范围也较广。这主要体现在自 1982 年开始实行的值班律师制度的“全国化”。[②] 这其中又包括警察局提供的值班律师制和治安法院中的值班律师制。

4. 控辩平等走向成熟

律师言论豁免的形成标志着英国控辩平等走向成熟。1981 年《英格兰和威尔士出庭律师行为准则》规定:“律师在法庭上的发言必须真实和准确。在通常情况下,律师对他在法庭辩论中的言论享有豁免权。”同时又规定:“出庭律师在出庭的时候必须对法院保持应有的礼

---

① A. H. Manchester, *A Modern Legal History of English and Wales* 1750-1950, London: Butter-worths, 1980, p. 102.

② [英]麦高伟、杰弗里·威尔逊主编:《英国刑事司法程序》,姚永吉等译,法律出版社 2003 年版,第 131 页。

貌。”按照英国学者解释:作为当事人的辩护人和诉讼代理人,律师在诉讼过程中的任何言论都不受法律追究,即使他的言论带有明显的恶意,并且与他承办的案件没有关系,也同样享受这种特权的保护。这种特权不仅适用于诽谤案件的诉讼,而且也适用于其他各种案件的诉讼。这种特权是绝对的、无条件的,它不仅适用于各种性质和形式的法庭所进行的诉讼程序,而且对于任何诉讼程序都具有同样的作用。①

综上所述,英国自1215年《大宪章》颁布以来,确认了陪审制度并形成了法官消极中立、控辩双方积极对抗的诉讼模式,为保障控辩双方平等对抗的实现,英国在漫长的法制发展道路上不断赋予辩护方抗辩的权利,从侦查阶段的保释、沉默权、取证制度到审判环节的证明责任归属、律师辩护、法律援助等制度的保障,不断增强辩方防御和进攻的力量,形成了刑事诉讼第三次革命在英国的特色轨迹。但是,不得不承认,在上述这些制度的建构中仍然存在着诸多不足,保释适用范围仍显狭窄,沉默权制度存在诸多限制和例外,最基础的刑事辩护制度中,律师辩护的风险依然存在。从这个角度而言,在这一时期,英国通过一系列判例和法案架构出了控辩平等的基本态势,但从细节而言,仍有许多地方需要完善。而1998年英国批准了《人权法案》为此提供了契机,在国际准则的要求下,英国的控辩平等愈益成熟。从后续来看,英国的控辩平等事业多是在上述基本框架及其具体制度下的不断补充和完善,至此刑事诉讼第三次革命在英国基本完成。

(二)美国控辩平等的演进历程

美国是一个年轻的国家,在其从英属殖民地独立为一个自主国家仅仅只有两百多年的历史。相比英国、德国等有着悠久法律传统的国家,美国在法律文化上似乎缺少必要的积淀。然而,美国在其独立乃至建国后的这段时期,接受着来自世界各地的文化交流与碰撞,年轻的国史又使其改革免受传统带来的阻碍与束缚。在这种情况下,美国迎来了刑事诉讼的第三次革命。与其他国家不同的是,美国从一开始便设定了控辩平等的总纲领,这其中当然有美国民众骨子里对政府的不信任因素,但归根结底还是保护人权思想起主要作用。

---

① [英]赫恩:《英国律师制度和律师法》,姚永吉译,中国政法大学出版社1992年版,第5页。

1. 殖民时期的控辩不平等状况

英国通过殖民地的建立将其王权延伸至北美，这种延伸的王权成了联结北美各殖民地的重要政治和法律纽带，这为殖民地遵循和沿用英国的法律传统，尤其是普通法（common law）奠定了基础。肯特在《美国法注释》中有同样的论述："对我们来说，普通法作为一个完整的体系，被这个国家的人民承认和采纳了。根据（纽约）宪法的一项明确规定，它被宣布为这块土地上的法律的一部分。"此外，王室特许状允许殖民地在"不违背英国法的前提下制定必要的法律"，这种特权为殖民地日后政治自治包括法律发展都起着非常重要的作用。

然而，殖民地的落后状况和复杂局面决定了其不能完全适用宗主国的法律，虽然至 17 世纪英国《大宪章》颁布已经有 400 年的历史，而北美洲却不得不面对混乱、无序的年代，因为殖民地的开拓者不仅仅有贵族，也有被流放的罪犯和被迫供人奴役的仆人，各种利益纠纷和集团利益使得当时的法律以及程序所追求的目标无疑侧重于社会控制。时代造就了法律，17 世纪北美殖民地的法律特征是，诉讼程序缺乏正式的形式，抗辩制度简单，以适应当时技术较低的法律体系与大多没有训练的法官，诚然，法律严苛，且并没有过多关注被告人的权利。

随着殖民地经济与社会的不断发展，殖民地法院对私诉制度的实践也越来越接近现代英国法院的做法，但是私诉制度花费大导致当事人难以承受及追究犯罪不及时等固有缺陷，促使 18 世纪的殖民地相继引入公诉人制度。此外，小陪审团制度、律师辩护制度、不受无理搜查与扣押制度，以及在重罪案件中，治安法院以及地方对重罪被告人的预审听证制度，都加强了对被告人的权利保护，为美国的控辩平等的实施奠定了基础。

2. 控辩平等的开始——1776 年美国《弗吉尼亚权利法案》

1776 年，美国通过了《弗吉尼亚权利法案》，这部法案传达了这样一种信息：基于对政府权力的猜忌而形成的有限政府论成为美国政治制度的一种指导思想，而由此衍生出的平民主义和共和主义传统反映在刑事诉讼中便是私权如何与公权力展开对抗。这其中包含的平等、天赋人权、人民主权等思想为美国《独立宣言》在权力与权利关系的架构方面提供了参照，进而影响到《人权法案》的制定和实施。

《弗吉尼亚权利法案》第 1 条规定："一切人生来享有平等的自由

权、自立权以及一定的固有权利；在其进入社会时，其生命和自由不得以任何契约而丧失或剥夺，并且有权获得和占有财产，有权追求和得到幸福与安全。”这条规定被同年之美国《独立宣言》界定为“人人生而平等”，并影响了随后而来的法国大革命，至此，平等权已成为一项实实在在的宪法权利，并影响着世界其他国家的立法进程。

平等权在基本权利体系中居于首要地位，是一种更基础的权利。从历史发展的视角来看，刑事诉讼的历史，就是平等观念产生和发展的历史。[①] 控辩平等原则是平等观念在刑事诉讼活动中的体现和反映，是在平等原则基础上演化发展而成。控辩双方地位平等是控辩平等原则之前提，控辩平等原则是平等理念在刑事诉讼领域的直接反映。

《弗吉尼亚权利法案》对人权和人民主权等思想作出规定，为控辩平等打下了社会制度基础。控辩平等是民主社会的产物，只有当保障人权思想被写入宪法，只有当人民被尊称为国家的主人（无论是实质的，还是形式的），控辩平等原则才有了滋生的社会制度土壤。[②] 人民主权原则是控辩平等的政治前提，人民主权制度确立了个人本位主义的价值选择，使被追诉人作为公民成为国家保护的对象，为控辩平等原则确立了权利基础和宪法依据。

《弗吉尼亚权利法案》第 8 条规定：“在所有判处死刑和刑罚的诉讼中，被告有权知道他被指控的原因和性质；有权与控诉者及证人对质，有权提出于己有利之证据；有权要求由他居住附近的公正陪审团参与的迅速审判，未经陪审团一致同意不得判为有罪；不得强迫他提出于己不利的证据；除了国家法律或同等的公民的裁判以外，任何人的自由不应被剥夺。”这些内容构成了美国近代刑事诉讼中，刑事被告人享有被控知悉权、质证权、辩护举证权、要求陪审权、反对自我归罪的渊源。第 9 条与第 10 条从限制司法机关权力的角度，规定了司法机关为保障刑事诉讼活动中涉及的个人人权所应履行的义务。前者规定“不应要求过高保释金……不应施以残酷或异常的刑罚”；后者认为“那些凭之即可以命令官吏或差役，纵无犯罪事实的证据也可搜查受疑之处，或逮捕未明确列举姓名的，或其犯罪行为未经特别列举和无事实确证的任何

---

① 冀祥德：《控辩平等论》，法律出版社 2008 年版，第 23 页。

② 冀祥德：《控辩平等论》，法律出版社 2008 年版，第 138 页。

人或事等的普遍逮捕状，是难堪的，暴虐的，不应签发”。[①] 从这些规定中可以看出，被告人的权利得到了前所未有的保障，建立在这种制度上的司法制度决定了美国在刑事诉讼第三次革命中得以飞速发展。

3. 控辩平等在美国的进一步发展——《权利法案》（*Billof Rights*）

美国于1791年批准生效的《权利法案》共计10条，其中《宪法修正案》第4条、第5条、第6条、第8条都是对刑事诉讼当事人权利的直接保护，并由此衍生出许多增强辩方对抗力量的具体保障措施。但是，这4条规定最初并未被各州所采用，美国特有的司法体制使得各州在具体适用《权利法案》的各项规定时拥有较大的裁量权，各州在辩方力量赋予方面表现出了不同的差异性。这种现象直到1868年被批准生效的《宪法修正案》第14条出现始得以改变。然而，这并不能否定《权利法案》对美国现代刑事诉讼事业发展所作的贡献，其引领性和宣示性意义依然非常重要，至少在这一时期使得控辩平等朝向更具体、实效的方向而发展，具体如下。

《宪法第四修正案》规定：“人民有保护其身体、住所、文件与财产的权利，不受无理拘捕、搜查与扣押；非依法定程序，不得签发搜查令、拘票或扣押令。”对于侦查，美国联邦最高法院称之为“别碰我”权利，根据该条的规定，侦查、控诉机关在办案时需严格适用法定程序，不得随意对被追诉人进行拘捕、搜查和扣押，否则便要承担非法证据排除等后果。在一般情况下，只有法官签发搜查证，警察才可采取搜查行动。而对于逮捕，刑事诉讼法将逮捕的条件法律化、规范化，即一般情形下逮捕须有“充分理由”。所谓“充分理由”一是指犯罪已经发生；二是被捕人是犯罪的主体。[②] 这里的“充分理由”就是对逮捕权的限制。此外，该规定还衍生出“毒树之果必有毒”的理念以防止警察侵犯人权，是对控诉方的一种权利限制和监督的有效手段。

《宪法第五修正案》规定：“非经大陪审团提出报告或起诉，任何人不受死罪和其他重罪的惩罚，唯在战时或国家危急时期发生在陆、海军中或正在服役的民兵中的案件不在此限。任何人不得因同一犯罪行为

---

① 魏琼、文萧：《刑诉人权保障国际标准的历史渊源》，载《现代法学》1999年第5期。

② 周欣：《欧美日本刑事诉讼法——特色制度与改革动态》，中国人民公安大学出版社2002年版，第81页。

而两次遭受生命或身体伤残的危害；不得在任何刑事案件中被迫自证其罪；未经正当法律程序，不得剥夺任何人的生命、自由和财产；非有恰当补偿，不得将私有财产充作公用。”根据该条的规定被追诉人享有以下权利，即死罪及其重罪需经大陪审团审查起诉、禁止“双重危害”、不得被迫自证其罪、法律正当程序等。由此条而衍生出自愿原则、迟延移送法则、不得强迫自证其罪规则、米兰达规则，等等。

《宪法第六修正案》规定：“在一切刑事诉讼中，被告应享受下列权利：由犯罪行为发生地的州和地区的公正陪审团予以迅速和公开的审判，该地区应事先已由法律确定；获知受控事件的性质和原因；与原告证人对质；以强制程序取得有利于自己的证据，并取得律师的帮助为其辩护。”根据该条规定，被追诉人的权利有：由陪审团迅速、公开审判，知悉被指控缘由，质证权利，强制取证权利，获得律师帮助与辩护的权利。

《宪法第八修正案》规定：“不得索取过多的保释金，不得处以过重的罚金，或施加残酷的、非常的刑罚。”该条是对保释制度的规定，在赋予公权力机关适用保释制度一定自由裁量权的同时，限定不得索取过多的保释金，防止公权力机关利用保释金的数额剥夺被追诉人获得保释的权利。此外，该条还禁止刑讯，这为维护被追诉人在审前阶段的人身权利的保护提供了保障。

从以上可以看出，美国的《权利法案》几乎涉及侦查、起诉、审判各个阶段的制度和规定，几乎是一部“刑事诉讼法典”。而这部“刑事诉讼法典”的意义还在于使得刑事诉讼增强辩方力量的原则和制度宪法化。宪法是调整国家权力之间，以及国家权力与个人权利的根本大法，在一国法律体系中具有最高的法律地位，因此又被称为“母法”。美国以宪法修正案的形式将刑事诉讼的制度和原则进行了详细规定，使得美国实现了刑事诉讼法的宪法化，对刑事诉讼法形成了“绝对强势”的影响，将被追诉人的权利保护放到了至高无上的地位。诚然，宪法可以通过建立国家权力体系这一机制，如明确司法机关的范围、职权、活动原则等，去实现对刑事诉讼法的影响，但是通过约束国家机构行为来保障公民权利的方式是一种间接行为，这种保护相对于“宪法文本中大量包含具体的刑事程序”这种方式还是相对弱势的。以英国为例，宪法性法律是通常法律的一部分。① 哪些法律才具有宪法性的效能，要由法官斟酌

① ［英］W. lvor. 詹宁斯：《法与宪法》，龚祥瑞、侯健译，三联书店 1997 年版，第 53 页。

决定。这使得普通法律,尤其是公法领域的部门法与宪法性法律没有实质性的差异。这种在效力上与法律位阶上的同一性,使刑事诉讼失去对宪法的强势依赖。

如本节开始所述,最初,《权利法案》只是集中体现在美国的审判程序中,并且被认为只适用于联邦政府。因此,在这一时期,联邦宪法赋予的被追人一系列权利在州政府层面受到了或多或少的抵触,被追诉人的权利并未得到很好的保障,直到 1868 年 7 月 9 日美国《宪法第十四修正案》被批准后,“权利法案”得到进一步发展,它对美国法律及司法制度的形成起了推动性的作用。这也促使了控辩平等真正走向了成熟。

4. 控辩平等的初步形成

这一时期是控辩平等初步形成的时期,“平等保护”原则的本位回归,人身保护令制度、保释制度、证据制度、律师制度不仅得以产生并取得了迅速的发展,并最终形成了美国特有的制度体系。本部分意在通过对这些制度的梳理研究控辩平等的初步形成过程。

(1)控辩平等的初步形成的前提——“平等保护”原则的本位回归

随着《权利法案》的逐步实施,被追诉人的权利得到了进一步保障,但是这种保障还仅仅限于一部分人的权利。在奴隶制度仍然存在的情况下,“平等”并不真实。19 世纪中后期,这种状况得以改变,至少在法律上,黑人得以平等适用法律。

“平等”在人的基本权利中基于首位,只有人人平等,法律始有平等保护的基础,这种平等本应秉持最原始的理念,即作为人而都应享有的一种必要权利,而不应以其他主客观因素而改变。1776 年美国《弗吉尼亚权利法案》及其后的《独立宣言》虽然都宣称“人人生而平等”,但仍隐晦地承认黑人奴隶的不平等地位。后者第 1 条第 9 款第 1 项更是规定:“现有任何一州所认为当准予入境之人迁徙或入境时,在公元 1808 年前,国会不得禁止之。但对于其入境,得课以每人不超过 10 元的税金。”该条便是对奴隶制度的确认,由此观之,建国之初的美国黑人并不具有法律主体之地位。

法律默认了种族歧视的存在,反映在刑事诉讼中便是适用法律时的不平等现状,以下两则案例凸显这一时期的问题所在。联邦最高法院于 1856 年受理了 Scott v. Sandford 一案,首席大法官 Taney 在判决书中指出：黑人“无论在社会关系方面还是在政治关系方面都不宜与白人平等；他们比白人低等，因此他们不能享受白人所享受的权利”①。1857年，Dred Scott v. Sandford 一案中，奴隶司格特上诉至联邦最高法院，请求法院基于“国会规定北部地区禁止奴隶制度”的规定宣布自己为自由人。而联邦最高法院认为，司格特的祖先是奴隶，所以他不是公民，不能在法庭起诉。② 可见，法律的同等保护还存在着巨大的局限性。

而在南北战争之后，奴隶制虽然得以废除，但南方各州仍然通过种种法律限制黑人的自由和权利。③ 为改变这一现状，美国国会于1866年通过《民权法》（*Civil Rights Act*），并于1868年通过了《宪法第十四修正案》，确立了“平等保护”的原则。《宪法第十四修正案》规定：“凡出生或归化于合众国并受其管辖之人，皆为合众国及其所居住之州的公民”，借此赋予黑人公民地位，“任何州亦不得对在其管辖下之人拒绝给予同等的法律保护”之规定则实现了法律上的同等保护。在1870年美国又通过了《宪法第十五修正案》，赋予黑人平等的选举权。④ 1954年联邦最高法院通过 Bolling v. Sharpe 一案中裁决：美国《宪法第五修正案》之（联邦）正当法律程序条款含有限制美国联邦政府的同等保护条款的构成要素，凡是联邦政府对人民做不合理的区别，均视为违反《宪法第五修正案》。因此，联邦政府和州都应恪守法律的同等保护这一规定。这种同等保护的理念也被推广到刑事诉讼中关键的审判环节。在1985年 Batson v. Kentucky 一案中，黑人詹姆斯·柯克兰·巴特森（James Kirkland Batson）因被指控犯有二级破门偷盗罪与接受偷窃赃物罪而受审。在挑选陪审团过程中，检察官利用无须说明理由陪审团人选反对权（peremptory challenge）排斥组团名单（venire）中的4名黑人，结果陪审团均由白人组成。巴特森的两项罪名成立。

最高法院认为检察官的行为侵犯了根据《宪法第六修正案》与《宪

① Kathleen M. Sullivan & Gerald Gunther, *Constitutional Law*, London: Foundation Press, 2001, p. 28.

② ［美］伯曼主编：《美国法律二十讲》，陈若恒译，香港今日世界出版社1975年版，第73页。

③ Bryan H. Wildenthal, "Civil War without End: The Sociology and Synergy of Law and Histo-ry", *University of lllinis Law Rereiw*, Vol. 629, 2001.

④ *Thomas E. Patterson, The American Democracy, London: McGraw-Hill Company*, 2001, p. 128.

法第十四修正案》巴特森本应享有的公正陪审团审讯的权利和《宪法第十四修正案》规定他享有的平等法律保护权利。大法官鲍威尔(Powell)充分依据1880年Strauder v. West Virginia与1965年Swain v. Alabama两案的先例,裁决陪审团人选中的种族歧视不仅剥夺了被告在审讯过程中重要的权利,而且对整个社会有极大的破坏性,因为它"破坏了公众对我们司法制度公平性的信心"。如果检察官无法为陪审团排斥4名黑人提出"中立"的理由,其行为即违反了《宪法》。

至此,美国完成了"平等保护"原则的本位回归,在法律上赋予了黑人以平等的法律主体地位,这种地位不以种族歧视等因素而受到干扰。这种平等不仅为黑人提供了参与诉讼的机会,也为日后更多权利的应用奠定了基础,从另一角度而言,也只有以此为基础控辩双方才能真正走向实质的平等。

(2)审前人身自由的保障——人身保护令、保释制度的形成

人身保护令制度起源于13世纪的英国,并在殖民地时代传播到北美洲,后来被确立在美国1787年《宪法》之中。[①] 人身保护令是一种保护国民自由权的特许令状,其功能主要是对羁押或监禁的合法性进行审查,对违法的羁押或监禁加以纠正。根据《宪法》第1条第9款的规定:"获取人身保护令的特权不得终止,除非在那些涉及叛国或外敌入侵的案件中,出于公共安全的需要而不得不加以终止。"但是这种规定较为笼统,对州一级的地方来说仅具有指导意义,这也反映在随后制定的1789年《司法法》(*The Judiciary Act*)中,该法规定联邦法院有权受理那些申请人身保护令的案件,实施人身保护令的审查程序,并发布人身保护令。但是这仅限于在联邦受到羁押的人,不包括在各州受到羁押的人。直到1867年的《人身保护法》(*The Habeas Corpus Act*)则将联邦法院发布人身保护令的地方案件范围从联邦扩展到各州。[②]

长期以来,围绕着人身保护令程序的适用范围问题,美国联邦最高法院的法官曾一直进行着激烈的争论。在20世纪60年代的"正当法律程序革命"时期,由沃伦领导的最高法院(the Warren Court)曾对人身保护令程序在各州的适用问题采取了扩大化的解释。但是,这种扩大

---

① 李义冠:《美国刑事审判制度》,法律出版社1999年版,第142页。

② Joel Samaha, Criminal Procedure, p. 655.

化的努力也受到很多法官的质疑和挑战。批评者们认为,过于扩大人身保护令的适用势必威胁司法的终结性,而无休止地对案件中的法律问题加以审查还会增加诉讼的成本,降低诉讼的效率。甚至对于此种审查机制能否有效地保证被告人基本权利不受侵犯,不少人还表示了怀疑。因为没有理由认为第二次审查要比初审裁判做得更加准确。后来的伯格法院(the Burger Court)和伦奎斯特法院(the Rehnquist Court)对人身保护令的适用采取了限制和缩小的态度,并由此引出了利益平衡理论。但是不管怎样,人身保护令制度得以保存和发展,在整个控辩力量构成因素中已经成为必要的一员。

1789 年国会通过的《司法条例》确立了比较完整的有关保释规则:在刑事案件中,除可判处死刑的案件应由最高法院或巡回法院或其他法官,或由地区法院法官,在考虑罪行的性质、情节和法律规定之后,依自由裁量决定之外,所有在刑事案件中被逮捕者均可被保释。即确立了准予保释为常态,不予保释为例外的规则。1791 年的《权利法案第八修正案》"禁止过额保释金",则从具体操作上保障被追诉人的权利。19 世纪,美国开始允许第三方为被逮捕的人提供保释金,赋予了被追人获取保释更多的机会。

1926 年《美国法典》(*United States Code*,缩写 U. S. C.)第 3142 条第 1 款规定:除死刑案件外,所有的犯罪嫌疑人、被告人都有权要求被释放,主管司法官原则上应当命令释放而不是命令羁押;而且在释放时,只要能够合理地保证嫌疑人或被告人按照要求到庭以及其他人和社会安全的,应当尽快能不附带限制性条件,而以个人具结或无担保的出庭保证书的形式释放。[1] 该法对 1789 年所确立的准予保释者的范围进行了扩大,仅限制了死刑案件被追诉人的保释权利,同时也进一步明确准予保释应为常态这一规则,而且要求尽量减少附带限制性条件,鼓励具结或无担保出庭保证书的形式释放,这是对被追诉人权利的一种保障,使得被追诉人有更多的机会摆脱羁押状态,从而更有利于力量的积攒以应对最后可能出现的庭审对抗。

但是,保释标准模糊性规定容易导致权力的滥用。对于轻微的刑事案件,警察或者警察局长可以批准保释并设定保释金额;对于较为严

① 齐树洁主编:《美国司法制度》,厦门大学出版社 2007 年第 2 版,第 32 页。

重的犯罪,只能由法官在法庭上决定适用。但是,无论是警察、警察局长还是法官在决定适用保释时,都享有绝对、不受限制的权力。[①] 司法实务中,这种宽泛的自由裁量权往往剥夺了被告人的保释权利,高额的保释金导致保释受限便是明显体现。针对这种现状,美国 20 世纪 60 年代开始尝试保释体制的第一次改革,发展起来私人财产保释(privately secured bail)、比例财产保险(percentage bail)、无财产保释(unsecured bail)、具结释放(release on recognizance)等制度,丰富了被追诉人获得保释的机会和选择。20 世纪 80 年代审前羁押制度成文化成为第二次保释改革运动,截至 20 世纪末期,已经有 3/4 的州规定了一种或多种具体的法律制度以保障审前释放期间的社会安全。[②] 这一时期典型的成文法代表是 1984 年颁布的联邦《保释改革法》,该法设定了“预防性羁押”(preventive detention)的制度或措施。

同上述人身保护令制度一样,保释制度在 20 世纪 80 年代受到了较多的限制,这似乎是司法的倒退,但是,这却是司法的常态。每一个时期,司法都会有自己的既定司法目标,是偏重于对公权力的限制以保障被追诉人的合法权益不受损害,还是为控制犯罪维护社会稳定,两者时常出现交替的情形,这被有的学者称为“钟摆现象”。然而,这些具体制度的运作,并没有妨害人权保障这条主线的发展,即使在偏重于控制犯罪这一时期,保释制度仍得以大量和大范围的使用,因为这一制度的合理性已经深入人心,司法界中已经在大量施行,在正常的法制运行中,它已然成为辩方武装自己从而对抗控方权力的一种必需。

(3)证据制度的形成

其一,法律赋予辩方强制取证权。

美国《宪法修正案》第六条规定:“所有刑事被告人有强制对己有利证人作证的权利”(Right to have compulsory process for obtaining witnesses in his favor)。即被告人有权传唤对自己有利的证人。根据该条规定,被告人享有与检察官同等之权利,可利用法律上的强制处分,强迫对己有利的证人出庭作证。同时强制取证权可以有效防止控方传闻法则的滥用。

---

① 齐树洁主编:《美国司法制度》,厦门大学出版社 2007 年第 2 版,第 629 页。
② 齐树洁主编:《美国司法制度》,厦门大学出版社 2007 年第 2 版,第 633 页。

在随后的发展中,美国在 1800 年的 United States v. Cooper 一案中扩大了强制取证的范围,联邦上诉法院切斯法官指出,强制程序条款也适用于国会议员,用来强制他们出庭作证。1807 年大法官马歇尔在审判副总统艾伦・伯尔的失职和叛国罪时进一步扩大了强制取证权的适用范围。该法官认为,被追诉方的强制取证权对总统也是适用的。

为保证强制取证权的真正贯彻实施,1946 年《联邦刑事诉讼规则》第 15 条将当事人的强制取证权予以具体化。该条第 1 款规定:“由于特殊情况,从司法利益考虑,一方当事人预备提供的证人证词需要先行采证并保存至审判中使用时,法庭可以根据该当事人的申请和对有关当事人的通知,命令对此类证人的证词采证,命令将有关书籍、纸张、文件、记录、录音或其他不属于特权保密范围的材料展示。”

1967 年的 Washington v. Texas 案件中,这一权利得到进一步发展。审理该案的联邦法官将被告人的强制取证权与辩护权等进行类比,认为强制取证权与《宪法第六修正案》规定的其他权利,如对质的权利、获得律师帮助的权利、获得及时和公开审判的权利一样,都建立在相同的根基之上,都是正当程序的基本要素,属于《宪法第十四修正案》的正当程序条款的基本内容,应当适用于各州,从而将强制取证权的适用范围由联邦扩大到各州。在 1974 年的尼克松案中,强制取证权发展到顶点。在该案中,联邦最高法院再次宣告:“被告人有权提出一切对自己有利的证据。”

其二,建立证据开示制度。

证据制度的另一重要发展是建立了证据开示制度。在 19 世纪早期,“竞技性司法理论”长期支配英美诉讼程序,当事人主义被解释为当事人自由竞争,任何一方没有帮助对方的责任。双方当事人为了在法庭审理时进行最后的竞争,各自独立地收集证据,做好诉讼准备,任何一方都不得窥视对方所持有的证据,否则就违反了公平竞赛的精神。[①] 人们的公平观念被形式公正理念所束缚,对抗制被外化为控辩双方互不干扰、互不帮助和举证活动不受羁限,以及律师在法庭上的口若悬河甚至纠缠于细枝末节。证据突袭被视为合法且合理的行为;而证据虚

① 孙长永:《当事人主义刑事诉讼与证据开示》,载《法律科学》2004 年第 4 期。

构与伪造皆因没有相应的拦截机制而普遍存在。①

然而,上述根深蒂固的诉讼观却在19世纪中期以后发生了实质性的改变。1963年,布伦南法官在《刑事起诉:竞技运动还是追求真理?》一文中指出:"刑事审判的目的从本质上讲不是司法竞技而应是探求案件真相与真理。"②从本质上讲,对抗制的含义并不在于形式上由控辩双方推进诉讼,其理念是要双方当事人站在对等的立场上,本着平等武装的原则,通过双方的攻击和防御来发现真实。从这一理念出发,鉴于控诉一方具有压倒性的强大取证能力,必须以审判前的全面开示来实现平等武装。③ 因此可以说,"形式上的对抗"向"实质上的对抗制"的理论转化促成了证据开示制度的诞生,而反过来,证据开示的实践活动又推动着"实质上的对抗制"彻底代替"形式上的对抗制"。

考察美国司法历史得知,最初的证据开示制度产生于1807年United States v. Burr一案中。在该案中,Burr因企图在密西西比河的下游地区缔造一个独立主权国家而被指控为叛国罪。Burr要求审前开示被联邦检察官掌握而作为证据使用的写给杰斐逊总统的一封信。首席法官John Marshall认为,如果信件具有证据的相关性,或者确实有利于政府证人的交叉询问,那么出于对被告人的公正考虑,我们不能拒绝被告人的开示请求。④ 在该案中,法官主张基于"公正"考虑赋予被告人申请证据开示的权利,使得证据开示制度有了第一次的运用。在随后的发展中,联邦最高法院的两个案例促使面向辩护方证据开示制度的最初建立。一是1957年Jencks v. United States,该案以交叉询问为目的,要求联邦检察官向辩护方披露控方证人的先前陈述。⑤ 另一个是1963年Brady v. Maryland,该案审理法院依据正当程序要求检察官披露"对被告人有利的、无论是定罪还是量刑方面的所有证据"⑥。

辩方披露证据的做法早在20世纪20年代就已出现,当时一些州

---

① 齐树洁主编:《美国司法制度》,厦门大学出版社2007年版,第643页。

② William J. Brennan, "The Criminal Prosecution: Sporting Event or Quest for Truth?", *Wash. U. L. Q.*, 1963, p. 285.

③ 孙长久:《当事人主义刑事诉讼与证据开示》,载《法律科学》2000年第4期。

④ Linda S. Eads, "Adjudication by Ambush: Federal Prosecutors' Use of Nonscientific Experts in a System of Limited Criminal Discovery", *N. C. L. Rev.*, 1989, Vol. 67, p. 616.

⑤ 3 U. S. 657 (1957).

⑥ 3 U. S. 83 (1963).

采纳了“不在犯罪现场辩护告知规则”(notice of alibi statutes),该规则暗示着《宪法第五修正案》所规定的不受强迫自证其罪特权在1970年Williams v. Florida一案中被赋予了新的解释。法院认为,要求辩方审前披露不在犯罪现场的辩护证据并不属于“强迫”行为,仅仅加速证据披露的时间并没有构成足够的强制力来迫使被告人披露不愿披露的信息。“加速原理”推动了控方开示制度的进程。①

1946年《联邦刑事诉讼规则》第16条“证据开示与查阅”规定了刑事证据的互惠开示制度。该条规定,如果检控方拥有、保管、掌握并准备在法庭上作为主要证据出示的文件和实物属于或者来源于被告人,且对辩护方的辩护准备非常重要,那么在辩护方的请求下,检控方应当允许辩护方查阅、复制、拍摄这些书本、报纸、文件、数据、照片、有形物、房屋、场所以及它们的副本或者内容。该条也对专家证人作出规定。如果检控方要求辩护方披露其专家证词的期望得到满足,那么检控方也应当对等地向对方提供其所掌握的并准备作为主要证据在法庭上出示的专家证词的书面总结,总结的内容必须包括专家证人的观点、支持观点的基础和原因,以及专家证人的资格。这些同样适用于检控方。

其三,建立非法证据排除规则。

为进一步规制侦控机关的取证行为,美国建立了非法证据排除规则。美国联邦最高法院在1914年Weeksv. U. S.一案中确立了非法证据排除规则。该案中,被告人Weeks声称联邦执法人员所获得的用以指控他的证据是通过违反宪法第四修正案的手段得到的,应该被禁止使用。法官支持了Weeks的请求,认为唯有将执法人员违宪取得的证据在审判中加以排除,才能从根本上铲除执法人员违法取证的诱因,真正落实宪法对人权的保障。②

“执法官违反宪法、法律相关规定取得的证据,在审判的时候应予以排除,这是排除规则基本的要求,但是排除规则之精髓且适用时最为复杂的莫过于毒树之果理论。”③这一时期衍生证据能力问题也有了新的发展。联邦法院在1920年的Silverthorne Lumber Co. v. U. S.一案

① 399 U. S. 78,84,85(1970).

② Weeks v. U. S. ,232U. S. 383,34 S. Ct. 341,58L,Ed. 652(1914).

③ 汪海燕:《论美国毒树之果原则——兼论我国刑事证据立法的启示》,载《比较法研究》2001年第1期。

中,首次针对衍生证据的证据能力问题作出较为深入和详细的分析探讨,并由此确立了“毒树之果理论”。在该案中,联邦特工人员在没有合法令状的情况下擅自进入 Silverthorne Lumber 公司搜查了 Silverthorne 的文件资料,Silverthorne 父子立即请求联邦法院命令返还该非法查押的资料,但是联邦特工人员在返还资料前已经留下了影印材料,并据此向陪审团申请签发传票,令其再次交出该文件资料原件,Silverthorne 父子拒绝后被判处藐视法庭罪。Silverthorne 父子上诉后,联邦最高法院认为,以陪审团据以签发传票的证据系非法扣押文件资料内容所得知的信息为由,认定陪审团所签发的命令 Silverthorne 父子提交资料的传票无效。此案经由大法官 Hohlmes 明白宣示,禁止以某种方式取得证据之本质,非仅系指该项证据不得为本院所采用,且应根本不得加以利用。① “毒树之果理论”得以确立。

“毒树之果理论”(fruits of the poisonous tree doctrine)再一次被明确规定是在 1937 年的 Nardone v. United States 一案中,最高法院在该案判决中认为,一旦最初的非法性得到证实,则必须向被告人提供“证明对其提起诉讼的实质部分可能是毒树之果”的机会。②

但真正将《宪法第四修正案》排除规则普遍适用于各州的,还是 1961 年 Mapp v. Ohio。该案判定:凡是以违反宪法方法搜查或者扣押所获得的证据,依照宪法的规定,州法院亦不得采用。从而确定了各州与联邦同等的使用排除法则。不仅如此,该案还判定,排除规则是起源于宪法的。因为,若非如此,就等于一方面赋予公民不受不合理搜查与扣押的权利,而另一方面却拒绝将其作为一项权利来对待。③

1967 年的 Katz v. U. S. ④一案确立了非法通讯监察行为系违宪行为,适用排除法则加以排除的先例。此前只是以美国国会于 1934 年制定的《联邦通讯法》(*Federal Communication Act*)为由,并未提到违宪高度。

1970 年,联邦最高法院明确规定,除非以排除合理怀疑的方式证明

① 齐树洁主编:《美国司法制度》,厦门大学出版社 2007 年版,第 613 页。

② See Nardone v. United States, 308 U. S. 338, 60 S. Ct. 266, 84L. Ed. 307(1939).

③ Mappv · Ohio, Appeal from the Supreme Court of Ohio, 367 U. S. 643.

④ See Katz v. U. S. 389U. S. 347(1967).

每一个犯罪构成要件，否则依据正当程序条款，被告人不受刑事定罪裁决。[①] 这是对当事人收集与提供证据的资源配置不平等的部分补偿，正如为贫穷的被告人提供援助律师一样。[②]

1964 年 Escobedo v. Illinois 一案又将“证据排除规则”延伸至非法取得的供词。丹尼·埃斯科韦多（Danny Escobedo）因疑与一起谋杀案有牵连被捕后被带往警察局。他一再要求见他的律师，但始终未被允许离开讯问室。他的律师甚至来警察局找他，但却被拒之门外。埃斯科韦多后来在盘问下供认开枪射杀被害人的是他。结果，不久他被定罪。埃斯科韦多向最高法院提出上诉后判决被推翻。最高法院将“证据排除规则”延伸至非法取得的供词，并作出埃斯科韦多的供词不得用作证据的裁决。法院还确定了“埃斯科韦多规则”——当一项调查不再是普通的询问……而是开始聚焦在一个特定嫌疑犯时……个人有权取得律师协助的权利。裁决还详细说明，嫌疑犯被拘留后虽然知道有权获得而要求获得律师协助，但如果警方没有告知他获得其协助前有保持沉默的权利，依然有违《宪法第六修正案》（*Sixtth Amendment*）的规定。

1975 年，联邦最高法院通过 Brown v. Illinois 一案，确立了一项规则，即因不法逮捕或搜查而衍生之供述，其瑕疵不因事后履行米兰达警告并经被告放弃权利而补救。[③] 1979 年 Dunaway v. New York 一案中，联邦最高法院强调，即使犯罪嫌疑人不是在被强迫或受到威胁的情况下做出供述，只要不存在足以其瑕疵因果关系的因素的存在，仍然不足以清除供述的瑕疵，该供述不可采。[④]

其四，沉默权制度的形成。

严格说来，沉默权制度并不属于证据制度的内容。但是，笔者认为，沉默权制度的设置的初衷却是为规范侦控机关的取证行为，在沉默权制度下，公权力不得强迫被追诉人开口，也就限制了侦控机关取证能力，防止暴力取得口供。美国《宪法第五修正案》规定：“任何人不得被强迫在任何刑事案件中充当不利于自己的证人。”该特权规则通过《宪

---

① 王兆鹏：《美国刑事诉讼法》，北京大学出版社 2005 年版，第 526 页。

② ［美］理查德·A. 波斯纳：《证据法的经济分析》，徐昕、徐昀译，中国法制出版社 2004 年版，第 83 页。

③ Brown v. lllinois，422 U. S. 590（1975）.

④ Dunaway v. New York，442 U. S. 200（1979）.

法第十四修正案》的“正当程序条款”而适用于各州。1964 年联邦最高法院在 Mallory v. Hogan 一案中将该规则扩大适用于州法院所管辖之案件。

1965 年联邦最高法院在 Griffin v. California[①] 一案中判决明确表示:不得因被告人行使宪法保障的沉默权而作出有罪的结论,检察官不得因报告人沉默而向陪审团发表评论,也不得要求陪审团推断被告人不作证的唯一原因就是因为他有罪;如果被告人向法官提出了及时的请求,法官必须指示陪审团不得作出这样的推论,否则就侵犯了《宪法第五修正案》保障的权利。

最高法院 1966 年的 Schmerber v. California 一案中指出了不得强迫自证其罪的具体适用范围,即被告不被强迫对自己作不利之证明,或提供其他证明性或交谈性之证据。也是在这一年联邦在 Miranda v. Arizona 一案的判决中确立了“米兰达规则”,进而将沉默权的保障措施扩展到警察的侦讯阶段。该案中,埃内斯托·米兰达(Ernesto Miranda)在凤凰城(Phoenix)被捕后直接被带往警察局。一名强奸和绑架的受害者辨认出他为罪犯。然后,警察将米兰达带进讯问室内盘问了两个小时,并拿到一份他签名的供词。警方始终没有告诉米兰达他有权利获得律师的协助或他说的一切会在法庭上用作对他不利的供词。最高法院裁决:“被告的供词不能被接受,因为他没被以任何方式(告知)他可获得律师协助的权利,他的不自证有罪的权利也未受到任何方式的保护。”

美国联邦最高法院通过排除以刑讯等非法方法获取的证据使之适用于侦察阶段后,米兰达规则的确立为“反对自证其罪原则”在侦察活动中的适用提供了进一步的保障。正是因为一方当事人没有义务帮助对方获得用以反对自己的武器,诉讼的另一方就必须依靠自己的力量获取反对对手的武器。这样就迫使在刑事诉讼中控方放弃对犯罪嫌疑人、被告人口供的依赖性。加强了犯罪嫌疑人、被告人的防御力量。

(4)法律援助制度的建立和发展

律师的辩护在对抗制诉讼中起着关键性的作用,是辩方行使对抗权利的主要力量。在美国,同其他国家一样,存在着穷苦人请不起律师

---

① Griffin v. California, 380 U. S. 609(1965).

的问题。一位能言善辩的律师往往会使审理朝着有利于被追诉人的方向发展，而面对高昂的律师费用，许多人无法为自己聘得律师。面对这种状况，美国建立起了法律援助制度。法律援助制度的形成，也使得被追诉人的权利得到更全面的保护，这标志着美国控辩平等的初步形成。

1791 年美国《宪法》规定："在所有的刑事检控中，被告人应当享有权利……获得律师为他辩护的帮助。"[①]然而，这一权利的完全实现在美国却花了 200 多年的时间。

美国的刑事法律援助可以追溯到 19 世纪中叶。1853 年，印第安纳最高法院在 Webb v. Baird 一案中确认，一个被指控犯罪的经济贫困的人有获得以公共资金支付费用的律师辩护的权利。这个案例的意义就在于，在没有法律和判例依据的情况下创设性地建立起法律援助制度，正如该法院判决中所强调的"在一个文明社会中，任何公民面临生活或者自由的危险时，不能仅仅因为他太过贫穷以至于不能负担这样的帮助，就被剥夺律师辩护的权利。"在这种"一个文明社会"的理念下，该州最高法院确认了公民有获得免费的刑事法律援助的权利。但是，这只是印第安纳州本州范围内的适用，从全国范围来看被追诉人获得法律援助的权利仍未能全面普及。

1932 年 Powell v. Alabama[②] 一案中，联邦最高法院宣告被告人享有律师辩护的权利是美国抗辩式司法制度的"基本"权利，贫困被告人享有律师辩护的权利第一次在死刑案件中被承认，但除了死刑案件之外，大多数州都不愿承认贫困的被告人有获得指定律师帮助的权利。

Johnson v. Zerbst[③] 一案中，联邦最高法院指出，各联邦法院受理的一切重罪案件的被告人，不论有无支付能力，都享有律师帮助权。但几十年来最高法院都拒绝将《宪法第十四修正案》解释为要求各州为贫困的被告人提供律师辩护。[④]

这种看法在 20 世纪 60 年代初得以改变，1963 年在 Gideon v. Wain-

---

① "in all criminal prosecutions, the accused shall enjoy the right…to have the assistance of counsel for his denfense."

② Powell v. Alabama287U. S. 45, 53S. Ct. 55(1932).

③ Johnson v. Zerbst304 U. S. 458, 58S. Ct. 1019(1938).

④ 齐树洁主编：《美国司法制度》，厦门大学出版社 2007 年版，第 527 页。

wright[①]一案中联邦法院废除了允许各州决定在什么时候必须提供律师辩护的规定，宣称涉嫌重罪的穷人有权在审判中获得指定律师的帮助。该案中联邦最高法院作出了一个意见一致和历史性的裁定，Gideon 没有被赋予《宪法第六修正案》规定的获得有效的律师辩护的基本权利，而这一权利通过《宪法第十四修正案》的正当程序条款强制性地适用于各州。[②] 最高院对 Gideon 一案的裁决阐明了在州法院被控告重罪的被告人享有绝对的获得律师辩护的宪法权利。但在 Betts v. Brady 一案中，又再次明确享有律师辩护的权利应该根据每个具体的案件加以确定，并不强制适用所有的刑事诉讼案件。而一些州将 Gideon 一案的裁决适用于所有的刑事审判的同时，其他州并没有为轻罪案件中的被告人提供律师辩护。

联邦法院在 1963 年的 Gideon v. Wainwright 一案中将被告有权获得辩护的权利规定适用于州法院，于次年的 Escobedo v. Illinois[③] 一案将该规定适用于刑事侦查活动中，亦即，在审判程序以前的侦查、询问程序中，被告人亦有权获得辩护，侵犯被告人之辩护权所获得的证据将被适用非法证据排除规则加以排除。[④]

但是获得律师辩护的权利，并非意味着政府提供免费的律师辩护，真正的刑事法律援助开始于 1963 年，美国联邦最高法院作出裁决，将美国《宪法第六修正案》规定的“在所有刑事诉讼中，被告享有获得律师辩护帮助的权利”解释为“当被告人无力聘请律师时，州政府要有公共资金为其提供辩护律师”，这样才明确了刑事法律援助的政府责任，明确了资金来源，真正意义上的法律援助制度才逐步确立下来。

1967 年，美国最高法院判决规定任何可能被判处监禁 30 天的人都要有律师为其辩护。“高尔特”案（In Re Gault，1967）中，最高法院认为，高尔特因未成年而不得享有成人刑事被告所有的正当法律程序（due process），但这并不妨碍其享有《权利法案》（*Bill of Rights*）规定的一些基本权利，如有权获得律师辩护的权利。在 1972 年，在对

---

① Gideon v. Wainwright372U. S. 335，9L. Ed. 2d799，83S. Ct. 792（1963）.

② Albert P. Melone & Allan Karmes，*The American Legal System*：*Foundation*，*Processes and Norms*，London：Roxbury Publishing Company，2003，p. 263.

③ Escobedo v. Illinois，378U. S. 478（1964）.

④ 齐树洁主编：《美国司法制度》，厦门大学出版社 2007 年版，第 605 页。

Argersinger v. Hamlin 一案的重要裁决中,最高法院认为,不在审判中提供律师辩护,任何人不得因为任何罪名而被监禁,不论犯了轻微罪行、轻罪还是重罪。至此,法律援助的对象和范围都均以确立,法律援助制度在美国得以形成。

这一时期,法律援助机构得以迅速发展。刑事法律援助体系是美国刑事司法审判必不可少的重要要件,是人权保障的一个重要方面。就美国法律援助体系而言,美国的刑事法律援助体系是由各级政府出资设立的,公共辩护人办公室负责具体实施,公共辩护人是受雇于联邦、州、县政府的律师。由联邦公共辩护人办公室负责制定法律援助标准,培训公共辩护人,向公共辩护人提供技术支持等工作。

具有美国特色的法学院教育模式——法律"诊所"项目也向社会提供法律援助。法律"诊所"教育最初产生于 20 世纪初,但是在 20 世纪 60 年代得到了长足发展。法律"诊所"项目成为法学院教育模式与法律职业技能要求对接的桥梁。在法律"诊所"教育中,法学院的学生在法律"诊所"教师(多数为执业律师)的指导下办理法律援助案件,使学生掌握办理案件的技巧和技能,了解执业律师应遵循的规则,逐步养成职业道德。参加法律"诊所"项目的学生符合一定条件的,在"诊所"项目教师的指导下,还可以出庭代理当事人。法律"诊所"教育借鉴医生培养的模式,使得学生获得了从事法律职业必不可少的实践技能,同时也培养了公益意识、职业道德,做到了教学和法律援助的有机统一,对其他国家产生了广泛的影响。

就美国法律援助其他方面而言,资金方面政府承担全部费用,设立公共辩护人办公室,雇用公共辩护人,承担刑事辩护案件的全部费用;从责任角度看,美国把刑事法律援助当作政府的责任,刑事法律援助是"政府行为"。这些足以表明美国法律援助制度发展得比较成熟,无论是在制度上还是在理念上,都符合当代法律援助制度的基本精神。

(5)控辩平等在美国的成熟

法律赋予律师执业豁免权标志着控辩平等在美国的成熟。由全美律师协会制定的《律师职业行为标准规则》是一个管理全国律师行业的强制性规范。该规则第三节辩护的第 1 条"有意义的辩护"规定:在就现行法律的范围、限制及撤销进行辩论时,律师需出于良好的愿望。但在刑事诉讼或可能导致监禁的诉讼中,涉及要求证实案件的每一个环节时,律师的辩护不受上述限制。全美律师协会对这一条作出进一步解释:如果律师能出于良好愿望,对现行法律的适用范围、限定以及撤销进行争辩,那么,他能进行现行法所不允许的起诉或辩护。在刑事案件或可能导致监禁的诉讼中,即使无意义,律师也可以进行辩护。为了在公正审判和言论自由之间取得平衡,该节第6条规定:"律师不能做他本人知道或有理由认为他应该知道的将不利于审判程序的。一般来讲,超越权限的陈述在下列情况下将不利于审判程序:在由陪审员审理的民事案件中,在可能导致监禁的诉讼中。"所谓超越权限的陈述包括:①当事人、嫌疑人或证人的性格、可信性、声誉或犯罪记录,或者证人的个性,或者当事人、证人将要做的证言;②在可能导致监禁的诉讼中,向原告透露被告认罪的可能性,或者向原告透露被告或嫌疑犯坦白、承认或陈述的内容,或向原告透露被告或嫌疑犯拒绝做陈述;③任何询问的过程或结果,或者某人拒绝询问,或者将出示物证鉴定结论及性质;④在刑事诉讼或任何可能导致监禁的诉讼中,对被告或嫌疑人的有罪或无罪发表意见;⑤出示任何律师知道或应当知道不能作为审判证据的材料,这些材料一经公开,将有影响公正审判的危险。[①]

上述规定中,虽然对律师言论的范围有所限制,但如有违反,最多招致纪律惩戒,而不能追究律师的刑事责任。在美国,律师在整个诉讼中享有广泛的言论自由,可以针对案件所涉及的每一个环节进行辩论。但律师不能故意作有损于公正审判或者虚假的陈述。1910年美国《刑法》第231条、第232条规定,任何人在有权管辖的法院、官员和其他人员之前,在美国法律授权举行宣誓的案件中,经宣誓为据实证明、陈述或签署后,故意违反其誓言而陈述或签署其不信为真实的重要材料,为伪证罪;教唆他人作伪证的,以伪证罪论处。此外,关于律师在刑事诉讼中的豁免权还体现在1910年美国《刑法》第233条的规定中。第233条规定,"任何人在美国法院故意偷窃、取走、更改或伪造任何记录、书状、手续或其他程序,或以其他方法使其无效,以至判决取消、无效或不发生效力者;在上诉法院冒用他人名义或使他人冒用他人名义具结、具保者;处五千元以下罚金或七年以下徒刑,或两刑处之。但本规定不适

---

① 美国律师协会编:《美国律师职业行为标准规则》,俞兆平、姜福丛译,中国政法大学出版社1989年版,第64页。

用于经法院许可执行职务并为被告具保的律师”①。

二、大陆法系控辩平等的历史考察

(一)法国控辩平等的演进历程

1. 1789 年之前的控辩不平等状况

在 14 世纪,国家控诉制度更趋完备,其中最明显的标志是建立了检察制度。14 世纪中叶,在法国刑事诉讼中最终设置了国王检察官(procureur du roi)。从这一时期起,独立于任何私人控诉而发动控诉的职责落在了国王检察官的身上。也是从这个时期开始,检察官就已经开始以公权力为后盾对被追诉人发起控告。1498 年、1539 年、1670 年这三部《敕令》内容基本代表了法国这一时期的纠问式诉讼模式的所有特征。② 透过相关法律条文表述可以看出这一时期的控辩平等状况可以说是完全不平等的。

控审职能的一体化,使法官无中立性可言。从检察官的职能来看,他虽然是一方当事人,但是他与法官一起联合参加调查(examination)程序——由检察官提出申请或要求,由法官主导调查。当一切准备就绪之后,被告才被带到合议庭面前。

侦查、起诉和审判环节强调秘密性,当事人仅仅是被调查和审讯的对象。1498 年《敕令》第 110 条规定,对于被监禁的囚犯或者其他被告,如果有必要启动程序,就必须尽可能地谨慎和秘密行事,以防止教唆作伪证或作伪证。第 111 条规定,对于犯罪信息、确证(confirmation)、对质(confrontation),尽可能保密和谨慎而不能让人知晓。在由检察官提起的所谓“特别程序”中,不允许保释。在这种情形下,被追诉人往往会被审前羁押,其命运只能听从侦控机关安排,一旦被送交审判,其结果往往是听从发落而毫无抗辩机会。

严格限制辩论原则,限制被追诉人辩护权利。1539 年《敕令》颁布之后,只有检察官或控诉人有以书面提议的权利,而被告人则禁止表达自己的意见。该法虽然规定了证人出庭质证制度,但是,《敕令》第 154

---

① 萧榕:《世界著名法典选编》(刑法卷),中国民主法制出版社 1998 年版,第 16 页。

② [法]卡斯东·斯特法尼等:《法国刑事诉讼法精义》,罗结珍译,中国政法大学出版社 1998 年版,第 68 页。

条规定，在向被告人宣读证言之前，法庭就问其是否对在他面前的证人提出反对意见。如果被告人要提出反对意见，他必须立即说出，否则，在向其宣读被告人证言后，他将没有机会。

法定证据制度下，刑讯逼供的合法化。按照刑讯的程度，可以将刑讯分为一般刑讯和特别刑讯。从刑讯的功能区分，以分为准备性刑讯（preparatory torture）和预备性刑讯（preliminary torture）。前者是为了逼取被告人供述自己的罪行，后者为了使被告人揭发自己的同谋。虽然 1670 年《敕令》还为此规定了限制适用的条件，“无论有什么样的新证据出现，被告不能因为同一事实被施以两次刑讯”①。但是，《敕令》又规定了，在出现一些特定证据的情形下，又可以对被告人刑讯。

随着社会的不断进步，纠问式诉讼的残酷性和不公正性受到越来越多的质疑，改革势在必行。1670 年《敕令》第 14 编第 1 条规定，在预审阶段，“自被告人被逮捕起，最迟 24 小时之内，必须对被告人进行讯问”②。1670 年《敕令》第 15 编规定在最终预审中，所有重要的诉讼都以“非常方式”解决，其他案件则以“普通方式”解决。其中后者包括“保释制度”。这相对于前期的无限制审前羁押制度是一种巨大进步，有利于保护被追诉人的人身自由权利。但是讯问被告仍是秘密进行，没有辩护人协助，并且为了取得被告人的供述，可以采取刑讯逼供的手段。以“非常方式”进行的案件，法官可以命令证人核对证词，达到对质的目的，但是，进行对质不可能使被告人与证人之间发生辩论。

1780 年 8 月 24 日，国王发布告示，取消了刑事诉讼中的“预备性问题”，并且由此废除了预审过程中习惯上实行的酷刑拷打。1788 年 5 月 1 日的《敕令》又对诉讼程序改革，取消了“预先应当提出的问题”，同时也废除了“坐刑讯板凳”进行讯问的手段。《敕令》规定，法官必须对其裁判决定说明理由，即使是在终审程序中作出的裁判，亦不例外。对于处以极刑的重大裁判，要求有更高数目的多数票赞同。但是这些具体措施只是华丽的掩饰，在纠问式诉讼体制下并未得到真正实施。

从上述中可以看出，这一时期，法国出现了代表国家行使控诉职能的“检察官制度”，而在纠问式诉讼模式下，控审实质上并未真正分离，

① Tit. XIX, Art. 12.

② ［法］卡斯东·斯特法尼等：《法国刑事诉讼法精义》，罗结珍译，中国政法大学出版社 1998 年版，第 594 页。

控诉、审判机关密切配合以治罪为目的,被追诉人只是被审问的对象。从最初的立案侦查到审判,被追诉人只能配合控审者的追诉行为,而无实施积极对抗的力量和条件。在这种情形下,控辩双方是完全不平等的。

2. 1789 年后法国控辩平等发展状况

进入 18 世纪,法国封建专制制度在经济、政治和思想文化领域爆发了全面的危机。这一时期资产阶级随着资本主义的生产力的发展正在成为强大的富有阶级,在共同利益的基础上,由资产阶级、城市贫民、手工业工人和广大农民组成的第三等级,在资产阶级的领导下形成一股强大的反封建、反教会统治的革命力量,为思想启蒙奠定了深厚的社会基础。而发源于 1680 年的英国,鼎盛于 18 世纪的法国的启蒙思想运动为纠问式诉讼的废除提供了思想基础。随着 1789 年法国大革命的开始,社会制度得到变革,封建纠问式诉讼也同样被推到了变革的前台。法国人民憎恶旧司法体制下的秘密、控审不分、残酷、有罪推定的审判方式,在对英国式自由向往的同时,也将巩固大革命成果的希望寄予英国的审判体制。

在这种背景下,法国人民确立了"无罪推定原则"。1789 年法国的《人权宣言》第 9 条规定:"任何人在未经判罪前均应假定其无罪,如非拘禁不可,法律应规定对他所采取的严厉措施。"以此为基础,法国引入了陪审团审理下的对抗式诉讼模式代替纠问式诉讼模式,自由心证制度取代法定证据制度,保释、法律、沉默权、律师辩护等制度也在这一时期也迅速发展了起来。

(1)陪审团模式的引入和演变

受制于纠问式诉讼的控诉的随意性和秘密性,革命者们迫切希望弱化检察官的职能,因此引入了大陪审团制度,检察官作为一方当事人,在法庭上支持公诉,但丧失了发动公诉权。大革命后,法国经过短时间的筹备便制订和颁布了 1791 年 9 月 16 日至 21 日的法律(以下简称 1791 年法律)全盘引入了陪审制(包括审判陪审团及控诉陪审团)。规定对严重重罪的审判实行陪审团制度。案件经治安法官(juge de paix)和法院法官(juge du tribunal)预审后,提交大陪审团最后决定是否提起公诉。所有在程序中制作的案件材料要向他们宣读,证人要口头作证,如果告发人或控诉人到庭,他们也要口头陈述。大陪审团决定受提起公诉的程序不是公开的(这是照顾到被追诉人的荣誉,与封建体制下的秘密控诉是有很大区别的),但具有明显的对抗性质。[①] 案件在此之后被移送到重罪法庭。在重罪法庭中,由陪审团决定事实问题,从而限制了法官的权力,使得法官只得进行法律审,促进了法官的中立性。大陪审团制度的引入,基本实现了控审分离和法官的中立,有利于削弱控方的指控能力。

由于各种原因,革命时期的犯罪率,尤其是在督政府(1795—1799年)时期的犯罪率已经达到了令人吃惊的程度。[②] 1801 年 2 月 7 日的法律规定,允许检察院主动要求进行追诉,并且允许其持有新的执行凭证,对犯罪嫌疑人实行拘押。该法律还规定,控诉陪审团不再询问或讯问证人与当事人,但受要求依据证据材料进行审理。这种诉讼程序在言辞特点与对审特点上是一种后退,它表明该法律明显回到了纠问式诉讼程序。[③]

1801 年 2 月 18 日的法律设立了一种专门的法庭,以便同当时在全国横行一时的抢劫行为作斗争。这些专门法庭在进行审判案件时均不设陪审团。1808 年制定的《重罪审理法典》规定在上诉法院中设立"提起控诉庭"(chambre de mise en accusation)以取代中间时期法律所规定的"控诉陪审团"(jury d'accusation)。"提起控诉庭"所依据的程序也是非公开的、非对席审理的书面程序。该法典还规定,在法庭审理时,实行的程序则完全受控诉式诉讼各项规则的约束:法庭辩论公开进行,辩论为言词辩论,对席辩论。"同类审判"在重罪案件中依然存在,陪审团对事实问题进行自主审理。

《重罪审理法典》加强了行政机关对陪审员遴选的控制。省长及重罪法庭庭长在选任陪审员问题上相当专断,因此,陪审团的人员组成很难反映主流的政治观点,也不能保护社会的一般利益。《重罪审理法典》第 391 条规定,"如果陪审员热情可嘉,则国王可赐予赞誉之辞以表满意"。行政机关对陪审团的操控已使陪审制背离了原有的价值取向,

---

① 汪海燕:《刑事诉讼模式的演进》,中国人民公安大学出版社 2004 年版,第 120 页。

② [法]卡斯东·斯特法尼等:《法国刑事诉讼法精义》,罗结珍译,中国政法大学出版社 1998 年版,第 87 页。

③ [法]卡斯东·斯特法尼等:《法国刑事诉讼法精义》,罗结珍译,中国政法大学出版社 1998 年版,第 88 页。

因此,陪审制的蜕化也自然不可避免。

拿破仑执政前期,社会犯罪率上升,人们不满足于陪审团制度的审判效率,认为是陪审团制度妨碍了社会治安的整治。因此,经过立法机构及法院的激烈讨论,控诉陪审团逐渐丧失了听取被追诉人供述的权力,而只能靠阅读案卷材料以决定是否提起控诉。① 因此,书面程序死灰复燃,控诉陪审团声誉继续败坏,直到 1808 年《重罪审理法典》将其废除,并以重罪起诉庭代之。《重罪审理法典》第 360 条规定,"所有依法被判定无罪的个人不得基于同一事实被重新定性或起诉"。但法国最高法院将条款中的"事实"解读为"被法官定性的事实"②。因此,"不得重复追诉"的原则已经名存实亡。

随着 1815 年法兰西第一帝国的陨落和自由主义思想的兴起,法国在此期间对陪审制度进行了改革。依照 1827 年法律所设置的遴选程序,省长及法院院长丧失了对陪审团的人事控制权。然而随着法兰西第二帝国的建立,行政权对陪审团的人事控制又得以恢复,司法民主呈现倒退趋势。

1932 年 3 月 5 日的法律规定陪审团在作出裁决之后,可以与法院的司法官员一起共同就应当宣告的刑罚进行评议,然后作出决定,进一步扩展了陪审团的权力。1941 年 11 月 25 日,法国正式通过新法(即 1941 年 11 月 25 日的法律)以参审制取代 1872 年的陪审制。《法国刑事诉讼法典》第 356 条规定,"法庭与陪审团合议之后,逐项分别以书面形式表决下列问题:首先是主要事实;其次是必要时,就每个加重情节进行表决;最后是附加问题和每项构成免除或减轻刑罚之法定原因的事实"。至此,陪审制度在法国完成了其历史性的演变,成为法国司法制度中不可或缺的一部分,但是与陪审团最初的功能相比较而言,参审制相对强化了法官的权力,"等腰三角形"诉讼机构并未完全形成。

(2)对自由心证制度的确立

在法定证据制度下,证据的证明力大小以及依证据认定案情均由法律预先设定,法官对事实的认定必须遵守这些法定形式。具体而言,法定证据制度的形式性主要表现为两个方面:第一,每种证据的证明价

---

① 易延友:《陪审团移植的成败及其启示——以法国为考察重心》,载《比较法研究》2005 年第 1 期。

② J. Dabin, *Le pouvoir d'appreciation du jury*, London: Bruxelles, 1913, pp. 105-157.

值是由法律预先设定的;第二,在运用证据认定事实时,必须具有法定数量的证据。其中,前者与证据的评价方式有关,与自由心证制度下的“自由评价”相悖;后者则与证明标准有关,与自由心证制度下的“内心确信”相对立。只有存在完全证明,才能使对被告人定罪判刑的法定证据制度看起来似乎是对被告人的一种保护。然而司法实践中,由于可以借助刑讯获取被告人的供述,于是,法学家的仁慈最终湮没于合法的刑讯。①

法国的自由心证原则的确立与陪审团裁判制度的引进是相辅相成的。作为一项法律制度,自由心证是对法定证据制度的否定。自由心证制度最早确立于法国。② 18 世纪的启蒙运动对个人理性的强调不仅将人民的目光引向了对法定证据制度的批判,并且为新制度的建立指明了方向。1790 年 12 月 26 日,杜波尔向法国制宪会议提出了一项草案,建议废除书面程序以及法定证据制度。1791 年 9 月 29 日至 10 月 6 日的法律规定,陪审团单独进行评议并且应当按照内心确信作出唯一决定(单一判决)。对任何证据形式都不赋予法定的证据效力。不要求陪审团的意见完全一致,但是,对不利于被告人的决定,必须达到 10 票赞成。如果被告人被认定为有罪,国王特命检查员就刑罚提出意见,辩护方进行辩护(但是,辩护方此时不得对事实提出异议)。

1808 年制定的《重罪审理法典》第 342 条以详尽的语言向陪审员们传达了自由心证据制度的要求和内容。该条规定:“……法律也不为陪审员规定任何规则,使他们判断是否齐备是否充分;法律仅要求陪审员深思细察,并着诸良心,诚实推求已经提出的对于被告不利和有利的证据在他们的理智上产生了何种印象……”③

(3)保释制度的建立和发展

法国的保释制度历史悠久,可以追溯到古代法兰西诺曼部落惯例。A. Esmein 在其著作 *A History of continental Criminal Procedure* 中这样描述诺曼部落时期的保释制度:“当一个人被捕后,他可以以足够的任何动产或者不动产作为抵押,使其获得释放。如果他按照约定接受审判,这一动产或者不动产应当归还,这一规定的目的是防止官吏为了没

① 陈卫东:《刑事诉讼法学研究》,中国人民大学出版社 2008 年版,第 183 页。
② 陈卫东:《刑事诉讼法学研究》,中国人民大学出版社 2008 年版,第 183 页。
③ 陈卫东:《刑事诉讼法学研究》,中国人民大学出版社 2008 年版,第 184 页。

收他人财物而判此人重罪。”中世纪法国司法制度中关于保释的规定进一步明确和细化。根据诺曼人的惯例,王室官吏逮捕犯罪嫌疑人只是保障成功起诉的手段。这时的保释制度虽然已经出现了保障犯罪嫌疑人权利的因素,但是将其认定为主要是一种权利保障行为,而主要不是职权行为,则不一定符合制度设立的初衷。

1791 年,在法国大革命的推动下,英国对抗式诉讼模式被引入法国,同一时期作为配套制度也将英国的保释制度引进法国。1791 年《宪法》第 12 条规定:“任何被带逮捕的人如能在法律准许保释的情况下提供充分的担保时,不得拘留之。”当时的刑事政策也主张,对被逮捕的人应当在 24 小时内询问,只要不是严重的犯罪。就应当释放。[①] 这些规定与英美法系的规定基本一致,实现了以职权行为为基本出发点向以权利保障为基本出发点的转变。

法国学习英国对抗制模式失败,使得法国人对来自英国保释理念热情减退,并产生了保释金制度的存在是对穷人歧视的表现的观念。第三帝国时期,职权主义诉讼模式在法国正式形成,预审制度膨胀,审前羁押成为普遍的现象,审前保释变得难上加难。二战后,法国政府对自由、民主、人权更为重视,在英美保释制度以及国际人权公约的影响下,1959 年生效的新的刑事诉讼法典在司法管制中规定现行的保释制度,保释进而属于司法管制的一种方式。

1970 年 7 月 17 日修订的《刑事诉讼法》第 137 条明确规定,只有因预审之必要,或者以保安处分之名义,才能命令实行司法管制。因此一般的规则是,在预审过程中,当事人应仍然处于完全自由状态。1970 年《保护公民权利》法案出台,按照其规定,应尽量减少审判前的羁押,使羁押仅仅成为一种特别的情形。为了减少审判前的羁押,法律设立了“司法监督制度”。建立司法监督制度的目的,在于保证嫌疑人获得“与查明事实真相以及维护公共秩序之要求相适应的最大限度的自由”。因为,接受司法管制的人并没有受到羁押,而“仅仅是在行动与社会生活方面受到某些限制,并且法院要审查其是否真正遵守了强制规定其履行的义务”[②]。因而可以说,司法监督事实上也是对审前羁押的替代

---

① 汪海燕:《刑事诉讼模式的演进》,中国人民公安大学出版社 2004 年版,第 140 页。

② [法]卡斯东·斯特法尼等:《法国刑事诉讼法精义》,罗结珍译,中国政法大学出版社 1998 年版,第 594 页。

性措施,也可以说是广义上的保释。而提供财产担保,则是实施司法管制的一个条件。如同英、美等国把财产担保作为附条件释放的条件之一一样,法国把保释当作对被审查人交付“司法管制”的条件之一。[①]

法国1791年《宪法》第12条规定,“任何被逮捕的人如能在法律准许保释的情况下提供充分的担保,不得拘留之。当时的刑事政策也主张,对被逮捕的人应当在24小时内讯问,只要不是严重的犯罪,被告人就应当被保释。[②] 根据1970年《刑事诉讼法》第11项条件规定:“按照预审法官根据被审查人的经济状况所规定的数额和期限,一次或分多次交纳保证金”,这就是法国的裁量保释。法国在所有的案件中,无论是轻罪案件,还是重罪案件,即使是在被审查人并未申请释放请求的情况下,均可将当事人释放,释放被审查人可以附加司法监督,也可以不附加司法监督。所以,法国虽没有权利保释,但在预审法官具有澄清义务的约束下,被审查人也能够得到无条件的审前释放。

(4)法律援助制度的建立和发展

1789年10月法律规定,如果被告人自己不能聘请律师,法官应当为他指定一个辅佐人,否则程序将无效。这可能是法国第一次明文规定被追诉人享有法律援助权利。这种权利被视为被追诉人平等对抗的一种有效保障,被1791年法律所吸收。依1791年法律的规定,被告人可获得辩护人的帮助,如有必要,法庭可依职权为被告人指定辩护人。

1793年法国的第一部资产阶级共和国《宪法》规定:“被告人应有自行选定的辩护人或公设辩护人。”公设辩护人一般附属于法院,领取固定薪金,其职责是为无力聘请或不愿聘请律师的被告人辩护。[③] 从此,享受律师的法律服务至少在形式上不再只是社会富有阶层的特权。获得法律援助的权利也被上升到了宪法的高度。

随着时代的发展,陪审等制度不断被演变,而获得法律援助的权利并未被动摇,法国现行《刑事诉讼法》第274条规定:关于重罪案件,当上诉法院刑事审查庭作出移送裁定,移送重罪法庭后,重罪法庭的审判长应责令被告人“选择一名律师协助其辩护。如果被告人不选择律师,

---

① 《法国刑事诉讼法典》,余叔通、谢朝华译,中国政法大学出版社1997年版,第63页。

② 汪海燕:《刑事诉讼模式的演进》,中国人民公安大学出版社2004年版,第140页。

③ 胡艳香:《中国内地和香港地区法律援助制度比较》,载《常德师范学院学报(社会科学版)》2001年第6期。

审判长或其代理应依职权为其指定一名律师”。至此，法律援助制度在今天仍然对法国的控辩平等发挥着重要的保障作用。

(5)辩护制度下辩方权利的扩张

一方面，律师介入的时间不断提前。在纠问式诉讼模式下，被追诉人获得诉讼辅佐人协助的权利基本被剥夺，法国大革命后对此进行了变革。众所周知，律师及时介入诉讼程序中更有利于对被追诉人的保护，法国在律师介入时间上呈现出较为谨慎的态度。这可从其历史轨迹中看出。

1789 年 10 月法律恢复了刑事法庭庭审公开的制度，并且允许被告人自核实证词以及与控诉方进行对质时起，可以得到律师的帮助。此时的律师介入时间是在庭审阶段。

1791 年 9 月 29 日至 10 月 6 日的法律规定，经过预审的重罪案件，在法庭开庭之前，庭长应在被告人来到首府的监狱 24 小时内对其进行讯问，并且在必要时进行补充预审。只是从这一时刻起，被告人才有可能得到诉讼辅佐人的协助。可以看出，相比上一部法律规定而言，律师介入的时间被提前到侦查结束后、开庭审判前的这一阶段，是一种进步。

1808 年制定的《重罪审理法典》的制定者在中间时期的控诉式与旧制度实行的纠问式诉讼之间进行了选择，并最终进行了折中。按照这一法典的规定，对犯罪进行查证、确认以及对棘手案件的预审，仍然采取书面形式、秘密进行，不实行对审，更有甚者，不准许在预审过程中当事人由律师给予协助。从上述规定中可以看出，该时期的法律有回归纠问式诉讼模式的倾向，这和当时急于稳定社会环境不无关联。只是在预审阶段，被追诉人始终没有机会得到律师的帮助，其权利保障较为脆弱。

1887 年，法国通过新的法律对预审程序进行重大修改，要求法官在讯问嫌疑人时必须告之其拒绝回答权和律师帮助权，随后每一次讯问，预审法官都必须率先通知辩护律师到场，预审法官询问证人。如果没有嫌疑人或律师在场，应当在事后尽快让他们查阅笔录。1897 年 12 月 8 日的法律对预审进行了彻底的改革。这一法律确认被告人自第一次至预审法官前到案件开始即可得到诉讼辅佐人的协助。这两部法律将律师辩护的时间提前至“第一次至预审法官前”大大提前了律师介入的时间,并规定了具体措施予以保证律师的到场权,这更有利于增强辩护人的辩护力量,是一种历史的突破。

1959年制定的《刑事诉讼法》为现行法。该法第11条规定“除法律另有规定外,且不损害辩护方之权利,调查与预审过程中,程序保密”。该法继续排除在警察行为阶段与初步调查阶段进行辩护的可能性,以此在保护社会的要求与保护个人自由这两者之间实现平衡。法国对警察、检察官在初步侦查中的讯问,没有规定律师在场权,而依据法国《刑事诉讼法》第63条,仅规定,“在拘留20小时之后,被拘留人可以要求会见律师”“被指定的律师可以在秘密得以保守的条件下会见被拘留人”“会见不得超过30分钟”。只是在预审法官讯问时,“除非双方当事人的律师在场或者已经合法传唤,不得听取当事人的陈述、讯问当事人或者让其对质,除非当事人公开放弃此项权利”。[①]

另外,律师权利得到了扩张。1789年10月法律规定,被告人的辅佐人任何时候都有权查看由法庭书记员签名的程序中的相关材料,然而由于律师介入的时间是在庭审阶段,因此,这项权利的行使也只是限于庭审过程中。

1897年12月8日的法律规定,预审程序仍然是书面程序,秘密进行,不对席审理,但是,程序的进行受到监督,预审不再是在被告人不知情的情况下进行。被追诉人的诉讼辅佐人可以按照规定接触诉讼案卷中的所有材料;可以提出建议;在对质时,可以要求向证人提出问题;等等。这一法律将律师辩护的权利提前至预审阶段,虽然只是提出建议、提出问题等权利,但是从对预审程序的监督作用这一角度而言,被追诉人的权利还是能够得到一定程度的保障。

根据法国1959年《刑事诉讼法》第116条的规定:如果受到审查的人未提出要求律师协助的请求,预审法官应通知受审查的人有权选任律师或有权要求依职权为其指定一名律师。如受审查人已经在押,由其本人选任的律师或由律师公会会长指定的律师可自由地参与受审查人互通意见。[②] 该条不仅明确了被追诉人享有律师辩护的权利,而且还明确规定,律师可以自由地与受审查人交流,这对提高辩方的抗辩能力

① 《法国刑事诉讼法典》,余叔通、谢朝华译,中国政法大学出版社1997年版,第83页。

② [法]卡斯东·斯特法尼等:《法国刑事诉讼法精义》,罗结珍译,中国政法大学出版社1998年版,第567页。

极为重要,但是,这种交流被时间所限制,在这上文所提到。因此,法国在辩护人会见权这方面仍有改进的空间。

该法第148条规定:在任何案件中,被审查人或其律师可以在任何时候请求预审法官予以释放。赋予了律师申请释放的权利,这对于在押的被追诉人而言,无疑增加了获得审前释放的机会,从而更有利于证据的收集和自己人身自由权利的保障。

此外,法国法律还赋予了律师拒绝作证权。法国1972年6月9日《第四百六十八号法令》规定:律师绝对不得泄露任何涉及职业秘密的事项。这对律师职业威信的树立起到了很好的保障作用,有利于促进律师与被追诉人的团结合作,也有利于排除律师来自公权力的束缚和压迫。这对增强辩方的力量是大有裨益的。

法国1881年《刑事诉讼法》第41条规定:"不得对律师在法庭上的发言或向法院提交的诉讼文书提起诽谤、侮辱或藐视法庭的诉讼。"[①]由此可以看出,法国的刑事诉讼律师在进行诉讼辩护的过程中,享有发言的豁免权,即对律师在法庭上的讲演和书面发言,不得进行诽谤、中伤和污蔑。此外,法国法律还规定,对于律师不尊重法庭的行为,法院可以向检察长反映,让检察长要求有关律师隶属的律师协会理事会对该律师给予纪律惩戒处分。可见,针对律师的监督和约束行为也是由控审以外的主体来实施,大大减轻了辩护律师的辩护压力。

但是,1881年《法国刑法典》第337条规定:"律师在有关为当事人辩护的文件中,或在口头辩护中,含有指责或侮辱时,受理本案的审判员在审理本案中,得宣告禁止为侮辱的言论或文字,或对该轻罪发出禁谕,或停止其辩护职务,并决定损害赔偿的数额。"[②]可见,法国虽然规定了律师的法庭言论豁免权,但也对该权利予以明确的限制。

(6)沉默权制度

1887年,法国通过新的法律对预审程序进行重大修改,要求法官在讯问嫌疑人时必须告之其拒绝回答权。这是法国对沉默权较早期的规定,此时的沉默权还仅限于庭审阶段。1993年修改后的法国《刑事诉

① ［法］色何勒·皮埃尔·拉格特、［英］帕特立克·拉登:《西欧国家的律师制度》,陈庚生等译,吉林人民出版社1991年版,第212页。

② ［法］色何勒·皮埃尔·拉格特、［英］帕特立克·拉登:《西欧国家的律师制度》,陈庚生等译,吉林人民出版社1991年版,第255页。

讼法》第 116 条规定:“预审法官应告知被审查人,未经其本人同意,不得对他进行讯问。”1993 年《刑事诉讼法》第 161 条规定:“预审官应当告知被审查人,未经其本人同意,不得对他进行讯问。此项同意只有当他的律师在场时方可取得。任何时候,当被审查人要求做陈述,预审法官应立即听取。本款所规定的告知,应记入笔录。”这两部法律都是将沉默权应用于预审阶段,相比最初的应用,沉默权的行使时间已经大为提前。1997 年,法国最高法院在欧洲人权法院的压力和美国法的影响下在判例中宣布,警察在讯问嫌疑人时如果没有告知沉默权,所获陈述不得用作证据。这将沉默权的行使提前至侦查阶段,进一步增强了辩方的防护力量。

2000 年,法国修改后的《刑事诉讼法》明确确立了沉默权。该法第 116 条、第 128 条、第 133 条分别规定:“预审法官应告知被审查人,未经其本人同意,不得对他进行讯问。此项同意只有当他的律师在场时方可取得。任何时候,当被审查人要求做陈述,预审法官应立即听取。本款所规定的告知,应记入笔录。”“上述预审法官或共和国检察官,应当告知该人有权拒绝陈述后,讯问该人的身份,听取其陈述。此项笔录应当注明此人已经被告知他有权拒绝陈述。”“共和国检察官在告知该人有权拒绝陈述后,听取其陈述。笔录应注明已作此项告知。”至此,沉默权制度在法国稳固地被确定下来。

虽然法国不断赋予辩方权利,使得控辩得以朝向平等方向发展,但是,由于法国在学习英国对抗制诉讼失败后转向了职权主义诉讼模式,检察官制度的权力不但得到恢复而且得以扩张。这张客观上影响了法国控辩平等的进程。因此,法国的检察官制度能更好地反映出刑事式诉讼第三次革命在英国的进程。

自 13 世纪开始检察官制度开始产生,至 14 世纪中叶,在法国的刑事诉讼中最终设置了国王检察官(procureur du roi)。根据 1355 年 12 月 28 日的敕令,从这一时期开始,独立于任何私人控诉人而发动公诉的职责已落到国王检察官的肩上。检察官制度发展到今天,虽然受到了种种权力(权利)的规制,但是,法国检察机关权力仍然很大,依然能够体现出法国职权主义诉讼的倾向。

由于检察机关享有以社会的名义作为原告的资格,由此也就赋予其特别的权利。这种特别的权利既表现在预审与法庭审理的过程中,也表现在法院判决之后。按照 1897 年 12 月 8 日的法律的规定,检察机关相对于其他诉讼当事人处于特殊的优先地位,在有数名预审法官的预审法庭,检察机关可以选任预审法官;在预审法官对案件的看法与其不一致时,对该预审法官,检察机关即使不运用其权利撤回案卷,也可以将案卷交由另一预审法官办理。

1959 年制定的《刑事诉讼法》终止了检察官可以任意挑选预审法官的权力,并将此权力赋予了法院,但法院可以按照检察机关提出的说明理由的要求,解除预审法官的管辖权。同时该法还规定共和国检察官应当对预审法官签发逮捕提出意见。预审法官撤销对当事人实行司法监督的决定,以及对当事人实行现行拘押的决定,亦应当经检察机关提出意见。该法第 82 条第 1 款规定,共和国检察官在案件进行侦查的任何时候都可以提出补充侦查意见书,以此要求预审法官进行其认为对查明事实真相有必要的任何行动。由此可以看出,检察机关对预审法官进行的预审有真正的指挥权。[①] 第 82 条第 2 款规定,检察机关对预审有监督权,检察机关可以随时要求向其报送预审案卷,但应当在 24 小时内归还。

此外,《刑事诉讼法》第 92 条规定,检察机关可以参与对被追诉人的询问、对质,甚至可以亲自前往现场勘查并参与搜查。根据该法第 190 条的规定,在预审程序中,唯一可以要求就新的证据重新进行侦查的就是检察机关。法国在 20 世纪 90 年代以前,只有检察官有权要求预审法官收集证据。为了达到当事人之间的平衡,在 20 世纪 90 年代初期,在预审期间享有申请预审法官任命鉴定人、询问证人、进行新的调查等权利的主体,现在均已扩大赋予其他诉讼参与人,特别是被追诉方。

为平衡这种差距,《刑事诉讼法》第 82—1 条(1993 年 1 月 4 日第 93—2 号法律)规定,各当事人得在侦查过程中向预审法官提出说明理由的书面请求,以要求预审法官听取他们的陈述或者对他们进行讯问,或者询问证人,进行对质或前往现场踏勘,或者命令其中一当事人交出有益于侦查的某项文件材料,或者请求进行他们认为对查明事实真相

① 《法国刑事诉讼法典》,余叔通、谢朝华译,中国政法大学出版社 1997 年版,第 63 页。

所必要的任何其他行动。① 这一证据保全制度,使被追诉方可以借助法官所拥有的公权力来弥补其在调查取证能力上的不足,从而实现控辩双方在调查取证能力上的大体对等。

3. 法国关于律师执业豁免权之规定

法国 1881 年《刑事诉讼法》第 41 条规定:"不得对律师在法庭上的发言或向法院提交的诉讼文书提起诽谤、侮辱或藐视法庭的诉讼。"②由此可以看出,法国的刑事诉讼律师在进行诉讼辩护的过程中,享有发言的豁免权,即对律师在法庭上的讲演和书面发言,不得进行诽谤、中伤和污蔑。此外,法国法律还规定,"对于律师不尊重法庭的行为,法院可以向检察长反映,让检察长要求有关律师隶属的律师协会理事会对该律师给予纪律惩戒处分。可见,针对律师的监督和约束行为也是由控审以外的主体来实施,大大减轻了辩护律师的辩护压力。

但是,《法国刑法》第 337 条的规定:"律师在有关为当事人辩护的文件中,或在口头辩护中,含有指责或侮辱时,受理本案的审判员在审理本案中,得宣告禁止为侮辱的言论或文字,或对该轻罪发出禁谕,或停止其辩护职务,并决定损害赔偿的数额。"③可见,法国虽然规定了律师的法庭言论豁免权,但也对该权利予以明确的限制。

综上所述,在刑事诉讼第三次革命中,法国在历经变革后最终采取职权主义的诉讼模式,不主张完全的平等对抗,所以控辩双方在侦查、起诉阶段的法律地位、诉讼权利不平等。但尽量避免刑事诉讼中控辩双方力量的悬殊,已是近年来刑事诉讼发展的特点。在法国,检察官的当事人化现象较为明显,有法国学者在谈到检察机关在刑事诉讼中的作用与地位时明确指出,检察机关不是法官而是诉讼当事人,也有人将其称为"公众当事人"④。相对于检察机关的当事人化,律师在刑事诉讼中的权利得到越来越多的保障,因为要真正避免双方力量的悬殊或达到双方的对抗平等,赋予辩方更多的权利成为必须,这也说明刑事式

---

① 《法国刑事诉讼法典》,罗结珍译,中国法制出版社 2006 年版,第 88 页。

② [法]色何勒·皮埃尔·拉格特、[英]帕特立克·拉登:《西欧国家的律师制度》,陈庚生等译,吉林人民出版社 1991 年版,第 212 页。

③ [法]色何勒·皮埃尔·拉格特、[英]帕特立克·拉登:《西欧国家的律师制度》,陈庚生等译,吉林人民出版社 1991 年版,第 255 页。

④ [法]卡斯东·斯特法尼等:《法国刑事诉讼法精义》,罗结珍译,中国政法大学出版社 1998 年版,第 132 页。

诉讼第三次革命在法国仍然在继续。

(二)德国控辩平等的演进历程

1. 1848 年之前的控辩平等状况

虽然德国作为一个国家的历史并不长,从 9 世纪东法兰克王国起,至今不过 1000 余年。但是,德国法律作为日耳曼法的延续,则有 2000 余年的历史。早期日耳曼人的法律制度,可以追溯到公元前 1 世纪日耳曼人的部落生活时代。这一时期的诉讼模式是弹劾式诉讼,公权力并不主动参与,直至法兰克王国时期出现了纠问式诉讼制度。

虽然这一时期确立了律师制度,但是律师地位明显低下,辩护能力严重不足。“在日耳曼古老的习惯法环境下和受德意志保守、固定的文化传统的影响,形成了德意志特殊的共同体意识,为犯罪人辩护就会被某种罪恶感所纠缠。所以,刑事辩护律师往往受到社会民众的歧视。至于接受犯罪人的报酬,甚至被视为反社会的行为。”①律师们(特别是刑事辩护律师)地位极其低下,因而经常受到德意志民众的蔑视和指责。对于国家而言,在德意志封建专制主义及传统的官僚制度下,作为“私人营利”的职业律师也已被当局视为“司法的瘟疫”。② 1713 年普鲁士国王腓特烈·威廉一世对律师数量进行大幅限缩,1739 年其甚至发布《敕令》“……怂恿他人为区区小事,如请求赦免等,呈递诉状或任何诉讼案卷之辩护人……将与狗类一并绞死,决不宽恕……”1780 年,腓特烈大帝腓特烈二世又下达诏令禁止律师出庭辩护,这无疑是想废除辩护律师这一职业。

这一时期的律师不仅地位低下,其设立的初衷也并非完全是为被追诉人捍卫合法利益,那时的德国律师制度带有浓厚的封建色彩,其最终目的是为封建专制制度服务的,体现不出律师保障人权,推进司法平等、进步,促进人类幸福等近现代律师职业的性质。随着社会的进步,律师为被追诉人辩护的作用刚一显现便被当权者无情地打压,因此,这时期的律师无法真正为被追诉人辩护,辩护效果只能起到修饰所谓“正义”审判的作用。

这种状况持续到德国封建社会末期始有改善。这一时期,资本主

---

① [日]东京第二律师协会编:《各国律师制度》,朱育磺、王舜华译,法律出版社 1999 年版,第 299 页。

② 何勤华:《外国法律史研究》,中国政法大学出版社 2004 年版,第 178 页。

义经济萌芽迅速发展起来。受到欧陆资产阶级革命和资产阶级法律思想的影响,德国的律师制度也逐渐具有了近现代资产阶级律师制度的性质。1781 年,腓特烈大帝对国家的司法制度进行了改革,规定了律师是“独立的自由职业者”,实际上就已经肯定了德国律师的资产阶级性质。

1848 年之前的控辩不平等状况还体现在纠问式诉讼固有特点上。这一时期典型的成文法典是在 1532 年通过的《卡洛琳娜刑法典》(*Carohna*)。该法典确立了纠问式诉讼程序,“发现事实真相”是刑事诉讼的最高追求。[①]《卡洛琳娜刑法典》确定的诉讼程序的特点主要为:实行有罪推定原则,被告要证明自己无罪,必须自己提出无罪的证据;案件不公开审理,多以书面形式进行;证据采用形式主义理论;允许刑讯逼供。[②] 该法典甚至规定:对于嫌疑犯虽无足够的证据可资控告,但其间接的证据(如不好的名声、衣服及外貌特征可疑等)可推知其有犯罪的可能,便可严刑拷打,逼取口供,作为有力的直接证据使用。[③] 1848 年三月革命之前,统治者利用纠问式的诉讼模式,秘密关押、审判被压迫者:这些案件中,法官不公开审理案件,而是在秘密的环境下审理案件;庭审不采用直接原则和言词辩论原则,法官仅仅根据案卷作出裁判。[④] 该法典虽然规定了“保释制度”,即“对原告与被告要同时关,允许取保候审”。[⑤] 这也可能是德国历史上最早成文法关于取保候审的规定。但此时的保释制度是一种司法机关职权行为,而非被羁押人权利保障行为。

2. 1848—1933 年控辩平等状况

(1)律师地位的提高

1848 年 3 月爆发的德国革命,是一次资产阶级民主革命,是 1848 年欧洲革命的重要组成部分。不公正的司法制度引起了公民的巨大公愤,19 世纪 40 年代中期以后,各地先后学习借鉴先进的法国诉讼法,对司法制度进行了深刻的改革,采纳了新的诉讼原则,包括:统一司法(意

---

① Gerland Heinrieh, Der deutsche Strafprozess, Mannheim, 1927, S. 38f.

② 何勤华:《德国法律发达史》,法律出版社 2000 年版,第 32 页。

③ 陈盛清主编:《外国法制史》,法律出版社 2002 年版,第 115 页。

④ 邵建东:《德国司法制度》,厦门大学出版社 2010 年版,第 11 页。

⑤ 汪海燕:《刑事诉讼模式的演进》,中国人民公安大学出版社 2004 年版,第 136 页。

味着废除领主裁判权),法官独立审判、公开审理、自由心证、言辞辩论,保护公民免受任意羁押,保障被告人在刑事诉讼中享有的基本权利(如法官法定,依法听审,法无明文规定不处罚),检察官公诉制度,控审分离,由改进的诉讼取代纠问式诉讼,陪审法庭,当事人处分等。[①] 这一时期控方力量增强的表现还有辩护律师地位的提升,保释理念的转变以及沉默权制度的产生。

1849 年,普鲁士率先通过立法,正式规定律师的名称为"Rechtsan-walt",意为"法的维护者"。律师的法律地位明显上升。[②] 致力于发展资本主义经济的俾斯麦首相在 1879 年 7 月 1 日领导制定和颁布了德国历史上第一部全国性的资产阶级律师法——《国家律师法》,宣告德国资产阶级律师制度初步建立,也从法律上确认了律师的身份。

1871 年德意志帝国成立后,自由律师制在全国得到实现。改革以前,德意志各地实行的不是自由律师制,律师的身份是由政府任命的国家公务员,必须接受国家公职人员的纪律约束和惩戒。对律师的执业,也不是实行自由许可制,而是政府审批制。1878 年的《律师条例》,对德意志各邦统一了"Rechtsanwalt"的称谓。从此以后,德国的律师成为自由职业者,是由全体律师选举产生的律师公会的成员,这个公会行使律师职业领域的纪律惩戒权。这对律师排除公权力的干扰具有不可替代的作用,有利于摆脱公权力的掣肘,增强辩方的抗辩力量。

19 世纪末以厄恩斯特 · 富克斯和赫尔曼 · 坎托罗维茨为先驱在德国掀起了"自由法运动",要求广泛的司法自由。[③] 在这期间律师的地位得到进一步改善。律师阶层不可避免地参与到这个运动中。从平民角度而言,律师是自己合法权益的捍卫者;从政府角度而言,律师听命于自己也可缓和国内矛盾。律师在民众心目的地位逐步建立起来。

(2)沉默权制度的确立

这一时期里,另外一个比较重要的进步是沉默权制度开始在德国产生。1858 年德国城市 Braunschweig 率先改革刑事司法,在其同年新颁布的《刑事诉讼法》第 43 条明确规定:侦查人员在审讯前必须明确告

---

① Vgl. Franz Wieacker, Privatrechtsgeschichte der Neuzeit, 2. Auflage, 1967, S. 465.

② 邵建东:《德国司法制度》,厦门大学出版社 2010 年 7 月版,第 13 页。

③ E. 博登海默:《法理学、法律哲学与法律方法》,邓正来译,中国政法大学出版社 2004 年版,第 153 页。

知犯罪嫌疑人，他没有做出供述的义务。然而，这一进步性的刑事诉讼法条文并没有在此后的德意志王国1877年《刑事诉讼法》中被采纳，从全德国范围而言，这种制度的应用还只是象征性的，实践中很少适用。

1877年《刑事诉讼法》的出台后，犯罪嫌疑人的诉讼主体地位在整个德国刑事司法体系中得到了肯定。该法第136条规定：侦查机关在审讯犯罪嫌疑人之前必须询问其是否愿意回答所提出的讯问。这是德国历史上第一次在全国性立法上模糊地认可了犯罪嫌疑人享有陈述的自由。① 第136条是犯罪嫌疑人诉讼地位由客体转变为主体过渡的体现，是新的立法理念和固有的司法理念冲突的产物。只是如此模糊的法律措辞，使该条款的立法理念形同虚设。犯罪嫌疑人不可能从中获悉其享有沉默的权利而不做出自我归罪。

对于这种现状，许多学者将其归结为是受传统司法理念的影响。在长期的纠问式诉讼模式下，法官和检察官习惯于从被追诉人的言和行中寻求真伪，他们认为“如果被告人无罪，他自己就应该积极有效地为自己辩护而不是沉默”②。而在当前司法潮流下，沉默权的适用为必然趋势，德国立法者试图以含糊的立法掩盖传统与进步之间的尴尬和矛盾。更进一步说，立法理念和司法现实的差距迫使法治进步的同时又必须妥协，可以说这是传统纠问式诉讼走向法治文明的缓冲。

此外，德国资产阶级革命以后，在自由、人权思想的影响下，1877年《刑事诉讼法》对既有保释制度做了变革，依照该法的理念，羁押只是一种刑事程序法上的程序保全措施，是作为确保程序顺利进行的手段而存在。既非是剥夺自由的刑罚手段，亦非预防犯罪之保安处分。在此种理念的指导下，保释作为免除羁押的替代措施而出现在该法中。

3. 纳粹统治时期控辩平等状况

随着法西斯主义的泛滥，德国司法民主出现了倒退。希特勒上台后，于1933年制定《授权法》，该法规定政府可以自行立法，甚至制定与宪法相抵触的法律法规。从此立法权与行政权之间的分立制衡就成为了历史。1936年成立的帝国战争法庭，在对待政治犯罪方面比普通刑

---

① Torsten Verrel, Die selbstbelastungsfreilieiheit im Strafverfahren——Ein Beitrag zur KontUrierung eines ueberdehnten Verfahrensgrundsatzes, Muenchen, s. 6lff.

② Johannes Wessel, Schweigen und Leugnen im Strafverfahren, Juristische Schulung 1966, S. 69.

事法院更为残酷。法庭有权对被告人实行“严厉化的讯问”,即刑讯逼供。1943 年 4 月 26 日,希特勒又任命自己为“最高司法官”,这意味着司法独立性的彻底毁灭。德国从一个权力分立制衡的联邦制的法治国家,蜕变成了一个中央集权的恐怖国家。在纳粹统治期间,在立法方面,纳粹政权废除了不溯及既往和罪刑法定等原则;在既有的法院系统之外,新设立了“种族法院”、特别法院和帝国战争法院,将本来应当由帝国法院管辖的政治犯罪案件交由这些特别法院审理。对于政治上的敌人则直接由国家秘密警察、冲锋队或党卫军刑讯逼供直至秘密处决。

随着纳粹统治的出现,律师的发展也陷入了低谷。1933 年,纳粹分子发动了一场为期 5 个月的“整肃”运动,律师制度接近于瓦解。① 1935 年纳粹政府颁布《严禁滥用法律咨询法》,规定只有忠于国家的人才可能被接受成辩护律师。而犹太人被视为“低等民族”而构成对国家的威胁,所以纳粹政权将犹太人逐渐全部逐出律师界。女性同样被禁止加入律师行业。所剩为数不多的律师仅起装饰门面作用。这一时期,自由律师制度也遭到重创。德国律师协会等民间组织被解散。律师公会直接受纳粹党控制,其理事被更换。1933 年成立了帝国律师公会,1936 年在该会中也实行元首制,其主席由帝国司法部长任命。各地区的律师公会丧失了原有的独立性,变成帝国律师公会的下属机构,直接受上级领导。②

这一时期,审前羁押成为常态,保释制度成为虚设。1935 年希特勒纳粹政府为了推行其纳粹政策,着手修改德国刑事诉讼法。审前羁押理念也被篡改,为了扩大羁押对象,在羁押理由上,增加了“刺激社会大众”与“再犯危险性”两种羁押理由。在司法实践中大量适用审前羁押,保释几乎成为不可能的事情。

4. 二战后控辩平等发展状况

二战后,德国进行了深刻的反思,并革新了自己的刑事式诉讼法。并于 1950 年 11 月 4 日通过了《欧洲保护人权和基本自由公约》(以下简称《公约》),《公约》1953 年在德国正式生效。《公约》重申和保障了每个公民在刑事诉讼中的权利。特别是第 6 条规定,每个人都有权要

---

① 李学尧:《法律职业主义》,中国政法大学出版社 2007 年版,第 133 页。

② 邵建东:《德国司法制度》,厦门大学出版社 2010 年版,第 55 页。

求通过正当程序,在公开的法庭面前,接受不偏不倚的审判;每个人都应当作无罪推定;每个被告人都有权在尽可能短的时间内,以自己通晓的语言,了解针对自己所提出的刑事指控的性质和理由;有权为准备辩护获得充分的时间和机会;有权自己为自己辩护,也有权通过其选择的辩护人为自己辩护;有权获得免费的律师援助;有权向指认自己犯罪的证人提出问题或请辩护人提出问题,有权要求法庭传唤和讯问有利于自己的证人;在自己不通晓庭审语言的情况下,有权免费获得翻译服务。

在上述背景下,德国逐渐加强了对被追诉人权利的保护,在一系列较为抽象原则的下形成了保释、证据禁止、律师辩护等多种有效制度,辩方力量着实有了很大增强。

(1)律师制度的进一步发展

这一时期,律师制度同样被纳入了正轨。依据德国 1959 年《联邦律师条例》,律师是"独立的司法机关"(unabhangiges Organ der Rechtspflege),"律师从事自由职业"。[①] 独立,意为律师作为自由职业者,是一个独立于其他法律职业的法律从业者,法律上与法官、检察官具有同等地位。这是法律上第一次对律师的自由职业身份做出明确规定,大部分律师已经开始独立开业,而不是由政府任命。他们的收入独立来源于其执业本身,而不是依赖于政府或社会团体的拨款。律师与法官和国家行政人员的关系区分日益明显。根据《联邦律师条例》第 117 条规定对律师的行为承担管理之责联是邦律师协会而不是政府或其他组织。这从根本上保证了律师的合法地位,使律师和被追诉人真正有了对抗公权力的基础和条件。

同时,法律还赋予了律师更多的保护性权利。1959 年 8 月 1 日制订的《联邦律师条例》第七篇"地区仲裁法院的诉讼"第 117 条规定:"不得因执行地区仲裁法院的程序而拘留、逮捕或审讯律师。也不得为鉴定律师的精神状况而将其送往精神病院。"根据德国 1987 年《刑事诉讼法》第 97 条规定,对律师的以下物品,不得扣押:律师与被指控人之间的书面通信;律师对被指控人向他们信赖告知的事项所作的记录,或

---

① 绍建东:《德国法学教育的改革与律师职业》,中国政法大学出版社 2004 年版,第 51 页。

者他们对此有权拒绝作证的其他事项所作的记录；律师有权拒绝作证的其他物品。[①] 第 43 条规定："律师对于在行使职务时被信赖告知或者所知悉的事项，有权拒绝作证。"

(2)保释制度的进一步发展

20 世纪 60 年代末期，德国社会犯罪率升高，审前羁押有抬头之势，保释制度再度面临威胁。在这一期间，德国《刑事诉讼法》于 1964 年和 1972 年分别进行修改，相继增加了"行为之重大"和"再犯危险性"等羁押理由。这也是对审前羁押理念的一种修改。对此，德国多数学者持反对态度，认为审前羁押不应当成为侦查手段或者强迫犯罪嫌疑人或者被告人自白的工具；或作为报复犯罪嫌疑人、安抚被害人及社会大众的手段；或作为预支性的刑罚制裁，否则，则属于典型的滥用羁押权。对于新增加的羁押理由，有学者认为，如果出于一般预防之动机而羁押被告人，则是羁押变质而成为先行刑罚；如果出于个别预防之动机而羁押被告人，则是羁押变质为嫌疑惩罚，或者是一种保安监禁。无论如何，都是严重违背无罪推定原则的。[②]

为改变这种状况，德国于 1987 年对《刑事诉讼法》进行了修订，即现行《刑事诉讼法》。该法规定，羁押候审的目的是保证诉讼的有始有终和判决的执行。取消了以往"预防再犯罪""便于侦查"等目的。羁押候审以被告人具有重大嫌疑且存在着羁押的适当理由为先决条件。所谓的羁押理由包括：①被告人逃跑的可能性很大；②其干扰证据的可能性很大；③犯了死罪的嫌疑；④存在重罪的危险。[③] 此外该法第 116 条第 1 款还规定，在押犯罪嫌疑人或被告人可以随时要求保释。法官认为保释足以达到防止犯罪嫌疑人或被告人逃跑或者大幅减少调查证据困难之虞的目的时，可以命令保释，并停止执行已经签发的逮捕令。第 116a 条规定，保释应当以交纳现金、有价证券或设定质押权或者由适当保证人担保的方式进行，担保的种类与保证金的数额，由法官自由

---

① 陈光中主编：《联合国刑事司法准则与中国刑事法制》，法律出版社 1998 年版，第 220 页。

② 林山田：《刑事程序法》（增订二版），台北，五南图书出版有限公司 1998 年版，第 201 页。

③ 宋冰编：《读本：美国与德国的司法制度及司法程序》，中国政法大学出版社 1998 年版，第 384 页。

裁量。值得一提的是,根据德国宪法的平等原则,该法强调,保证金的数额必须与被告的收入和财产相适应。[①] 保释以交纳现金、有价证券、设定质押权或者由适当人员作出担保的方式进行,担保的种类与保证金数额,由法官自由裁量决定。不过,该法又规定,只有在国家强制机关发出逮捕证的时候,被逮捕人才有权利提出保释申请。对保释的适用范围进行了限缩。

为切实保障被追诉人的保释权利,该法第 117 条规定:在羁押待审期间,被指控人可以随时申请法院复查是否应当撤销逮捕命令而予以保释;申请羁押复查时,不准提起抗告;除此之外,法院还可以依职权进行羁押复查,在待审羁押已经执行了 3 个月,被指控人在这期间既未通过申请羁押复查也未对羁押提起抗告来提出保释要求的,法院应当依职权进行羁押复查,但被指控人如果有辩护人的除外。另外,德国《刑事诉讼法》第 304 条还规定:对法官不予保释的决定不服时准许提起抗告。[②]

(3)沉默权制度的进一步发展

这一时期,沉默权制度也得到了进一步的发展。1987 年《刑事诉讼法》第 136 条第 1 款第 2 项通过规定侦查人员告知义务的方式,认可了犯罪嫌疑人的沉默权,该条文规定:“讯问人在对犯罪嫌疑人开始审讯之前,必须明确告知,他依法有权作出供述,或者拒绝供述……”此外,第 163a 条第 3 款、第 4 款第 2 项,规定了检察机关侦查人员和警察必须按照第 136 条的规定履行告知义务;第 243 条第 4 款第 1 项规定,在开庭审理阶段,法官必须首先告知被告人其供述与沉默的自由;第 115 条第 3 款和 128 条第 1 款第 2 项则是规定,侦查法官在庭审之前审讯犯罪嫌疑人也必须首先履行沉默权的告知义务。

规定沉默权的告知义务,只是立法者在法律层面对受追诉人人权保护的一个表态,这个权利在司法实践中是否可以顺利实现则需要进一步的立法及司法举措。为了切实保证该权利的实现,1987 年《刑事诉讼法》还规定了其他辅助性条款,包括规定讯问时禁止采取的审讯手段,以及确立非法证据排除规则。立法者在第 136a 条规定:“1. 对于被

---

① 《德国刑事诉讼法典》,李昌珂译,中国政法大学出版社 1995 年版,第 52、57 页。

② [德]克劳思·罗科信:《刑事诉讼法》(第 24 版),吴丽琪译,法律出版社 2003 年版,第 300 页。

指控人决定和确认自己意志的自由，不允许用虐待、疲劳术、伤害身体、服用药物、折磨、欺诈或者催眠等方法予以侵犯。只允许在刑事诉讼法准许的范围内实施强制，禁止以刑事诉讼法不准许的措施相威胁，禁止以法律没有规定的利益相许诺。2. 有损被指控人记忆力、理解力的措施，禁止使用。3. 对违反这些禁令所获得的陈述，即使受审讯人同意，也排除证据使用的禁止。”

（4）证据制度的发展

为进一步增强辩方的防御力量，德国建立起了自己的证据制度，包括证据禁止法则、申请取证和证据开示制度。德国立法通过证据禁止法则对公权力的取证行为进行了规制，通过申请取证和证据开示制度增强了辩方搜集证据的能力。证据禁止法则类似于英美法系中的非法证据排除规则，是以法律明文规定的形式对侦查机关的调查取证过程、审判机关的调查使用证据的过程加以限制，因此证据禁止法则直接表现出规范国家机关侦查、审判行为这一功能。在证据禁止的概念下，证据禁止法则包括：证据取得禁止（Beweisverhebungsverbote）和证据使用禁止（Beweisverwertungsverbote）两方面的内容。

然而，证据取得禁止与证据使用禁止之间并不存在“等号”的逻辑关系。一方面，国家取证行为违法，虽有可能但是却未必产生证据使用禁止的法律效果；另一方面，证据使用禁止也不以国家违法取证作为唯一的前提条件。之所以存在这样的不等关系，很大程度上根源于法官的“自由裁量权”。[①] 法官在审判过程中可以根据“利益权衡”原则，对某些非法获取的证据进行权衡。

前者是对证据搜集取得上的限制，受此类规范限制的对象是追诉犯罪的警察、检察机关或者审判机关，对法官而言，在此所限制的是法官调查事实义务的权限。[②] 后者其所限制的对象为行使审判权调查证据以形成心证的法官，内容为法官不得使用特定证据作为裁判的依据。[③]

1902 年德国著名刑法学家贝林（Beling）于杜宾根发表就职演说，

---

① 岳礼玲：《德美证据排除规则的比较——我国确立刑事证据规则之经验借鉴》，载《政法论坛》2003 年版，第 179 页。

② 沈德咏主编：《刑事证据制度与理论》，法律出版社 2002 年版，第 611—612 页。

③ 赵彦青：《受基本人权影响下的证据禁止理论——德国刑事诉讼法中的发展》，载赵海峰、金邦贵主编《欧洲法通讯》（第四辑），法律出版社 2003 年版，第 147 页。

他以“刑事诉讼的真实发现”为题，首度创造了证据禁止这个概念，隔年发表了论文《证据禁止为刑事诉讼真实发现之界限》，开始建立起证据禁止的理论体系。

随后，这个理论被立法所吸收，德国于1950年增订《刑事诉讼法》第136a条规定：“1. 对被指控人决定和确认自己意志的自由，不允许用虐待、疲劳战术、伤害身体、服用药物、折磨、欺诈或者催眠等方法予以侵犯……2. 不准采取对于被告的回忆能力或判断能力予以不利影响的处分。3. 第一项及第二项的禁止规定，无论被告是否同意，必须适用。”[①]该条前两项是对证据取得禁止的明确规定，要求侦查机关不得非法取证，第三项则是对证据使用禁止的规定，要求庭审时不得采信上述行为所取得的证据。

在德国，证据禁止法则的适用并不局限于法律明文规定的情形。在1960年的秘密录音案件中，联邦法院的判决引用《宪法》第1条、第2条：“人性尊严不可侵犯”“个人均有谋求人格自由发展之权利”，并引世界人权宣言中有关条文“不顾一切的探求真实，并非刑事诉讼的原则”，判决违法窃听所得的录音以及以非法方式取得的书证也应禁止使用。[②] 这是首次直接援引基本法抽象概括的条文，从而导出证据使用禁止的法理。这个判决，在证据禁止理论确立的进程中具有里程碑式的地位。

证据的合法取得固然是对被追诉人的一种保护，但是对证据取得行为的规制并不足以保证控辩双方的真正平等，控辩双方收集证据的能力相差过于悬殊的状况仍然存在，为弥补辩方在收集证据力量上的不足，德国规定辩方在诉讼各个阶段，都具有申请公权力机关收集证据的强制程序权。

德国《刑事诉讼法》第二章“公诉之准备”的第163a条第1款规定：“被追诉人请求收集对他有利的证据时，如果他们具有重要性，应当收集。”这一规定实际赋予辩方在被指控人初次讯问后，可以向警察提出收集对自己有利的证据的权利。此外，第166条第1款规定：“被法官讯问时，被指控人申请收集对他有利的一定证据，如果证据有丧失的可

---

① 李昌珂译：《德国刑事诉讼法》，中国政法大学出版社1995年版，第62—63页。

② 沈德咏主编：《刑事证据制度与理论》，法律出版社2002年版，第611—612页。

能，或者收集证据能使被指控人得以释放的，法官应当收集他认为重要的证据。”这一规定赋予被指控人向法官申请调查证据的权利。第 219 条也规定：“被告人要求传唤证人、鉴定人参加法庭审判或者收集其他证据时，应当向法庭审判长提出申请，申请要阐述需要对此收集证据的事实。对申请后法院的安排决定，应当通知被告人。”该条即规定了被告人的查证申请即被告人有权在审判阶段申请法院通知证人、鉴定人出庭作证。第 220 条规定：“审判长拒绝传唤某人的申请时，被告人可以对该人员直接传唤。即使无先行的申请，被告人也有权直接传唤。”第 238 条规定：“自行传唤委托法院的执行员送达。只有确保证人、鉴定人出庭，法庭才能在审判中听取其证言。并且从经济上考虑，审判中如果表明被直接传唤人员有助于查明案情的，法院依申请应当裁判由国库向被直接传唤人员支付法定的补偿费。”①

此外，德国还建立了证据开示制度。根据德国《刑事诉讼法》的规定，德国刑事证据开示制度的主要内容为：

其一，在进入审判程序之前，辩护人有权查阅移送法院的或者在提起公诉情况下应当移送法院的案卷，有权查看官方保管的证据。案卷中还未注明侦查已经终结的时候，如果查阅可能使侦查目的受到影响的，可以拒绝辩护人查阅案卷、个别案卷文件或者查看官方保管的证据。在程序的任何一个阶段，都不得拒绝辩护人查阅对被告人的讯问笔录和鉴定人的鉴定。是否准许查阅案卷，在侦查程序期间由检察院决定，除此之外由受理案件的法院决定。

其二，在进入审判程序之后的准备审判期间，检察院在直接传唤人员时，应当对被告人及时告知所传唤的证人、鉴定人姓名及他们的居所或者住所，被告人应当及时向检察院告知由他直接传唤或者带到庭审的证人、鉴定人姓名及他们的居所或者住所。②

三、小结

本章考察各国的刑事诉讼第三次革命的历程，侧重于诉讼结构的构成、控方权力的规制、辩方权利的增强这三个方面的考察。其中每一

---

① 程滔：《辩护律师的诉讼权利研究》，博士学位论文，中国政法大学，2005 年。

② 李昌珂译：《德国刑事诉讼法典》，中国政法大学出版社 1995 年版，第 69 页。

个方面的考察结合各国法制发展历程及具体制度的含义、产生和发展来予以具体阐释,如沉默权制度、律师辩护制度、检察制度、诉讼无效制度、保释制度等,意在从英美法系和大陆法系代表国家在不同背景下的具体制度中寻求共性,探寻刑事诉讼第三次革命的发展轨迹,以此来反映各国在这次革命中的进程。

英国不同于其他国家,从弹劾式诉讼模式时期便强调当事人的主导地位,而且没有经历过纠问式诉讼模式便过渡到现代当事人主义诉讼模式。英国的控辩平等过程经历了萌芽、开始、进一步发展、初步形成四个阶段。出现于 9 世纪的英国保释制度是其控辩平等的萌芽,该制度只是在客观上起到了保护被追诉人的功能,和现代的司法理念相去甚远。陪审团认定事实职能的产生是英国控辩平等的开始,小陪审团制度的产生促进了法官的中立,并促进了英国程序结构的模式和制度的形成。随着保释制度、人身保护令制度、证据制度、法律援助制度的初步形成,英国建立起了保障控辩平等的制度体系,标志着英国控辩平等的初步形成。而律师言论豁免的形成使得辩方力量得到了极大的增强,这也标志着英国控辩平等走向成熟。

英国通过殖民地的建立将其王权延伸至北美,这种延伸的王权成了联结北美各殖民地的重要政治和法律纽带。英国的对抗制诉讼模式在其北美殖民地得到了应用。独立战争后,美国也继承并进一步"深化"了英国的对抗制。美国在独立战争后,深受自然法、社会契约论和分权理论的影响,因而在刑事诉讼中更加强调国家权力的制约与公民权利的保障,有关被告人的权利更是上升到宪法的高度予以保障和救济。这也决定了美国刑事诉讼第三次革命比较特殊的革命历程。美国将刑事诉讼的原则和制度上升到宪法高度,但由于联邦体制的设计,许多有利于被追诉人的制度和原则并未在各联邦中得到贯彻。因此,美国是通过不断发布判例和宪法修正案的形式完成了这次革命。

在大陆法系国家,法国和德国的第三次革命进行得较为缓慢。进入 18 世纪,法国封建专制制度在经济、政治和思想文化领域爆发了全面的危机。孟德斯鸠等大批启蒙思想家对君主专制制度进行的猛烈抨击,揭露了封建制度藐视法律、以人代法的反动实质。他们宣扬自然状态学说、自然法与自然权利学说,弘扬自由、个人主义与人性等观念。在这种背景下,封建纠问式诉讼失去了存在的基础,并逐渐趋于消亡。

随着1789年法国大革命的开始,社会制度得到变革,封建纠问式诉讼也同样被推到了变革的前台。在这次革命中法国一开始全盘引进了英国的诉讼体制,随着大革命的发展,英国的诉讼体制越来越难以满足法国对于稳定社会环境的需求,因此法国转向职权主义诉讼模式,直至今日,法国的职权主义倾向仍旧明显,控辩双方力量失衡现象依然较为严重。

德国在法兰克王国时期就出现了辩护律师,在纠问式诉讼体制下,德国律师地位相当低下,并不能充分发挥其辩护职能。受时代的局限,这一时期的律师辩护是封建体制下的附庸,体现不出保障人权,推进司法平等、进步,促进人类幸福等近现代律师职业的性质。随着1848年3月德国资产阶级革命的爆发,律师地位得以上升。这一时期,沉默权制度也得以确立起来。但是随着德国纳粹主义的泛滥,德国司法制度开始倒退并走向专制,律师制度也受到很大冲击。二战后德国进行了司法的恢复和重建,律师、保释、沉默权、证据等制度得到了迅速发展,被追诉人的权利得到了较大的增强。但是总体来看,德国控诉机关的权力依然很大,控辩双方力量还是存在失衡问题。

第四节　世界刑事诉讼第三次革命在中国

在漫长的历史演进过程中,我国的封建专制制度延续了上千年。封建体制下的纠问式诉讼模式成为我国古代最主要的审判模式。随着清末西方列强的入侵,我国原有司法体制受到冲击,清末民初的一系列变法运动奠定了我国刑事诉讼发展的基础。律师制度、保释制度、证据制度等制度的引进使得我国的刑事诉讼模式逐步向现代诉讼模式转变,随着新中国的成立,刑事诉讼第三次革命在我国也迈入了一个新的阶段。

一、清末至新中国成立之前的控辩平等状况

(一)律师制度的确立和发展

1. 律师制度的确立

在我国古代虽然有"讼师"这一职业,并且自唐至清,讼师始终存在,[①]

① 范忠信:《中西法文化的暗合与差异》,中国政法大学出版社2001年版,第47页。

但他们明显区别于现代意义上的"律师"。"讼师",是指我国旧时专门以替别人进行词讼为业的人,后世也指唆使他人兴起诉讼的人。讼师并不一定熟悉法律知识,只是利用识文断字的"特长"谋生。"讼师"并不具有律师职业的基本特征,这些代理人并没有独立的诉讼地位,也没有成文的制度予以规制。与此相对应,现代意义上的律师不仅有权在法庭上阐述自己的意见和观点,通过在法庭上履行职责来维护诉讼案件当事人的合法权益,而且成为辩方力量不可缺少的一极,其地位亦为法律认可和保障。

据学者研究,我国律师职业产生于清末民初。清末列强通过领事裁判权攫取中国司法主权,而与领事裁判权相联系的律师业的发展,又进一步刺激了我国社会已然形成的对律师制度的需求。① 因此,正是在实施领事裁判权的过程中,律师制度被引进到我国,促进了近代我国律师业的发展。在清末的司法改革中,1906 年的《大清刑事民事诉讼法》首次确定辩护制度,规定"凡律师俱准在各公堂为人辩案"②。但因守旧势力反对未及颁行。

1911 年 10 月 10 日的辛亥革命,推翻了清政府的统治,我国刑事诉讼也开始加快了学习西方的步伐。孙中山在 1912 年 3 月内务部警务局局长呈送的《律师法草案》的批文中指出:"查律师制度与司法独立相辅为用,夙为文明各国所通行。现各处既纷纷设立律师公会,尤应亟定法律,俾资依据。"③这表明临时政府时期已经出现律师团体,关于规范律师行业的法律规范也已经草拟完成。但后来由于临时政府仓促结束,该草案未及议决颁布。北洋政府时期,于 1906 年 9 月 16 日公布实施《律师暂行章程》,这被认为是我国历史上第一部律师单行法规,初步确立了我国近代律师制度。1927 年国民党政府在南京建立后,制定了《律师章程》,以代替北洋政府的《律师暂行章程》。

在新民主主义革命时期,伴随着革命战争、根据地的开辟和政权的建设与巩固,中国共产党不断探索革命根据地的司法经验,建立了包括辩护制度在内的一系列法律制度。这期间,1932 年 6 月中华苏维埃共和国中央执行委员会颁布的《中华苏维埃共和国裁判部暂行组织及裁

① 徐家力:《中华民国律师制度》,中国政法大学出版社 1998 年版,第 10 页。
② 赵晓耕:《中国法制史》,中国人民大学出版社 2004 年版,第 365 页。
③ 宋四辈主编:《中国法制史教程》,中国民主法制出版社 2001 年版,第 296 页。

判条例》，1936 年中国共产党在延安颁布的《川陕省革命法庭条例草案》对辩护制度都有详细的规定，这些规定标志着人民司法制度中辩护制度的初步确立。

抗日战争时期，革命根据地的辩护制度有了进一步的发展。允许刑事被告人进行法庭辩论，被告人享有最后辩论权，允许当事人在诉讼中聘请代理人、辩护人、辅助人。1944 年 9 月《苏中区第二行政区诉讼暂行条例》、1944 年 10 月公布实施的《苏中区处理诉讼案件暂行办法》也对辩护制度加以完善。

解放战争时期，1946 年 1 月颁布的《晋察冀边区行政委员会关于人民法庭工作的指示》规定，"审判员根据起诉书审讯被告，审查人证、物证，并允许被告或被告的代表辩护和提出反证。审判员根据被告提出之控诉与辩护及证据加以研究，然后确定罪状是否成立。"以上制度的规定，为日后辩护制度的进一步发展奠定了基础。新中国的律师制度是在新民主主义革命时期各根据地红色政权的辩护制度的基础上，吸收民国时期律师制度的实践经验，在废除旧传统、创立新的法制体系的过程重新创建并发展起来的。

2. 律师制度的发展

1906 年的《大清刑事民事诉讼法》以及 1912 年的《律师法草案》虽然都有对律师制度的详细规定，但均未被颁布执行。北洋政府时期颁布的《律师暂行章程》虽然被认为确立了我国近代律师制度，但是这一时期律师制度的适用范围非常有限。1913 年 2 月 14 日，当时的司法部以"第四十一号令"的形式，颁布了《未设审判庭地方诉讼暂不用律师制度令》，在全国范围内的地方审级上，禁止实施律师制度，这与当时地方上实行行政、司法合一的体制有直接关系。之后，由于军阀割据、政局动荡，到 1926 年，全国 2000 多个县中，只设立了 91 所地方审判庭，绝大多数地方仍旧由行政长官掌理司法审判。①

1927 年，国民党政府制定的《律师章程》规定律师应当承担消极诉讼义务。即使在法定职责范围内，也不能以积极的态度开展活动。该法第 34 条规定："律师不得挑唆诉讼，或以不正当方法招揽诉讼"，第 35 条规定："律师不得代当事人为显无理由之起诉的上诉或抗告。"这些规

---

① 徐家力：《中华民国律师制度史》，中国政法大学出版社 1998 年版，第 59 页。

定明显受到传统观念对讼师定位的影响,对建立现代意义上的律师制度构成严重的阻碍。

在新民主主义革命时期,伴随着革命战争、根据地的开辟和政权的建设与巩固,中国共产党不断探索革命根据地的司法经验,建立了包括辩护制度在内的一系列法律制度,但这一时期辩护权利仍然受到限制。1932 年 6 月,中央执行委员会颁布的《中华苏维埃共和国裁判部暂行组织及裁判条例》第 24 条规定,“被告人为本身利益,可以派代表出庭辩护,但须得到法庭的许可”。1936 年,中国共产党在延安颁布的《川陕省革命法庭条例草案》第 12 条规定:“工农劳动民众以自己的意愿,经过革命法庭的许可,可以委托一人或几个辩护人,为自己辩护,必须是有公民权的劳动者才有资格当辩护人,一切剥削分子没有担任辩护人的资格”,这些规定虽然对辩护权利有不同程度的限制,但也标志着人民司法制度中辩护制度的初步确立。

抗日战争时期,革命根据地的辩护制度有了进一步的发展。允许刑事被告人进行法庭辩论,被告人享有最后辩论权,允许当事人在诉讼中聘请代理人、辩护人、辅助人。1944 年 9 月《苏中区第二行政区诉讼暂行条例》第 22 条规定,“各级司法机关审理案件时,当事人得先期依法呈准延请代理人、辩护人或辅助人。”1944 年 10 月公布实施的《苏中区处理诉讼案件暂行办法》规定,“原被告于审讯时,得呈准延聘代理人或辩护人出庭”,“审讯员于审讯中,应给予充分时间,由原被告作言辞辩论,被告有最后陈述权。”

解放战争时期,1946 年 1 月颁布的《晋察冀边区行政委员会关于人民法庭工作的指示》规定,“审判员根据起诉书审讯被告,审查人证、物证,并允许被告或被告的代表辩护和提出反证。审判员根据被告提出之控诉与辩护及证据加以研究,然后确定罪状是否成立。”对辩护权利予以进一步确认。

(二)法律援助制度的引入

清朝末年,尤其是鸦片战争以后,西方法律思想在我国传播,这对了解外国法制和增长法律意识起了推进作用。现在所见的最早涉及法律援助的材料是 1906 年 5 月修律大臣沈家本关于进呈《刑事民事诉讼法草案》的奏折“……若遇重大案件,则由国家拨予律师,贫民或由救助会派律师代伸权利,不取报酬,补助于公私之交,实非浅鲜。”[①]这部草案中尚未出现关于法律援助的具体规定,其第 71 条仅强调对于当事人既未聘请律师又不熟悉法律的刑事案件,承审官必须秉公审讯,且该草案由于种种原因也最终没有颁行。上述材料至少说明,清朝负责法制改革的官员对当时实行于西方和日本的法律援助制度已有所了解并予以肯定。

民国时期是我国走向近代化的重要时期,法律援助制度在这一时期有明显的发展,到 20 世纪 40 年代,大体形成了完整的系统。1912 年 9 月北京政府公布的《律师暂行章程》规定,律师无正当理由“不得辞法院所命之职务”。所谓法院对律师“所命之职务”,主要就是指刑事诉讼中的指定辩护。然而,这时虽然提出了律师担任“指定辩护”的任务,却没有规定实施指定辩护的办法,指定辩护不成制度。

1914 年 2 月 26 日,北京政府司法部发布《核准指定辩护人办法令》,第一次规定了实施指定辩护的基本办法。《核准指定辩护人办法令》首先阐明了为什么要实施指定辩护,又解决了哪些刑事被告能获得指定辩护和哪些人能担任指定辩护等问题。但是,从 1912 年到 1927 年,北京政府关于法律援助的立法尚囿于指定辩护。

南京国民政府时期,法律援助制度有较大发展。法律援助的内容主要包括两方面:一是律师公会平民法律扶助制度;一是公设辩护人制度。中国近代律师公会平民法律扶助会的雏形,是 1924 年在上海成立的“上海律师援助会”。1934 年 5 月,南京国民政府司法部批准了中华民国律师协会制订的《律师公会附设贫民法律扶助会暂行规则》,作为实施贫民法律扶助的基本规范。规则共 7 条,要求各律师公会成立贫民法律扶助会,开展法律援助。1941 年 1 月,国民政府公布的《律师法》和 1941 年 9 月司法行政部公布的《律师公会平民法律扶助实施办法大纲》是南京国民政府关于平民法律扶助的主要立法。

公设辩护人制度是近代中国律师公会鉴于律师平民法律扶助与法院指定律师辩护之不足而提出的。因为律师平民法律扶助制度与法院指定律师辩护之最大的不足乃是无报酬,纵然公会或法院按照章程略

---

① 《沈家本等奏进呈刑律分则草案折》,载《大清光绪新法令》(第 20 册),商务印书馆 1979 年版。

施酬金，但也是极其微小的。在法庭上，也往往只是形式上敷衍充数而已，根本说不上是尽职辩护。结果，律师平民法律扶助与法院指定律师辩护往往形同虚设。《公设辩护人条例》还规定，公设辩护人得享受国家公务员的待遇和要求，或者说享受法院检察官、推事官的待遇和要求。

（三）证据制度的变革

受西方影响，清末我国传统证据制度也得以变革。这一时期关于证据的规定主要体现在《刑事民事诉讼法》《大清刑事诉讼律草案》两部法律文案中。《刑事民事诉讼法》采用的仍然是我国传统的诉讼结构，即没有专门的国家机关对刑事被告人行使追诉权，审判衙门既有后来的检察机关的追诉职能，亦履行审判机关的审判职能。法律尚未确立无罪推定原则，根据该法规定，当控方证据不足时，被告人需要取保释放。因此，被告人亦应就自己的无罪或罪轻负举证责任。《刑事民事诉讼法》这样一套程序的设计目的在于追究被告的犯罪，而不是查明案情。它规定了只要被告承认所指控之罪，就可按律断拟，而不问被告的承认是否与事实相符，另外，它也没有专门的规定来保证被告的自我防御权，如要求审判官必须告知被告每一证据的含义，以及告知被告有提出对自己有利的证据之权。

《大清刑事诉讼律草案》在此基础上进行了相应变革。该法第 346 条第 5 款确立了新的证据裁判原则，即被告的犯罪依证据认定之，如检察官不能举出足够的证据证明被告有罪，则审判衙门应对被告作无罪之判决。这样一来，被告在事实上不负证明自己无罪的责任。但是，由于该法倾向于职权主义，发现真实是诉讼的主要价值追求，因此，当犯罪事实依据检察官提供的现有证据不能查清时，审判衙门并非简单地认定被告无罪，有时也会依职权主动调查证据，以确认被告究竟是有罪还是无罪，法官并不消极中立。

《大清刑事诉讼律草案》另一个进步性体现在“自由心证”制度与传统“五听”断案制度的结合。该法虽未完全确立“自由心证”制度，但仍吸收了不少其合理成分。该法第 70 条规定：“原告、被告及各律师对承审官申论后，承审官即将两造证据供词细心研究，秉公判断。”这里强调的是法官的主观“细心研究”而非传统的证据法定。但是该法第 73 条又规定：“凡裁判一案，审案官应先将下列各项细心研究：一、两造各证人之名誉者何,所供是否可信……六、所呈证据是否足定被告之罪;七、证据已足,是否为法律所准。”从第7项规定中可以看出,证据法定原则仍未被完全废除。

总体而言,清朝末期刑事诉讼改制开创了我国近代刑事证据制度的先河。这一时期证据制度进步性体现在对“无罪推定原则”的确立和对“自由心证”制度的引入。这些制度被北洋政府、南京国民政府立法所借鉴和吸收,如1928年民国政府颁布的《刑事诉讼法》就采用了“自由心证”制度,规定“证据之证明力,由法院自由判断之。”但在国民党统治之下,这一规定却助长了司法专横,为法官随意取舍证据、主观擅断开了方便之门。

1931年,中华苏维埃共和国中央工农民主政权在江西瑞金成立,之后颁布了《中华苏维埃共和国中央执行委员会训令(第6号)》《中华苏维埃共和国裁判部暂行组织及裁判条例》《中华苏维埃共和国司法程序》等重要文件,确立了崭新的刑事证据制度,如严禁刑讯逼供、正确对待刑事被告人的口供、收集证据要确实充分、原告人负责提供证据等,完全摒弃了旧法统的刑事证据制度。在1943年,中国共产党党中央颁发的《关于审查干部的决定》《陕甘宁边区施政纲领》《苏中区处理诉讼案件暂行办法》等重要文件中,对诉讼证明活动中的基本原则、制度、程序都有较为明确的规定,其主要内容是:坚持实事求是、重调查研究、重证据不轻信口供、严禁刑讯逼供、严禁诱供、严格证据的收集审查程序、证据必须忠实于事实真相。

解放战争时期基本沿用抗日战争时期行之有效的证明制度,并有所发展和完善,在这一时期,《晋察冀边区行政委员会关于人民法庭工作的指示》《东北行政委员会关于建设司法工作的几项具体指示》等,对刑事诉讼证据制度的内容规定又有新的发展,突出强调实事求是,调查研究证据必须确实充分。

二、新中国成立后控辩平等发展状况

(一)控辩对抗制模式的引入

1. 法官中立的努力——对“起诉书一本主义”的尝试

控辩平等原则在开庭审理时的理想状态是审判者保持中立,控辩双方可以实现势均力敌的平等对抗。我国1979年《刑事诉讼法》显然实行的是职权主义模式国家的全案证据移送方式。而我国尚未设置专门“预审”程序，并没有庭前审查法官，目前仍是由主审法官直接进行庭前起诉审查，这种情形下易形成法官预断，影响庭审时的法官中立性，对控辩双方任何一方的主观预断都将威胁庭审时的平等保护要求，并最终影响控辩双方的平等对抗。

为真正实现控辩双方的平等对抗，我国 1996 年《刑事诉讼法》通过借鉴“起诉书一本主义”对这一问题进行了改革。所谓“起诉书一本主义”，是指公诉机关在起诉时，除公诉书以外，不得向法院附带任何可能导致法官预断的证据或其他文书。1996 年《刑事诉讼法》则改良了全案证据移送方式，采取了起诉状一本主义方式，但是，我国的公诉方式在废除原来的全案卷宗移送制度时，并没有完全采取起诉状一本主义，而是改采用一种介于两者之间的起诉方式，有人戏称为“复印件主义”①。1996 年《刑事诉讼法》第 150 条规定：“人民法院对提起公诉的案件进行审查后，对于起诉书中有明确的指控犯罪事实并且附有证据目录、证人名单和主要证据复印件或者照片的，应当决定开庭审判。”这就意味着检察机关提起公诉时，不仅要向法院提交起诉书，还要向人民法院移送有关证据材料的复印件。但我国此时仍未设置专门“预审”程序，并没有庭前审查法官，仍是由主审法官直接进行庭前起诉审查。不难理解，庭审法官还是能够接触侦查、起诉卷的全部材料复印件，仍有可能在庭前作较大程度的实体审查，因此庭前预断并没有得到彻底的排除。庭前的法官预断使庭审法官难以保持中立，此外，检察机关对于移送证据拥有自由裁量权，一些主要证据并未移送，律师在庭审前接触证据的权利反而受到威胁，甚至带来了辩护人“阅卷难”的问题，这些都将对控辩平等构成威胁。

2012 年《刑事诉讼法修正案》立足于实践，尊重了实务中的做法，为了解决律师“阅卷难”的问题，重新回归到实行案卷的“全案移送”制度上来，其第 172 条（此规定在现行《刑事诉讼法》中调整至第 176 条）规定：“人民检察院认为犯罪嫌疑人的犯罪事实已经查清，证据确实、充分，依法应当追究刑事责任的，应当作出起诉决定，按照审判管辖的规

---

① 陈卫东、郝银钟：《我国公诉方式的结构性缺陷及其矫正》，载《法学研究》2000 年第 4 期。

定,向人民法院提起公诉,并将案卷材料、证据移送人民法院。”不可避免的是“法官预断”问题仍然存在,审判中立性仍然受到威胁。

2. 公诉人“当事人化”的努力——法律监督权、质证权的规制

在公诉案件中,实现庭审时的控辩平等对抗,就要赋予控辩双方平等的地位和对等的抗衡力量。在我国特有的刑事诉讼程序中,检察机关不仅是公诉案件的发动者,而且还是案件审判者的监督者,这造成了不够合理的诉讼结构。1979 年《刑事诉讼法》第 112 条第 2 款又规定:“出庭的检察人员发现审判活动有违法情况,有权向法院提出纠正意见。”根据该条规定,法律赋予出庭的检察员以监督权,从控辩平等对抗的角度而言,这显然是一种特权,一种督促审判者倾向于指控成立的特权。为此,1996 年《刑事诉讼法》第 169 条将 1979 年《刑事诉讼法》第 112 条第 2 款中的“出庭的检察人员”改成了“人民检察院”,即向人民法院提出纠正意见的主体便只能是人民检察院。根据修正后的《刑事诉讼法》规定,出庭的国家公诉人即使发现审判活动有违法情况,也不能当庭口头向法院或法庭提出纠正意见。最高人民法院、最高人民检察院、公安部、国家安全部、司法部、全国人大常委会法制工作委员会《关于〈中华人民共和国刑事诉讼法〉实施中若干问题的规定》(已失效)第 43 条进一步明确规定:“人民检察院对于违反法定程序的庭审活动提出纠正意见,应当由人民检察院在庭审后提出。”“庭审后提出”使庭审过程中的控辩双方权力(权利)更趋于平等化,有利于促进控方地位的“当事人化”,进而有利于促进控辩双方平等地位的形成。

允许双方自由辩论是对抗式诉讼必不可少的环节,其中质证又是辩论的前提和基础。保障控辩双方享有平等的质证机会才能保证庭审的公正性,控辩双方才有平等对抗的可能。1979 年《刑事诉讼法》第 115 条第 2 款规定:“当事人和辩护人可以申请审判长对证人、鉴定人发问,或者请求审判长许可直接发问。审判长认为发问的内容与案件无关的时候,应当制止。”但对公诉人的发问不能制止。这里控辩双方发问机会完全不对等,凸显双方地位的悬殊。1996 年《刑事诉讼法》第 156 条第 1 款规定:“证人作证,审判人员应当告知他要如实地提供证言和有意作伪证或者隐匿罪证要负的法律责任。公诉人、当事人和辩护人、诉讼代理人经审判长许可,可以对证人、鉴定人发问。审判长认为发问的内容与案件无关的时候,应当制止。”该法第 160 条还规定:“经

审判长许可,公诉人、当事人和辩护人、诉讼代理人可以对证据和案件情况发表意见并且可以相互辩论。”可见,庭审中,控辩双方权利上的程序对等已得到初步确立。

(二)法律援助制度的发展

新中国成立后,我国的法律援助制度起步较晚。1949 年 2 月,中共中央发布了《中共中央关于废除国民党〈六法全书〉和确定解放区司法原则的指示》,宣布废除国民党的“六法全书”及其一切反动法律。因此,依附于旧律师公会的平民法律扶助制度,公设辩护人制以及法院询问处制度也被作为旧法统的一部分而扫入了历史的垃圾堆。

为弥补律师缺位现象,司法实践中,有些地方法院设立了“公设辩护人室”(如上海市),帮助刑事被告人进行辩护。《上海市人民法院办理民刑案件暂行办法》规定:“刑事案件得由被告人声请审判长指定公设辩护人或由有关团体指派代表为其辩护人,审判长亦得迳行指定之。”之后不久,公设辩护人改为律师。1954 年,上海市人民政府成立“公设律师室”,既帮助刑事被告人进行辩护,也为离婚妇女提供法律帮助。1954 年 7 月 31 日,中央司法部发出《关于试验法院组织制度中几个问题的通知》,其中指定北京、上海、天津、重庆、武汉、沈阳等大城市试办法律顾问处,开展律师业务。

1953 年,上海市人民法院设立“公设辩护人室”审判长可依职权或依被告人申请指定公设辩护人,开始了新中国法院指定辩护的实践。不久,公设辩护人改为律师。1954 年《人民法院组织法》明确规定:“被告人除自己行使辩护权外,可以委托律师为他辩护。……人民法院认为有必要的时候,也可以指定辩护人为他辩护。”这在新中国立法史上第一次确立了法院指定辩护制度。然而,从“可以”的措辞可以看出这是一个权利性规范,并没有强制性要求,而且也只限于刑事辩护。1956 年 10 月司法部发布的《律师收费暂行办法》第 6 条规定:“有下列情况之一者,律师应免费给予法律帮助:(一)关于因生产事故致受损伤请求赔偿的案件;(二)关于请求赡养费和抚育费的案件;(三)关于请求抚恤金的案件;(四)关于当事人请求法律帮助给予口头解答的案件,但对具体诉讼案件提供口头意见的除外;(五)经证明当事人确属经济困难,无力负担的。”这就是以律师免费或减费法律帮助为基础的法律援助制度的最基本的雏形。最初出现在刑事诉讼中的部分指定辩护和 1956

年《律师收费试行办法》中确定律师免费或减费给予法律帮助的具体案件范围,是法律援助精神的具体体现,但此时还未制度化。

1957年,反右斗争之后,极"左"思潮开始泛滥,许多律师被打成右派,新中国刚刚发展起来的律师制度遭受了巨大的打击和破坏。随后,"文化大革命"期间,我国的民主与法治建设遭到了灭顶之灾,律师制度荡然无存,法律援助制度失去了存在的土壤。

随着"文化大革命"的结束,我国法治走向了正轨。1979年《刑事诉讼法》第27条第2款规定:"被告人是聋、哑或者未成年人而没有委托辩护人的,人民法院应当为他指定辩护人。"限于当时社会条件,指定辩护制度在实施中仍是困难重重,辩护质量参差不齐。1992年5月,武汉大学成立了"社会弱者权利保护中心",该中心的成立,揭开了我国法律援助工作的序幕。1994年司法部第一次提出要建立有中国特色的法律援助制度。1994年初,中国第一个由政府设立的法律援助机构——"广州市法律援助中心"挂牌成立,标志着我国正式开始探索实施法律援助制度,揭开了中国法治文明史上崭新的一页。该中心设立了法律援助机构管理人员,负责审查、批准法律援助申请;也设立了法律援助专职律师,专门办理法律援助案件;同时还规定指派社会执业律师参与办理法律援助案件。1996年12月28日,中央编制办公室批复同意成立司法部法律援助中心,核批事业编制人员35名,经费实行全额拨款。至此,共和国历史上第一个专司法律援助工作的国家级机构正式诞生。

1996年3月17日通过修改后的《刑事诉讼法》及1996年5月15日《律师法》的出台,标志着我国正式确立了法律援助制度。1996年3月修订的《刑事诉讼法》第34条对刑事法律援助制度做出原则性规定,第一次以立法形式规定了刑事法律援助制度的基本框架。同年5月15日,新颁布的《律师法》第六章对法律援助做出专章规定,勾画了有中国特色的法律援助制度的主要原则和基本框架。1996年《刑事诉讼法》第34条相比1979年将法律援助的范围扩大至可能被判处死刑而没有委托辩护人的被告人。2012年《刑事诉讼法》第34条的规定更是将法律援助的范围进一步扩大,被援助的对象包括盲、聋、哑人或者尚未完全丧失辨认或者控制自己行为能力的精神病人,也包括可能被判处无期徒刑、死刑而没有委托辩护人的被追诉人。

2022年《法律援助法》将我国2003年《法律援助条例》多年以来的

实践经验加以总结归纳，以法律的形式对法律援助事项进行系统性规定，是我国首部关于法律援助制度的立法规范，该法在死刑复核案件的法律援助方面有了突破性规定，尤其是打通了刑事辩护全覆盖的"最后一公里"，标志着中国特色法律援助制度的初步形成。

（三）律师制度的进一步发展

1954 年 9 月 20 日通过的《宪法》第 76 条明确规定，"被告人有权获得辩护"。同年 9 月 21 日通过的《人民法院组织法》第 7 条明确规定，"被告人除自己行使辩护权外，可以委托律师为他辩护，可以由人民团体介绍的或者经人民法院许可的公民为他辩护，可以由被告人的近亲属、监护人为他辩护。人民法院认为必要的时候，也可以指定辩护人为他辩护。"律师制度有了进一步发展的基础。

但是，从 1957 年下半年起，由于受"左"倾思潮影响，反右斗争扩大化，许多律师被打成右派，律师队伍受到严重摧残。当时，把律师依法执行职务为刑事被告人辩护，说成是"为被告人开脱罪责""丧失阶级立场"等。

改革开放以后，我国法制建设得到恢复和快速发展，律师制度的恢复和重建在 1979 年就被提上议事日程。1978 年 3 月 5 日，第五届全国人民代表大会第一次会议通过的《宪法》恢复了刑事辩护制度。1996 年 5 月 15 日，第八届全国人民代表大会常务委员会第十九次会议通过了《律师法》，标志着中国律师制度步入了一个新的阶段。

我国 1979 年《刑事诉讼法》中没有关于辩护律师享有调查取证权的明确规定，只是规定了被告人和辩护人的调查证据请求权。1996 年《刑事诉讼法》第 37 条规定了辩护律师的调查取证权。这是我国刑事诉讼法第一次明确赋予辩护律师之调查取证权，标志着控辩平等原则在我国刑事诉讼立法中的实质性进步。1996 年《刑事诉讼法》的修改进一步强化了律师辩护的职能，该法第 33 条规定："公诉案件自案件移送审查起诉之日起，犯罪嫌疑人有权委托辩护人。自诉案件的被告人有权随时委托辩护人。"明确了辩护人介入诉讼的时间，有利于保障被追诉人的权利，促进控辩平等的实现。

但是"刑事辩护三难"问题的提出却昭示着我国刑事辩护律师界执业的困境，会见难、调查取证难、阅卷难三个问题从根本上削弱了律师的辩护能力，这也显示出我国控辩双方并未完全实现控辩平等之现状，也正是“刑事辩护三难”问题的提出催生了我国新律师法的诞生。2008年6月1日新《律师法》正式施行，与过去相比，“刑事辩护三难”问题基本得到解决，但与《刑事诉讼法》冲突较多，给司法实践带来较大争议。总体而言，修改后的《律师法》，进一步完善了我国律师制度，改善了刑事辩护律师的执业环境，增强了刑辩律师的辩护能力，有利于控辩平等诉讼模式的构建。

2012年《刑事诉讼法》对“辩护与代理”部分进行了较大程度的修改。比如，第33条明确规定：“犯罪嫌疑人自被侦查机关第一次讯问或者采取强制措施之日起，有权委托辩护人；在侦查期间，只能委托律师作为辩护人。被告人有权随时委托辩护人。”该法将犯罪嫌疑人委托辩护人的时间从案件移送审查起诉之日起提前至犯罪嫌疑人被侦查机关第一次讯问或者采取强制措施之日起，辩护人的及时介入有利于加强对被追诉人权益的保护。本条将辩护人介入诉讼的时间提前，这是因为，可以避免自行辩护的各种顾虑，让辩护人可以更为广泛、深入地代为行使辩护权，防止侦查阶段的司法不公，为有效充分的庭审辩护提供条件，从而更好地保障被追诉人的诉讼权利。此外，该法第34条把提供法律援助的诉讼阶段由审判阶段提前至侦查和审查起诉阶段，提供法律援助的对象范围也得到了进一步的扩大。第35条还赋予辩护人（主要是律师）程序辩护的权利，这对我国长期重实体轻程序的诉讼理念构成了挑战，有利于对程序的正当与否进行监督，有利于保障被追诉人的合法权益。

在该法“辩护与代理”这一部分里，除上述两条以外，第37条、第39条、第40条、第42条、第46条、第47条都是对1996年《刑事诉讼法》的修改或新增内容，总体而言是扩大了被追诉人的辩护权利，新增的程序性辩护便是例证，这对控方而言也是提出了正当程序的要求，在一定意义上对控方权力也进行了规制。

4. 证据制度的发展

我国现行的刑事证据制度正是在新中国成立前解放区和新中国成立后建立的刑事证据制度的基础上，适应我国社会主义市场经济建设和依法治国的需要，发展和完善起来的。不过，我国没有专门以证据问题为调整对象的独立的证据立法，有关证据制度的法律规范散见于刑事、民事、行政诉讼法及其相关的司法解释中。应当说我国既不同于英美当事人主义的证据规则模式，也不同于大陆法系职权主义的证据规则模式。是一种“以审理者自由判断为主、以证据规则的限制为辅”的证据规则模式。[①] 在赋予法官自由判断证据的权力的同时，我国刑事诉讼法和有关的司法解释也规定了一些有关证据能力和证明的规则。

我国向来重视证据取得的合法性问题。1998 年最高人民法院在《关于执行〈中华人民共和国刑事诉讼法〉若干问题的解释》第 61 条明确规定：“严禁以非法的方法收集证据。凡经查证确实属于采用刑讯逼供或者威胁、引诱、欺骗等非法的方法取得的证人证言、被害人陈述、被告人供述，不能作为定案的根据。”1999 年修订的《人民检察院刑事诉讼规则》第 160 条规定：“不得采用羁押、刑讯、威胁、引诱、欺骗以及其他非法方法获取证言。”第 265 条规定：“严禁以非法的方法收集证据。以刑讯逼供或者威胁、引诱、欺骗等非法的方法收集的犯罪嫌疑人供述、被害人陈述、证人证言，不能作为指控犯罪的证据。”《刑事诉讼法》经过 2012 年修订以来，“非法证据排除”“合适成年人到场”等规则制度得以确立，使得控辩平等向前迈出了一大步。该法第 54 条规定：“采用刑讯逼供等非法方法收集的犯罪嫌疑人、被告人供述和采用暴力、威胁等非法方法收集的证人证言、被害人陈述，应当予以排除。收集物证、书证不符合法定程序，可能严重影响司法公正的，应当予以补正或者作出合理解释；不能补正或者作出合理解释的，对该证据应当予以排除。”这对规制侦控机关的取证行为具有重大的作用，从而能够保障被追诉人的合法利益不受侵害，也最终利于控辩平等的形成。

三、中国刑事诉讼第三次革命尚未完成

（一）诉讼结构有待优化

在清末之前，我国古代的司法没有设立专门的侦查机关、起诉机关，侦诉不分、诉审不分，没有现代意义上的公诉与自诉之分。[②] 我国现代意义的公诉制度与检察制度几乎是同步建立的，肇始于清末修宪过程中，移植德法日国家法律制度，并为之后的民国政府沿袭与改造。[③] 新中国成立后，根据列宁的检察监督思想并在借鉴苏联检察实践的基

① 刘善春、毕玉谦、郑旭：《诉讼证据规则》，中国法制出版社 2000 年版，第 41 页。

② 孔璋：《中美公诉制度比较研究》，中国检察出版社 2003 年版，第 2 页。

③ 许永俊：《多维视角下的检察权》，法律出版社 2007 年版，第 32 页。

础上,我国建立起以“一般监督”为特征的检察制度,此后检察制度经多次修改,法律监督逐渐确立为检察职能的一部分。这就意味着在刑事诉讼中,检察院不仅能够依法提起公诉,也能对法院的审判活动是否符合刑事司法程序进行法律监督。

从诉讼构造的角度来讲,检察机关既是需要接受法院的审查和评判的一方当事人,也是依据法律监督原则对法院进行纵向制约的监督机关,这将导致控审分离、审判中立、控辩平衡的三方诉讼构造发生扭曲,进而威胁到法院的审判中立性。因为,在司法实践中,法院在审判中更倾向于采纳控方的意见,控辩双方意见得不到平等关注,平等保护无从实现。可见控辩平等在我国具有先天不足的特征。

1979 年产生了新中国成立以后第一部正式的《刑事诉讼法》。该法规定的刑事诉讼模式具有强烈的职权主义色彩。学界普遍认为,1996 年《刑事诉讼法》修改前,我国刑事诉讼模式为典型的职权主义,甚至有学者认为它是一种“公、检、法流水作业式”的“超职权主义”。①这种诉讼模式下,控辩平等原则缺乏赖以生存的诉讼制度环境。公安机关、检察机关、审判机关相互配合,形成紧密的打击犯罪的链条,因此有人戏称为“做饭、端饭、吃饭”模式。此阶段,被追诉人面对的至少是公安、检察两大机关联合办案,力量悬殊可见一斑。

1996 年修订后的《刑事诉讼法》在打击犯罪、保障人权的诉讼目的指导下,一定程度上吸收了当事人主义的诉讼模式,改革了庭审方式,增强了控辩双方的对抗性,法官处于相对中立的地位。这种诉讼模式介于职权主义与当事人主义之间。但是修改后的诉讼法在检察机关公诉权的配置上并没有实质性变化。检察机关囊括了法律监督权、审查起诉权、提起公诉权、支持公诉权以及抗诉权等权力,公诉权与法律监督权并行归属于检察机关的做法对司法独立构成了不良影响,也进一步加剧了控辩双方的不平等状况,2012 年《刑事诉讼法》吸收了“尊重和保障人权”的诉讼理念,加强了对被追诉人的保护,但是从整体权力结构配置上看,仍未有较大的变动。

综上所述,我国目前诉讼结构呈现非常态化。由于检察机关内部权力配置存在冲突、矛盾的一面,在整个刑事诉讼链条中,被追诉人面

---

① 樊崇义:《刑事诉讼法学》,中国政法大学出版社 1996 年版,第 39 页。

对的始终是强大的公权力,控辩双方的力量对比依旧悬殊。

(二)无罪推定原则尚未真正确立

本源意义上的无罪推定是指:任何人在法院没有以确实、充分的证据证实其有罪以前,应被视为无罪。[①] 这一原则的核心意义在于保护被追诉人的合法权益。在大陆法系和英美法系的代表国家中都较早地确立了无罪推定原则,并在诉讼程序的各个环节中认真贯彻这一原则。《世界人权公约》和《联合国公民权利与政治权利国际公约》也规定了该原则。因此,无罪推定可以说已成为一项重要的国际司法准则。

我国2012年《刑事诉讼法》第12条规定:"未经人民法院依法判决,对任何人都不得确定有罪。"本条被视为"中国的无罪推定原则"。笔者认为,这种观点其实是回避了我国立法的深层矛盾而只对法条做了语义解释。即使从法条的语义解释上看,该条虽然吸收了无罪推定原则的合理要素,但是其"不得确定有罪"的否定表达方式与完整的无罪推定原则关于"应当被视为无罪"的规定相比还有一定的差距。

从证明责任分配角度而言,控诉机关负证明被追诉人有罪的责任,而被追诉人不承担证明自己无罪的义务,这是无罪推定原则下的一项重要诉讼准则。无论是大陆法系还是英美法系,均将"谁主张有罪,谁承担举证责任"的证明责任的分配规则视为无罪推定原则的核心内容。但2018年《刑事诉讼法》规定被追诉人对侦查人员的提问负如实回答的义务却间接违背了这一证明责任的分配原则,让被追诉人变相承担了自证有罪的义务,这显然是有罪推定的产物,也是刑讯逼供这一顽症始终得以存在的制度性支撑。

从配套制度设计而言,我国并未真正确立无罪推定原则。沉默权是无罪推定原则的必然逻辑结果,两者在内在精神上具有一致性。而我国并未确立沉默权制度,相反,在2018年《刑事诉讼法》第120条这样规定:"犯罪嫌疑人对侦查人员的提问,应当如实回答。"从该条规定可看出,本应规定沉默权以体现无罪推定原则的要求却设定了相反的规范,如实回答成为被追诉人的一项义务,这无疑是法条之间在内容和价值取向上的截然对立。该条亦规定:"但对与本案无关的问题,有拒绝回答的权利。"但是,何为与"本案无关"并未做进一步的司法解释,可

---

① 冀祥德:《最新刑事式诉讼法释评》,中国政法大学出版社2012年版,第11页。

以设想犯罪嫌疑人若以“与本案无关”为由来拒绝回答,自然会被强制要求回答以履行“如实供述”的义务,至少会被视为“抗拒情节”或认罪态度不好而陷于不利境地。但“不如实供述”本就是无罪推定应有之义、沉默权制度之精要。而我国立法的这种自相矛盾的现状表明我国并未真正确立本源意义上的无罪推定原则,最起码作为其保障制度的沉默权制度没有被确立起来。

(三)律师制度有待完善

我国辩护制度面临着刑事辩护定位上和立法上的双重缺陷,若想走出困境,不仅需要我们用法治思想规范刑事辩护,还需要推进立法变动,切实保护辩护律师的权利保障。①

1. 律师人身权利缺乏保障

律师作为被追诉人辩护的主要力量,其重要性不言而喻,在一个案件中,只有充分发挥律师的辩护作用,控辩双方的力量平衡才有可能。在我国,律师介入案件的时间被不断提前,这对保障被追诉人的利益而言是非常有利的。但是,律师作用在扩大的同时,也面临着自身人身权利遭受侵犯的威胁。

随着 1996 年《刑事诉讼法》规定律师提前介入侦查阶段,为保证侦查活动不受干扰,在该法第 38 条作出了以下禁止性规定:“辩护律师和其他辩护人,不得帮助犯罪嫌疑人、被告人隐匿、毁灭、伪造证据或者串供,不得威胁、引诱证人改变证言或者作伪证以及进行其他干扰司法机关诉讼活动的行为。违反前款规定的,应当依法追究法律责任。”1996 年《律师法》第 49 条也进一步明确了前述行为的行政后果与刑事后果:提供虚假证据,隐瞒重要事实或者威胁、利诱他人提供虚伪证据,隐瞒重要事实的,由省、自治区、直辖市人民政府司法行政部门吊销执业证书;构成犯罪的,依法追究刑事责任。2020 年《刑法》第 306 条更是规定:“在刑事诉讼中,辩护人、诉讼代理人毁灭、伪造证据,帮助当事人毁灭、伪造证据,威胁、引诱证人违背事实改变证言或者作伪证的,处三年以下有期徒刑或者拘役;情节严重的,处三年以上七年以下有期徒刑。”

根据最高人民法院的司法解释,《刑法》第 306 条的罪名是辩护人、

---

① 冀祥德:《建立中国控辩协商制度研究》,北京大学出版社 2006 年版,181—202 页。

诉讼代理人毁灭证据、伪造证据、妨害作证罪。虽然根据我国法律的规定，可以担任辩护人的范围较为宽泛，但从司法实践中来看，律师担任刑事辩护人的情况占绝大多数。因此，受《刑法》第306条冲击最大的还是律师职业。该条规定中，“引诱”一词争议最大，也是控方最常用的控诉理由。所谓“引诱”，无论立法机关还是司法机关，都解释为“以金钱、物质或其他利益诱使”，但在司法实践中就有律师因采用言语劝导证人改变证言内容的手段，而构成律师伪证罪。在模糊的立法表述下，检察机关可以任意扩大解释，从而为难与自己诉讼目的不合的律师。刑事诉讼中的控辩双方在法庭本应是相互独立的对手，都依据法律和事实履行自己的职责，但《刑法》第306条实施后，公诉方纷纷通过庭后对律师的刑事追诉来补偿法庭调查或辩论过程中的劣势。

2. 缺乏对律师拒绝作证权的保障

刑事辩护这一职业的特殊性要求赋予律师一定的特权。一般而言，律师的特权应包括刑事辩护豁免权、拒绝作证权、拒绝扣押权等。反观我国立法现状，不仅没有关于刑事辩护豁免权的专门规定，律师人身权利也无法有效保障，《刑法》第306条始终是律师头顶的“达摩克利斯之剑”。而对于律师拒绝作证权，我国立法也过于谨慎。

一方面，立法缺少对辩护律师拒绝作证权的规定。这一点在实体法和程序法里都有体现。2012年《刑事诉讼法》第60条规定：“凡是知道案件情况的人，都有作证的义务。生理上、精神上有缺陷或年幼，不能辨别是非、不能正确表达的人，不能作证人。”根据这一规定，除了生理上、精神上有缺陷或年幼，不能辨别是非、不能正确表达的人，不具备作证的义务外，其他人包括律师，凡是知道案件情况且具备作证能力的人，不论身份如何，均负有作证的义务，这一规定显然否定了律师保密的权利。

另一方面，律师保守职业秘密的范围非常有限。2017年《律师法》第38条规定：“律师应当保守在职业活动中知悉的国家秘密、商业秘密，不得泄露当事人隐私。”《律师职业道德和执业纪律规范》第2章第9条规定：“律师应当保守在执业活动中知悉的国家秘密、当事人的商业秘密和当事人的隐私。”从这些规定来看，律师保守职业秘密的范围仅限于国家秘密、当事人的隐私及商业秘密，对当事人涉嫌犯罪的有关信息并不包括在内。

3. 控辩双方的取证权不平等

2018 年《刑事诉讼法》第 43 条第 1 款规定:“辩护律师经证人或者其他有关单位和个人同意,可以向他们收集与本案有关的材料,也可以申请人民检察院、人民法院收集、调取证据,或者申请人民法院通知证人出庭作证。”第 2 款规定:“辩护律师经人民检察院或者人民法院许可,并且经被害人或者其近亲属、被害人提供的证人同意,可以向他们收集与本案有关的材料。”而第 54 条规定:“人民法院、人民检察院和公安机关有权向有关单位和个人收集、调取证据。有关单位和个人应当如实提供证据。”对比两者规定可以看出,侦控机关为了查明案件事实,实现刑事诉讼的目的,在侦查阶段投入大量的时间和精力,采取询问、讯问、鉴定、搜查、扣押等所有侦查手段,又有法律的有力保障,所以公、检机关收集、调取证据比辩护律师收集、调取证据容易得多。而律师的调查取证权则受到了相当大的牵制,不但没有赋予辩护律师强制取证权,还对其取证行为设置了重重障碍。无论辩护律师向哪方取证,辩护律师都要取得证人的同意,向被害人一方取证还需经人民检察院或人民法院的许可,这就造成了控辩双方取证权的不平等状况,严重影响了辩方在控辩平等对抗前的力量储聚。

(四)取保候审制度有待变革

取保候审在我国是作为一种强制措施而存在的,是司法机关责令犯罪嫌疑人、被告人提供担保,保证其不逃避侦查、起诉和审判并随传随到的一种法律措施。[①] 我国的取保候审制度的发展经过个两个阶段:第一阶段为 1979—1996 年。由于当时的历史条件的限制,以及立法的指导思想就是“宜粗不宜细”,所以,1979 年的《刑事诉讼法》对于取保候审的规定过于原则,只规定了根据案件情况,对于被追诉人可以取保候审。至于取保候审适用的条件、保证人的资格、保证人的权利与义务及法律责任等一系列问题,法律都未作规定。第二阶段为 1996 年至今。1996 年修改后的《刑事诉讼法》以及 1999 年 10 月 1 日最高人民法院、最高人民检察院、公安部、国家安全部联合制定的《关于取保候审若干问题的规定》对上述不足与缺陷进行了补充和完善。设置了保证金制度,进一步完善了人保制度,允许犯罪被追诉人及其法定代理人、近亲属聘请律师介入取保候审措施的采用或解除,等等。但是,随着人权

---

① 徐静村:《刑事诉讼法学》,法律出版社 1999 年版,第 238 页。

理念的发展，我国取保候审制度在设计理念及具体实施中均出现了不足。

1. 设计理念的不足

我国的取保候审和国外的保释制度虽然都有防止超期羁押的功能，但是从设计理念来看还是存在很大的区别。国外的保释制度源于人权的保障观念，它在肯定应当控制犯罪的同时，珍视个人的合法权利，认为个人具有政府无权干预的某些基本权利，国家在进行司法活动时必须慎重。① 而我国的设计理念与定位立足于打击犯罪的基础之上，如果说取保候审制度具有保护人权的作用，那也是在完成打击犯罪任务之余的兼顾效益，是附带功能。没有把取保候审看作被追诉人所享有的权利，而是把它看作司法机关的权力。虽然犯罪嫌疑人有权提出申请，但是办案人员有权不批准，这里的“权力”不是用来保障“权利”，而是用来限制、剥夺“权利”。在这种思想理念指导下的取保候审制度使得我国审前超期羁押问题并未得到有效解决，被追诉人的权利仍然时刻受到来自公权力的威胁。

2. 具体实施中的不足

取保候审在具体适用时完全采取的是核准主义，而不是国外的严格准则主义。核准主义也称许可主义或审批主义，指在申请取保候审时，除了具备法律规定的条件之外，还须经司法机关审查批准，审批机关拥有完全不受限制的自由裁量权，自由决定是否允许取保候审，而不必说明理由。在这种情形下，被追诉人即使符合被保释的条件，仍有可能不被保释。在这一方面被追诉人无相应权利与之相抗衡。而英美国家则奉行严格准则主义，又称登记主义，是指在决定取保候审时，如果符合法律规定的申请取保候审的条件，司法机关就应当批准，如果不符合条件，则不允许取保候审，并且要说明不同意取保候审的理由。审批机关只作形式审查，因而能够保证获取保释能成为常态。在这一方面，我国与发达国家仍存在不小的差距，需要进一步变革。

适用方式的单一化和随意化。1996 年修订的《刑事诉讼法》对取保候审制度的内容进行了充实，增加了金钱保证的新形式，财产保已经

---

① 左卫民:《价值与结构——刑事程序的双重分析》，四川大学出版社 1994 年版，第 78 页。

成为主要的担保方式，大多数单位的财产担保占整个取保候审比例的一半以上，而且这一趋势还在逐步增强。[①] 相关司法解释也对取保候审的审批、变更及监督程序作了配套规定，更有 1999 年 8 月 4 日发布的《关于取保候审若干问题的规定》，对取保候审问题做了更为详尽的解释，但从实践中来看，取保候审制度发挥的作用有限，仍然存在一些严重的问题。《关于取保候审若干问题的规定》第 5 条规定："采取保证金形式取保候审的，保证金的起点数额为一千元。决定机关应以保证被取保候审人不逃避、不妨碍刑事诉讼活动为原则，综合考虑犯罪嫌疑人、被告人的社会危险性，案件的情节、性质，可能判处刑罚的轻重，犯罪嫌疑人、被告人的经济状况，当地的经济发展水平等情况，确定收取保证金的数额。"这些规定对保证金数额的上限都未作出规定，使得实践中保证金的收取数额失控，有的地方达到百万元之巨，这种状况不利于取保候审的规范化和法制化。司法机关完全可以通过"自由"调整保证金的多少，来达到控制被追诉人，使之配合诉讼程序顺利进行的目的。

四、小结

我国是一个历史悠久的国家，我国的刑事诉讼也经历了弹劾式诉讼、纠问式诉讼两个时代。进入封建社会后，纠问式诉讼模式在我国逐渐得到确立。在控审不分、没有辩护的体制下，被追诉人沦为被审讯的客体，无权利可言。这种状况直到清末民初才得以改变。随着西方文化的传入，我国原有诉讼体制不断受到冲击。这一时期，人民追求自由、平等的意识也逐渐被唤醒，人们渴望废除充满血腥的纠问式诉讼模式。在这一过程中，我国相继引入了自由心证、保释、陪审等制度，但是在军阀当政的时代，人权保障无从谈起，那些在西方国家保障人权的制度在我国却成为专制的工具，军阀的意志代替了法官的意志，自由为"特务司法"所威胁。

随着新民主主义革命的开展，我国的司法状况得以好转，逐步建立起了有利于案件公正的审判体制。如在证据制度方面，坚持实事求是、重调查研究、重证据不轻信口供、严禁刑讯逼供、严禁诱供、严格证据的

---

① 陈卫东：《刑事诉讼法实施问题调研报告》，中国方正出版社 2001 年版，第 16 页。

收集审查程序、证据必须忠实于事实真相。在庭审过程中,允许辩护人为其辩护,等等。这些规定逐渐扩大了被追诉人的权利,使得控辩力量趋近于平衡。新中国成立后,我国对刑事诉讼法不断进行修正,2012 年《刑事诉讼法》在律师辩护、非法证据排除等方面取得了新的进展,2018 年《刑事诉讼法》则通过设立值班律师制度等方式为尽可能多的被追诉人提供法律援助服务,这一系列的制度改革和完善使我国的控辩平等迈入了一个新的阶段。

然而,我国的控辩双方还未实现真正的平等。这体现在,我国的诉讼结构有待优化,控方集控诉职能和监督职能于一身是对"等腰三角形"型诉讼结构的一种扭曲。此外,我国还未完全确立无罪推定原则,虽然我国刑法及刑事诉讼法均有无罪推定的类似规定,但法律仍然规定被追诉人有如实供述自己罪行的义务,而且相关制度也未设置,我国在这一方面仍有许多工作要做。我国在律师人身权利保障、保释制度建设方面也存在着不足,这些不足对增强被追诉人的抗辩力量而言显然是不利的,因此,我国刑事诉讼第三次革命仍在进行中。

第五节　世界刑事诉讼第三次革命的意义

刑事司法不仅是实现国家政治统治、维护社会秩序的工具,而且也应当成为公民防范司法擅断、保障个人自由的武器。世界刑事诉讼的第三次革命,继承和发展了前两次革命的历史使命,优化了刑事诉讼的结构,促进了人权保障事业的发展,为世界刑事诉讼第四次革命的发生和发展奠定了坚实的基础。

一、优化了刑事诉讼的结构

所谓刑事诉讼构造是由一定的诉讼目的决定的,并由主要诉讼程序和证据规则中的诉讼基本方式体现控诉、辩护、裁判三方的法律地位和相互关系。[①] 根据此定义,有什么样的刑事诉讼目的,就有什么样的刑事诉讼构造,是重视实体真实主义和必罚主义,还是重视正当程序和保障人权,对这一问题的选择,决定了刑事诉讼构造的差异。

---

① 李心鉴:《刑事诉讼构造论》,中国政法大学出版社 1998 年版,第 260 页。

关于刑事诉讼的目的，美国著名学者赫伯特·帕卡提出了犯罪控制模式和正当程序模式，日本学者将德国的实体真实主义观念与美国的正当法律秩序观念相结合，创造出实体真实主义和正当法律秩序的刑事诉讼目的论。我国主流思想认为，犯罪控制与人权保障是刑事诉讼的目的。因此，刑事诉讼目的具有多元性的特征，但犯罪控制与人权保障这两个目的都应当成为刑事诉讼目的体系的应有之义和不可或缺的组成部分。

虽然在对待惩罚与保障的关系上，职权主义诉讼模式、当事人主义诉讼模式和混合主义诉讼模式存在着差异，继而影响到了刑事诉讼构造的形式，但是在人权保障理念的指引下，控辩平等成为必然要求，当今两大法系国家刑事诉讼法出现一定程度的融合趋势。而且即便是技术层面上的差异，也往往只是形式上的不同，从实质效果来看也是殊途同归。①

基于上述考察，不同法系国家面临的问题具有同质性：追究犯罪要求刑事诉讼程序必须具有发现事实真相的功能；为了保障人权，刑事诉讼程序又必须具有限制司法权力、保护被追诉人合法权利的功能。因而，这样一种诉讼结构便成为理想的解决方式：一是控辩双方之间平等对抗，二是法官居中裁判，并由此形成一个以控辩均衡为底边，以法官居中裁判为顶点的“等腰三角形结构”。“通过赋予控辩双方平等的诉讼权利和设立有关的诉讼规则，以确保控辩双方的平等关系，便成为审判程序构造的核心问题。”②刑事诉讼的第三次革命，正是从平等武装、平等保护、平等对抗三个角度来保障这一诉讼结构的构建和实施，因此，控辩平等在世界范围内促进了刑事诉讼结构的优化。

二、促进了人权保障事业的发展

人权是一个人作为人所享有或应享有的基本权利，是“所有人民和所有国家努力实现的共同标准”。而人权保障最基本和最重要的方式就是司法保障。作为法的生命存在形式，法律程序对人权的保障关系着司法保障人权的命运。控辩平等原则起到了引导和推进作用。

---

① 左卫民、万毅：《我国刑事诉讼制度改革若干基本理论问题研究》，载《中国法学》2003年第4期。

② 李心鉴：《刑事诉讼构造论》，中国政法大学出版社1998年版，第260页。

首先,控辩平等原则要求立法上强调控辩双方的平等。这种平等性要贯穿于侦查阶段和审判阶段。具体表现在:在侦查阶段,侦控方可以调查、收集证据,犯罪嫌疑人及其辩护律师也有权调查、收集对自己有利的证据;在审判阶段,控方有权向法庭提供物证、询问证人、质证,被告人及其辩护律师也有权向法庭出示物证、询问证人、质证。实践证明,如果违反法律程序,违背控辩平等原则,司法机关就可能会在执法活动中违法采取强制措施,超期羁押、越权办案等执法犯法行为,严重侵犯公民的合法权益,不利于人权的保障,妨害法治事业的进步。

其次,控辩平等原则在制度上强调保护被追诉人制度的协调、统一。在职权主义诉讼模式、当事人主义诉讼模式和混合主义诉讼模式下控辩平等原则实现了无罪推定原则、沉默制度、辩护制度等公正审判制度的有机统一,并推动着刑事诉讼活动的良性发展。控辩平等原则使得辩方在公开、公正、透明的程序中,在权利被保护的情况下与控方平等对抗。以我国《刑事诉讼法》的修改完善为例,在控辩平等原则的指引下,无罪推定原则得到逐步确立,律师辩护作用得到增强,控辩对抗制模式和起诉状一本主义得以引入,等等,使各项制度统一在我国《刑事诉讼法》里,更好地实现着惩罚犯罪和保障人权的目的。

再者,控辩平等原则在理念上强调被追诉人的程序主体性地位。在司法领域,保护公民个人权利就要在刑事诉讼中赋予被追诉人程序主体性的地位。只有作为诉讼主体,被追诉人才能受到有尊严的对待,而不是被作为国家追诉犯罪、维护所谓的"公共利益"的工具:既不能以损害个人肢体完整和造成肉体痛苦的手段进行诉讼,又不得以贬损人格的方式进行诉讼。①

综上所述,刑事诉讼立法的历史就是被追诉人权利不断加强的历史,而在这个历史过程中,控辩平等无疑是加强和保护被追诉人权利的重要保障机制。

三、继承和发展了刑事诉讼前两次革命的使命

在刑事诉讼的第一次革命和第二次革命中,分别实现了司法权与行政权的分离、控诉权与审判权的分离。由此观之,刑事诉讼的前两次革命的共同目标是建立合理的刑事诉讼权力结构,这两次革命是实现

---

① 冀祥德:《控辩平等论》,法律出版社 2008 年版,第 409 页。

以权力制约权力的过程。而发展至刑事诉讼第三次革命则是实现控辩平等,这次革命是实现以权利制约权力的过程。透过这三次革命的历程,可以发现刑事诉讼第三次革命是对前两次革命的继承和发展。

从结构决定功能的理论出发,没有权力制衡的科学合理结构,就不会有刑事诉讼场域的各个权力的最佳功能发挥。① 在前两次的刑事诉讼革命中,司法权与行政权的分离是基于"分权"理论的构想,司法权从行政权中分离出来,有利于司法权摆脱行政权的束缚,保证司法权的独立性。而司法权的独立也对行政权形成了制衡,这种制衡是国家公权力自身的制约。也正是基于司法权与行政权的有效制衡,司法权内部得以继续进行权力的重新架构,实现控审分离。

同所有公权力一样,公诉权和审判权也具有天然扩张的倾向。在缺乏有效监督机制的环境下,这两种权力一样会突破权力的界限,进而损害司法的公正,最终侵害被追诉人的权利。因此,在审判程序中有效规范和制约公诉权和审判权的行使尤为必要。在刑事审判中控辩平等原则的实施,使辩护方与控诉方处于平等的诉讼地位,这不仅能够有效约束和监督公诉权的行使,同时也能够对审判权起到一种监督和制衡作用。因为,当事者在诉讼程序上享有的权利实际上就是对法官权力的直接限制,因而,"对当事者行使诉讼权利的程序保障也就意味着审判过程中法官的创造性作用在程序方面受到严格的制约"②。从这个意义上来说,控辩平等原则促进了刑事诉讼中国家权力和个人权利的平衡,从而使得诉讼场域中的各项权力得到制约,达到平衡,并最终形成合理科学的诉讼结构。

综上所述,在保障人权的理念下,为建立合理的刑事诉讼权力结构,刑事诉讼经历了前三次革命,第三次革命实现了权利对权力的制衡,为权力的扩张划定了边界,这是对前两次刑事诉讼革命制约公权力使命的继承和发展。

四、奠定了刑事诉讼第四次革命的基础

(一)控辩平等的局限性促进了控辩合作的产生

刑事诉讼的第三次革命有利于保障人权,实现程序正义、实体公

---

① 冀祥德:《控辩平等论》,法律出版社 2008 年版,第 4 页。

② 王亚新:《社会变革中的民事诉讼》,中国法制出版社 2001 年版,第 42 页。

正。但是烦冗的程序设计使得案件的解决无法兼顾公正和效率,同时也占用了大量司法资源,增加了诉讼成本,这些不足使得控辩合作有了产生和发展的必要。

公正和效率是现代社会司法制度的两大价值目标。“迟来的正义非正义”,它是诉讼程序内在的要求,它和程序公正共同构成了诉讼程序的内在价值。但这也成为刑事诉讼的第三次革命局限性所在。控辩平等的前提必然是司法资源的大量占用和司法成本的高昂投入,而刑事司法资源的增长却呈现明显的滞后性,各种矛盾与纠纷却日益复杂化,无法得到及时有效解决。“显然无论其理论上多么有力,对抗式模式由于其固有的复杂性和其运作所需的资源投入而易受其他冲突价值和要求的影响,对抗制不能轻易适用成本效率、速度及经济的需要。”① 无论诉讼怎样完美地实现正义,如果付出的代价过于昂贵,则人们往往只能放弃审判来实现正义的希望。② 一场漫长的诉讼对被追诉人来说是一种煎熬,对于控方同样是难以忍受的;被追诉人虽然享有沉默权,可以拒绝回答任何问题,但是如果可以用承认有罪来换取较轻的罪名或刑罚,从而减少不必要的诉讼时间的浪费,不失为实现公正和效率的一种捷径。在此背景下,刑事诉讼面临的一个必须解决的课题是如何在现有的司法资源配置下,达到控制犯罪形势恶化,维持社会秩序稳定的效果,以解决平等武装、平等保护和平等对抗使每一个案件的处理程序变得冗长和复杂,从而导致诉讼效率低下的现实问题。

(二)控辩平等为控辩合作提供了主体条件

“平等”是控辩合作的重要内容,刑事诉讼活动是在当事人双方权利对等、义务对等、地位对等的情况下进行的,并且这种平等性要得到对方的认可。在刑事诉讼第三次革命中,一方面,代表国家行使公诉权力的检察官被定位于庭审中的当事人之一;另一方面,被追诉人诉讼地位明显提高,在“无罪推定”原则保护下,享有法律赋予的众多保障性权利。经过这次革命的洗礼,控辩平等中的“平等”最终发展为控辩双方人格和地位的平等。

---

① [英]麦克威尔:《并非为了输出:辩诉交易与对抗制审判》,载陈光中主编《诉讼法学新探》,中国法制出版社 2000 年版,第 307 页。

② [日]棚濑孝雄:《纠纷的解决与审判制度》,王亚新译,中国政法大学出版社 1994 年版,第 266 页。

在两造对抗、当事人主义诉讼模式之下,公民和国家在诉讼中的地位是平等的,不存在行政关系中的隶属与强制。在英美法系中,检察官也得以作为当事人一方参加庭审,当一个案件可能负担败诉风险的时候,检察官会考虑到行使手中掌握的广泛的自由裁量权谋求与辩方的合作,即放弃部分起诉,以换取被告人的有罪答辩。而辩方在这次革命中,与检察官的自由裁量权相对应,获得了对权利的完全处分权。被追诉人作为理性的个体,在自己面临被判处重罪的情况下,有权选择有罪答辩,从而达到有利于自己的目的。

综上所述,针对正规审判程序烦琐且耗费巨大的弊端,面对高犯罪率的压力和刑事积案不断加剧的现实,控辩合作有了存在和发展的必要,基于检察官对败诉风险的担忧和被追诉人处分权利的自由,控辩合作有了产生的基础。在这种背景下,刑事诉讼的第四次革命得以展开并迅速发展起来。

五、小结

刑事诉讼第三次革命在世界范围内掀起了一场刑事诉讼的大变革,这次变革给各国带来了巨大的影响。这种影响体现在刑事诉讼结构建设、人权保障事业、对刑事诉讼前两次革命的继承和发展以及对下一次革命的影响四个方面。控辩平等要求法官中立,控辩双方被平等武装和保护,只有在此前提下,控辩双方才能展开平等的对抗。在传统体制下,控审或未完全分离,或分离完毕,但控方权力依然很大,因此,以这次革命为契机,各国实现控辩平等就是要摆脱纠问式诉讼模式的束缚,构建现代意义的刑事诉讼结构。

控辩平等是以权利限制权力的过程,是立法者不断赋予辩方更多权利的过程,也是对公权力不断进行规制的过程。正如 1948 年 12 月 10 日通过的《世界人权宣言》在“序言”里宣称的一样,“通过国家和国际的渐进措施,使这些权利和自由在各会员本身人民及在其管辖领土的人民中得到普遍和有效的承认和遵行。”对公权力的规制也体现在刑事诉讼的前两次革命之中,从这个角度而言,这三次革命是有机统一的,有着共同的使命和目标。第三次革命是对前两次革命的继承和发展。控辩平等的形成,使得控方和辩方不仅地位平等,而且彼此力量达到均衡,在此基础上刑事诉讼的第四次革命即控辩合作始有开展的基础。

第五章　世界刑事诉讼的第四次革命:控辩合作

第一节　世界刑事诉讼第四次革命的界定、特征及标志

综观中外刑事司法制度的发展路径,对公正和效率的共同追求是其显著特征。围绕这一主题,理论界和实务界都对在保证诉讼公正的前提下,如何降低诉讼成本,提高诉讼效率展开了积极探索,这其中包括对辩诉交易制度、刑事和解制度、经同意的强制措施行为、有条件的暂缓起诉等制度的研究和探索。伴随着这一系列司法活动的开展,控辩关系也发生了新的变化,呈现出由以对抗为主、合作为辅,转向以合作为主、对抗为辅的发展之势,即开始了世界刑事诉讼的第四次革命。

一、第四次革命的界定

(一)控辩合作之界定

世界刑事诉讼的第四次革命主要体现在刑事诉讼构造中控辩关系的变化,它是指控辩关系从以对抗为主,转向以合作为主的发展趋势。控辩合作是指在自愿、协商、参与、合法原则下,控辩双方就程序、实体、证据等问题达成一致意见的过程。自愿原则要求诉讼两造必须尊重对方的意见,作为被追诉人的辩护方的意见尤其需要尊重;协商原则要求双方必须在自愿的原则下自由地表达意志,争议之处不得强加于辩护方;参与原

则是指在整个控辩合作的程序之中,控辩双方必须充分地参与并表达意志,不得压制言论;合法原则要求双方必须在法律许可的范围内进行协商,不能超越法律,甚至做出不可能的承诺或者取代审判权的行为。控辩双方合作的领域包含了刑事诉讼的整个过程,可以在诉讼的任何阶段、任何领域内进行。实体问题的解决固然是控辩双方的最终目的,但是对于证据问题和程序问题的协商解决也是控辩合作不可或缺的重要部分。当然并不是每个案件都需要解决这些问题,有些案件只需要解决证据问题即可达到解决实体问题的目的,有些案件只需要解决程序问题。所有控辩合作的最终归宿在于达成一致意见。只有具有了这个条件,整个控辩合作才是成功的,才是控辩合作的根本追求。

控辩合作是一种公权力与私权利的合作。控诉方行使国家权力控制犯罪、保障人权,辩护方使用权利保护个人合法的权益,这本是一对矛盾的发现真实的手段,但是司法资源的有限增长与刑事案件数量激增之间的矛盾,迫使公权力主体开始寻找新的刑事纠纷解决方案,刑事诉讼效率的概念重又提出。控辩合作是在效率基础之上的合作,没有效率的控辩合作是无效的,只有效率的控辩合作更是无效的。没有效率的控辩合作产生的诉讼拖延与普通程序无异,没有了存在的必要;只有效率的控辩合作,无法达到罢诉息访、解决纠纷的目的,更是没有必要的。

控辩合作与控辩对抗之间的并存带来了另外一个问题——两者的转化。控辩对抗模式下被追诉人的权利在与控方的公权力进行对抗的过程中处于天生的弱势,而在控辩合作模式中,辩护方的权利得到了最大限度的扩张,辩护方拥有了和控诉方平等对话的机会。在自愿、协商、参与原则的作用之下,辩护方有了一个最大限度维护权利的私力救济平台。现实司法中,如辩诉交易、刑事和解等都是控辩合作的典型。值得注意的是,控辩合作成为纠纷解决的主流方法,只是从数量比例的角度得出的结论,并不意味着控辩对抗消灭,而是抗辩对抗依然存在,只是成为纠纷解决的辅助方式。

随着刑事司法实践的不断发展,人们发现,对抗固然是有利于查明真相,但是与此同时,也带来了司法成本增加、诉讼效率降低、案件久拖不决等隐患。随着社会经济的发展和人口数量的不断增加,纠纷数量也不断增多,快速增长的纠纷及犯罪行为和相对稳定的司法资源之间的矛盾不断凸显出来。如何用有限的司法资源解决不断的纠纷?有人发现,有些案件并不需要在法庭上进行辩论,而此类案件在案件总量中占据绝大多数,这就给控辩双方不对抗而是合作提供了可行性的基础。美国自发地出现了一种司法现象:在法院开庭前的走廊,地下停车场,法庭旁边的咖啡馆等处,控辩双方偷偷商量关于当事人的认罪减刑问题。到了1970年,“布雷迪案件”掀开了第四次革命的盖头。“布雷迪案件”成为被美国法院所认可的案例,双方以犯罪嫌疑人认罪为前提,代表国家控诉的控方就可以刑罚奖励的方式,给予一定程度的刑罚减让。这种以双方达成合意来解决冲突的犯罪案件解决模式便逐渐在司法实践中从秘密到公开化再到合法化,逐渐地成熟与发展起来,拉开了控辩合作的帷幕。

胜利从来就不是一蹴而就的。当这种控辩合作的意识开始在整个刑事司法领域扩散开来时,人们出现了两种意见:一种是逐步地扩展这种控辩合作的方式,建立了证据交换、辩诉交易、恢复性司法、刑事和解等一系列的措施完善之;另一种则对这种意识和制度产生了强烈的质疑,比如以钱买刑、违背正当程序、有违公平、司法擅权等诸多声音此起彼伏。在两种截然不同的声音反复地呐喊之下,各国的司法、立法都作出了一定的反应,最后的结果是控辩合作的理论开始为人们所接受。中国建立了刑事和解、认罪认罚从宽,美国建立了证据交换、辩诉交易,虽然最终控辩合作的观念为整个刑事司法领域所接受还需要一段时间,但是控辩合作与控辩对抗之间的博弈已经开始在各国显现,这就在世界范围内引发了刑事诉讼的第四次革命。

（二）控辩合作的典型方式

在当事人主义诉讼结构形式中,奉行的是司法竞技(Judicial Sports)理论,刑事诉讼是以控辩双方的高度对抗向前推进的。与职权主义诉讼形式相比较,当事人主义诉讼的这种运行机制导致了两种现象的必然发生:一种现象是诉讼各方(包括国家在内)需要为诉讼投入更多的资源,因为对抗会使每一个案件的处理程序变得冗长和复杂,时间、精力和财力的增加便是不可避免的。另一种现象是使得诉讼的结果更加具有不确定性,控辩双方在诉讼过程中所面临的败诉的风险更大。这两种现象的存在都迫切需要一种控辩合作机制的存在,通过这一制度既可以使大量的刑事案件在动用正规的审判程序之前就已经得到解决,有限的司法资源可以投入更为棘手的案件中,又可以使控辩双方对诉讼结果有着相对确定的心理把握，即同时解决当事人主义诉讼中的高投入和高风险双重难题。从这个意义上讲，控辩平等合作就是为了弱化当事人主义诉讼的过分对抗化和竞技化所带来的弊端。

在笔者看来，在现代刑事诉讼活动中，控辩双方平等合作的方式至少可以体现在如下几种制度中。

1. 辩诉交易制度

美国《布莱克法律大辞典》称："辩诉交易是指在刑事被告人就较轻的罪名或者数项指控中的一项或几项作出有罪答辩以换取检察官的某种让步，通常是获得较轻的判决或者是撤销其他指控的情况下，检察官和被告人之间经过协商达成的协议。"最早发端于美国的辩诉交易制度，英文为 Plea Bargaining，可直译为在刑事诉讼程序中控辩双方的讨价还价。具体而言，它是指在刑事诉讼程序中，于案件在法院进行开庭审理之前，控方检察官在被告人的辩护人充分参与的前提下与被告人达成协议，被告人一方在法庭上做有罪答辩，检察官一方则减少指控、降格指控，或者允诺向法官提出有利于被告人的量刑建议的一项司法制度①。在检察官、辩护律师的充分参与、协商之下，控诉方减少了指控失败的风险、诉讼成本，被告方得到了较轻的刑罚，双方均取得了各自满意的效果，打破了"囚徒困境"的尴尬，成为美国刑事司法的主流制度之一，如今已有 85%—90%的刑事案件采用辩诉交易制度。②

辩诉交易制度在建立之初直至现在都受到诸如有损司法权威、有违公平、有害公共利益、违背无罪推定原则等多种理论的质疑，同时现实司法实践中的冤假错案，对被害人利益的无视以及被害人的反复抗告等都为这项制度带来了深层次的危机。但是辩诉交易制度仍然为许多国家接受，并形成了各具特色的辩诉交易程序。如英国允许检察官就减轻指控进行交易，而不允许就量刑问题进行交易；意大利的依当事人的要求适用刑罚程序③；德国的刑事诉讼程序中的协商程序④；日本

① 卞建林：《刑事起诉制度的理论与实践》，中国检察出版社 1993 年版，第 167—168 页。

② ［美］艾伦·豪切斯泰勒·斯戴丽、南希·弗兰克：《美国刑事法院诉讼程序》，陈卫东等译，中国人民大学出版社 2002 年版，第 413 页。

③ 王国枢、项振华：《中外刑事诉讼简易程序即比较》，载《中国法学》1999 年第 3 期。

④ ［德］约阿希姆·赫尔曼：《德国刑事诉讼程序中的协商》，王世洲译，载《环球法律评论》2002 年冬季号总第 23 期。

的量刑折扣与司法交易制度。这些制度在适用范围、适用案件类型、适用程序等多个方面为辩诉交易的扩展提供了有益的实践经验,也为辩诉交易在更多国家、更多领域的实践积累了大量的理论、司法实践素材。

根据协商内容可将辩诉交易分为控诉协商、罪状协商、量刑协商。控诉协商是指被告人犯有重罪,检察官进行侦查起诉,但鉴于举证困难或者庭审程序复杂,便承诺以较轻罪名起诉与被告人及其辩护人进行协商,以换取被告人对该较轻罪名作有罪答辩。在这种情况下,被告人往往出于避免定罪记录和重罪记录的考量而乐于接受。罪状协商是指被告人犯有数罪,检察官对数罪均起诉,但出于种种考虑而与被告人进行协商,许诺只起诉其中一罪或数罪而撤销其他罪数,以换取被告人对被起诉的罪名作有罪答辩。根据辩诉交易公开性程序可将其分为明示的答辩交易和默示的答辩交易。明示的答辩交易是指检察官在侦查起诉严重犯罪案件时,与被告人的辩护律师就其作有罪答辩的要件进行协商的一种辩诉交易。一般适用于涉及刑期较长、证据不足等案件,以及那些涉及暴力或者致命重罪和具有非寻常特征的案件。默示的答辩交易是指检察官不和被告人对以有罪答辩作为交换条件进行专门讨论,被告人作有罪答辩,从而得到比开庭审判判决较轻刑罚的辩诉交易。这主要适用于普通案件,被告人无须请求即可获得宽恕,而且不管有无律师代理被告人均能获得相同宽恕。其特征主要从如下一些因素反映出来:被害人和罪犯的关系、使用武力的强度、动机、罪行发生的场合和其他一些因素,与同类型的其他大多数罪行特征颇为接近。

2. 刑事和解制度

作为一种全新的司法理念和司法范式,自 20 世纪 70 年代以来,刑事和解制度在世界范围内,特别是西方发达国家得到了快速的传播和实践。从典型意义来说,刑事和解是一种新型的犯罪处置的替代性模式和程序分流的重要途径,其意义在于谋求以司法审判以外的方式来解决刑事责任问题,寻找刑罚之外的替代解决方案,即终结诉讼。刑事和解是要通过理性、平等协商以及激发道德直觉的同理心等方式去处理犯罪问题,以修复损害,重建平等的社会关系。它关注的是当事人之间的关系是否能够得到修复,加害人是否受到了惩罚则在其次。①

① 陈晓明:《刑事和解原论》,法律出版社 2011 年版。

关于刑事和解的概念,我国目前尚未形成一致的观点。比较通行的观点认为,刑事和解一般是指在犯罪发生后,经由调停人的帮助,使被害人与加害人直接商谈,解决纠纷或冲突的一种刑事司法制度。其目的是修复被加害人所破坏的社会关系,弥补被害人所受到的伤害以及恢复加害人和被害人之间的和睦关系,并使加害人改过自新、复归社会。

根据以上刑事和解定义,它既不同于现行刑事司法,也区别于传统的轻微刑事案件调解,更不同于通常所讲的“私了”和“辩诉交易”,具有以下特征:第一,刑事和解的价值取向表现为兼顾国家、社会与个人之间的利益。而纯粹从个人利益角度来看,又强调平衡侵害人、受害人及其他受犯罪影响的个人间的利益;第二,受犯罪影响的各方享有根据自己的意愿进行商讨并达成协议的自由,并且参与到程序中的各方具有相同的地位和平等的权利与义务;第三,在刑事和解中,各方利益的平衡主要是通过在相互尊重基础上的沟通与协商来实现的;第四,刑事和解程序是以犯罪事实不存在争议为前提的,其程序设计并不在于发现犯罪事实,而在于通过沟通,弄清犯罪原因、危害等相关事实,并以此为基础就侵害人的具体的道义责任达成协议,实现恢复被犯罪破坏的社会关系的目标,在刑事和解程序中,解决的是侵害人的道义责任,而非刑事责任;第五,刑事和解具有促进犯罪矫正、帮助受害人恢复正常生活、改善社区关系,恢复被犯罪破坏的现实社会关系的作用,同时,通过对未然之罪的评估、对自由裁量权的制约,还可以形成更为公正的犯罪处罚,以树立犯罪的权威,恢复被犯罪所破坏的法律关系。①

3. 经同意的强制措施行为

强制措施的同意行为是鉴于一般强制措施适用的司法令状主义,追诉机关为了避免烦琐的程序给追诉犯罪带来的困难,被追诉人为了排除自身的犯罪嫌疑或者避免时间的耗费,同意追诉机关对其有关搜查、扣押、盘查、监听、测谎、身体检查等强制措施的适用,而法律也认可这种经过同意而采取的强制措施行为。

强制措施的同意行为作为控辩双方在侦查程序中合作的一种形式,从本质上看是控辩双方就强制措施适用的一种合意。被追诉人通

---

① 狄小华:《多元恢复性刑事解纷机制研究》,法律出版社2011年版,第132—133页。

过意思表示,表明其愿意接受追诉机关对于自己权利的干预,该种意思表示作为一种权利上的放弃,是通过自愿来支配或者行使自己的权利与自由。在强制措施的同意行为适用比较典型的美国和德国,同意行为的正当化构成必须同时满足三个条件:其一,同意者必须具有同意的能力,即具备理性判断的能力,正确认识事物的能力,独立自我决定的能力等,对同意事项的内容、范围、意义、后果有正确的理解与把握,避免因自身能力的缺陷而受到控方权力的侵害;其二,同意者的自愿性,即任何强制措施中的同意行为,都必须是出于自由意志的、自愿的同意,否则就不能援引同意作为干预措施的合法性基础;[①]其三,追诉机关必须履行规范的告知程序,保证被追诉人同意行为的自愿性。这主要是从国家诉讼义务的角度,平衡国家追诉机关和被追诉者个人之间的权力(利)落差,避免强制措施的错误风险。在美国,不仅学者主张事前告知(informing or warning)受干预者有拒绝同意的权利,甚至法院也认为警察必须事前告知被搜查人在自愿同意搜查之前有权合法地自由离开(legally free to go)。[②] 未具备上述条件将会导致同意无效,追诉机关凭借该同意所发动的强制措施,也就相应地不具备合法性和正当性。

"经当事人同意后的搜查"规则是美国控辩平等合作的一种形式。美国的搜查规则实行严格的司法令状主义。搜查必须经过法官的批准,并获得关于搜查的主体、时间、场所和内容的令状。搜查措施中的司法审查制度有效地保护了被搜查人的权利,但是,也在一定程度上影响了及时获取证据、控制犯罪的社会需要。所以,1973 年美国联邦最高法院在 Schnekloth v. Bustamonte 一案中确立了"经当事人同意后的搜查"规则。在没有获得司法令状的情况下,只要当事人予以合作,同意搜查,所获取的证据即可不被排除。

4. 有条件的暂缓起诉

所谓暂缓起诉,是指检察机关对犯罪嫌疑人暂时不予起诉,要求其在一定期限内履行一定的义务,如果犯罪嫌疑人在规定期限内履行了规定的义务,检察机关就不再对其起诉,诉讼程序随之终止;如果犯罪嫌疑人在规定期限内不履行规定的义务,检察机关就要对其进行起诉,

---

① 林钰雄:《刑事诉讼法》(上册),台北:学林文化出版公司 2001 年版,第 254 页。

② Ohio v. Robinette, 519 U. S. 33(1996).

请求法院追究其刑事责任。

从某种意义上讲,暂缓起诉从形式上看似乎只是检察官自由裁量权的行使,但其却蕴涵了控辩平等合作的丰富内容。暂缓起诉权是指检察机关对于犯罪嫌疑人,根据其犯罪性质、年龄、处境、危害程度及犯罪情节、悔罪表现等情况,依法认定没有立即追究其刑事责任之必要而作出的暂时不予提起公诉的权利。其内涵是:要求犯罪嫌疑人在一定期限内履行一定的义务,如果犯罪嫌疑人在期限内经考察确实履行了规定的义务,检察机关就作出不再予以起诉的决定,诉讼程序终止;如果犯罪嫌疑人在期限内经考察没有履行规定的义务,检察机关就作出提起公诉的决定,依法请求法院进行审判。暂缓起诉制度是起诉与不起诉之间的一种过渡性措施,其确立本身就体现了保障犯罪嫌疑人合法权益的精神。

二、第四次革命的特征

(一)自发性

控辩合作具有独特的发展路径,其在司法实践中的产生并非源于法律文本和法学理论的支撑,而是顺应司法实践的需要和发展规律自然产生的,即先是在司法实践中产生,进而经历了曲折迂回的发展不断迈向成熟,之后逐渐被各国所接纳和认可,最终从幕后走向幕前。以发端于美国的辩诉交易制度为例,在最初的案例中,这些活动主要是发生在咖啡厅、报刊亭、汽车站等非正式场合,或许诉讼参与者自己也不清楚,正在进行的就是“辩诉交易”,或许他们并不深知辩诉交易的产生、发展路径及其机制原理。美国的辩诉交易,从控辩双方自发地、地下地悄悄产生,到被法院以判例的形式确认其合法性,有长达十几年的时间。

(二)合意性

控辩合作是以协商合作方式解决刑事纠纷的一种途径,其重点在于双方的合意,双方的合作是基于真实意志的自愿表达。为了减少对抗性,以和平的方式解决纠纷,控辩合作特别重视为参与各方利益主体之间交流信息、参与、对话和达成合意提供机会,为被追诉人悔罪和赢得宽恕创造机会。尊重纠纷当事人的自主意愿是控辩合作的基点。它不是采取以牙还牙的报复形式来追求正义,因而没有针锋相对,只有充分的交流与协商。控辩双方的合意并不是一般意义的妥协,而是在平等自愿的前提之下进行的妥协,其基础还是控辩平等的对抗,只不过这种对抗是私下的、以协议的方式完成的。所以,可以说,控辩合作的过程实质上是双方当事人在实体利益和程序利益面前进行选择和取舍的过程。

平等合作下的合意使得被追诉人可以和民事诉讼的当事人一样自由处分诉讼权利,被追诉人在某种程度上掌握了自己的命运,而不是被动地成为追诉和审判的客体,通过平等合作解决的案件不会出现诉讼请求被搁置、身体自由被束缚、公开审判下被曝光以及对不确定的审判结果的猜测和惶恐。由此可见,合作观念和对抗思想相比,最大的特点在于其可以为参与者能动性的发挥提供空间,从而实现其主体性,体现对人权的尊重。①

(三)互利性

在传统的将诉讼比作控辩双方之间的战争的对抗机制下,根据博弈论,控辩双方的关系处于"零和博弈"状态,也就是说,如果将控辩双方看成是博弈中的双方,无论采取什么策略,得失总和均为零,即一方有所得必意味着他方有所失,不存在双方均得、均失的可能性。② 从制度和功能的角度来说,合作是当事人认为对自己有利,对对方也有利的一种交易,没有这一点,双方当事人无法进入合作关系。由此可见,合作是一种世俗的实用主义的活动。在控辩合作中,互利是促使控辩双方进行合作的动力。在普通的刑事程序中,审判的结果是非赢即败,而通过控辩合作可以使控辩双方达到"双赢",检察官避免了昂贵诉讼成本之下的无罪判决的风险,节约了司法成本并达到尽快惩罚的目的;被追诉方避免了受到最严重惩罚的风险,也避免了长期羁押的身体痛苦和公之于众的精神痛苦,被害人还可能在合作中获得被追诉方给予的经济补偿,控辩合作使各方得到了利益,这是一种互利互惠的机制。

控辩合作提升了被害人地位,正视被害人的声音,鼓励被害人倾诉,希望通过了解他们的需要以及满足这些需要,使被害人享有尊严,

---

① 冀祥德:《从对抗转向合作:中国控辩关系新发展》,来源于"110 法律咨询网":http://www.110.com/ziliao/article-277566.html,最后访问时间:2022 年 6 月 14 日。

② 宋世杰:《辩诉交易启示与对我国刑事基本政策的反思》,来源于"110 法律咨询网":http://www.110.com/ziliao/article-246308.html,最后访问时间:2022 年 6 月 14 日。

受到尊重,维护权利。不像传统刑事司法,被害人往往被遗忘在自己的案件之外,权利被漠视。受犯罪影响的各方因犯罪而产生新的需要,所以也只有在有机会参与到对犯罪的处理中时,才有可能满足这些需要。控辩合作确立了多方沟通机制,鼓励被害人、加害人、辩护律师等有关主体充分参与司法过程,以此充分发挥他们的能动作用,同时引入社会监督机制和司法监督机制,使纠纷的解决在全社会的关注和监督下进行,在这种情况下达成的结果更能符合社会的主流期待。

(四)效率性

"迟来的正义为非正义",刑事诉讼程序的进行必须快速及时,讲求诉讼效率,也就是通过优化诉讼程序的设计和司法资源的配置,来将降低诉讼成本,加速纠纷的解决,以尽可能少的司法资源投入换取尽可能多的诉讼成果,最大限度地实现诉讼目的。

刑事诉讼的效率性主要体现在诉讼过程的经济合理性和刑事诉讼效果的合目的性两个方面。控辩合作的纠纷解决方式,一方面,有效地缩短了诉讼周期,极大地简化了诉讼程序,使有限的司法资源得到合理的配置,体现了其诉讼过程的经济合理性;另一方面,控辩合作纠纷解决方式的实施,不仅使得案件的复杂性和难度降低,有效提升结案率,优化诉讼程序结构,而且有利于诉讼参与各方利益的实现,促进社会关系的修复,体现了其诉讼效果的合目的性。故曰,控辩合作的纠纷解决方式具有效率性。

三、第四次革命的标志

(一)第四次革命的兴起标志

1970 年联邦最高法院通过 Brady v. United States 一案首次肯定了辩诉交易的合法性。在此案中,被告人布雷迪被指控犯有绑架罪,按照联邦立法规定,该罪在陪审团审判的情况下可能会判处死刑。当审判法官表明如不经过陪审团审判程序,那么将不会判其死刑,布雷迪作了有罪答辩。但是布雷迪认为,这项判决侵犯了其宪法上获得陪审团审判的权利,所以他通过人身保护令来对先前所做有罪答辩的有效性提出质疑。

联邦最高法院的判决肯定布雷迪有罪答辩的自愿性,认为他的答辩可以视同经答辩协商所作出的有罪答辩,对基于"共同利益"而协商产生的有罪答辩是否有效的问题做了进一步解释和说明："因被告人不愿意面对无罪到有罪的各种可能性以及有罪的情况下法律对所指控犯罪判处更严重的刑罚的可能性，而愿意接受有罪的确定性或者判处较轻的刑罚的可能性，基于这种动机作出的有罪答辩，根据《联邦宪法第五修正案》，我们不认为是强迫的和无效的。因为有罪答辩在宪法上并未受到禁止，而刑法一般都会赋予法官和陪审团一系列选择权，以便确定具体案件的刑罚，而且被告人常常会发现排除法定最高刑的可能性对自己是非常有利的，对被告人而言，如果他感到无罪裁决的希望很渺茫，作出有罪答辩来选择可能被判处较轻的刑罚，其有利之处是显而易见的。诉讼程序会尽可能快地结束，改造罪犯的程序可以立即启动，进入审判程序的种种实际负担得以免除。"①

本案中，联邦最高法院作出了两项重要的决定：第一，要接受以辩诉协议为依据作出的有罪答辩，其标准和接受其他有罪答辩的标准一样，即答辩必须是"自愿的"和"理智的"；第二，在辩诉交易中，决定"自愿性"的标准无须遵循关于自白的标准。虽然检察官的好处许诺与提起公诉的威胁，可能使得一项自白的做出"并非出于自愿"并由此违背了宪法，但这种做法对有罪答辩所产生的效果是不一样的，因为有罪答辩是在公开的法庭上及律师的帮助下做出的，其精神和其他方面的压力并没有警察局的类似压力所具有的那种不适当性。② 最后，在美国这个判例法国家里，联邦最高法院认为布雷迪的有罪答辩是在律师的帮助下明知、理智、自愿做出的，因此他所做出的答辩是为有效。这一判决正式确认了辩诉交易的合法性，这一案例也成为刑事诉讼第四次革命的标志性事件。

(二)第四次革命正在进行中

自从 1970 年 Brady v. United States 一案中确认辩诉交易的合法性之后，辩诉交易终于从美国刑事审判的幕后走向幕前，这一早在实践中运行多时的刑事简化程序被美国刑事法正式承认。此后，辩诉交易在美国、英国等西方国家广泛发展起来，并逐渐发展到世界各地，以致成

---

① Brady v. United States，397U. S. 742(1970)，at，745-748. 转引自何勤华主编《检察制度史》，中国检察出版社 2009 年版，第 269—170 页。

② 熊秋红：《有罪答辩、辩诉交易及其在中国的尝试》，载陈光中主编《辩诉交易在中国》，中国检察出版社 2003 年版，第 298 页。

为刑事诉讼中解决刑事案件的一种主要方式。合作性司法理念也逐渐成为世界各国刑事诉讼程序制度改革与发展的基本趋势,构建控辩合作模式的程序制度成为世界各国刑事诉讼程序制度改革的主题。由于第四次革命方兴未艾,因此其何时走向成熟尚需时间的检验。

四、小结

世界刑事诉讼的第四次革命是指刑事诉讼构造中控辩关系从以对抗为主、合作为辅,转向以合作为主、对抗为辅的发展趋势。控辩合作成为纠纷解决的主流方法,但这只是从数量比例的角度得出的结论,并不意味着控辩对抗的消灭,而是抗辩对抗依然存在,只是成为纠纷解决的辅助方式。并且,在合法、程序原则的规制下,控辩对抗关系是可以向控辩合作转化的。就目前各国的司法实践来看,控辩合作主要体现在对辩诉交易制度、刑事和解制度、经同意的强制措施行为、附条件的暂缓起诉制度的研究和探索。

刑事诉讼的第四次革命,即控辩合作具有显著的特征,主要表现在:首先,控辩合作的发展具有独特的发展路径,它顺应司法实践的需要和发展规律自然产生,进而经历了曲折迂回的发展历程,之后逐渐被各国所接纳和认可,从幕后走向幕前,体现了其自发性。其次,控辩合作实质上是双方当事人在实体利益和程序利益面前进行选择和取舍的过程,双方的合作基于真实意志的自愿表达,体现了其合意性。再次,控辩合作使各方得到了利益,这是一种互利互惠的机制,体现了其互利性。最后,控辩合作优化了诉讼程序的设计和司法资源的配置,符合诉讼过程的经济合理性和刑事诉讼效果的合目的性,利于最大限度地实现诉讼目的,体现了其效率性。

1970年,美国联邦最高法院对 Brady v. United States 一案作出判决。联邦最高法院认为,布雷迪的有罪答辩是在律师的帮助下明知、理智、自愿做出的,因此他所做出的答辩是为有效。这一判决正式确认了辩诉交易的合法性,这一案例也成为刑事诉讼第四次革命的标志性事件。自体现控辩合作理念的辩诉交易制度在美国以法律形式确立下来后,合作性司法理念逐渐成为世界各国刑事诉讼程序制度改革与发展的基本趋势,构建控辩合作模式的程序制度成为世界各国刑事诉讼程序制度改革的主题。

第二节　世界刑事诉讼第四次革命发生的时代背景

世界刑事诉讼的第四次革命,即控辩合作在世界各国的司法实践中产生、发展,并成为理论界和实务界共同关注的焦点,绝不是偶然的,而是有深刻的背景因素作为推动力量。这些推动力量既包括刑事诉讼第三次革命的开展而带来的制度上的支持,还包括当下司法现状的现实需要,以及理论观念的转变等,主要表现在以下几个方面。

一、世界刑事诉讼第三次革命的推动

(一)辩护权的扩张

从国家追诉权和辩护权产生的那天起,控辩双方的地位就存在着天然的不平等现象。随着人类司法的文明进化与人权运动的崛起,才有了刑事诉讼的控辩平衡理论以及控辩审"等腰三角形结构"理论。这一理念的实践是通过对警察权和检察权给予必要的限制,同时赋予犯罪被追诉人以及辩护律师各种诉讼权利而实现的。

在辩诉交易产生和存在的国家,无论是英美等英美法系国家还是意大利等大陆法系国家,都建立了完整的以辩护权为核心的辩护律师制度,实现了控辩双方在权利平等基础上的对抗。如在美国,犯罪嫌疑人被捕后在享有沉默权的同时,有权委托律师或获得免费律师的帮助。辩护律师可以参与对犯罪嫌疑人的侦查活动,享有讯问的在场权,警察不得在场和监听的会见、通信权,申请保释权等。也正是在有着高度发达的辩护制度特别是律师帮助传统的国家,产生或者移植了辩诉交易制度。完善的辩护制度确保了被告人在辩诉交易过程中有罪答辩的自愿性和明知性,而非检察官对其进行强迫、威胁的结果,使得被告免于掉入陷阱。

(二)证据开示制度的确立

被告人的知情权要通过律师来实现,而律师的知情权要经由证据开示来实现,没有证据开示就没有合作。首先,在当事人主义的刑事诉讼中,证据开示系辩诉交易赖以生存的制度基础。当事人主义诉讼结构之下,事实裁判者和法律裁判者都处于消极的地位。控辩双方引进事实和法律的争点和论据,交给裁判者予以裁决。这就需要控辩双方

具备对等的手段来获得证据和法律的支持,即平等武装。只有在被告人了解控诉方掌握的事实证据并理解与事实有关的法律的情况下,其所做出的对控方指控罪行的所有犯罪要素的承认,才能说是一种自由的表达。其次,证据开示制度促进了辩诉交易的开展。一方面体现在诉讼风险意识;另一方面体现在降低诉讼成本。最后,辩诉交易制度也反过来推动了证据开示制度的完善。

尽管证据开示并不能完全保证被告人与检察官公平交易,也不能保证辩护律师忠诚地辩护,但是可以允许被告人对于控方的胜诉可能性作出独立的评价,并借以判断检察官与辩护律师关于有罪答辩的建议是否明智,使辩诉交易程序更加公正。刑事诉讼中,控辩双方对案件事实和证据的掌握是不平衡的,这种不平衡容易导致不公正的结果,而避免这一危险的有效的方法就是证据开示,如果被告人能得到尽可能多的信息,就可以在某种程度上保护自身利益不受检察官和辩护律师错误决定的影响。具体而言,证据开示在保证辩诉交易的公正性和保护被告人权利方面具有以下意义:其一,证据开示增强了被告人预测审判结果、自我辩护的能力;其二,证据开示是公平交易的保证之一,可以促使辩护律师与检察官达成对被告人更公平的交易,最大限度地弥补被告人放弃宪法权利的牺牲;其三,证据开示可以减少辩诉交易中的强迫性和对案件的片面认识,增强辩诉交易中的自愿性;其四,证据开示可以避免单方对案件事实的错误认识。

(三)沉默权制度的确立

沉默权的要义是犯罪嫌疑人、被告人有权保持沉默或者拒绝回答讯问,而辩诉交易的要义则是自愿做有罪答辩,这就意味着这两种制度具有设计上的相克性。按照现代法学理念,任何公民在面临司法审查时,都有合作的义务,合作包括作为的合作和不作为的合作两种方式,而选择辩诉交易和行使沉默权则正是合作义务的两种不同的表现方式。

法治发达国家的被追诉人有权选择回答与否,不能因为选择沉默而被推定为有罪,或者加重处罚,这是沉默权的本质。没有辩诉交易而只有沉默权的人权保障是畸形的,它至少忽略了社会控制犯罪的需要和对被害人权利的保障;没有沉默权而只有辩诉交易也是不可能实现的,因为它缺少了沉默权的坚固屏障。

二、当事人主义抗辩式诉讼模式改造的完成

在英美法系中当事人主义是程序运行中的决定性原则，它的基本特点是当事人具有程序和实体的处理权、自治权，法官处于中立和消极状态。辩诉交易等程序的盛行在很大程度上与这一程序的存在有着密切的关系。在这一程序里，被告人可就检察官的指控向法官作出有罪、无罪或是其他方式的答辩。被告人一旦作出有罪答辩，就意味着他放弃了公开审判的权利，既而也就放弃了他获得无罪宣告的权利。检察官代表国家追诉犯罪，只是诉讼中的一方当事人，是否认可被告人的认罪以及是否减轻指控也是可作为当事人权利的一部分。而这时法官的审理范围受到原告控诉范围的限制，法官只能对当事人的主张予以认定，当事人没有争议的事实，也就是说已经达成辩诉协议的事实，法官可直接根据协议定罪处刑。可以说，辩诉交易是公正的对抗式诉讼的产物，是控辩双方相互协商、相互妥协的结果，辩诉交易的目的就是实现冲突双方的利益互补，成立的条件是双方都作出必要的让步，没有平等协商就没有平等的交易。因此可以说没有对抗制的诉讼就没有辩诉交易。在我国，1996 年《刑事诉讼法》充分吸收了英美当事人主义的内容，法官的中立性和消极性得到进一步的加强，强调了控辩对抗、法官中立等原则，2018 年《刑事诉讼法》则以控辩双方的平等协商为核心构建了认罪认罚从宽制度，突出体现了我国刑事诉讼程序中的控辩对抗与控辩协商之内在追求。

控辩合作与当事人对抗式的诉讼结构有着天然的制度契合性。在纠问式诉讼模式下，法官是绝对的权威，司法权是整个刑事诉讼的核心，刑事侦查工作贯穿于整个刑事诉讼活动，被追诉人和辩护人只是法官的附庸，处于“被动挨打”的地位。在这种诉讼模式下，控诉方不需要辩护方的合作，偶尔达成的控辩合作，决定权也在于控诉方，与辩护方的意志无关，与我们所说的控辩合作是完全不同的概念。现代的控辩合作是双方自由意志的产物，双方都有发动控辩合作的主动权，尤其是控诉方还有否决权。

对抗式的诉讼结构为现代意义的控辩合作的达成提供了必要条件。首先，双方是对等的权利主体，而不是纠问式诉讼模式下的身份关系，平等才可能形成公平的协商、自由意志的选择，这是公民理性选择

的必要基础。如果双方之间没有平等,就不会有协商,更不会达成交易。因此,控辩合作是对抗式诉讼的产物,其与控辩平衡不可分离。其次,对抗制下的控辩双方均是真正的诉讼主体,而在纠问制下,辩护方是控诉方的附庸,一切诉讼活动都是围绕法庭审理和公诉展开的,辩护只是法庭发现真实的辅助工具。纠问制下,辩护方只能被迫采取合作的态度,而不是自愿地进行合作。再次,在纠问式诉讼中,所有的司法资源都流向了打击犯罪的诉讼活动,即使辩护的目的也是为了准确地打击犯罪。在对抗式诉讼模式中,司法资源在控制犯罪的追诉活动与保障人权的辩护活动两个方面消耗,对本就匮乏的司法资源提出了更高的挑战。随着社会的不断发展,对抗的不断加剧,司法资源与刑事纠纷的解决形成了尖锐的矛盾,这就为控辩合作的产生提供了社会条件。最后,对抗式诉讼下,无论是作为国家诉权行使者的检察机关还是自诉人,依据权利诉权的理论,都拥有了处分的可能。正是这种可能,使控辩双方具有了对话、交易、合作的空间。在纠问式诉讼下,国家诉权是不可以处分的,更是不可交易的。诉权理论和对抗式诉讼构造的结合为控辩合作提供了可能。只有在对抗式诉讼模式中才能出现控辩双方平等的合作,充分地参与,自由地表达意志和协商,最后达成控辩合作的协议。在对抗式刑事诉讼中,控辩合作不再是纠问式诉讼模式下的结果接受主义,而是一个正当的参与过程。正是这种过程,使其保留了对抗式诉讼的精髓,即使在合作中依然是双方对抗的博弈论,而不是纠问式诉讼模式下的厚黑学。

三、社会纠纷增长与司法资源有限的司法现状

公正和效率是司法的永恒主题,所有司法改革都是围绕着这两个价值展开的。控辩合作经常被认为是对司法公正的否定。我们应当看到没有效率的公正是最大的不公正。如果我们将每个刑事案件的诉讼时间无限延长到发现事实真相为止,我们的司法资源、我们的当事人、我们的社会是否能够承受如此之重呢?答案是否定的。“每个人都有权被及时地带到公正的法官面前”,这一原则不仅要求“公正”,更要求“及时”。如果我们将公正和效率看成一枚银币,他们就是两个不同的侧面。控辩合作对司法效率的肯定在一定程度上也是为了实现司法公正。一方面,它高效便捷地解决了并不复杂的大量案件,能够尽早帮助

当事人恢复权利，及时安抚受害者、稳定社会秩序，实现了社会公正；另一方面，它保证了司法资源流向特定的重大案件，使其获得了更多的司法资源，为这部分特殊案件的特殊公正提供了条件。

一个国家司法资源的增长要受制于经济因素、法治状态、意识形态等多种因素，当司法资源的消耗达到一定的饱和度时，司法资源就会成为国家的负累，只能保持负增长。但是与之相对的刑事案件的增长则呈现出不规律性，同时这种增长在两者中处于主动的地位，因而，司法资源的增长就具有了一定的滞后性。另外，随着社会化、信息化的不断推进，刑事诉讼案件数量激增，案件的复杂程度越来越高，司法资源的有限性越来越突出。

据联合国预防和控制犯罪委员会从 20 世纪 70 年代开始进行的全球化犯罪调查结果，世界各国的犯罪呈持续增长趋势：1975 年被调查国年平均犯罪率为千万分之三百三十；1980 年为千万分之三百八十；2000 年预计达到千万分之六百二十。犯罪增长速度超过了人口增长速度。1980—1983 年对 17 个国家的调查结果显示，犯罪增长率在 25%以上的 1 个国家；在 10%—25%的 11 个国家；未变动的 5 个国家。无一个国家犯罪率降低。[①] 在这种情况下，辩诉交易、刑事和解等控辩合作的制度得到了较大的发挥空间。首先，它们较快地解决了刑事案件，被追诉人可换取较轻的刑罚、被害人可得到更高额的赔偿、社会秩序可得到了较快的恢复。其次，由于这些案件当事人都充分地进行了参与和协商，其结果当然是各方都可以接受的，这既可以有效避免当事人的申诉和上访，又可以节省司法资源。最后，有学者通过调查我国监狱人口、监禁率指出，我国监禁规模整体呈上升趋势，属于高监禁率、高强度监禁国家，[②]通过控辩协商使被追诉人获得更轻缓的刑罚判决也有助于预防监禁人员过多可能造成的监狱卫生、监狱医疗乃至监狱安保等问题，有效节约司法资源。因此，无论是从司法资源来看还是从司法效率来看，都可能取得最佳的结果。

由此可见，控辩合作有利于更好地实现公正和效率这两大社会司法制度的价值目标。这种以较低的诉讼成本获取较高的诉讼效益的刑

---

① 张文教授授课讲稿《人格刑法之展望》，转引自魏平雄等主编：《犯罪学教程》，中国政法大学出版社 1998 年版，第 149 页。

② 赵兴洪：《我国监禁规模实证研究》，载《刑事法评论》2018 年第 2 期。

事诉讼中的司法效益观，是控辩合作产生和发展的价值基础。

四、恢复性司法理念的提出

恢复性司法实际上是在以被害人为中心的基础上对犯罪做出的一种反应，其为被害人、加害人、他们的家庭成员以及社区代表提供了直接参与对罪行所致损害做出反应的机会，被认为是一种在司法模式和福利模式之间、报应性司法和矫正性司法之间游离的替代性形式。

恢复性司法（restorative justice）一词最早出现在20世纪70年代后期，被用来描述当时在北美出现的“被害人—犯罪人和解程序”（简称VOR）。恢复性司法理论认为，传统刑事司法制度主要还是报应性刑罚，通过对犯罪人人身自由的限制来惩罚和打击犯罪。但是，除了惩罚犯罪人之外，并无其他好处；通过刑事司法活动，犯罪人、被害人和社区都受到了损失，因此这是一种“有害的正义”。恢复性司法的开山鼻祖霍华德·泽赫在《恢复性司法》一文中定义道：“恢复性司法最大程度上吸纳在一个特定的案件中的利害关系人参与司法过程，以求共同地确定和承认犯罪所引发的损害、由该损害所引发的需要以及由此产生的责任，进而最终实现最大程度上的对于损害的补救的目标。”①2000年联合国第十届预防犯罪和犯罪待遇大会在维也纳召开，会议把受害者权益保障与恢复性司法列入会议讨论指南。根据该指南，恢复性司法（Restorertive Justce）是指对犯罪的受害者进行赔偿和补偿的一系列司法措施，包括在案件调查的初级阶段使用包括调解在内的措施，以便能在审判前弥补损害和向受害者提供赔偿。

长久以来，报应性司法占据着刑事司法制度的主导地位，它是以追究犯罪、给予犯罪人以刑罚为目的的司法模式。然而，传统的刑事司法在不断追求形式公正的过程中，却降低了其解决犯罪这种严重社会冲突的能力。恢复性司法是与报应性司法相对而产生的，它发端于20世纪六七十年代，是以修补被犯罪所破坏的社会关系为目标的司法模式，英国、美国、加拿大等国适用较早。美、加的最初形式是被害人—加害人和解计划，其实施方式为通过专门组织的工作，促使受害人和加害者

---

① 狄小华、李志刚：《刑事司法前沿问题——恢复性司法研究》，群众出版社2005年版，第46页。

形成对话关系，加害者承担责任，修复受损关系，恢复原有社区秩序。英国的恢复性司法则发端于少年矫正制度，警察发现犯罪人实施犯罪后，并不直接送交法庭，而是先进行面谈，然后带少年犯去作案现场，与受害人面谈，使其认识到行为的危害性，以得到被害人谅解，最后形成协商补偿方案，从而使犯罪人免予起诉。恢复性司法在许多非西方文化背景的国家也得到适用，如新西兰、北美的一些土著民族等，他们适用"社区司法""家庭组会议"等刑事和解方式，强调家庭或者社区在犯罪处罚中的作用，以之平抑社会对正式司法的依赖。而我国香港地区对"复合正义"的实践也立足于青少年犯罪领域。联合国2000年已经审议并通过了《关于在刑事事项中采用恢复性司法方案的基本原则》的决议草案，将恢复性司法作为一种有效的刑事政策向各成员国推广。①

五、理论储备

（一）契约观念的产生

刑事诉讼制度作为法治的重要组成，必然受到社会文化的影响。而社会文化中的社会意识特别是法律意识对刑事诉讼的影响尤为强烈。人类社会在较长时间内都处于原始的身份关系之中，包括中国在内的许多具有长期封建传统的国家，在进入法治社会以前，甚至是进入法治社会以后都深受这种关系的影响。身份关系，作为封建等级制度的重要基础，深刻地影响着整个刑事司法。在以身份关系为主线的司法关系中，司法官员是不可侵犯的公权力行使者，是绝对权威的代表，辩护方不可能与控诉方平等或对抗。

人类社会进入契约社会以后，这种从身份到契约的转变直接将刑事诉讼中的控辩关系推上了平等对抗的司法平台。平等的契约观念形成了刑事诉讼平等对抗的基础，控诉方摆脱了身份的严格限制，辩护方则在契约关系中获得了诉讼主体的身份，两者成为现代刑事诉讼发现真实的最大助力，整个刑事诉讼的构造形成了控辩审的三方格局。

随着经济的发展，契约观念不仅深深扎根于社会经济生活和司法领域，并且不断渗透于政治法律制度的领域。控辩合作的制度设计，就

---

① 郑鄂主编：《刑事审判中的社会矛盾化解与机制构建研究》，法律出版社2011年版，第217—218页。

是促使控辩双方就案件的解决达成合同,这充分体现出自由主义和意思自治的生活观念和法律价值观念,表现出法律对个人意思自由的前所未有的尊重和保护。可见,高度发达的契约观念是控辩合作产生和发展的内在动力和坚强支撑。

(二)实用主义哲学观的应用

按照美国实用主义哲学家的主要代表人物杜威的观点,思想、概念和理论只不过是人为了达到目的而使用的工具,只要它们对机体适应环境有用,它们就是真理。[①] 这种功利主义的哲学观念同存在主义法学有异曲同工之妙,他们认为法是实现一定价值的工具,由于法的价值具有多元性,如自由、正义、公正、效率等,因此一项制度、一个概念的出现必然是为了实现一种或多种价值的。西奇斯说,人是两个世界——自由界和价值界的公民。[②] 我们所有的制度都是为了实现自由和价值这两项功能而设定。而实用主义则是另外一种认识的理性,他们认为一项制度只有能够实现一定的价值才是有价值的,才是值得肯定的,或者称之为"真理"。

刑事和解、辩诉交易、证据开示、恢复性司法等,这些控辩合作的制度或者观念只有被实践证明是有价值的或者是能够实现一定价值的才是值得肯定的,才是可以被吸收借鉴的。而这些制度本来就不是天然生成的,是随着人类的发展逐步演进而来的。当这些制度在现实司法中发挥作用时,便获得了自身长足发展的动力。

控辩合作以其独特的实用性,迎合了法律职业和民众的实用主义价值观。从实用主义的角度而言,控辩合作既节省了司法资源,又改善了诉讼各方的境遇,使当事人不必再冒审判败诉的风险。经过不断完善,吸收不同民族、国家、地域的法治经验,控辩合作的巨大作用越来越明显,其实用性在科学和理性的支配下,爆发出强大的生命力,成为目前各国刑事司法改革的中心。中国的经验尤为明显。中国地域广大、人口众多,刑事诉讼案件每年以几何级数增长,已经成为困扰整个中国的重大难题。而中国的刑事和解、证据开示以及认罪认罚从宽制度之实践均取得了良好的效果,在相当程度上缓解了司法资源不足与诉讼

---

① 邱仁宗主编:《20 世纪西方哲学名著导读》,湖南出版社 1991 年版,第 667 页。

② 张文显:《二十世纪西方法哲学思潮》,法律出版社 2006 年版,第 274 页。

案件数量急剧增长之间的矛盾，在实现息诉罢访、维护地方秩序等方面更是成效卓著。这些正是对控辩合作观念的肯定，也从另一个侧面说明了其价值。

（三）诉权理论的导入

诉权，是法律赋予当事人进行诉讼的基本权能，是当事人进行诉讼活动的基础。民诉法学界的通说认为，诉权具有双重内涵，即程序意义上的诉权和实体意义上的诉权。其中程序意义上的诉权是指原告向法院提起诉讼的权利和被告针对原告请求的事实和法律根据进行答辩的权利，通常称为起诉权和应诉权。实体意义上的诉权，是指原告通过法院向被告提出实体上请求的权利和被告通过人民法院反驳原告提出的实体请求的权利。确立诉权理论，承认国家审判权与当事人诉权的平衡，强调控辩双方诉权的平等，将使得刑事诉讼构造的三角格局更为凸显，使审判权与诉权之间的界线更加确定，从而使法官在审判过程中获得空前的独立性，独立于当事人，实现彻底的中立性。[①] 这种诉权理论的导入让原本高高在上的国家诉权成为一种由国家机构行使的权利，其强制性大打折扣，其诉讼风险在平等对抗的舞台上明显地提高了。在国家绩效考核和错案追究机制下，检察机关开始寻求一种降低风险的发现真实、解决纠纷的手段。国家诉权强制力的打破，将控辩合作推上了刑事诉讼的舞台。国家诉权的强制力是控辩合作的最后障碍，它的强制力几乎剥夺了法官审判权，使控诉方具有了天然的傲慢，无视权利的存在。诉权理论将之拉回到原初的位置，将两种诉权——国家诉权和辩护权置于同样的高度。

诉权理论引入刑事诉讼制度后，国家控诉权在理论和立法上受到较强的制约，但是在司法实践过程中，受绩效考核、法律文化等因素的综合影响，诉权制约的效果并不明显。诉权理论的导入使得刑事司法出现了两种明显的趋势：一是检控方在绩效考核、司法公正、诉讼风险等多种因素的作用之下，开始寻求与辩护方的合作，以便于尽可能有效地解决案件，降低风险，而现实的做法，如律师参与、辩诉交易、刑事和解等都取得了相当好的效果，为控辩合作成为法治化的、常态化的制度扫清了障碍；二是辩护方在诉讼风险、诉讼成本的综合影响下，开始运

---

① 汪建成、祁建建：《论诉权理论在刑事诉讼中的导入》，《中国法学》2002 年第 6 期。

用诉权理论寻求与控诉方的平等合作,以便达到互利双赢的目的。

控诉方为了降低诉讼的风险,辩护方为了得到更加有利的判决,两者找到了合作的基础,那就是及时有效地解决案件。而诉权理论为其送来的另一个礼物就是,两者作为平等的诉讼主体,可以对各自的权利进行处分,进行互动的交易。在国家诉权的强制力下,控诉权是不允许被交易的,这有损于司法权威和国家利益。但是诉权作为权利却是可以自由交易的。为了实现交易的目的,双方在自愿平等的平台上开始协商,就程序、实体和证据等多方面的问题进行公开的、程序化的交易,既保证了司法的公正、公开,又有效地解决了纠纷,实现了刑事诉讼控制犯罪、保障人权的双重目的。

六、小结

世界刑事诉讼的第四次革命,即控辩合作出现在世界各国的司法实践中,并成为理论界和实务界共同关注的焦点,是有深刻的背景因素的。这主要体现在:其一,刑事诉讼第三次革命的推动作用。控辩双方的平等对抗无疑既有利于实现实体公正,又有利于保证程序公正,同时也有利于保障人权。但是对抗的前提必然是国家司法资源的大量占用和司法成本的高昂投入,结果必然是诉讼效率的降低。这就迫切需要一种控辩合作机制的存在,通过这一机制同时解决当事人主义诉讼中的高投入和高风险双重难题。与此同时,沉默权、辩护权、证据开示等有利于被告人的刑事司法制度的建立,也为控辩合作的开展提供了制度支撑,所以,世界法治国家刑事诉讼中的控辩关系,不断地从控辩平等对抗一步步走向控辩平等合作。其二,控辩合作与当事人对抗式的诉讼结构有着天然的制度契合性,对抗式的诉讼结构为现代意义的控辩合作的达成提供了必要条件。其三,随着社会的飞速发展,科技的日新月异,进入刑事司法视野的社会矛盾也越来越多、越来越复杂化。而刑事司法资源的增长,无论是人力还是物力均具有明显的滞后性。控辩合作的实施恰恰是顺应解决这一现实司法困境的需要而产生的。其四,报应性司法相对而产生的恢复性司法,是以修补被犯罪所破坏的社会关系为目标的司法模式,这一理念的提出为控辩合作提供了理论支点。其五,随着社会的发展以及刑事司法制度的改革,刑事司法观念发生了较大程度的变化。尤其是契约观念的产生、实用主义哲学观的应用、诉权理论的导入为控辩合作的开展提供了观念支持。

第三节　世界刑事诉讼第四次革命的发展历程

尽管社会形态的不同变化必然引致社会规范的迥异演进，但在无数种社会规范差异中，法律文化往往有着最后共同的归宿，即用法律制度凝聚和表达法律的进步与文明。在当今世界各国的司法实践中，控辩合作的开展正如火如荼，范围覆盖英美法系还有大陆法系国家，体现了整个世界范围内控辩关系转变的大趋势，但是每个国家在具体的制度设计上又针对自身不同的情况表现出一定程度的差异性。

一、英美法系国家控辩合作的历史考察

（一）美国控辩合作的演进历程

1. 辩诉交易制度

在美国，辩诉交易是由检察官和被追诉人及其辩护律师达成的，该过程无须法官参加（目前一些司法区开始允许法官参加）。被追诉人作有罪答辩后，法官必须确认其有罪答辩是“明智”“自愿”做出的，并且知晓交易协议的内容以及可能得到的判决结果。之后，案件不经过陪审团审理，也无须法官对协议内容作实质性审查，直接由法官依据起诉书的指控罪名和量刑建议进行判决案件即告终结，控辩双方均不能上诉。但是，如果检察官不履行协议而使被追诉人没有得到较轻的刑罚，被追诉人可以翻供，拒绝认罪。案件已经判决的，被告人可以上诉，上诉法院可以撤销原判发回重审。[①]

（1）萌芽：19世纪三四十年代

事实上，辩诉交易早在美国的19世纪三四十年代就已经出现萌芽。时为工业化、移民潮以及城市化的杰克逊时代，国家地方政治机构尚不完整。出于彼时经济增长、犯罪控制和个人安全的需要，法院逐渐成为国家维持社会秩序的必要工具，且基于市场经济健康发展的要求，法院在国家政治经济生活中取得了越来越重要的地位。第一个经过确证的辩诉交易的案件的发生地是马萨诸塞州首府波士顿。从这一时期

① 参见《美国联邦刑事诉讼规则》第11条。

开始,波士顿法官开始承认有罪答辩这一做法,使得有罪答辩率逐步提高。辩诉交易于 19 世纪在美国萌芽,有以下一些历史和文化背景:第一,都市警察部门的建立与专制检察官的出现;第二,出于对当时美国社会中犯罪、暴乱和动荡局面的应对,国家为了建立新的秩序采取了改造传统法律机制的策略,法院从坚守无罪推定转移到一种称为辩诉交易的妥协状态;第三,与此同时,法院成为政策指定机构,法律制度的自治性对辉格党整合美国社会的政治与经济精英而言至关重要;①第四,刑事司法体系相对独立,但尚不正规。②

(2)进一步发展:20 世纪前半期

美国辩诉交易制度的进一步发展主要体现在 20 世纪前半期。在 20 世纪前半期,辩诉交易的适用更加广泛,被追诉人选择有罪答辩的情形在刑事案件的处理中开始占主导地位。③ 到了 20 世纪 20 年代,美国许多州和城市刑事法院表现出对有罪答辩的过分依赖,有罪答辩率得到了实质性的增长,这也表明在不同时代的不同司法辖区,辩诉交易已经日常化。被追诉人若接受正式审判,被判无罪的概率很小,这使得正式审判不太常见,判决被撤销的案件也比以前少了。被追诉人承认有罪可以获得看得见的好处,从而得到从宽处理的机会。1928 年克里夫兰刑事司法调查主任雷蒙德·莫雷(Remond Moley)的调查报告显示,20 世纪 20 年代,纽约的有罪答辩案件占有罪判决的 88%,克里夫兰占 86%,芝加哥占 85%,得梅因占 79%,达拉斯占 70%。莫雷还指出,如此高的有罪答辩率不仅限于大都市或者高速发展的城市,在人口较少的地区、案件较少的法院也是如此。④ 辩诉交易适用的增长促使一些被追诉人选择有罪答辩,尽管他们有可能在审判中不被定罪。当然,被告人进行有罪答辩必然换来一定的报偿。1926 年,在芝加哥,所有重罪案件有罪答辩的 78% 比最初指控的罪名为轻。1926 年,在纽约州,所有有罪答辩的 85% 比起初指控的罪名为轻。与有罪答辩相联系的报偿不仅体

---

① Mary E. Vogel, "The Social Origins of Plea Bargaining: Conflict and the Law in the Process of State Formation", 1830-1860, *Law & Society Review*, *Amherst*, 1999.

② 张智辉主编:《辩诉交易制度比较研究》,中国方正出版社 2009 年版,第 33 页。

③ [美]艾伦·豪切斯泰勒·斯黛丽、南希·弗兰克:《美国刑事法院诉讼程序》,陈卫东、徐美君译,中国人民大学出版社 2002 年版,第 411 页。

④ Remond Moley, *Politics and Criminal Prosecution*, New York: Minton, Balch, and Company, 1929, pp. 159-164.

现在被追诉人被以较轻的罪名定罪而且体现在他们获得较轻的处罚上。对纽约的调查发现,作有罪答辩取得缓刑判决的机会是在审判中被定罪的两倍多。随着对作认罪答辩的被追诉人让步的增大,有罪答辩的数目也不断增长。甚至在1917年,一名作有罪答辩的弗吉尼亚州被告人得到缓刑判决的机会是他经受审判得到同样判决机会的2.3倍,在1927年,这一比率增加到6.3倍。在佐治亚州,所有在审判中被定罪的被告人中有38%被判入狱。在1916年到1921年的5年间,这个数字保持不变,作有罪答辩后得到入狱判决的被告人的比例却由24%下降到了13.5%。[①]

辩诉交易被广泛关注和接受的同时,也引发了广泛的争议。20世纪20年代,芝加哥犯罪委员会的主任就将辩诉交易谴责为“视犯罪为儿戏”(palteringwithcrime)。伊利诺伊州进行的一项调查得出的结论为他的话增添了一个注脚,其结论是,辩诉交易“告诉芝加哥的犯罪者,刑法和刑法手段并不真的意味着一场买卖。这将会显示出对犯罪的直接鼓励”。迪恩·罗斯科·庞德指出:“检察官发表的言论表明每年的‘有罪答辩’数以千计。但90%多的‘有罪判决’建立在‘交易日’达成的辩诉交易之上,这种交易是在对被保证给予的、有名无实的刑罚期望的基础上达成的,它给予的是最廉价的出路,实际上达成的是对违反法律的许可。”[②]这些争议使美国法院在20世纪初期仍然对辩诉交易抱犹豫态度,担心这一制度会使司法制度看起来是向犯罪妥协。所以整个19世纪后期和20世纪早期,法院审查、接受辩诉交易都表现出足够的审慎,特别防范强迫被告人进行非自愿性自白之类的非法行为。[③]

(3)成熟:二战之后

美国辩诉交易制度在20世纪中期之后开始向成熟和鼎盛迈进,特别是二战之后。美国学者指出:“几十年来辩诉交易一直被广泛运用,但几乎都偷偷摸摸……第二次世界大战以后,答辩交易最终成为学者

---

① [美]阿尔伯特·W.阿尔斯楚勒:《辩诉交易及其历史》,张建伟译,载Richard L. Abel, *The law &society Reader*, New York University press, 1995, pp. 138-160。中译文参见陈光中、江伟主编《诉讼法论丛》第9卷,法律出版社2004年版,第272页。

② [美]阿尔伯特·W.阿尔斯楚勒:《辩诉交易及其历史》,张建伟译,载Richard L. Abel, *The law &society Reader*, New York University press, 1995, pp. 138-160。中译文参见陈光中、江伟主编《诉讼法论丛》第9卷,法律出版社2004年版,第272—273页。

③ 张智辉主编:《辩诉交易制度比较研究》,中国方正出版社2009年版,第42页。

讨论和考察的主题,初级上诉法院渐渐面对答辩谈判的现实。"①

二战之后,辩诉交易这一制度已不再是新鲜事物,这在 1958 年 Shelton v. United States 案、1969 年 Machibroda v. United States 案、1963 年 Gideon v. Wainwright 案中都有明显体现,但是法院仍然不愿意认可辩诉交易的存在,只是间接地承认这一做法。经过曲折的、螺旋式的发展过程,辩诉交易经受了重新评价,这一制度在私下逐渐得到了广泛的承认,并且成为美国刑事法院的常规做法。1968 年,美国律师协会通过了一系列关于有罪答辩的标准;1969 年美国《刑事诉讼规则》所规定的答辩协议程序使辩诉交易历经百余年摸索后终于在美国联邦法院公开化。

(4)判例确认:1970 年布雷迪案件

美国的辩诉交易制度通过 1970 年布雷迪案件以判例的方式得以确认。自此,结合先前的成文立法,辩诉交易终于从美国刑事审判的幕后走向台前,美国刑事法正式承认了辩诉交易这一早在实践中运作了 100 多年的刑事简化程序。

1974 年 4 月,美国修订的《联邦地区法院刑事诉讼规则》以立法的形式确认了辩诉交易在司法制度中的法律地位。现在,美国所有的司法区都已经制定了规范辩诉交易的法律和法庭规则。目前,辩诉交易制度已经经过几十年的风雨历程,尽管褒贬不一、责难声声,但是其表现出的顽强的生命力和影响力,却是始料不及的。美国《刑事诉讼规则》对辩诉交易的规定,主要包括如下几个程序:辩诉协议的形成与告知程序、法官询问被告人程序、接受或者拒绝答辩协议程序、撤回有罪答辩程序、量刑程序、违反答辩协议救济程序、例外上诉程序。从美国《刑事诉讼规则》对辩诉交易的规定可以看出美国的辩诉交易主要有如下六个特征:其一,辩诉交易的主体是检察官与被追诉人及其辩护律师;其二,辩诉交易的内容是围绕着交易协议进行;其三,辩诉交易的时间无具体的限制;其四,辩诉交易案件的范围少有限制;其五,辩诉交易的方式灵活多样;其六,辩诉交易案件的结局是不经过陪审团审判,而是由法官直接定罪量刑,控辩双方均不能上诉。

---

① [美]艾伦·豪切斯泰勒·斯黛丽、南希·弗兰克:《美国刑事法院诉讼程序》,陈卫东、徐美君译,中国人民大学出版社 2002 年版,第 413 页。

2. 经当事人同意后的搜查制度

"经当事人同意后的搜查"规则是美国控辩平等合作的一种形式。美国的搜查规则实行严格的司法令状主义。搜查必须经过法官的批准,并获得关于搜查的主体、时间、场所和内容的令状。搜查措施中的司法审查制度有效地保护了被搜查人的权利,但是,也在一定程度上影响了及时获取证据、控制犯罪的社会需要。所以,1973 年美国联邦最高法院在 Schnekloth v. Bustamonte 一案中确立了"经当事人同意后的搜查"规则。在没有获得司法令状的情况下,只要当事人予以合作,同意搜查,所获取的证据即可不被排除。

3. 暂缓起诉制度

在美国,适用缓起诉的案件通常是未成年人犯罪、吸食毒品类的犯罪以及营利性的公司法人犯罪。如果被追诉人的辩护律师认为检察官应该对自己的当事人适用暂缓起诉,辩护律师就会主动地说服检察官,如果意见被采纳,被告人或者其辩护律师就会同检察官签订协议,协议中必须明确约定被告人在暂缓起诉期间应该遵守的义务。同时,被追诉人还必须在协议中承诺放弃宪法赋予自己的接受快速审判的权利以及刑法规定的追诉时效的保护。暂缓起诉的考验期通常不得超过 18 个月。如果犯罪嫌疑人在暂缓起诉期间履行了暂缓起诉协议中所约定的义务,那么检察官就会放弃对犯罪嫌疑人的指控;相反,如果没有履行协议要求承担的有关义务,检察官将会根据情节的轻重进行自由裁量,以决定是否对犯罪嫌疑人实施的犯罪行为进行指控。①

(二)英国控辩合作的演进历程

1. 辩诉交易制度

英国的辩诉交易与美国一样,既可以用以处理轻罪案件也可用以处理重罪案件,但是英国的辩诉交易不涵盖量刑问题,量刑的轻与重完全取决于法官。同时,辩护律师可以在检察官在场的情况下直接与法官进行交易,被追诉人的有罪答辩可以导致法官将刑期轻判 1/4—1/3。英国司法实践中的辩诉交易有指控交易、事实交易和答辩交易等交易形式。

---

① 王媛媛、李春季:《我国附条件不起诉之理论构建》,载张智辉主编《附条件不起诉制度研究》,中国检察出版社 2011 年版,第 199 页。

1970年英国上诉法院在特纳案中制定了指导律师和法官行为的规则,英国皇家刑事司法委员会在1993年的报告中的建议对此做出了部分修正,规定如果律师提出请求,法官应该指出作有罪答辩可能施加的最高量刑。在英国,被追诉人主动认罪,法庭同样不需要进行任何审理,因为在英国,被追诉人认罪是最高的证据形式,法院可以径行判决被追诉人有罪。实际上,与美国一样,英国也存在辩诉交易,只不过不像美国那样盛行罢了。

2. 刑事和解制度

英国的刑事和解制度主要运用于对少年犯罪案件的处理。英国执法机关认为,要遏制、消除和预防少年犯罪,就必须将这一犯罪现象放到人类社会生活这一大背景中去分析、思考,充分调动各方面的因素,发挥各方面的作用;由于犯罪行为不仅是对国家刑法关系的侵犯,更重要的是对被害人及更大范围的社会关系的损害,因此需要通过社会参与的途径教育改造犯罪人。《1994年皇家检控官守则》第6.5条明文规定的起诉必要性较小的若干情形,其中就包括“被告人已经弥补了由其所造成的损害和伤害”。此后,英国执法机关开始将刑事和解引入执法过程,其具体做法是:执法官员在确定少年犯罪嫌疑人之后,首先与其进行面谈,获得他对罪行的承认,并征询其是否愿意直接向被害人认错与赔偿损失。在得到犯罪嫌疑人的积极回应后,执法官员召集犯罪嫌疑人的父母及被害人进行集体讨论。在讨论会中,首先让犯罪嫌疑人对犯罪事实进行陈述,以便找到犯罪的真正动因。执法官员可以通过技巧性的提问帮助其认识到犯罪行为给被害人及自己和自己的家庭带来的不良影响。然后,执法官员会向被害人问及犯罪对其造成的实际影响。被害人则会按照自己的本意描述犯罪造成的心理痛苦和物质损失。其后,执法官员向犯罪嫌疑人问及如何弥补自己的行为、向被害人问及所欲得到的补偿。在此基础上,执法官员会对双方的主张进行调和、折中,从而形成一个双方均可接受的赔偿方案。一旦达成协议,执法官员便不再将少年犯罪人送交法庭审判。

3. 起诉便宜主义

英国在司法实践中一直实行起诉便宜主义,允许将案件是否起诉到法院进行自由裁量。王室检察院在决定是否起诉时,有两个明确的阶段:第一阶段是证据检验,即经过审查,检察官必须确信,有充分的证据可以形成有罪判决的现实期望,这种"定罪的现实期望"是一个客观的检验标准,一旦该案件未通过证据检验,检察官便可以决定不起诉;第二阶段为公众利益检验,在完成证据检验后,倘若出于公共利益的考虑,没有必要追究犯罪嫌疑人的刑事责任,检察官也可以作出不起诉的决定。

二、大陆法系国家控辩合作的历史考察

(一)法国控辩合作的演进历程

1. 辩诉交易制度

2004年3月9日,法国立法者在经过较周密的立法论证后创设了庭前认罪答辩程序(Comparution sur reconnaissance préalable de culpabilité,CRPC),允许刑事被追诉人在某些轻罪案件中以认罪为根本前提和检察官进行量刑交易,从而将"辩诉交易"正式引入了法国的刑事裁判体制。但庭前认罪答辩程序一出台便引发了法国学界与实务界的激烈争辩。争辩的内容涉及方方面面,如庭前认罪答辩程序的正当依据、制度排异、技术设计甚至是预期的践行效果。法国宪法委员会、最高法院、最高行政法院以及司法部也通过各种方式介入了这场争辩,并对这一域外制度的完善做出了极大的贡献。①

法国《刑事诉讼法》中规定,法律明文规定的情况下可以进行辩诉交易,辩诉交易一词在法国法律中的含义有多种情况。其一是指争议当事人之间在法院以协议方式进行的"和解";其二是指有关的行政机关强制犯罪行为人交纳相当于刑事处罚的款项从而放弃公诉,并因此致使公诉消灭的一种方式;其三是指某一行政部门同意减少刑事法院对犯罪行为人所宣告的金钱性惩罚数额的协议。我们通常把在法国刑事诉讼法中有规定的后一种情况叫作辩诉交易。

2. 刑事和解制度

法国刑事诉讼中的刑事和解是指在发动公诉前,对承认自己犯有主刑当处罚金刑或5年以下监禁刑的一项或数项轻罪,或者承认自己犯有一项或数项违警罪的成年犯罪行为人,共和国检察官直接地,或通过其委派的人间接地提出某种交易形式的建议,从而中断公诉时效的

① 张智辉主编:《辩诉交易制度比较研究》,中国方正出版社2009年版,第182页。

一种制度。

在法国的刑事和解过程中,调解人不是检察官,而是中立的第三人。1993 年 1 月 4 日,法国议会通过的对法国《刑事诉讼法》第 41 条之补充规定:"共和国检察官如认为进行调解可以保证受害人受到的损失得到赔偿,可以终止因犯罪造成的扰乱,有助于罪犯重返社会,在其就公诉作出决定之前,并征得各方当事人的同意,可以决定实行调解。"根据这一规定,法国刑事诉讼的和解程序存在于检察官提起公诉前的侦查程序,适用范围不限于特定种类的案件,对于达成和解协议的案件,检察官作出不予立案的决定,从而使诉讼过程止于侦查阶段。[①]

刑事和解制度是法国立法者为了解决其诉讼程序的繁杂及效率低下而在起诉与不起诉之间所做的选择,是一种非典型的公诉替代方式。由于这一制度与某些传统的诉讼原则存在冲突,因此一直众说纷纭,莫衷一是;尽管如此,该制度良好的司法效果最终使其得以广泛适用和发展,目前已成为法国治理刑事犯罪不可或缺的重要程序之一。在法国刑事司法领域,刑事和解作为案件处理的一种非典型方式已经得到越来越广泛的运用,毋庸置疑,法国刑事和解制度在提高诉讼效率、缓解法院讼累、有效实现案件分流方面都表现出其卓越的功效,符合现代诉讼经济的理念。

(二)德国控辩合作的演进历程

1. 辩诉交易制度

"几乎每个人都知道它,几乎每个人都实践它,只是没有任何人谈论它"。德国学者在 1982 年如是评论。[②] 如今,则是"每个人都知道它,几乎每个人都实践它,而且每个人都为其著书立说"。这里所指的就是德国法律上尚未明文规定的刑事协商程序。事实上,在德国法律学界和司法判例中,尚未有其他任何问题像刑事协商程序这样引起如此广泛的争论。[③] 1997 年和 2005 年德国联邦法院的两个基础性判决为有关

---

① 贺涛:《刑事和解制度的对比、现状及设想》,载《齐鲁法学文库》,中国人民公安大学出版社 2008 年版,第 147 页。

② Detlev Deal aus Mauschelhausen, Der strafprozessuale Vergleich. StV 1982, S. 545 ff. 参见[德]约阿希姆·赫尔曼《德国刑事诉讼程序中的协商》,王世洲译,载《环球法律评论》2001 年冬季号。

③ Detlev Deal aus Mauschelhausen, Der strafprozessuale Vergleich. StV 1982, 545ff.

刑事协商程序的进一步争论提供了更为广阔的空间,也反映了刑事协商程序的发展现状,更推动了关于刑事协商程序的立法步骤。目前,德国联邦政府和联邦参议院都提出了相应的法律草案,试图对刑事协商程序迄今的发展状况进行尽可能地全面总结,并对刑事协商程序进行法律上的规范。①

德国并不存在英美法的起诉认否程序和有罪答辩,但是从 1970 年开始,司法实务上自行演化出一种类似于英美法的辩诉交易制度,并在 20 世纪 80 年代初期得到实务界的广泛接受。这种制度包括三种情况:第一种是附条件不起诉的答辩交易。德国 1975 年修改《刑事诉讼法典》,授权检察官在公共利益不要求通过审判程序定罪的轻罪案件中,经管辖法院同意后决定附条件不起诉,如要求犯罪嫌疑人在一定期限内向被害人赔偿损失或者向慈善机构或国库捐赠一笔款项等。权力机关在立法时没有料到,这一规定成了检察官与辩护律师就某种条件决定不起诉进行讨价还价的合法依据,实践的做法早已超过了法律的限制。第二种是处罚令式辩诉交易程序。处罚令式程序在实践中为辩护律师与检察官之间的交易提供了余地。当委托人承认有罪时,辩护律师可以与检察官联系并告诉他委托人愿意接受处罚令,只要罚金不超过一定的数额。这样一来,实践中实际上出现了一种以是否接受处罚令程序作为交易的辩诉交易。第三种是庭审认罪交易。如果被告人当庭供认罪行,审判长通常只调查部分证据以确认口供的真实性,不再调查其他证据,以迅速推进审判程序。有关研究证明,被告人当庭供认罪行的案件,庭审时间至少减少一半,在需要调查大量证据才能当庭查清案情的白领犯罪、跨国的毒品犯罪等案件中,被告人的口供对于提高审判效率的意义更大。为了让被告人在庭审中认罪,检察官与辩护律师在起诉前就可以进行协商,这种协商的结果一般是以当庭认罪换取检察官把指控限制在一项罪名上或建议从轻判刑。起诉后的庭前准备程序中,法官如果发现审判可能会持续很长时间或者他手上的案件积压太多,他可以主动向辩护律师提议让被告人当庭供认罪行,同时应律师要求保证判刑不超过一定的限度。如果被告人接受这个限度,就可以按约定供认罪行,而法官极有可能在承诺的限度内判处刑罚。在复杂

① 张智辉主编:《辩诉交易制度比较研究》,中国方正出版社 2009 年版,第 222 页。

的案件中,甚至在审判过程中还可能出现“审辩交易”,如被告人在接受审判长讯问时不承认有罪,然后静观案件的审理情况,并可提出大量的调查证据的申请;法官通常会在休庭期间主动邀请被告人供认有罪,然后由辩护律师撤回调查或者表示放弃上诉权。

2. 刑事和解制度

德国的刑事和解制度无论是在适用对象方面还是适用范围方面都更为全面。在适用对象上,包括少年犯和成年罪犯。在适用范围上,自罚金刑至终身自由刑。少年犯与被害人的和解是法官可以科处的教育处分措施;如果已执行教育处分,检察官认为无科处少年刑罚之必要的可免于追诉,法官则可终止诉讼程序。成年犯罪人如果努力与被害人达成和解,其行为全部或大部分得到补偿,或努力致力于对其行为进行补偿,或被害人的补偿要求全部或大部分得到实现的,可依法减轻刑罚或免除刑罚。①

迄今为止,德国是最为全面地规定刑事和解制度的国家。德国《少年法院法》(又称《少年刑事法》)、《刑法》、《刑事诉讼法》都从不同角度明确规定了刑事和解的具体内容。1990 年少年刑事法明确规定了刑事和解是一种刑事转处措施,而自 1994 年以来,如果被追诉人已赔偿了被害人损失或者在审判之前至少真诚地努力这样去做,法庭就有权据此减轻刑罚、判处缓刑或对 1 年以下的自由刑及罚金免除刑罚。修订后的 1998 年《少年刑事法》补充规定:少年犯与被害人的和解是法官可以科处的教育处分措施;如果已执行教育处分,检察官认为无科处少年刑罚之必要的可免于追诉,法官则可终止诉讼程序。德国《刑法》规定的刑事和解对象则扩展到成年犯罪人。根据《刑法》之规定,如果犯罪人努力与被害人达成和解,其行为全部或大部分得到补偿,或努力致力于对其行为进行补偿,或被害人的补偿要求全面或大部分得到实现的,可依法减轻刑罚或免除刑罚。具体而言,如果可能科处的刑罚不超过 1 年自由刑或 360 单位日额金之罚金刑的,免除其刑罚;终生自由刑由 3 年以上自由刑代替;有期自由刑可判处最高刑的 3/4;规定最低自由刑分别为 10 年、5 年或 3 年、2 年或 1 年的,分别减为 2 年、6 个月、3

---

① 贺涛:《刑事和解制度的对比、现状及设想》,载《齐鲁法学文库》,中国人民公安大学出版社 2008 年版,第 148 页。

个月。德国刑事诉讼法将刑事案件分为自诉案件和公诉案件,对于罪行轻微的自诉案件,由州司法管理部门指定的调解机构进行调解,只有调解无效时才准许自诉人提起诉讼。对于公诉案件中的轻罪案件,经负责开始审理程序的法院和被指控人的同意,检察院可以对轻罪暂时不予提起公诉,同时要求犯罪嫌疑人作出一定的给付,弥补行为造成的损失;如果其履行了要求,则不再追诉犯罪。

3. 暂缓起诉制度

在德国,二战后犯罪现象明显呈上升趋势,而且,环境犯罪、经济犯罪、跨国犯罪等新的犯罪形式的出现,使调查取证出现很大困难。犯罪形势的严峻与司法资源不足的矛盾日趋突出。为缓解司法资源不足的压力,德国从 20 世纪 60 年代开始,逐渐接受了起诉便宜原则,即机会原则,赋予检察官起诉斟酌权,即赋予检察官一定的不起诉裁量权,这意味着并非一切犯罪都必须提起公诉,而是根据具体案情权衡有无追诉的必要,即可以对轻罪实行暂缓起诉。

在德国,起诉法定主义是刑事追诉的一项基本原则。随着刑罚目的从报应主义到预防主义的转变,自 20 世纪 60 年代以来,起诉法定主义逐渐松动,检察官越来越多地拥有决定起诉或者不起诉的自由裁量权。德国 1974 年《刑事诉讼法》第 153a 条规定,经负责开始审理程序的法院和被指控人同意,检察院可以对轻罪暂时不予提起公诉,同时要求被指控人作出一定的给付,弥补行为造成的损害;向某公益设施或者国库交纳一笔款额;作出其他公益给付,或者承担一定数额的赡养义务。同时,还规定履行上述责任和要求的期限,犯罪嫌疑人如果在期限内不履行要求和责令的,不退还已经履行部分,并要作为轻罪予以追究。在以后的司法实践中,附条件不起诉早已突破了轻罪这一狭窄的范围而扩大到中等程度的犯罪行为以及具有更高犯罪危害性的复杂案件,于是德国在 1993 年《刑事诉讼法》修改中对附条件不起诉的适用案件范围进行了修改,使得附条件不起诉扩大到轻罪以外的案件。另外,为了强化犯罪人对社会应当承担的义务,1998 年,德国在《刑事诉讼法》第 153a 条的负担中又增加了第 5 项内容,即行为人根据道路交通法的规定参加一定的劳动后,刑事诉讼程序就可以终止。承担这项负担的命令只有经法院同意后才可以作出。这一负担适用于那些实施了危害公路交通犯罪的行为人。[①]

虽然德国《刑事诉讼法》规定了附条件暂时不予起诉制度,但暂缓起诉制度在德国国内有很大的争议。从这一制度最终在立法上得到确认的情况来看,肯定论者的主张在立法时处于主导地位,而德国《刑事诉讼法》相关实践情况表明,暂缓起诉在德国的刑事诉讼实践中发挥着一定的作用。

三、小结

法律社会学的理论告诉我们,历史从远古的洪荒一步步演变到当今灿烂的文明,无论是物质文化高度发达的国度,还是行进程度相对滞后的族园,人们都无一例外地不能超脱其最基本的社会性质所产生的必然状态:在一定规范中生存。尽管社会形态的不同变化必然引致社会规范的迥异演进,而在无数种社会规范差异中,法律文化往往有着最后共同的归宿,即用法律制度凝聚和表达法律的进步与文明。控辩合作作为一种现代司法制度中与平等对抗共存的诉讼模式,其在域外已经自发生成并广为传播和应用。

在当今世界各国的司法实践中,控辩合作有多种制度表现形式,其范围覆盖英美法系还有大陆法系国家,体现了整个世界范围内控辩关系由以对抗为主、合作为辅转向以合作为主、对抗为辅的大趋势,但是每个国家在具体的制度设计上又针对自身不同的情况表现出一定程度的差异性。

第四节　世界刑事诉讼第四次革命在中国

我国刑事司法面临的一大问题便是犯罪率快速增长与司法资源有限性之间的矛盾,在这样一种情势之下研究控辩合作诉讼模式的构建,其意义无疑是重大的。刑事和解、附条件不起诉乃至 2018 年《刑事诉讼法》修订时新增的认罪认罚从宽制度之实践,都昭示着我国和谐社会语境下刑事司法制度由“对抗”向“合作”变革的必然性。笔者认为,控

① 陈志雁:《附条件不起诉制度的法理基础探讨》,载张智辉主编《附条件不起诉制度研究》,中国检察出版社 2011 年版,第 184—185 页。

辩合作是我国构建和谐社会语境与建立高效刑事司法制度之下，控辩关系发展的一种新型的、理性的、当然的模式。

一、控辩合作之中国实践一——辩诉交易

（一）历史考察

1. 国内“辩诉交易”第一案

黑龙江省高级人民法院刑事审判第一庭在给院党组《关于牡丹江铁路运输法院审结国内辩诉交易第一案有关情况的报告》中称：“根据院党组关于更新司法理念，加快法院改革的总体要求，我庭在今年初将适时引入诉辩交易制度作为刑事审判方式改革的研究课题之一，落实给哈尔滨铁路运输法院进行先期研究、探索。2002 年 4 月 11 日，牡丹江铁路运输法院经过精心准备，在我院及哈尔滨铁路运输中院的具体指导下，成功地审结了我国首例诉辩交易案件。”对此案的成功审结，国内有关新闻媒体给予了极大的关注，《法制日报》《人民法院报》《中国青年报》《黑龙江法制报》等均在头版重要位置做了报道，东北网也主动与法院联系，及时将案件审理情况在网上予以刊载，在国内产生了较大反响。

案件审理的基本情况：本案是一起故意伤害案件，被告人孟某某，因车辆争道与被害人王某某等人发生争执，后被告人孟某某打电话叫来五六个人与被害人发生争吵并厮打，混乱中致被害人王某某小腿腿骨骨折、脾破裂，经法医鉴定为重伤。此案系一起共同犯罪案件，公安机关经工作将孟某某抓获，其他犯罪嫌疑人尚未抓获归案。公诉机关以被告人孟某某犯故意伤害罪向法院提起公诉。在开庭前，被告人孟某某的辩护人提出，尽管是被告人孟某某找人对被害人进行殴打并造成了其重伤的后果，但由于本案其他犯罪嫌疑人在逃，无法确定被害人的重伤具体是何人所为。所以辩护人认为认定被告人孟某某承担具体的重伤责任事实不清、证据不足。而公诉机关则认为，本案虽然因其他犯罪嫌疑人在逃无法判定被害人重伤后果具体是何人所为，但此案系一起共同犯罪案件，被告人孟某某找人行凶造成被害人重伤后果理应承担全部责任。故双方意见发生分歧。当公诉机关得知法院系统在进行审判方式改革的探索，辩诉交易也被列为重点研究课题时，便与辩护人协商此案是否进行辩诉交易。辩护人在征得被告人的同意后，向公

诉机关提出了辩诉交易申请。尔后控辩双方进行了协商,达成合意,即被告人承认自己的行为构成故意伤害罪,表示愿意接受法庭的审判,自愿赔偿被害人因重伤而遭受的经济损失,要求法院对其从轻处罚。辩护人放弃本案具体罪责事实不清、证据不足的辩护观点,同意公诉机关指控的事实、证据及罪名,要求对被告人从轻处罚并适用缓刑。公诉机关同意被告人及其辩护人的请求,建议法院对被告人从轻处罚并可适用缓刑。控辩双方达成协议后,由公诉机关在开庭前向法院提交了辩诉交易申请,请求法院对双方达成的辩诉交易予以确认。

牡丹江铁路运输法院受理该申请后,由合议庭对双方达成的辩诉交易进行了程序性审查,认为该辩诉交易协议及申请文本内容齐全,签字、印鉴清晰,格式规范,决定予以受理。为此,法院又组织被告方和被害方就附带民事赔偿进行庭前调解,经调解双方达成协议,由被告人赔偿被害人经济损失人民币 4 万元。在开庭审理中,合议庭对双方达成的辩诉交易实体内容进行了认真的审查。首先是由公诉人向法庭陈述与辩方进行诉辩交易的过程以及诉辩交易的主要内容,法官当庭询问被告人是否委托其辩护人与控方进行交易,对辩诉交易的内容是否清楚,是否明了法院一旦确认该辩诉交易其将面临的刑罚后果,是否基于自愿,在交易过程中是否存在贿赂交易和强迫交易的情况等。同时因本案被害人出庭参加诉讼,法官当庭询问被害人是否已就附带民事赔偿与被告人达成协议,该协议是否已经实际履行,对本案被告人的刑事处罚有什么意见等。此后,合议庭宣布休庭,就此辩诉交易程序是否合法,内容是否有悖法律规定,诉辩交易结果是否在法律规定幅度之内进行评议,经评议合议庭一致认为尽管此辩诉交易在全国尚属首例,没有前例可供借鉴,但其内容与法律规定并不相悖,且在被告人认罪服法,接受法院判决的基础上,极大地提高了诉讼效率,减少了诉讼成本,应当予以认可。故合议庭形成一致意见,继续开庭当庭审判,对控辩双方达成的诉辩交易予以确认,依照刑法的有关规定,以故意伤害罪判处被告人孟某某有期徒刑三年,缓刑三年。此案从开庭到审判仅仅用时 25 分钟。

中国“辩诉交易”第一案指导机构黑龙江省高级人民法院刑事审判第一庭在写给院党组的报告中认为:“通过本案的审理,有以下几点收获:1. 保证了司法公正。通过辩诉交易,使事实证据存有缺陷的案件以被告人作出有罪供述并接受审判结果来得以审结，从某种意义上讲，对国家、对社会、对民众乃至对犯罪人都是一种现实的公正。2. 提高了诉讼效率。一起诉辩双方对事实证据有严重分歧的案件，能用短短 25 分钟的时间迅速审结，充分体现了制度创新的效益，体现了诉辩交易快捷高效的特点。3. 节约了诉讼成本。通过诉辩交易，案件得以迅速审结，且无上诉、抗诉、申诉，节省了大量的人力、物力、财力，使诉讼经济原则得以切实地落实。4. 实现了多方满意的结局。以本案讲，当庭宣判后，处理结果达到了公诉方、被告方、辩护方、被害方及旁听群众的'五满意'。合议庭的法官们也从中体会到了作为一名裁判者公正、快捷执法的满足感。"该报告称，此案庭审前，根据院领导指示，他们曾就刑事审判工作中引入辩诉交易试点工作向最高人民法院刑一庭进行了请示，"最高人民法院刑一庭认为在我国引入辩诉交易是我国司法改革发展的必然趋势，建议我们先期进行个案探索。""该案顺利审结，坚定了我们将改革推向深入的信心。""考虑到诉辩交易制度在我国正式确立尚需一定时间，我们打算在认真总结经验的基础上，商请检察院支持配合，以个案审理的方式，扩大试点范围，拟选择基础条件好的若干中级人民法院进行辩诉交易专题理论研究和司法实践试点，从中总结、提炼出规律性、规范性的东西，适当时期征询最高人民法院的同意，予以全面铺开。"①

2. 其他影响较大的"辩诉交易"案

2005 年东莞市法院审结的"辩诉交易"案再一次引发媒体和法律界人士的激烈争论。广东省东莞市中级人民法院因一起抢劫案主犯赔偿受害人 5 万元而对其轻判死缓。"赔钱减刑"案一度引起了舆论的广泛关注，中央电视台"大家看法"栏目还制作了专题节目讨论该案。其实民间俗称的"赔钱减刑"实质上是一种辩诉交易。2005 年 11 月 1 日晚 9 时左右，被告人王某、赖某某、周某某抢劫并致被害人蔡某某死亡。在公诉机关提起刑事诉讼的同时，被害人家属也依法提起了刑事附带民事诉讼。因为该案的发生，被害人一家的生活已陷入了极端困顿的境地，蔡某的女儿也因此面临失学。得悉此情况后，东莞法院法官多次

---

① 参见黑龙江省高级人民法院刑事审判第一庭：《关于牡丹江铁路运输法院审结国内辩诉交易第一案有关情况的报告》。

组织案件的双方当事人进行调解。被告人王某某的家属同意先行赔偿原告 5 万元,原告对此结果表示满意。被告人也表示要痛改前非。最后,法官根据双方的真实意思表示,并依照法律,对被告人王某某作出一定程度的从轻处罚,一审判处其死缓。东莞中级法院副院长陈某某认为,依法律规定,被告人能够采取措施挽回损失,使其行为的社会危害性尽量减小。这一做法可以成为依法减刑的情节。陈某某同时表示,并不是所有的刑事案件都可以采取这种做法。对于社会影响恶劣的案件,即使被告人赔钱,也不能减刑。能够适用“赔钱减刑”的,大多是非蓄意的犯罪案件。

就国际间合作案件而言,近年来影响最大的要数原中国银行开平支行行长、“中行开平案”主犯之一余某某被押解回国受审的案件。余某某成为自中美签订刑事司法协作协定以来,第一例经美国辩诉交易法律程序后被遣送回国的重大经济嫌疑犯。根据我国《刑法》的有关规定,面对涉案金额高达 4.82 亿美元,余某某获刑 12 年显然是“轻判”。但这个“轻判”是建立在中美司法合作的基础上的,是我国审判机关履行中方向美方做出承诺的结果。

（二）理论辩讨

对辩诉交易的研究,在我国最早可以追溯到 20 世纪 90 年代初,当时有个别的学者简单地介绍了美国的辩诉交易制度,但没有在学术界形成研究热潮。真正重视这一制度是近些年的事情,特别是 2002 年 4 月牡丹江铁路运输法院参照美国的辩诉交易制度审理的孟某某故意伤害案件,引发了学术界和司法实务界的广泛关注和争论。在笔者看来,这样一个与我国司法改革密切相关的、理论与实务紧密结合的重要课题,亟待进行深入、认真、系统、规范、谨慎的论证与研究。在认罪认罚从宽制度实施前,对于辩诉交易能否引入中国之问题,我国理论界观点不尽相同,大致可以分为肯定论、否定论和缓行论三种意见。

持“肯定论”的学者主张,我国应当谨慎而有限度地引进辩诉交易制度。他们认为,美国辩诉交易制度可供借鉴的诉讼价值表现为:其一,确立刑事诉讼中诉讼双方之间的协商机制;其二,尊重当事人的处分权以及被告人主体性的价值理念;其三,确立了基本证据存在的情况下可以定罪的制度;其四,解决案件双赢的现实主义态度;其五,提高了诉讼的社会效益。不过,持这种观点的学者也十分明确地表示,辩诉交易制度在我国只能作为一种补助措施,不可能像美国那样占据司法体制中的重要位置。此外,为了防止辩诉交易产生过多的负面影响,应当对辩诉交易进行规制。这包括:限制适用范围,只能将其适用于一定刑度内的案件,同时,一部分案件,如涉及国家安全和社会稳定的案件等,禁止交易;限制交易内容,如限制量刑折扣的幅度,而且禁止进行犯罪性质的交易;规范交易形式,如以书面形式确定协商认可的内容,避免其后来失效。同时还应强调对这种活动加强司法审查,并健全救济机制等。此外,为防止或减少负面效应,可以采取分步推进的制度建构方式,并注意与相应配套条件的培植结合起来①。

持否定论的学者认为,辩诉交易制度只能存在于对抗制刑事诉讼中,其制度背景的四大要素我国均不具备。在当时的法律、政策框架下,存在着许多引进辩诉交易所无法逾越的障碍,引入辩诉交易会对侦查、起诉和审判制度形成冲击,破坏正在逐步完善的程序法制,加剧司法腐败。因此,在我国目前对被告人权利保护尚不充分、程序公正观念刚刚确立、司法腐败较为严重、国民法律素质有待提高的情况下不宜移植辩诉交易制度②。归纳其反对的理由大致如下:其一,辩诉交易与我国现有文化观念不相容纳;其二,辩诉交易有违我国现有法律制度;其三,辩诉交易不符合量刑平等原则;其四,辩诉交易损害司法公正;其五,辩诉交易会加剧司法腐败,导致权钱交易。“否定说”还认为中国刑事审判结果远没有像美国那样具有很大的不确定性,被告人作有罪答辩获得的好处也十分有限,因此控辩双方均缺乏参与辩诉交易的积极性。③

持“缓行论”的学者认为,可以对辩诉交易制度进行探索、研究、论证,吸收其合理成分,以改革我国当时正在进行的加大简易审判程序的适用、庭前展示证据制度、普通程序简便审理等方面的探索实践,切实为实现公正与效率服务。待到时机成熟的时候再考虑提出辩诉交易的立法建议。

无可否认“否定说”不无道理。但其立论依据仍旧比较脆弱,经不起事实的检验。综观传统大陆法系国家如德国、意大利、俄罗斯等国引

---

① 廖明:《辩诉交易:美国经验与中国借鉴》,载《法治论坛》2009 年第 4 期。

② 廖明:《辩诉交易:美国经验与中国借鉴》,载《法治论坛》2009 年第 4 期。

③ 罗御伦:《试论中国式辩诉交易制度的建立》,载《理论月刊》2007 年第 8 期。

进辩诉交易制度的历程,我们就可以发现,尽管这些国家的国情各不相同,但这些国家在引进该制度之初,同样是众说纷纭,其反对的声音和我国出现的“否定说”非常近似。但该制度还是在沸沸扬扬的反对声中深深地扎根于其各自的国土上并茁壮成长。传统大陆法系国家成功借鉴和移植辩诉交易制度的经验表明,辩诉交易制度作为世界法律文化的成果,其技术性的成分是不分法系和国界的。我国审结两宗“辩诉交易”的案件后,取得了良好的社会效果和法律效果。我国辩诉交易的法律实践同样证明我们借鉴和移植辩诉交易制度并不存在“水土不服”的问题。时任最高人民法院副院长的张军曾指出,从社会的发展看,从经济的全球化、法制的相互借鉴来看,辩诉交易应该是我国刑事诉讼制度进一步发展的一个趋势。当然,鉴于辩诉交易在美国所暴露出来的问题,我们没有必要原封不动地引进该项制度,而应当“取其精华,弃其糟粕”。前面所谈到的意大利等国也没有原封不动地照搬照抄美国的辩诉交易制度,而是结合本国的具体情况进行移植,并且针对辩诉交易制度本身存在的弊端,进行了不同程度的改革。

有学者认为,辩诉交易的支持派是功利主义立场观点的反映,辩诉交易的反对派是基于公正立场的据理而争,辩诉交易的缓行派的主张则反映了尊重现实、不断实践的司法改良主义。笔者认为,上述域外辩诉交易的司法现状及其发展趋势表明,虽然各国各地区对辩诉交易褒贬不一,莫衷一是,尤其是大陆法系国家的“依当事人要求适用刑罚程序”“刑事诉讼中的协商”“简略程序”等在范围上、性质上、量刑上、法官及检察官所起作用上有根本之区别,但为了缩短刑事诉讼的周期,提高刑事诉讼的效率,大都已经吸收、正在吸收或已经考虑吸收辩诉交易的合理内核。由此可以大胆预言,辩诉交易在美国、意大利等国家的成功实践,尤其是其已经越过法系传统界线的现实,必将带来世界范围的广泛移植。

毋庸讳言,我国是一个具有悠久历史和灿烂文化的国家。在数千年传承不辍的传统文化中,尚法、重法的精神也一直占有重要的位置。但由于古代社会法律文化的旨趣与现代社会有很大的不同,内容博大、义理精微的中国传统法律体系无法与近代社会观念相融,我国近百年的法治重建的过程仍是步履维艰。直至 20 世纪 70 年代末期,我国人开始用理性的目光重新审视自己和周围的世界,用更加冷静和理智的头脑去思考和选择自己发展的道路,我国由此进入了非凡历史意义的改革开放时期。这种由经济改革带动的全方位民族复兴运动,也给蹉跎了近一个世纪的中国法治变革带来了前所未有的机遇和无限的发展空间。然而,儒家文化的思想毕竟根植于国人心中达数千年之久,一脉传承此思想的法律学者抑或司法官员,面对国外、境外蓬勃发展的司法改革运动,尤其是辩诉交易从英美法系国家到大陆法系国家司法制度不断渗透的潮流涌动,其传统法律观念和现代法治理念的交织与碰撞,尽显于学术争鸣的思想与司法实践的个案之中。辩诉交易能否“洋为中用”,虽然从理论界到实务界莫衷一是,但大多的探讨往往是隔靴搔痒、浅尝辄止,停留于问题的表层,就问题而论问题,尚缺乏广阔的理论研究视角和深度的现实制度考量。笔者认为,就像“徒法不足以自行”一样,仅仅就辩诉交易本身谈辩诉交易,是不符合系统论关于从整体上把握事物本质的逻辑的。辩诉交易作为一个典型的舶来制度能否中国化的问题,既要缜密而全面地考证该制度在域外的实践状况、争议焦点及发展趋势,又要严谨而认真地考证该制度在中国移植的社会土壤:一方面是该制度中国化运行所必需的整体制度环境;另一方面是匿于整体制度背后的更深层次的中国传统文化和民族习性,以及现有中国法律规范所整合的社会心理和司法理念。

(三)我国建立辩诉交易制度的必要性和可行性

1. 必要性

首先,在我国建立辩诉交易制度是解决日益增长的诉讼案件的需要。我国与英美法系的美国在司法体制上有很大的不同。但我国的司法现状与美国当初产生辩诉交易的历史背景有惊人的相似,刑事案件的不断堆积与司法资源有限性之间所形成的尖锐矛盾同样出现在我国现阶段的司法领域中。近年来,我国刑事案件的发案率不断上升,司法机关累积的案件不断增多。最高人民检察院、最高人民法院在第十届全国人民代表大会第一次会议上的报告指出,与1997年相比,2009年我国检察机关批准逮捕的犯罪嫌疑人数上升了60.4%,移送起诉的犯罪嫌疑人数上升了63.8%,逮捕率从85.9%上升到89.9%,起诉率从82.2%上升到97.6%。1998—2002年,全国检察机关共批准逮捕犯罪嫌疑人3,601,357人,与1993—1998年相比上升了24.5%;起诉3,666,142人,与1993—1998年相比上升了30.6%,全国法院共审结一审刑事案件283万,与1993—1998年相比上升了16%;判处犯罪分子322万人,与1993年至1998年相比上升了18%。[①] 由于我国现处在经济体制转型期,经济、政治、文化、教育等各领域都发生了深刻的变化,法治尚不完善,人口流动频繁、贫富两极分化、离婚率和失业率上升等诱发犯罪的各种因素大量存在。可以预计在今后很长的一段时间内,刑事案件的发案率将会维持在较高的水平上。随着刑事案件的发案率日益增加,司法机关需要处理刑事案件数量越来越多。多年来司法机关一直处在"超负荷"的运作之中,几乎达到了不堪重负的程度。面对此种情况,选择一种快速、便捷的司法程序已成为现实的需要。辩诉交易制度在我国的实施将会使我国的刑事办案效率得到显著提高,在一定程度上能解决实践中普遍存在的超期羁押问题,分流疑难案件,检察官和法官案头堆积如山的案件能得到快速及时的处理,使公正不再迟来。

其次,在我国建立辩诉交易制度是提高诉讼效率、节省诉讼成本的需要。我国对刑事资源的投入是有限的和相对稳定的。近年来,虽然中央财政加大了对司法机关的支持力度,但司法经费短缺的局面并没有得到有效地改善。这可以从很多司法机关办公条件差,办案干警的差旅费长期不能报销等情况中反映出来。受经济条件的制约,在一定的时间内,我国不可能大幅度提高对刑事资源的投入。因为刑事成本是国家系统成本的组成部分,如果大幅度提高对刑事资源的投入,必然会挤压其他社会福利及公共建设的支出,影响到整体宏观经济的发展。

在司法资源有限的情况下,节省诉讼成本、提高司法效率是司法改革所面临的迫切问题。在案件量迅速增长的情况下,公检法机关即使投入了大量的人力、物力、财力,仍然陷于人员短缺、办案经费不足的窘境,其负面效应就是案件久拖不决,大量积压,以致对被追诉人超期羁押。所以,确立一个便捷的诉讼程序和审判模式处理案件无疑是有益的,也符合资源合理配置的价值观念。[②] 最高人民法院的改革纲要提出把追求公正与效率作为司法改革的目标。在保障司法公正的前提下,

---

① 李平:《关于美国辩诉交易制度及引进改造之可能》,载吴道富主编《中美司法制度比较研究》,人民法院出版社2010年版,第215页。

② 李平:《关于美国辩诉交易制度及引进改造之可能》,载吴道富主编《中美司法制度比较研究》,人民法院出版社2010年版,第215页。

突出审判效率是司法改革的当务之急。简易程序、速裁程序乃至刑事和解等程序的建立和推行在一定程度上提高了司法效率，但它们还不能从根本上缓解日益繁重的审判压力，所以引进辩诉交易制度成为提高司法效率、节省诉讼成本的可选方案。

再次，在我国建立辩诉交易制度是兑现"坦白从宽"刑事司法政策、维护政府诚信的需要。"坦白从宽、抗拒从严"作为我国的一项刑事司法政策，在刑事诉讼中从侦查到审判阶段，侦查人员、检察人员和审判人员都会告知被追诉人这项政策，但该政策在司法实践中并没有得到很好的贯彻。它往往成为办案人员获取被追诉人口供的工具，而被追诉人"坦白"之后若没有得到政策的兑现就会对政府的诚信产生怀疑。在很多被追诉人眼中"坦白从宽、抗拒从严"反而是"坦白从宽，牢底坐穿，抗拒从严，回家过年"。这是当初该政策的制定者所始料不及的。从表面看"坦白从宽、抗拒从严"被误读的原因是个别办案人员缺乏诚信所造成的。从深层次看是由于该政策缺乏相应的配套措施来约束办案人员。而引进辩诉交易制度则可以较好地弥补该政策的缺陷，办案人员的承诺将会被白纸黑字地写在辩诉协议上，对控方产生法律上的约束力，使"坦白从宽"的刑事司法政策法律化。该制度的引进将有利于维护政府的诚信和威信，有利于激发犯罪嫌疑人、被告人主动与司法机关合作的积极性。

最后，在我国建立控辩协商制度是顺应快速处理刑事案件国际趋势的需要。人身自由权是公民最重要的基本权利，犯罪嫌疑人、被告人被采取强制措施后就失去了人身自由，在看守所里等待审判对他们来说是一种沉重的精神煎熬，尽早审结案件是他们共同的期待。为保障犯罪嫌疑人、被告人的基本诉讼权利，1976 年生效的《公民权利和政治权利国际公约》第 9 条第 3 款规定："任何因刑事指控被逮捕或拘禁的人，应该被迅速带见审判官或其他经法律授权行使司法权力的官员，并有权在合理的时间内受审判或者释放。"在该公约的指导和影响下，快速处理被追诉人现已成为国际趋势。现在世界上很多国家均有相应的司法措施来保障被追诉人得到迅速审判的权利，如英国、美国、意大利等国采用辩诉交易制度来贯彻该公约的精神。我国于 1998 年 10 月 5 日签署加入该公约，这意味着快速处理被追诉人已成为我国司法机关必须履行的国际义务。所以引进辩诉交易制度可成为我国司法机关履行国际义务的有效选项。

2. 可行性

首先,广泛的司法实践活动为建立辩诉交易制度积累了经验。在司法实践中,控方常常因取证困难,迫于无奈与被追诉人进行类似于辩诉交易的活动。检察机关在查办职务犯罪,特别是在查处受贿案中经常出现这种情况。由于行贿、受贿往往在两人“一对一”的情形下进行,控方取证难度极大,如无足够的证据,受贿者虽有巨额受贿所得,却只能作为轻罪“巨额财产来源不明罪”处理。如行贿者为求“自保”,拒不承认行贿事实,控方又拿不出足够的证据,也确实是无法将其绳之以法。在这种情况下,为取得行贿人的合作,控方不得已以放弃追究其刑事责任为条件换取行贿人的合作。在司法实践中,类似的辩诉交易还大量存在于共同犯罪(如贩卖毒品、走私、黑社会性质组织犯罪等)中。为有效打击主犯,控方往往对从犯、胁从犯实行辩诉交易,要求他们主动检举揭发主犯,作为交易的条件是给予他们一定的“量刑折扣”,如不起诉、从轻或减轻处罚等。尽管类似的辩诉交易的实践形式多样,不一而足,有的以合法的形式出现,有的以“违规”的面目出现,但它们同样为建立辩诉交易制度积累了大量的宝贵经验。①

其次,类似辩诉交易的政策及法律规定为建立辩诉交易制度提供了法律基础。辩诉交易符合“宽严相济”的刑事政策的内在要求。被追诉人作有罪供述,然后控方以“被告人认罪态度较好”的名义,建议法官在量刑上予以从轻处罚。虽然控方的建议在法律上对法官没有强制约束力,但通常法官会对该建议予以采纳,从而使犯罪嫌疑人、被告人获得一定程度的从轻处罚。“宽严相济”认可了认罪态度与量刑的交换,这完全符合辩诉交易制度的特征。只不过在实践中由于控方个别办案人员的诚信问题,导致本土的辩诉交易没得到很好的贯彻而已。

在司法改革进程中,一些省、市也曾出台过类似辩诉交易的地方政策,如四川省的“自首令”。该省在打击在逃贪污、贿赂等犯罪专项行动中,专门制定了从宽处理投案自首人员的措施:凡贪污、受贿金额在5万元以下,犯罪嫌疑人若能主动投案自首,退清全部赃款赃物,且对单位和国家未造成重大损失,原则上可以不起诉、不进行刑事处罚、不追

---

① 罗御伦:《试论中国式辩诉交易制度的建立》,载《理论月刊》2007年第8期。

究刑事责任。[①] 如果说“坦白从宽、抗拒从严”是一项宏观刑事司法政策的话,那么四川省的“自首令”则是一项具有很强操作性的微观刑事司法政策。只不过这则“自首令”同样有突破刑事诉讼法关于不起诉相关规定的“违法”嫌疑。

除刑事司法政策之外,我国关于认罪悔悟的被追诉人可以获得量刑“折扣”的直接规定是2020年《刑法》第67条规定“犯罪以后自动投案,如实供述自己的罪行,是自首。对于自首的犯罪分子,可以从轻或者减轻处罚。其中,犯罪较轻的,可以免除处罚。”《关于适用普通程序审理“被告人认罪案件”若干意见(试行)》第9条规定“人民法院对自愿认罪的被告人,酌情予以从轻处罚。”《关于适用简易程序审理公诉案件的若干意见》(已失效)也规定了对自愿认罪的被告人,可以酌情从轻处罚。认罪态度可以与量刑作交换,与控方积极配合的行为同样可以与量刑作交换,如2020年《刑法》第68条关于“立功”的规定“犯罪分子有揭发他人犯罪行为,查证属实的,或者提供重要线索,从而得以侦破其他案件等立功表现的,可以从轻或者减轻处罚;有重大立功表现的,可以减轻或者免除处罚。”以上条款明确了认罪悔悟的认罪态度和与控方配合的“立功”行为可以获得“从轻、减轻,甚至免除”的量刑“折扣”,这些规定和辩诉交易制度有异曲同工之妙。[②]

最后,广泛的国际司法合作有助于民众转变观念,进一步扩大接受辩诉交易制度的民众基础。自加入世贸组织后,我国与国际社会的经济交往日益频繁,国际间的司法合作也随之增多。随着国际司法合作的深入,我国民众对国际司法合作可能带来“轻判”结果的接受程度也越来越高,毕竟大家逐渐认识到被追诉人一旦越过了国境,就不是一个国家的司法制度所能解决的,而是需要国际间的司法合作。“抓回来弄个轻判总比不抓回来强”成为大多数人的共识。国际司法合作促使民众思想观念的逐渐转变,这为建立中国式的辩诉交易制度提供了一定的思想基础。通过广泛的国际间司法合作,不仅可以拓宽民众的法律视野,还可以让更多的民众了解到辩诉交易制度在世界司法实践中的

---

① 吴大华、蒋熙辉:《寻求效率与公正的支点》,载陈光中主编《辩诉交易在中国》,中国检察出版社2003年版,第83页。

② 罗御伦:《试论中国式辩诉交易制度的建立》,载《理论月刊》2007年第8期。

重要作用及其存在的恰当性,在思想上逐渐放弃传统的绝对的正义观念,树立起相对正义和司法效率的观念。简言之,广泛的国际司法合作有助于加深民众对辩诉交易制度的了解和提高对该制度的接受程度,为我国建立辩诉交易制度奠定了一定的民众基础。

由此,借鉴美国刑事司法中的辩诉交易制度,吸收该制度中解决刑事诉讼效率问题的精髓,根据中国国情,建立中国的控辩协商制度,具有很大的必要性和可行性。它的建立和推行,将使案件的定罪与量刑能同时得到迅速而彻底地解决,绝大部分刑事案件避开了冗长繁杂的审判程序,避免了审前羁押阶段可能造成的不良影响,大大缩短了刑事案件的处理时间,提高了整个司法体系的营运效率,使有限的司法资源得以节省。为此,笔者相信,控辩协商制度在未来中国的刑事诉讼中将会有着极其重要的地位和作用。

(四)我国移植辩诉交易制度应当注意的几个问题

辩诉交易制度作为世界法律文化的结晶,它本质上是一种技术性的制度。它能成为世界性的司法实践已证明了其强大的生命力,证明其本身有适用于世界各国的内在的规律性,其规律性的成分是值得我们借鉴和移植的。

在方兴未艾的司法改革进程中,我们曾推行了简易程序、速裁程序以及刑事和解等系列措施,但仍不能有效地解决目前的司法困境。"他山之石,可以攻玉",引进辩诉交易制度来解决我们目前所面临的司法困境在思路上可谓是一种大胆的突破。笔者认为,在找不到比辩诉交易制度更为有效的制度前,辩诉交易制度无疑是我们解决目前司法困境的现实的、具可操作性的选择。

纵览世界各国的法律移植,既有成功的实践,也不乏失败的教训。作为有几千年封建传统的中国,面对异域文明,我们更应该敞开胸怀,大胆吸收人类先进文明成果,特别是西方制度文明的精华——法治文明。这一过程既要"大胆设想",又要"小心求证",这样才不致于出现偏错。具体来说,移植辩诉交易至我国应注意以下几个方面的问题。

一是应当限定适用辩诉交易的案件范围。考察外国的规定和我国的实际情况,其适用的范围为可能判处 5 年或 7 年以下有期徒刑、拘役、管制、单处罚金的刑事案件。随着实践的深入,以后可能扩大,但是对于危害国家安全、危害国防利益、军人违反职责的犯罪任何情况下都不应适用辩诉交易。

二是应当保证辩护律师有效参与辩诉交易的过程。在辩诉交易中,检察官与被追诉人都会极力争取有利于自己的结果,但是被追诉人对法律和证据强弱难以作出准确的判断,因此需要律师帮助预测案件的结果,从最大利益出发,向其提出建议,以避免交易不公,充分保障被追诉人有罪答辩的自愿性与适当性。

三是应当充分重视被害人的参与,防止"内幕"交易。在美国的辩诉交易中,被害人被排除在外,其权利被淡化、漠视。较之其他辩诉交易参与主体,其"受伤"程度最重,关涉利益最切,却获取公正最小。单纯从被害人个体角度来看,几乎没有获取什么公正。在辩诉交易移植至我国时,被害人参与被赋予了新的意义,就是防范控辩双方苟且交易,损害公共利益。辩诉交易有使各参与主体迫切成交的愿望。快速成交可以了却许多麻烦,这使控辩甚至审三方急于成交而不惜损害公共利益,极有可能导致腐败的交易。被害人一定程度上有自己相对独立的利益诉求,某种程度上也是公众利益的代表,这种参与使辩诉交易多了一双"明亮的眼睛"。

四是必须注重配套法律制度的构建。辩诉交易制度是刑事诉讼制度的一个组成部分,它的运行依赖于与这个结构有关的诸多因素,既包括观念意识,也包括具体制度。辩诉交易赖以运行的具体制度包括保障被追诉人人权、维护程序公正、维持控辩平等对抗的律师制度、非法证据排除制度、证据开示制度等。如果脱离了这些配套制度,辩诉交易移植之后的命运可能是"干枯"死亡。

五是应当建立辩诉交易结果的信息披露制度,便于公众监督。对移植辩诉交易,老百姓反对的声音中重要的一点就是担心现时环境下司法腐败会因交易而愈演愈烈。把交易的过程和结果制作为具体的文书予以公示、公开,使公众"看得见""看得清"交易的结果,以督促控、审两个主体恪尽维护公正之责。

上述这几个方面,既是保证辩诉交易在移植至我国后充分发挥其本土功效的前提条件,又是保障其在我国环境中不致异化变形的重要保证。把握好这些,辩诉交易制度就会为构建我国先进的刑事诉讼制度增色添彩。

二、控辩合作之中国实践二——刑事和解

（一）历史考察与司法实践

在我国古代，受统治触角无法深入乡村的局限和“德主刑辅”的儒家思想的影响，不危及封建统治的“民间细事”多鼓励通过乡里和宗族予以解决，即使刑事案件也不例外；由行政司法官员处理时，大多采取“教谕式调停”的方式。与国外的刑事和解制度相比，中国古代刑事和解的范围更为宽泛，有时并不以侵害个人利益甚至不以轻罪为限，一些罪大恶极、十恶不赦的人，也能够因“私和”得到宽宥；①而且，情、理、法的三元裁判将维护封建伦理道德作为至关重要的裁量因素，即所谓的“春秋决狱”，其次才考虑兼顾各方利益。和解的传统也为新民主主义革命时期革命根据地所继承和发扬。1943 年 6 月 11 日公布的《陕甘宁边区刑事案件调解条例》就曾经推行过广泛的刑事调解制度。该条例的第 2 条内容明确规定了调解刑事案件的范围，只有明显的重罪和公罪被排斥在外。②

实践中，不少地方的司法机关为促进社会和谐、提高自身的社会认同度，逐步推动刑事和解。在单独试行刑事和解的司法机关中，检察机关最多。由于考虑到实际运作中需要其他机关的认可和配合，又出现了政法委牵头，公检法司四部门联合以及检察院与司法局联合二种模式。例如，2002 年北京市朝阳区检察院率先开展了刑事和解的实践。③其他开展刑事和解工作较早或比较典型的还有：南通市崇川区检察院的“检调对接”模式、烟台市的“平和司法”、无锡和扬州市出台的刑事和解工作意见等。综合各地试行刑事和解的实践，可以发现以下共同特点：首先，司法机关为避免违法办案的嫌疑，多不主持和解；其次，和解的案件主要是可提起附带民事诉讼的案件或者其他轻微刑事案件，被追诉人限于主观恶性不大者；最后，在实行刑事和解之初，主要考虑

---

①　武小凤：《不可回避的存在——解读中国古代社会刑事和解》，载《政法论坛》2008 年第 3 期。

②　陈光中、葛林：《刑事和解初探》，载《中国法学》2006 年第 5 期。

③　封利强、崔杨：《刑事和解的经验与问题——对北京市朝阳区刑事和解现状的调查》，载《中国刑事法杂志》2008 年第 1 期。

经济赔偿情况,缺乏善后处理,“花钱买刑”的指责或许由此引发。[1]

随着刑事和解制度在我国的兴起和我国倡导的宽严相济的刑事司法政策,越来越多的地方检察机关、法院、公安机关对于那些加害方与被害方达成和解的轻微刑事案件,或者做出不起诉、撤销案件等放弃追究刑事责任的决定,或者免除刑事处罚、判处缓刑或科以较为轻缓的非监禁刑。江苏、湖南、北京、浙江、安徽、上海、云南等地的省级政法部门相继发布了有关办理轻伤害案件适用和解程序的规范性文件,其他一些地方的地市甚至县级政法部门也出台了类似的政策性文件,刑事和解正在我国司法实践当中遍地开花。

任何一项新的制度的出现和实行都不可能是一蹴而就的,刑事和解制度自从在我国产生的那一天开始也伴随着许多问题。在经历了一段时间的现实检验后,刑事和解制度要在我国实现本土化所需要解决的问题也逐渐浮出水面:首先,刑事和解的结案方式多是双方当事人在司法机关的主导下和解,支付赔偿金,司法机关撤销起诉或者从轻处理。这与我国的罪刑法定原则是有一定冲突的;同时我国的非监禁刑无论在立法规定上、在刑罚种类上还是在实际适用上都非常有限,这使得建立在非监禁刑适用基础上的刑事和解制度,其解决方式于法无依,而在实施上也缺乏操作性。其次,自诉案件和公诉案件之间适用刑事和解的协调空间紧张,如何在情节轻微、双方当事人自愿和解的公诉案件中实行刑事和解是一大难题。最后,全国司法机关对于刑事和解制度的认同达到了空前的高潮,然而在实践当中各地如何严格保持刑事和解适用条件和处理方式的统一性,我国依然没有一个统一的解决方案。和解案件在处理方式上不平衡,和解程序不规范,调解方式单一、赔偿缺乏标准等,这些问题在我国刑事和解制度试行当中频繁出现。不同的机关处理模式的差异及其所适用和解的不均衡,必然会导致对当事人尤其是犯罪嫌疑人实际处理的不公正。

(二)在现行刑事诉讼法中的体现

我国的刑事和解制度在2012年被列入了《刑事诉讼法》。在1996年《刑事诉讼法》对自诉案件和解作出规定的基础上,为了进一步扩大

---

① 张继明:《经由中国式“法庭”调解的和谐——刑事和解本土化之路径选择》,载《齐鲁法学文库》2008年第6期。

矛盾化解的范围,修正案将部分公诉案件也纳入和解程序当中。特定公诉案件和解程序的入律,是一个具有里程碑意义的立法创举。这些开拓性的规定不唯对刑事诉讼程序的繁简分流将产生积极的效果,而且也为将来控辩协商程序的入律奠定了坚实的制度基础和思想基础。尽管该章法条数目极少,对许多重大的问题未做出应有的规定,但是单就刑事和解入律本身来说,就具有极为重大的积极意义。因此,较为简陋的制度框架所折射出来的立法者的审慎态度,以及其积极地、开创性地谋求纠纷化解的意图,无论如何都是值得肯定的。

2018 年《刑事诉讼法》并未在 2012 年修改的基础上对相关内容作出新的调整,第 288 条规定:“下列公诉案件,犯罪嫌疑人、被告人真诚悔罪,通过向被害人赔偿损失、赔礼道歉等式获得被害人谅解,被害人自愿和解的,双方当事人可以和解:(一)因民间纠纷引起,涉嫌刑法分则第四章、第五章规定的犯罪案件,可能判处三年有期徒刑以下刑罚的;(二)除渎职犯罪以外的可能判处七年有期徒刑以下刑罚的过失犯罪案件。犯罪嫌疑人、被告人在五年以内曾经故意犯罪的,不适用本章规定的程序。”首先,为了与“赔钱减刑”划清界限,刑事和解在修正案中被设定了三个条件:一是犯罪嫌疑人、被告人真诚悔罪;二是犯罪嫌疑人、被告人向被害人赔偿损失、赔礼道歉;三是和解系当事人自愿且合法。其次,通过两种方式规定了刑事和解的适用范围:一是正面列举,将因民间纠纷引起,涉嫌刑法分则第四章、第五章规定的犯罪案件,可能判处 3 年有期徒刑以下刑罚的,以及除渎职犯罪以外的可能判处 7 年有期徒刑以下刑罚的过失犯罪案件纳入刑事和解的适用范围;二是反面排除,将“犯罪嫌疑人、被告人在五年以内曾经故意犯罪的”情形排除在适用范围之外。最后,根据本条规定,刑事和解的方式是多元化的,包括向被害人赔偿损失、赔礼道歉等方式。

第 289 条规定:“双方当事人和解的,公安机关、人民检察院、人民法院应当听取当事人和其他人员的意见,对和解的自愿性、合法性进行审查,并主持制作和解协议书。”本条主要是针对当事人自行和解的情况所作出的立法规制。对于当事人自行和解所达成的和解协议,为了防止其是以非法或非自愿的方式达成,法律赋予办案机关以听取当事人及其他人员意见,审查和解协议自愿性、合法性的权力,并要求其主持制作和解协议。

2018 年《刑事诉讼法》第 290 条规定："对于达成和解协议的案件，公安机关可以向人民检察院提出从宽处理的建议。人民检察院可以向人民法院提出从宽处罚的建议；对于犯罪情节轻微，不需要判处刑罚的，可以作出不起诉的决定。人民法院可以依法对被告人从宽处罚。"本条主要规定达成刑事和解协议的案件的处理问题。包括以下三层含义：一是在侦查阶段，公安机关可以向人民检察院提出从宽处理的建议。这意味着公安机关自身不能对案件做出从宽处理，而只能向人民检察院提出从宽处理的建议。二是人民检察院可以向人民法院提出从宽处罚的建议。对于犯罪情节轻微，不需要判处刑罚的，可以做出不起诉的决定。这意味着在审查起诉阶段，人民检察院对于达成和解协议的案件，有两种处理方案：一种是向人民法院提出从宽处罚的建议，一种是对于犯罪情节轻微，不需要判处刑罚的，可以自己做出不起诉的决定。三是人民法院可以依法对被告人从宽处罚。这意味着在审判阶段，人民法院可以依法对被告人从宽处罚，但不能免除处罚、宣告无罪或者终止审理。

（三）立法不足之处及其完善建议

1. 刑事和解适用的范围和对象

在 2012 年《刑事诉讼法》修改过程中，对刑事和解适用范围的规定，有助于办案机关正确适用这一制度。尽管刑事和解的适用范围被限定得很小，但是考虑到这一制度初入刑律，立法者的谨慎和保守是不无道理的。但是，由于法律界以外的人士基本上对刑事和解制度持否定态度，因此，立法者对刑事和解的适用范围进行了折中处理，将其仅限于轻罪，同时又对轻罪进行了严格的限制，这种对刑事和解制度适用范围的严格限制，必将导致实践中大量的刑事案件得不到有效的分流。因此，应当放宽刑事和解的适用范围，使其不再局限于公诉案件，也不再局限于轻罪等，对于各类刑事犯罪，只要被追诉人自愿真诚悔罪，并通过向被害人赔偿损失、赔礼道歉等方式获得被害人谅解，就可以进行刑事和解，以此来扩大刑事和解的适用范围，放大刑事和解的积极效果。建议增加办案机关为刑事和解的主持者，排除其他社会机构或个人主持刑事和解的可能性，以便更好地规范刑事和解的程序，保护双方当事人的利益。当然，当事人双方也可以自行达成和解协议，由办案机关来审查和解协议的合法性和自愿性。

笔者建议,相关法条应当改为:“犯罪嫌疑人、被告人自愿真诚悔罪,通过向被害人赔偿损失、赔礼道歉等方式获得被害人谅解的,双方当事人可以在公安机关、人民检察院或者人民法院的主持下达成和解协议,也可以自行达成和解协议。”

2. 刑事和解适用的原则

和解必须建立在双方当事人自愿、合法的基础之上。对于双方当事人自行和解的,公安机关、人民检察院、人民法院应当审查和解协议的自愿性和合法性,只有这样才能保证和解在法治化的框架内运行。为了更好地保护当事人的利益,确保刑事和解协议是在自愿、合法的基础上达成,建议增加三机关应当听取辩护律师和诉讼代理人意见的规定。如果除当事人之外还有其他利害关系人,三机关也应当听取这些利害关系人的意见,笔者认为,“其他利害关系人”的表述方式比“其他有关人员”的表述方式更为合理一些,其范围也更为确定一些。建议增加“告知双方当事人和解的法律后果”,目的是以此来检验双方和解的“自愿性”。这就使得自愿性审查有了具体的可供操作的判断标准。建议增加和解协议书的效力。对于和解协议书送达前或送达后一方当事人反悔的法律后果做出明确说明。与此相关,建议规定刑事和解程序转普通程序的适用条件。

笔者建议,相关法条应当改为:“对于双方当事人自行和解的,公安机关、人民检察院、人民法院应当听取当事人及其辩护律师、诉讼代理人以及其他利害关系人的意见,对和解协议的自愿性、合法性进行审查,告知双方当事人和解的法律后果,并主持制作和解协议书。在公安机关、人民检察院或者人民法院的主持下和解的,公安机关、人民检察院或者人民法院也应当主持制作和解协议书。

和解协议书送达前,或者和解协议书送达后,犯罪嫌疑人、被告人履行义务前,任何一方当事人反悔的,公安机关、人民检察院、人民法院应当停止和解程序,继续侦查、审查起诉或者审判。

犯罪嫌疑人、被告人履行完毕的,或者对于须分期、分批履行的义务,犯罪嫌疑人、被告人履行了主要义务的,公安机关应当撤销案件,人民检察院应当决定不起诉,人民法院应当终止审理或者判决从轻、减轻或者免除处罚。受害人一方有权要求犯罪嫌疑人、被告人按照和解协议书积极履行剩余义务。必要时,有权申请人民法院强制犯罪嫌疑人、被告人履行剩余义务。”

3. 刑事和解案件的处理

如果双方当事人达成刑事和解协议，相关的办案机关就应当依法对犯罪嫌疑人、被告人的行为做出从宽的处理。只有这样，刑事和解制度才会有内在成长的动力，才会在司法实践当中有效发挥其应有的作用。单从2018年《刑事诉讼法》第290条的字面意义来看，本条之中多次用到“可以”，而非“应当”，弱化了刑事和解本应具有的效力。为了鼓励、促成当事人和解，减少和化解社会矛盾，对于达成和解协议的案件，公安机关不是“可以”，而是“应当”向人民检察院提出从宽处理的建议；人民检察院也不是“可以”，而是“应当”向人民法院提出从宽处罚的建议；对于犯罪情节轻微，不需要判处刑罚的，人民检察院也是“应当”作出不起诉的决定；同样的道理，人民法院“应当”依法对被告人从轻、减轻处罚。其根本的原因在于：如果“可以”从宽而不从宽，被告人会有被欺骗的感觉，会对法律的公信力产生怀疑，刑事和解制度也就失去了其存在的根基。同时，本条中也出现了“从宽处理”“从宽处罚”这两个较为模糊、内涵和外延不够明确的概念。这使得法律的确定性受到一定程度的折损。如果换个角度看，本条存在几个更为根本的问题：一是对于侦查阶段的和解没有赋予公安机关以撤销案件的权力，而是规定公安机关“可以向人民检察院提出从宽处理的建议。”二是对轻罪与重罪的处理结果未做明确的区分，而是一概地规定“从宽处理”“从宽处罚”等。我们建议，对于轻罪，办案机关应当终结程序，而对于重罪，只能由人民法院从轻、减轻处罚等。这样做的目的在于防止刑事和解超出罪刑法定原则、罪行相适应原则以及刑罚个别化原则的承受底线，导致社会正义的堤坝最终失守。三是没有赋予人民法院对和解案件被告人的免除处罚或者终止审理的权力。

笔者建议，相关法条应当改为：“对于可能判处三年以下有期徒刑、拘役、管制或者单处附加刑的刑事和解案件，应当撤销案件、决定不起诉、终止审理或者从轻、减轻、免除处罚。对于可能判处三年以上有期徒刑、无期徒刑和死刑的刑事和解案件，应当从轻、减轻处罚。犯罪嫌疑人、被告人在五年以内曾经故意犯罪的刑事和解案件，人民法院可以从轻、减轻量刑。”

(四)在我国构建刑事和解制度的意义

1. 构建刑事和解制度体现了“以人为本”的社会价值取向

“以人为本”的价值取向,客观上要求把人的生存本质、客观个性、道德标准及发展要求作为一切行为的出发点与归宿点。刑事和解制度正是把人的本性作为出发点,并且是出自生存本质、客观个性、道德标准的考虑,这就是人的本性的体现。法律提供了双方对话的机会,并在结果上尊重人的选择,是对人的尊重,通过和谐处置人的权利,体现了“以人为本”的社会价值观,从归属上看,法律不仅体现了打击犯罪,也具备了法律的人性化,体现了社会的进步。

依国家职权追究犯罪,剥夺了被害人的权利,甚至提出任何主张的权利。按照“以人为本”的社会价值取向,如果剥夺了被害人的权利,人权与人的本性无法体现,作为代表国家公权力的刑事司法,对遭受人身、财产侵犯而渴望获得各种赔偿的公民,应当尊重,出于维护人的本性的考虑,不能随意否定其自由选择处理纷争的权利,甚至不能剥夺被害人的发言权;如果国家采取完全的替代式职权追究方式,不让被害人有选择权和发言权,容易令其对法律处罚产生不满,实质上将被害人利益保护不足的怨恨转嫁到了国家以及法院,人们的不满成为和谐司法的最大障碍。因而,国家应当尊重公民选择问题解决方式的自由,这是更高层次社会文明的要求。

2. 构建刑事和解制度有助于化解矛盾、构建和谐社会

刑事和解是被害方与加害方经过协商达成和解协议,建议司法机关对加害人给予宽大刑事处理的特殊诉讼程序。① 中共中央《关于构建社会主义和谐社会若干重大问题的决定》中指出:“社会和谐是中国特色社会主义的本质属性……要更加积极主动地正视矛盾、化解矛盾,最大限度地增加和谐因素,最大限度地减少不和谐因素,不断促进社会和谐。”刑事和解制度可以使社会关系良性发展,促使正常的社会关系得到修复,和谐社会为理想社会,应该是“民主法治、公平正义、诚信友爱、充满活力、安定有序、人与自然和谐的社会”,而刑事和解制度的构建,无疑有助于这一理想的实现。

---

① 陈瑞华:《论协商性的程序正义》,载《比较法研究》2021 年第 1 期。

3. 构建刑事和解制度可弥补国家与社会对受害人保障的不足

我国经济尚不发达，社会救济制度尚不完整，法院对于受害人有时爱莫能助。虽然我国有刑事附带民事诉讼制度，但是判决后实际执行比例很小，多数得不到经济赔偿，许多受害人由于受到犯罪行为的侵害，处于痛苦和贫困之中，国家在经济上尚不足以帮助他们恢复，社会保障制度救济尚不健全，不能完全解决他们的最低要求。通过刑事和解可以使加害人对被害人进行经济赔偿，弥补社会救济制度的不足。通过刑事和解不仅可以使被害人心灵创伤得到慰藉，同时也可以使得犯罪行为造成的物质损失得到一定程度的赔偿，被破坏的社会关系得到恢复。因此，刑事和解制度对于国家与社会对受害人保障不足这一难题，有着独特的弥补功能性作用。

4. 构建刑事和解制度有利于节约司法成本和社会资源

刑事和解制度使被追诉人面对面地直接对话，化解情绪，在司法诉讼之前提供沟通、交流、化解的机会，如果达成了协议，法庭在程序上刑事附带民事诉讼程序部分可以减去，更不用进入执行程序，同时对被告人的认罪态度有明确的认定，诉讼成本大为减少。相比于严格、完整的刑事附带民事诉讼程序是一种便捷的处分方式，有助于节约司法成本和社会资源。

5. 构建刑事和解制度有利于促使社会向轻刑化社会发展

当今社会经济、文化高速度发展，客观要求对犯罪的惩罚向轻刑化社会发展，它有利于社会稳定，有利于犯罪人的改过自新。刑事和解制度的实现，对犯罪人而言，可以使其赢得被害人的谅解，争取改过自新的机会，减轻其社会标签化效应，也可以让犯罪人从内心受到谴责，悔过自新，选择回归社会的道路；从社会效果上讲有利于社区恢复稳定，从不同角度都反映出轻刑化的良好结果，各种利益之间产生了适度平衡，这就是轻刑化社会的客观目标。向轻刑化社会发展是物质和精神文明的标志，我们积极实现刑事和解制度，是顺应轻刑化社会的客观要求。

三、控辩合作之中国实践三——附条件不起诉

（一）历史考察与司法实践

附条件不起诉在我国其实也有着悠久的历史传统。我国汉代时期的“勿案验，以待立状”就已有了缓期追诉刑事责任的实质精神，且古时

的“缓诉”已有了“以观后效”的提法，同现今的附条件不起诉在形式上有很多相似之处。

新中国成立后，我国立法机关通过的1979年《刑事诉讼法》和1997年《刑事诉讼法》修正案都没有关于附条件不起诉的规定。对任何刑事案件，检察机关在审查起诉后，只能作出起诉或不起诉的决定，没有第三种选择。由于法律没有赋予检察机关附条件不起诉的权力，检察机关对拟不起诉的案件，仅仅根据犯罪嫌疑人的年龄、犯罪情节、危害程度、悔罪表现等作出不起诉决定，缺乏对犯罪嫌疑人深入充分的考察监督，因而不起诉的法律效果和社会效果都不十分理想。为了改变这种被动局面，检察机关在对犯罪嫌疑人作出不起诉决定时，常常通过检察建议，请求有关单位对犯罪嫌疑人给予行政处分以对其行为进行惩戒。然而，这种做法有悖于国家设立不起诉制度的初衷，并不利于对犯罪嫌疑人的教育挽救。

随着我国对外开放的发展，国外比较先进的司法理念和执法标准不断地被司法界引入，对我国刑事司法制度起到很大的影响，检察机关在学习他国的先进经验的同时，也深刻地看到了自身的不足。我国的刑事司法制度逐渐从惩罚主义向保护主义发生转化，越来越多地体现了人性关怀和宽大的法律政策。在构建和谐社会的历史背景下，如何全面贯彻宽严相济的刑事司法政策，有效地遏制、预防和减少犯罪，有效化解社会矛盾、促进社会和谐是司法界面临的一个新课题。在改革、完善我国公诉体制的呼声中，附条件不起诉在一些地方的检察机关开始了悄悄地尝试。实践中，早在20世纪90年代中期，各地的检察机关为了实施对未成年人犯罪的挽救、教育，进行了许多有益的尝试，如建立了青少年帮教基地，结合社区的功能，对一些罪刑较轻的未成年人进行考察，在一定期间内未成年人不再犯罪，则决定予以不起诉，如果不能好好悔改或重新犯罪的，则予以移送起诉，既维护了未成年人的利益，又体现了司法机关宽柔政策，这些做法被很多媒体进行了报道，取得了良好的社会效果，实际上这就是对附条件不起诉进行的有益尝试，它们也逐渐被司法界接受和肯定。

附条件不起诉制度的改革在我国的探索开始于对未成年人犯罪案件的办理，1992年上海市长宁区检察院开始对附条件不起诉制度进行探索，对一名涉嫌盗窃的16岁未成年嫌疑人进行延期起诉，考察期为3

个月。[①] 2000 年湖北省武汉市江岸区人民检察院和 2001 年河北省石家庄市长安区人民检察院，均以未成年人为适用对象，设定一定考察期，期满不予起诉，积极探索附条件不起诉制度的实践经验。在上述几个检察院的探索实践之后，[②]各地纷纷制定相关规定，并进行大规模试点工作。该制度在江苏、山东、湖南等地得以推行，据统计，全国有 1/3 的检察院实行过暂缓起诉制度。之后由于种种原因被最高人民检察院叫停，但各地检察机关仍以不同的形式对该制度进行不断探索和完善，并为其实践推广提供了有益的借鉴。[③]

随着我国经济的快速发展，犯罪的发生率也在不断上升，特别是流动人口的快速增长，贫富差距的不断扩大，直接导致了我国的治安形势日益严峻，从检察起诉部门反映的情况来看，诉讼案件每年不断增多，而在我国，仅关押一个犯人，每年就需花费万元以上的费用，况且，我们目前采取的又是以羁押为常态，以取保候审为例外的审前羁押模式，这就势必造成我国诉讼成本的居高不下，产生了与经济发展争夺有限资源的现象。由此，诉讼效率的提高和诉讼成本的降低成为我国司法实务界不断探索和不断研讨的课题，与此相应的，暂缓起诉作为一种适应形势的检察改革方式，其产生、存在并逐步发展也就成为一种必然。[④]

随着宽严相济政策日益深入人心，附条件不起诉制度的适用作为公诉改革的课题进入人们的视野，并得到法学理论界和实务界的高度重视和逐步认同。最高人民检察院出台了《关于贯彻落实〈中央政法委关于深化司法体制和工作机制改革若干问题意见〉的实施意见》，司法改革意见中明确提出了“设立附条件不起诉制度”。2010 年 6 月，最高人民检察院检察理论研究所还就“附条件不起诉制度”的立法建议稿征

① 张明友、朱德林：《论附条件不起诉制度在检察实务中的构建》，载张智辉主编《附条件不起诉制度研究》，中国检察出版社 2011 年版，第 224—225 页。

② 张磊、张秀红：《附条件不起诉制度探究》，载张智辉主编《附条件不起诉制度研究》，中国检察出版社 2011 年版，第 303 页。

③ 张明友、朱德林：《论附条件不起诉制度在检察实务中的构建》，载张智辉主编《附条件不起诉制度研究》，中国检察出版社 2011 年版，第 224—225 页。

④ 张明友、朱德林：《论附条件不起诉制度在检察实务中的构建》，载张智辉主编《附条件不起诉制度研究》，中国检察出版社 2011 年版，第 224—225 页。

求意见、进行探讨,附条件不起诉的改革已经是必然趋势,[①]直到 2012 年 3 月《刑事诉讼法》中新增规定了关于对未成年人附条件不起诉的相关内容。

(二)在现行刑事诉讼法中的体现

附条件不起诉,是指人民检察院对于触犯《刑法》的犯罪嫌疑人,在对法律规定的一定事项进行综合考虑之后,依法认定没有立即追究其刑事责任的必要而作出的暂时不予提起公诉,并规定一定期限的考察期以观后效的制度。2012 年《刑事诉讼法》新增了对未成年人刑事案件附条件不起诉制度,共增加第 271—273 条三条关于附条件不起诉的法条,具体内容如下:

第 271 条即是对附条件不起诉的适用条件及其相关程序的规定。根据本条的规定,未成年人刑事案件适用附条件不起诉制度需要符合以下 3 个条件:1. 未成年人涉嫌的犯罪是刑法分则第四章、第五章、第六章规定的犯罪,即第四章规定的侵犯公民人身权利、民主权利罪,第五章规定的侵犯财产罪和第六章规定的妨害社会管理秩序罪;2. 未成年人涉嫌的犯罪可能判处 1 年有期徒刑以下刑罚;3. 符合起诉条件,要有悔罪表现。此外,人民检察院在作出附条件不起诉的决定前,应当听取公安机关、被害人的意见。第 2 款和第 3 款规定的内容是对检察院决定适用附条件不起诉时,公安机关、被害人和未成年犯罪嫌疑人及其法定代理人所拥有的权利。公安机关可申请复核,被害人可通过申诉维护自己的权益,而未成年犯罪嫌疑人及其法定代理人则对检察院的决定拥有否定权,即在其有异议的情况下,人民检察院应当做出起诉的决定。首先,我国刑事诉讼法增加此项规定,一方面不仅有利于保护未成年人的合法权益,体现教育、挽救失足未成年人的精神,而且有利于维护社会治安的稳定,依法严惩犯罪;另一方面有利于实现法定情节与酌定情节的统一,法律效果和社会效果的统一。其次,从司法资源配置角度而言。附条件不起诉制度是检察官行使自由裁量权,在审查起诉阶段进行案件分流的一种重要方式,将一部分案件排除在审判程序之外,使检察官和法官集中精力处理复杂、疑难案件,有利于优化司法资

---

① 王媛媛、李春季:《我国附条件不起诉之理论构建》,载张智辉主编《附条件不起诉制度研究》,中国检察出版社 2011 年版,第 195 页。

源配置，提高司法效率，节约司法成本。最后，从保障未成年人合法权益角度而言。司法实践中虽有对被追诉人采取审判后免于处罚形式，但是“犯罪”标签将伴随着未成年人今后的人生道路，将严重影响他们的身心健康成长，也不利于社会稳定，而通过此种方式，减轻犯罪情节对未成年人的影响，加以适当的引导，将使他们更容易回归社会，符合刑罚人道性思想。

第 272 条是对附条件不起诉制度所附条件、考验期等内容的相关规定。根据本条规定，附条件不起诉应有 6 个月以上 1 年以下的考验期间，执行监督考察的主体是人民检察院；未成年犯罪嫌疑人的监护人有配合监督考察的义务；被附条件不起诉的未成年犯罪嫌疑人应严格遵守法律、法规，按规定上报自己的活动情况，便于检察机关的考察；此外，离开所居住的市、县或者迁居，还应当报经考察机关批准；最后是按照考察机关的要求积极接受教育矫治。之所以增设这些规定，首先由于未成年人生理、心理并不成熟，因而容易受到不良环境的影响，且自制力较差，其再犯罪的可能性很大；其次，是未成年犯罪嫌疑人对其行为具有不可推卸的责任。为此，在为未成年人所设定的考验期内，不能对其放任自流，而应加强对其监督和改造。执行监督考察的机关是人民检察院，原因在于人民检察院是作出决定的机关，由其执行监督考察任务，有利于更好地执行本法相关规定，也利于人民检察院根据考察期内情况及时做出变更或调整。此外，附条件不起诉的考验期为 6 个月以上 1 年以下，是个合理期限。时间过短无法保证对未成年人进行足够的教育改造，时间过长则容易使未成年人产生厌倦心理，不利于教育改造工作的开展。6 个月以上 1 年以下不仅对未成年人具有约束力和危机感，也更容易使他们看到希望，更易为他们所接受。

第 273 条是在做出附条件不起诉决定后，提起公诉和做出不起诉决定的规定。需重新提起公诉的情形可归结为：实施新罪、发现漏罪、违反法定义务三种情形。所谓实施新罪，是指在被考察期间，未成年犯罪嫌疑人实施了新的犯罪的行为；所谓漏罪，是指又发现还有其他没有判处的罪；违反法定义务，系指本法所规定的被考察的未成年人所应遵循的法律规定。需要注意的是，违反治安管理规定或者考察机关有关附条件不起诉的监督管理规定还需要以“情节严重”为条件，这也是出于最大限度地保护未成年人的目的而制定，充分考虑到了未成年人身心不成熟、自制力较差这一特点。该条同时规定，在考验期内没有上述这三种情形，考验期满的，人民检察院应当作出不起诉的决定，此时，未成年犯罪嫌疑人将不再被提起公诉。笔者认为，虽然我国在保护社会和保护未成年人方面具有统一性，但也不应过度强调保护未成年人而忽略其造成的社会危害性。本条为检察机关正确实施附条件的不起诉制度提供了法律依据，该条法律要求人民检察院办理未成年刑事案件时不仅要注意保护未成年人的合法权益，也要保护社会的利益，依法惩罚犯罪，这也是双重保护原则的客观要求。

2018 年《刑事诉讼法》修改时，上述第 271、272、273 三条分别被调整至第 282、283、284 条，但内容并未改变。

（三）立法不足之处及其完善建议

1. 附条件不起诉的适用条件及其相关程序

将未成年人附条件不起诉的范围限定在可能判处 1 年有期徒刑以下的案件，范围过窄。从刑法规定来看，“可能判处一年有期徒刑以下刑罚”的罪名极少。2020 年《刑法》分则第四、五、六章规定的犯罪中，法定刑在 1 年以下的只有第 252 条侵犯通信自由罪和第 322 条偷越国（边）境罪。从宣告刑角度来看，参照《人民法院量刑指导意见（试行）》（已失效）建议的处理未成年人犯罪案件的减刑幅度，如果不考虑其他减免刑的情节，能够使未成年人的宣告刑在 1 年以下的情形是：对于已满 14 周岁不满 16 周岁的未成年人，该罪的基准刑应当在 1 年 5 个月以下；对于已满 16 周岁不满 18 周岁的未成年人，基准刑应当在 1 年 1 个月到 2 年之间。能达到附条件不起诉可能刑罚要求的犯罪仍然是凤毛麟角。因此，建议对附条件不起诉的可能刑罚条件适度放宽，对于可能判处 3 年以下有期徒刑，同时又能满足其他 4 个条件的，均可以适用附条件不起诉。这将与我国其他法律规定相协调。2020 年《刑法》第 72 条规定，对于被判处拘役、3 年以下有期徒刑的犯罪分子可以适用缓刑。2018 年《刑事诉讼法》第 222 条规定，“基层人民法院管辖的可能判处三年有期徒刑以下刑罚的案件，案件事实清楚，证据确实、充分，被告人认罪认罚并同意适用速裁程序的”，可以适用速裁程序，这均体现出刑事法律对 3 年以下的犯罪较为宽和的处理原则，符合宽严相济的刑事政策的基本精神。

笔者建议，相关法条可以修改为：“对于未成年人涉嫌刑法分则第四章、第五章、第六章规定的犯罪,可能判处3年以下有期徒刑的刑罚,符合起诉条件,但有悔罪表现的,人民检察院可以作出附条件不起诉的决定。人民检察院在作出附条件不起诉的决定以前,应当听取公安机关、被害人的意见。

对附条件不起诉的决定,公安机关要求复议、提请复核或者被害人申诉的,适用本法第179条、第180条的规定。

未成年犯罪嫌疑人及其法定代理人在人民检察院作出决定附条件不起诉之前有异议的,人民检察院应当作出起诉的决定。”

2. 对附条件不起诉制度所附条件

2018年《刑事诉讼法》第283条对附条件不起诉制度所附条件的规定较为笼统,这在司法实践中可能带来认识不统一的问题,笔者建议,该条对“条件”给予明确规定。具体可借鉴我国台湾地区“刑事诉讼法”第253条之2的规定:检察官作出暂缓起诉处分时,可以命犯罪嫌疑人于一定期内遵守或履行一定条件或事项,例如向被害人道歉、立悔过书,向被害人支付相当数额之财产或非财产上之损害赔偿,向公库或指定之公益团体、地方自治团体或社区提供40小时以上、240小时以下之义务劳动,完成戒瘾治疗、精神治疗、心理辅导或其他适当之处遇措施,保护被害人安全等事项,如违反上述规定,检察官有权将暂缓起诉处分撤销,继续侦查起诉。

笔者建议,相关法条可以修改为:“在附条件不起诉的考验期内,由人民检察院对被附条件不起诉的未成年犯罪嫌疑人进行监督考察。未成年犯罪嫌疑人的监护人,应当对未成年人加强管教,配合人民检察院做好监督考察工作。

附条件不起诉的考验期为六个月以上一年以下,从人民检察院作出附条件不起诉的决定之日起计算。

被附条件不起诉的未成年犯罪嫌疑人,应当遵守下列规定:(一)遵守法律、行政法规,服从监督;(二)按照考察机关的规定报告自己的活动情况;(三)离开所居住的市、县或者迁居,应当报经考察机关批准;(四)按照考察机关的要求接受教育矫治;(五)所附条件包括:向被害人赔礼道歉、立悔过书,向被害人支付相当数额的财产或非财产上的损害赔偿、完成戒瘾治疗、精神治疗、心理辅导或其他适当的处理措施,保护被害人安全等事项。”

(四)在我国构建附条件不起诉制度的意义

1. 有利于加强对未成年人的保护

由于我国对不起诉有着严格的限制,现实中,检察机关即使对于犯罪嫌疑人的独特境遇深表同情,也无法给他提供选择矫正的机会。尤其是在当今和谐社会的主题下,迫切地需要一种人性化的诉讼程序,而附条件不起诉制度便恰恰满足了这一需要。目前,我国的附条件不起诉主要还是适用于未成年人犯罪。对于主观恶性不深、手段不残忍、且初次作案的未成年人进行定罪科刑,不利于其人格的矫正,反而会加深其对社会的逆反心理,加大教育改造的难度。完善附条件不起诉制度,结合不起诉和取保候审制度不失为挽救失足未成年人的好方法。利用附条件不起诉,使特定当事人在其行为未被处理而自身又明白其行为性质的情况下,将今后的人生道路的选择权交与他们自己,让他们在设定的期限内用自身的行动来证明自己的选择。这样,他们既因为自己的行为受到惩罚,同时也感到了自身责任,刑罚教育与惩罚的目的均达到了。此外,这样做也更有利于他们回归社会。

2. 有利于节约司法资源,提高诉讼效率

一个完整的刑事诉讼程序包括立案、侦查、起诉、审判和执行等5个诉讼程序,这些都需要付出相应的成本。为了实现司法经济效益,世界各国在诉讼活动中都力求以最小的投入,获取最大的诉讼效益。如果不论重罪、轻罪,所有的案件都经历这么完整的5个诉讼阶段,那么将会耗费大量的人力、物力和财力,增加了司法成本,却降低了诉讼效率。在我国,随着对附条件不起诉制度的研讨和探索的深入,检察机关通过对轻微犯罪的分流,减少了诉讼成本,节约了检察院、法院用于办理轻微犯罪案件的人力、物力,同时由于程序的缩短,大大地减少了诉讼成本。在达到惩治犯罪、救治犯罪的同时,也将有限的司法资源进行了更为合理的配置。

3. 符合宽严相济刑事政策的内在要求

自1949年新中国成立至1979年《刑法》颁布,30年间,我国刑事司法主要由刑事政策指导。改革开放以来,我国刑事政策经历了惩办与宽大相结合(1983年以前)——“严打”(1983—2005年)——宽严相济(2006年以来)的演变。宽严相济刑事政策在2006年10月11日中共中央十六届六中全会《关于构建社会主义和谐社会若干重大问题的决定》中首次提出，根据《中共中央关于转发〈中央政法委员会关于深化司法体制和工作机制若干问题的意见〉的通知》的要求：贯彻落实宽严相济刑事政策，建立健全依法办理轻微刑事案件和未成年人、老年人犯罪案件的工作机制。在第十一届全国人民代表大会第二次会议上，最高人民检察院报告指出，要认真贯彻宽严相济的刑事政策，坚持区别对待，对严重的刑事犯罪坚决严厉打击，对主观恶性较小、犯罪情节轻微的未成年人、初犯、偶犯和过失犯，应慎重逮捕和起诉，可捕可不捕的不捕，可诉可不诉的不诉。因此，我国对轻微刑事案件建立附条件不起诉制度是符合刑事政策的，是非常必要的。[①]

4. 提高了当事人的诉讼程序参与程度，有利于公诉民主和公正价值的实现

附条件不起诉制度将缓刑的考验期运用到审前程序，并将其与不起诉制度相结合，产生了一种检察官的自由裁量权。通过诉讼程序使轻罪被告人被定罪量刑，不但会使其留下犯罪的记录，而且从心理学的角度来看，还会加强其反社会性，不利于其回归社会，这就会影响刑事政策目的的实现。国家对于犯罪人的论罪科刑，应当注重科刑的效果。强调有罪必罚的报应刑观念所支配的有罪必诉的思想应让位于同预防主义的刑罚思想及非刑罚化政策紧密联系的、更加注重具体正义具体实现的便宜追诉价值。

附条件不起诉制度通过设定考察期间和设定义务的方式，使得犯罪嫌疑人有改过自新、矫正错误行为的选择机会，也为检察官保留起诉权留下了余地，这是非常人性化且又正义的诉讼程序，提高了当事人的诉讼程序参与程度，有利于公诉民主和公正价值的实现。

5. 符合构建社会主义和谐社会的现实需要

构建和谐社会是我国的发展目标，而和谐社会在一定程度上就是一个综合考虑和平衡各种利益的社会。法律的基本功能在于打击和预防犯罪、维护社会秩序和公共安全、保障社会处于和谐状态。除此之外，人们受到平等对待，进而感受到公平正义，是评价社会和谐与否的重要因素，而法律本身具有促进平等实现功能，“由于所有社会都遵守

---

① 赵作伦：《关于附条件不起诉制度的思考》，载张智辉主编《附条件不起诉制度研究》，中国检察出版社 2011 年版，第 321 页。

规则或一般标准,所以通过规范性制度本身的运作,就可以在各地实现某种程度的平等”①。如果在诉讼过程中能够平衡双方的利益,对具体的案件进行具体的分析,作出合法、合理、合情的处理,则对于构建和谐社会具有不可忽视的作用。附条件不起诉制度注重平衡社会各方面的利益以及刑罚的具体妥当性,给没有起诉价值或者认为不需要判处刑罚的人提供改过自新的机会,为其弃恶从善创造条件,避免不必要或者不恰当起诉所可能产生的负面效应,使检察机关的起诉朝着更加合理、公正的方向发展。事实上,除针对未成年人,当前司法中的“合规不起诉”制度在某种程度上也“具有协商性司法程序的性质,可以适用协商性的程序正义理论”②,它能使违规企业与司法机关进行更充分的对话,尽可能早地恢复正常经营,也能使一般企业更积极作出合规计划,有利于促进社会和谐,保持社会的长治久安。

6. 与国际潮流和趋势相一致

1990 年第八届联合国预防犯罪和罪犯待遇大会通过的《关于检察官作用准则》中规定:“根据国家法律,检察官应在充分尊重嫌疑人和受害人的人权的基础上适当考虑有条件地中止诉讼程序或使某些刑事案件从司法系统转为其他办法处理。”这一规定也意味着检察官的自由裁量权应当有所扩大。

自 20 世纪 60 年代以来,伴随着犯罪率的不断上升,世界各国的刑事政策也出现了变化,具体而言是指对社会危害性小、犯罪情节较轻、主观恶性不深的犯罪嫌疑人处罚较轻;相反的则加重处罚。附条件不起诉制度就是这一刑事政策的表现形式之一。确立这一制度的主要目的是为犯罪嫌疑人回归社会创造条件。

四、控辩合作之中国实践四——认罪认罚从宽制度

(一)历史考察

认罪认罚从宽制度有其自身的发展演变脉络,这种历史演变正体现着我国对于建立高效司法制度以实现“简者更简”的追求。改革开放 40 余年来,我国刑事案件数量不断上升,而与之形成鲜明对比的是我国司法资源无法满足日益增加的刑事案件压力,这种现状促使我国进行

---

①　[美]E. 博登海默:《法理学:法律哲学与法律方法》,邓正来译,中国政法大学出版社 1999 年版,第 285 页。

②　陈瑞华:《论协商性的程序正义》,载《比较法研究》2021 年第 1 期。

了一次又一次在公正前提下提升刑事诉讼效率的有益尝试。我国先后经历了简易程序阶段、普通程序简化审阶段、扩大简易程序适用阶段、速裁程序阶段。具体而言，1996 年《刑事诉讼法》首次将刑事诉讼程序分为普通程序和简易程序，对罪行较轻且被告人认罪的刑事案件实行简审和快审，开启了对控辩合作路径的探索。2002 年，“中国辩诉交易第一案”在黑龙江省牡丹江铁路运输法院开庭审理，在本案中，首次引入了“控辩协商”之说法，该个案实践虽因各种原因没有得到大范围推广，但是该案为认罪认罚从宽制度提供了尝试。2003 年，最高人民法院、最高人民检察院、司法部共同出台了《关于适用普通程序审理“被告人认罪案件”的若干意见（试行）》，将普通程序又进一步划分为普通程序以及普通程序简化审，这个意见开启了对被告人认罪案件程序的改革。2007 年最高人民检察院出台《关于依法快速办理轻微刑事案件的意见》，针对实践中的轻微刑事案件，提出快速办理机制，比如可能判处 3 年以下有期徒刑的刑事案件，可简化部分程序性事项；2008 年，中央政法委出台了《关于深化司法体制和工作机制改革若干问题的意见》，指出“建立快速办理轻微刑事案件制度，扩大简易程序适用范围”。根据该意见，省级法院、检察院就如何高效办理刑事案件纷纷开展试点工作，开启了各地扩大简易程序适用的新篇章，“简者更简”的理论在实践层面得到越来越普遍的认可适用。2012 年《刑事诉讼法》的修改，将刑事和解制度规定为特别程序，按照该制度设计，加害人以真诚悔罪为前提，通过积极赔偿等方式获得被害人谅解，检察机关可对案件作出不起诉、暂缓起诉决定，刑事和解制度具有与认罪认罚从宽制度相似的立法初衷——在公正基础上追求诉讼效率，以及相同的司法理念恢复性司法理念。自 2016 年开始，部分地区进行认罪认罚从宽制度试点，通过两轮制度试点，认罪认罚从宽案件适用范围扩大到被告人可能判处 3 年以下有期徒刑刑罚案件，在推进认罪认罚案件简便快捷审理的同时，控辩双方就量刑问题开展协商的司法实践也有序进行。2018 年《刑事诉讼法》第一章明确规定认罪认罚从宽制度，该制度的立法确认，是具有中国特色的控辩协商制度形成的标志。[①]

（二）认罪认罚从宽制度的特点

从应然上讲，控辩平等与控辩协商，是认罪认罚从宽制度最为突出

---

① 陈瑞华：《刑事诉讼的公力合作模式——量刑协商制度在中国的兴起》，载《法学论坛》2019 年第 4 期。

的特点。控辩平等是认罪认罚从宽制度的基础。从控辩平等的现代内涵视域下审视认罪认罚从宽制度，该制度应当是建立于立法上的平等武装，通过司法上的平等保护，从控辩双方平等对抗，走向控辩双方平等合作。具体而言，平等武装是前提。控辩双方诉讼地位的平等和诉讼权利的对等，是控辩双方得以实现合作的必要条件。立法上，通过赋予辩方确实的沉默权、充分的知悉权、有效的辩护权、有限的反悔权和充足的救济权，从而保证被追诉人的诉讼主体地位；通过增加控方诉讼关照义务、证据开示义务、证据移送义务，从而实现控辩双方诉讼地位的实质平等；平等保护是重点。受诉讼结构制约，构建法官主导的认罪认罚从宽制度，保障法官对控辩双方的平等保护，对实现控辩双方平等合作发挥重要作用，否则，控方主导的认罪认罚从宽制度只能算是司法屈从而非控辩协商；平等对抗是实质。认罪认罚从宽制度虽呈现出控辩双方平等合作的表现形式，但是从权力（利）性质来看，控诉权和辩护权两者权力异质，而非同质同向控辩双方在定罪、量刑等实体问题和强制措施适用、羁押时间等程序问题上努力争取利益，实现利益最大化，所以平等对抗贯穿于认罪认罚从宽制度的始终；平等合作是关键。认罪认罚从宽制度体现了我国公力合作的诉讼模式，其中，犯罪嫌疑人、被告人认罪是最低限度的合作。在认罪认罚从宽制度中，在犯罪嫌疑人、被告人认罪基础上，控辩双方就刑罚种类、刑期、刑罚执行方式，程序选择，民事赔偿三大问题进行协商，达成合意，故平等合作是认罪认罚从宽制度的目的和关键。

控辩协商是建立认罪认罚从宽制度的核心。笔者曾就构建中国控辩协商的程序作出详细设计①：理想的控辩协商程序需要以证据开示、问罪程序为基础，并在控辩双方均同意适用协商程序后该程序方可启动；控辩协商过程强调犯罪嫌疑人、被告人及其辩护律师与控方在平等自愿的基础上就量刑问题进行协商，整个过程应充分保障犯罪嫌疑人、被告人的刑事诉讼主体地位；法庭审查阶段法官主要的任务是对协议进行司法审查，以保证协商的正当性。审查方法是法官对被告人进行直接询问、审核证据材料、充分听取辩护律师的意见；裁判结果根据不同庭审情形分为接受该协议作出判决、控辩双方重新协商或程序转换、

---

① 详见冀祥德：《建立中国控辩协商制度研究》，北京大学出版社2006年版。

法官拒绝或被告人撤回协议三种结果。笔者建议同时对控辩协商监督机制做出设计:强调控辩协商制度必须与抗辩是诉讼程序共同构建;对控、辩、审三方建立体制上的制约;需建立中立的法官制度,保障控辩协商的公正性。对控辩协商制度中被告人认罪自愿性保障机制做出设计;赋予并保障犯罪嫌疑人、被告人诉讼主体地位;赋予被告人更多防御性权力;对司法人员进行监督。认罪认罚从宽制度宜参考上述路径构建和完善。

(三)认罪认罚从宽制度的不足及未来发展

从2018年认罪认罚从宽制度入律,到如今实践层面的广泛适用,认罪认罚从宽制度对我国刑事司法改革,尤其是刑事诉讼制度变革产生了巨大的作用和影响,可以说是我国刑事司法体制改革中最具有影响力的一项制度建构。然而认罪认罚从宽制度的构建是否符合其立法初衷?制度的设计与运行是否符合刑事诉讼发展规律?这些问题需要我们理性分析。笔者认为,对于当下的认罪认罚从宽制度,尚存如下不足,值得我们关注和完善。例如2018年《刑事诉讼法》第201条对法官自由裁量权的限制,实践中部分人民检察院压制性操作方式导致检方话语权过大,检察官的控诉具有"类审判"功能。[①] 但与此同时,此规定有利于鼓励和引导犯罪嫌疑人认罪认罚和提升检察院量刑建议法律效力的稳定性。[②] 如何辩证地看待这个问题是值得深入研究的。

第一,制度名称上,应为控辩协商而非认罪认罚从宽。在概念界定和语言逻辑上,认罪认罚从宽强调的是被追诉人通过认罪、认罚而换取从宽,并没有蕴含控方给予被追诉人从宽待遇,以换取被追诉人认罪认罚之意,因此认罪认罚从宽与坦白从宽、抗拒从严具有相同含义,而悖离于控辩双方在自愿、平等武装权力(利)、平等适用程序之下的平等协商。考虑到认罪认罚从宽制度的核心是控辩协商,故将其称为控辩协商制度更为恰当。

第二,权力制衡上,应为权利保障而非权力扩张。认罪认罚从宽制度的顺利运行依托检察机关起诉裁量权、量刑建议权的扩大。从控辩

---

① 龙宗智:《完善认罪认罚从宽制度的关键是控辩平等》,载《环球法律评论》2020年第2期。

② 李寿伟:《中华人民共和国刑事诉讼法解读》,中国法制出版社2018年版,第499—500页。

协商角度来看，在检察机关扩权的同时，必须扩张和完善被追诉人的沉默权、辩护权、案件知悉权等权利，控辩双方才能实现平等合作而非被追诉人对控方的屈从。从世界刑事诉讼发展趋势来看，世界刑事诉讼发展的历史就是公权力不断限缩，而辩护权不断扩张的过程。因此，从制衡理论关注我国认罪认罚从宽制度，接下来，需要进一步扩大辩方实体性权利和程序性权利，来保证认罪认罚从宽制度的协商实质。

第三，程序运行上，应为法官主导而非检察主导。目前，受制于“检察机关是刑事错案的第一责任人”这一认识的影响，认罪认罚从宽制度在程序运行过程中，凸显出检察机关主导的特征，造成了控辩协商空间被压缩、控审矛盾加剧等弊端。应当明确，党的十八届四中全会通过的《关于全面推进依法治国若干问题的重大决定》，提出了推进“以审判为中心”的诉讼制度改革，这是从顶层设计的角度对我国诉讼制度改革所做出的重大部署，认罪认罚从宽制度无疑要统一于改革部署中；且对于刑事案件的质量，公、检、法、律都是责任主体，并没有主次之分，只是职能不同而已。要逐步建立法官主持的羁押听证程序、证据开示制度、问罪程序；允许法官介入控辩协商过程，听取控辩双方就案件实体问题与程序问题的辩论过程；法官享有基于事实与证据对案件定罪量刑的最终决定权。

五、小结

与国外学者关于辩诉交易问题大量的理论探讨与实证性研究相比，我国法学理论界对控辩合作背景、规律、现实的研究还不够深刻，虽然构建起认罪认罚从宽制度，但其运行时间较短，控辩平等、控辩合作的理念和意旨尚未完全融会于制度机理之中。但是，这种探索和争论本身无疑有助于我们对于“通行”的刑事司法观念进行反思、对于制度背后的理论资源进行挖掘、对于制度建构中的缺陷进行弥补。在我国改革和完善刑事诉讼制度的过程中，还会出现类似的争论。值得注意的是，在探讨外国某项法律制度的借鉴和移植问题时，对于该制度产生的背景、理论依据、具体内容、实践状况等问题进行深入、细致的研究或许比轻率地对应否借鉴、如何借鉴问题发表主张更为重要。曾几何时，我国法学界对辩诉交易一片鞭挞和排斥之声，现如今，我国已构建出了认罪认罚从宽制度，这种巨大的反差或多或少反映了当时我国法学研究者理性思考的不足。

当前,我国刑事司法面临的一大问题便是犯罪率快速增长与司法资源有限性之间的矛盾,我们在这样一种情势之下研究控辩合作诉讼模式的构建,其意义无疑是重大的。此外,我国的理论界和实务界也对控辩合作的具体制度进行了长期的研究和探讨,特别是 2012 年《刑事诉讼法》对刑事和解制度以及对未成年人附条件不起诉制度的引进更是控辩合作在我国发展历程中的重要一步,2018 年认罪认罚从宽制度的立法确认,标志着控辩合作在我国刑事政策与司法实践中以及法律制度中悄然出现并逐渐壮大的事实,昭示着世界刑事诉讼发展规律下的一种必然。

第五节　世界刑事诉讼第四次革命的意义

控辩合作的诉讼模式是顺应当前刑事司法发展的现实需要而产生的,是解决目前各国刑事司法诸多问题的一把"金钥匙",它不仅可以实现司法效益的最大化,而且可以体现司法和谐的现代价值追求,其意义主要表现在以下几个方面。

一、有利于司法公正的实现

(一)迟来的正义是非正义

因为"公正在法律中的第二个含义就是效益"①"诉讼本身应该在尽可能短的时间结束""处罚犯罪的刑罚越是及时和迅速,就越是公正有益""推迟刑罚尽管也给人们以惩罚犯罪的印象,然而它造成的印象不像是惩罚,倒像是表演"②。如果案件久拖不决,对于受害者来说,"迟来的正义是非正义",因为他在最痛苦的时候得不到补偿和抚慰。对于社会来说,有损于司法公正在人们心目中的崇高地位。尽管正义必须被实现,但只能以既有资源能够负担的形式实现,"昂贵的正义"绝

---

① ［美］波斯纳:《法律之经济分析》,唐豫民译,台北,台湾商务印书馆 1987 年版,第 18 页。

② ［意］贝卡利亚:《论犯罪与刑罚》,黄风译,中国大百科全书出版社 1993 年版,第 56 页。

非我们的理想，不仅如此，正义还必须在尽量短的时间内被实现。[①] 控辩合作则实现了上述两种情况对司法公正的要求。

与此同时，犯罪行为不仅仅是对国家、社会利益的侵犯，也是对人以及人与人之间相互关系的一种侵犯。控辩合作不同于控辩对抗的纠纷解决模式，它突破了司法者完全中立、为惩罚而惩罚的模式，摒弃了有罪必罚的原始的报应观，“包含了人们对犯罪本质及犯罪危害性的新认识”。在这里，由对抗到合作，由对立到和解，既体现了案件处理的实体结局，又由于是通过诉权而使被追诉人与被害人达成诉讼合意，体现了程序的正义价值。[②]

（二）有利于程序公正理念的确立

程序公正远远不是由被告人有权获得公开审判、证据要在法庭上质证等所能够涵盖的，公正本身就是一个极有争议的概念，况且程序公正的观念和标准总是不断发展变化的，它们要与特定时代和特定社会的政治、经济、文化等方面的状况相适应，并受制于一个社会的法律传统，人们很难提出一种普遍适用于所有时代和社会的公正理想。

罗尔斯曾说，“参与原则适用于各种制度”，[③]刑事诉讼制度也不会例外。当事人必须具有影响诉讼过程和裁判结果的充分的参与机会，这是程序参与原则的核心内容，而程序参与原则又是程序一般公正得以实现的重要途径之一。一般公正是指多数人或所有人在典型情况下都能各得其所地分配结果，但社会冲突千差万别，法官在处理具体案件时必须根据具体情况对一般规定有所变通，以实现个别公正。所以个别公正是指在一般公正的指引下，对个别人、个别案件处理的公正。程序个别公正的特点，能够在一定程度上弥补程序规范确定性、概括性和抽象性所可能损及的某些公正。[④] 在遵循“程序与案件相适应”原则的基础上，赋予当事人一定的程序选择权，使其具有平等追求实体利益和程序利益的机会，有益于纠纷解决过程的正当化，在更大程度上顺应了现代社会中权利救济大众化的趋势。

---

① 杜宇：《理解“刑事和解”》，法律出版社2010年版，第46页。

② 郑鄂主编：《刑事审判中的社会矛盾化解与机制构建研究》，法律出版社2011年版，第219页。

③ ［美］罗尔斯：《正义论》，何怀宏等译，中国社会科学出版社1988年版，第217页。

④ 肖建国：《程序公正的理念及其实现》，载《法学研究》1999年第3期。

控辩合作看似违背罪与刑的法定性与适应性,使被追诉人丧失在公开法庭上辩论、质证的权利,但这是在其行使了有效参与诉讼的权利的前提下自愿作出的决定,充分尊重了他的权利和人格,恰恰实现了个别公正,是对被告人程序主体地位的肯定,并使其获得实际的好处,有利于被追诉人心理压力和抵触情绪的减轻。①

以辩诉交易制度为例,辩诉交易适用的案件都是证据体系不够完善的案件,在这类案件中,不乏被告人确实实施了犯罪甚至是实施了重罪或者多个犯罪的情形,但是由于控方难以收集到充分的证据,如果按照无罪答辩的诉讼程序,控方指控的犯罪将可能难以成立,结果将会导致犯罪人逃脱惩罚,国家司法制度的公正也不能实现。但是如果实行辩诉交易,被告人作有罪供认,即可对其犯罪行为处以刑罚,这一结果显然要比证据不足放弃指控或者指控不能成立而放纵犯罪要好得多,无论对被告人还是对社会都是一个说得过去的结局,"半块面包总比没有面包好。"因此通过辩诉交易制度,被告人对其程序权益进行恰当的处分,并不能说损害了人们头脑中刚刚树立起来的程序公正之观念,反而有利于增强我国刑事诉讼法的民主性,有利于培育尊重被告人程序主体地位的观念。

二、有利于司法效率价值的实现

我国的司法资源毕竟是有限的,如果不管案件的性质、犯罪情节、危害程度,都采取一样的诉讼模式的话,将会导致不分什么案件情况而一律经历复杂的诉讼程序、耗费较长的诉讼时间、支付较高的诉讼成本的局面,同时法官手上堆积的案件太多,便难以集中精力按期、确保质量地完成每一起案件,这样对整个司法机关、被害人和被追诉人以及社会都是不利的。一个完整的刑事诉讼程序烦琐冗长,其流程的完整进行会占用庞大的司法资源,而控辩合作可以有效地减少烦琐的刑事诉讼程序,缩短办案时间,解决案件累积问题,避免讼累,提高司法机关办案的效率。正如美国前最高法院首席大法官沃伦·伯格所言,如果辩诉交易在所有案件中的比例从当前的90%水平下降到80%,就会产生

---

① 国家森:《中国控辩协商制度研究——刑事诉讼特别程序之探讨》,载《法学论坛》2004年第6期。

双倍配备人力、物力的要求,包括法官、法庭书记官、法警、书记员、陪审员和审判场所。控辩合作以其低廉的费用和宽松的证明规则,有效地实现了程序分流,较好地解决了人员、时间和成本问题。

近年来,我国刑事案件数量逐年上升,而司法机关则人力资源稀缺,物力和财力资源十分有限,这严重制约了各项工作的正常开展。因此,建立快速便捷的诉讼程序就成为一种可供考虑的选择。匈牙利学者欧德曾经指出:"在我们当今的时代里,几乎所有刑事司法程序改革都有两个基本目的:一是发现实施一种迅速、简化和成功程序的新方式和新途径,换言之,使刑事诉讼活动的进行更有效率;二是确保诉讼参与人的权利,这与公正的要求密切相连。"[①]而能否在公正与效率之间保持适度的平衡,是评价一个国家的刑事诉讼程序是否具有科学性、合理性的重要标志。同时我们也应看到,任何资源都是有限的,国家对刑事资源的投入在一定时间内总是相对稳定的,作为国家系统成本的一部分,刑事成本的增加必然会减少国家对其他社会福利与公共建设的支出,从而产生"排挤效应"。[②] 贝利斯教授也认为,"没有正当的理由,人们不能使程序在运作过程中的经济耗费增大。"[③]审判程序在任何国家中都被视为极为宝贵的司法资源,如果让那些本可以在普通审判程序之外解决的案件进入普通审判程序,势必造成大量人力、物力、财力的无端浪费,也使得那些重大复杂的案件难以得到裁判者的更多关注。从另一方面讲,由于庭前准备的不足,各种证据,特别是那些易于混淆视听的证据均被出示于庭上,法官难以驾驭庭审,致使多次、反复开庭,也变相地增加了个案的诉讼成本,不利于提高诉讼效率。[④]

因此,在司法程序的承载量极为有限的情况下,使庭前审查程序的分流功能充分地发挥出来就显得尤为重要;同时,司法资源的有限性从总体上限制了司法部门对正义的绝对追求,对抗性审判虽然最大限度地保证了公正,但这种对抗又是低效率的。那种追求公正与效率的绝对平衡及"期望司法过程现在就完全理性化,无论如何都是一种应被抛

---

① 转引自陈瑞华:《刑事审判原理论》,北京大学出版社 1997 年版,第 92 页。

② 张平吾:《犯罪学与刑事政策》,商务印书馆 1999 年版,第 730 页。

③ 转引自陈瑞华:《刑事审判原理论》,北京大学出版社 1997 年版,第 92 页。

④ 汪建成、杨雄:《比较法视野下的刑事庭前审查程序之改造》,载《中国刑事法杂志》2002 年第 6 期。

弃的无稽之谈”。[①] 控辩合作就是一种兼顾公正与效率,在公正基础上提高效率的制度改革方式。

三、促进了刑事诉讼程序的改造和优化

任何新事物的产生,对其周边环境下已经存在的事物必然产生或多或少的影响,导致事物结构序列的重新排列;任何一项制度的建立,必然对该制度所涉及的相关制度造成一定的冲击,使有关制度的内容设计进行必要的调整。推行控辩合作,实行案件的繁简分流制度,针对不同情况的案件采用不同的程序审理,使得诉讼程序朝着科学化、合理化的方向发展,这不仅满足了各国司法实践发展的客观需要,也符合当前各国刑事诉讼制度改革的大趋势,是各国刑事诉讼制度的一个进步。加强控辩合作是目前世界不少国家诉讼模式改革的重要内容,其目的就是分流案件,使一些轻微的犯罪案件省去审判并科以刑罚的程序,同时,给予疑难复杂案件的被追诉人以更多的正当程序和权利保障。控辩平等原则在案件分流过程中,发挥着不可或缺且不可替代的功能。这不仅表现在以控辩平等保障案件分流的正当性,而且,在控辩平等保障下的自愿认罪程序中,也会使被追诉人对自己的行为予以正确的认识与评价,使犯罪者的认罪心悦诚服。[②]

烦琐的诉讼程序必然要增加诉讼成本、降低诉讼效率,为了提高诉讼效率就必须适当简化诉讼程序。辩诉交易制度使诉讼程序得到简化,降低了刑事案件在庭审过程中的复杂性,是诉讼经济合理性的表现。它使整个诉讼程序变得简单,更加容易操作,使检察官和辩护律师在法庭上争论不休的局面得到缓解,被追诉人也可以摆脱长时间的指控,同时被追诉人在案件通过辩诉交易处理之后会安心接受法律的制裁,通常不会提出上诉或再审等请求,使诉讼程序变得简化。

四、有利于社会关系的修复

(一)促进各方利益的实现

控辩合作把市场经济手段引入刑事司法程序,使得诉讼参与各方

---

① [美]卡多佐:《法律的成长》,载《法律科学的悖论》,董炯、彭冰译,中国法律出版社,第37页。

② 冀祥德:《论控辩平等的功能》,载《法学论坛》2008年第3期。

根据自身需求提出要求并作出意愿内的让步,有利于促进各方利益的实现。在诉讼领域,对事实的寻求只能以一种受限制的方式进行,法律适用的过程也必然伴随着裁量,因而由当事人自己负责来使判决逐渐形成,恰恰是使审判获得正当化机制的关键。正式的审判制度本身并不是目的,它只是服务于更高层次的社会目的的手段。① 控辩合作体现了个人自由和独立的理想观念,肯定了被告人作为程序主体的地位,表达了刑事审判程序的民主性。

对检察官来说,控辩合作减轻了控方的证明责任,降低了案件的证明要求,避免了案件败诉的风险,提高了业绩。对辩护律师而言,律师可以节省时间去办理更多的案件。对受害人而言,控辩合作可以使其及时有效地获得补偿,有利于其合法利益得到及时保障。对于有罪的被追诉人而言,避免了重罪的处罚,缩短了羁押的期限,消除了庭审的恐慌,预知了案件结果。同时,避免了接受审判可能带来的焦虑、羞愧、坏名声的张扬等情感负担,可以尽早地结束羁押的不稳定状态并且被判处较轻的刑罚,恢复人身自由以及获得精神上的解脱。犯罪分子为某种需要的满足而采取刑法所禁止的行为,由于必然要受到法律的制裁,因此案发后的犯罪分子大多会产生逃避惩罚的心理。但随着刑事司法的进行,对犯罪事实的认定和法律的适用,犯罪分子又会逐渐恢复常态心理,出现后悔,甚至悔过自新的心理,产生通过从宽处理、减刑或假释以早日获得自由的需求。与受害者的需求不同,犯罪人逃避惩罚的需要是一种非法需求,因此,不仅不能给予满足,而且要通过提高刑事司法效率以打消他们的侥幸心理。并应当让罪犯在此基础上萌生早日获得自由的需求,只要符合悔过自新的法定条件,那么,也应当给予满足。这些由于刑罚的作用和犯罪后犯罪分子常态心理恢复所出现的积极心理需求,如果刑事司法不能依法给予满足,那么,就可能导致犯罪分子“破罐子破摔”而引起重新犯罪的严重后果。对法官而言,免去了诸多的时间与精力的耗费,迅速结案。

目前,司法实践中的一个突出问题是,被害人的利益难以得到有效、充分、及时的保障。首先,保障不及时。按照现行的诉讼制度,被害人所受的经济损失一般要等到诉讼结束后才有可能得到赔偿。在正常

① 杨悦新:《访中国政法大学宋英辉教授》,载《法制日报》2002年4月28日。

情况下，被害人最少也要等待3个月左右的时间才能够获得赔偿。如果案件比较复杂，则可能会需要1年左右的时间。而相当多的被害人是急需获得被告人赔偿的。在伤害案件中，许多被害人的家庭收入不高，有的本来就生活拮据，受到人身伤害后，不但需要花钱治疗，同时还无法赚取收入，这无异于雪上加霜，若再等待数月或者更长的时间才能获得赔偿或是补偿，在此期间的困难是无法想象的。其次，保障不充分。大量的数据表明，很多实施犯罪行为的被追诉人经济能力较弱，被害人实际得到的赔偿数额一般较少。被追诉人较低的经济承受能力使法院无法判处其不能承受的赔偿数额，即使判处了赔偿数额，也无法执行。这对被害人的影响是深刻的，甚至会激化其原本就强烈的“复仇”心理，以求得心理上的平衡，还可能引发新的刑事案件，并且国家对一些危害公共安全等重大的刑事案件，为了保持社会的稳定，常常对受到犯罪侵害的人们进行一些金钱抚慰。

在大多数情况下犯罪首先表现为对具体受害方合法利益的侵害，从而形成侵害方与受害方之间的冲突关系。受害方在遭受犯罪侵害之后，会产生强烈的报复心理，要求公安司法机关查获并且严厉惩罚犯罪分子。这种需要是人类与生俱来的一种本能需要，是受害者受害初期最强烈的需要。人类在与犯罪分子作斗争的过程中，之所以选择了报应性刑事司法，就在于它孕育于人类的报复本性，胎变于人类的原始复仇习惯，是人类追求正义过程中对原始复仇习惯进行不断改造的结果。但是，受害者在受害以后，不只有报复的需要，随着时间的推移，还会产生物质赔偿、精神补偿的需要，要求得到为什么加害自己的真实信息、得到事实陈述机会、获得赋权等。[①] 这些由犯罪侵害所引起的受害者的新的需要，如果不能通过合法途径得到合理的满足，不仅受害者难以摆脱受害的阴影，而且有可能导致其寻求“私力救济”等新的问题。

刑事案件被害人的利益因不能得到有效而及时的保护，其身体、精神及正常的生活都受到了严重的影响，尤其是生活窘迫的被害人，无疑最渴望尽早从讼累中解脱出来，尽快获得赔偿，以恢复被犯罪行为所打破的正常生活状态。而控辩合作的产生无疑能够最大限度地维护被害

① 参见［美］霍德华·泽赫：《恢复性司法》，章祺、闾刚等译，载狄小华、李志刚编著《刑事司法前沿问题——恢复性司法研究》，群众出版社2005年版，第32—33页。

人的利益,并且能够节省被害人在诉讼过程中的开支,帮助其及时有效地获得所需赔偿。

(二)有利于实现刑罚目的,利于犯罪人的矫正改造

在司法实践中,许多被追诉人所犯罪行并不严重,与被害人之间也没有深仇大恨,那些基于民事纠纷或生活贫困、刺激好玩、一时冲动等各种原因而触犯刑律的被追诉人主观恶性并不大,有些甚至在单位同事、邻居眼中是一个规规矩矩的老实人,其违法犯罪之后后悔不迭,在诉讼过程中积极悔罪,我们没有理由不给其一个改过自新的机会。对于那些轻微的、行为人主观恶性弱的犯罪行为,更重要的不是对社会秩序的保护,而是如何使犯罪人尽快回归社会,重新社会化。一个良好的立法者关心预防犯罪多于惩罚犯罪,注意激励良好的风格多于施用刑罚。[①] 因为刑罚本身不是目的,至少不是主要目的,而是国家管理社会、教育改造犯罪人的一种手段,其最终的目的在于使犯罪人改过从新,重新回归社会。因此,刑罚不是预防犯罪的唯一手段,刑罚所适用的对象并不是具有相同犯罪原因、相同意志自由、对刑罚感受力毫无差别的一般人、理性人,而是犯罪原因、犯罪经历和可改造性都不同的具体人。对认罪的被追诉人采取一种非审判的处理方式,尽管有利用国家权力与被追诉人"交换刑罚"之嫌,但它的积极作用却体现了一个国家宽容和人道的精神,有利于实现预防犯罪的目的。[②]

以辩诉交易制度为例,辩诉交易鼓励被追诉人以自愿的合作换取宽松的处理,激发当事人自律地设定本人与社会的未来关系。辩诉交易是通过被追诉人的自愿认罪实现的,这种心甘情愿的认罪使得其心悦诚服地接受处罚,进而产生矫正改造的源动力,与通过正式审判程序的强制性刑罚相比较,更有利于被处罚人痛改前非,回归社会。

(三)有利于落实宽严相济的刑事政策

2006 年 11 月召开的全国政法工作会议提出,"在和谐社会建设中,各级政法机关要善于应用宽严相济的刑事司法政策,最大限度地遏制、预防和减少犯罪。"2008 年中央启动的最新一轮司法改革中,就申明了"宽严相济"的刑事政策,并明确提出了对轻微犯罪和未成年人犯罪实

---

① [法]孟德斯鸠:《论法的精神》,张雁深商务印书馆 1961 年版,第 83 页。

② 国家森:《中国控辩协商制度研究——刑事诉讼特别程序之探讨》,载《法学论坛》2004 年第 6 期。

行宽缓挽救的方针。最高人民检察院在《关于在检察工作中贯彻宽严相济刑事司法政策若干意见》中也指出："该严则严，当宽则宽，宽严互补，宽严有度。"2021 年 4 月，中央全面依法治国委员会把"坚持少捕慎诉慎押刑事司法政策，依法推进非羁押强制措施适用"列入 2021 年工作要点，作为当年需研究推进的重大改革举措。[①] 最高人民法院也有这方面的具体意见。可见宽严相济刑事政策是我国新时期的基本刑事政策之一，宽严相济刑事政策的提出标志着我国刑罚思想由传统的侧重惩罚改造向惩罚与教育矫正并重的重大转变。刑事政策具有指导立法工作的作用，是指导立法和司法的灵魂，因此宽严相济的刑事政策不仅应该在司法实践中贯彻，而且也应该在立法活动中体现。在构建和谐社会的大背景下，"宽严相济"不仅要体现在量刑这一环节，更要贯彻到整个刑事诉讼程序中。[②]

刑事政策是现代文明的重要成就之一，但长期以来，"宽严相济"的刑事政策在我国司法实践中并没有得到很好的贯彻，也在一定程度上使社会公众对司法机关的诚信产生了怀疑，不但不利于被追诉人与司法机关合作和对其进行教育与改造，更使其想方设法与司法机关对抗，提高了国家的司法成本。而一个国家刑罚权的实现不但需要直接成本，还需要付出机会成本和间接成本。刑罚的机会成本指的是用于制止犯罪的刑罚成本而用于其他有价值的公共目标如教育、卫生保健、公共福利等所产生的效益；刑罚的间接成本主要是指刑罚适用所产生的增加罪犯与社会的对立、加强罪犯家属与社会的离心倾向等影响社会和谐和凝聚力的心理状态。[③] 这些后果是当初刑事政策的制定者们所不愿意看到的。为何良好的初衷没有产生应有的效果？原因在于"宽严相济"政策没有相应的制度加以保障，而控辩协商可以有效地解决这一尴尬问题。同时，对"认罪者"节省国家司法资源、减轻国家证明负担、保证诉讼效益和提高司法效率的行为予以法律上的褒奖，也正与我

① 孙长永：《少捕慎诉慎押刑事司法政策与人身强制措施制度的完善》，载《中国刑事法杂志》2022 年第 2 期。

② 包仁坤：《构建附条件不起诉制度探析》，载张智辉主编《附条件不起诉制度研究》，中国检察出版社 2011 年版，第 294 页。

③ 高铭暄、赵秉志：《新中国刑法学五十年》，中国方正出版社 2000 年版。

国奉行多年的这些刑事政策相吻合。①

五、小结

控辩对抗固然是刑事诉讼的应有规律,但是,激烈的对抗不仅会增加诉讼成本、直接加剧控辩之间的紧张关系,而且无疑会影响到以案件为中心的多种利害关系人之间的和谐关系。控辩合作模式的运用,就是解决如此诸多问题的一把“金钥匙”,它不仅可以实现司法效益的最大化,而且可以体现司法和谐的现代价值追求。

首先,控辩合作有利于司法公正的实现。正义只能以既有资源能够负担的形式实现,“昂贵的正义”绝非我们的理想,不仅如此,正义还必须在尽量短的时间内被实现。② 控辩合作则实现了上述两种情况对司法公正的要求。而且,控辩合作有利于程序公正理念的确立。其次,控辩合作以其低廉的费用和宽松的证明规则,有效地实现了程序分流,较好地解决了人员、时间和成本问题,有利于司法效率价值的实现。再次,推行控辩合作,实行案件的繁简分流制度,针对不同情况的案件采用不同的程序审理,使得诉讼程序朝着科学化、合理化的方向发展,促进了刑事诉讼程序的改造和优化。最后,控辩合作还有利于社会关系的修复,主要表现在三个方面:其一,有利于各方利益的实现;其二,有利于犯罪人的改造,实现刑罚目的;其三,有利于落实“宽严相济“的刑事政策。

---

① 国家森:《中国控辩协商制度研究——刑事诉讼特别程序之探讨》,载《法学论坛》2004年第6期。

② 杜宇:《理解“刑事和解”》,法律出版社2010年版,第46页。

第六章　结　语

当司法权与行政权两相分离之时,刑事诉讼的第一次革命便宣告完成。对于权力的分离,至少存在两种不同的理解。第一种是社会分工意义上的权力分离。第二种是分权制衡意义上的权力分离。其中前者是人类偏私本性驱使下的自然分工,后者则是人类为制约权力滥用而为的主观努力的结果。本书将关注的起点一直上溯到权力分立的最早时期,将社会分工视野下的权力分立也纳入了研究的范围。

与诸权合体相比,世界刑事诉讼的第一次革命具有以下特征:一是司法权与行政权的分离先后经历了形式分离与实质分离两个阶段。二是司法权与行政权的分离经历了一个从自发到自觉的过程。三是司法权与行政权的分离过程在时间跨度上极大。四是司法权与行政权的分离过程具有反复性。从社会分工意义上来看,司法权与行政权分离的早期标志是“梭伦改革”过程中设立的陪审法庭。不过,“梭伦改革”设立的陪审法庭标志着司法权与行政权的形式分离,而不是实质分离。美国 1787 年《宪法》确立的“三权分立”的民主共和政体标志着司法权与行政权实质分离的成熟,是世界刑事诉讼第一次革命成熟的典型标志。

世界刑事诉讼第一次革命的发生有三个主要的时代背景。第一个是社会分工的不断细化。第二个是阶级关系的逐步调整。第三个是人权意识的萌芽与发展。

世界刑事诉讼第一次革命的意义主要集中在以下

两点:第一,司法权与行政权分离有助于提高司法效率,促进司法的专业化发展。第二,司法权与行政权的分离还有助于制约行政权,并为控审分离奠定了基础。

我国古代的司法权与行政权已经有了社会分工意义上的分离,但是还尚未达到权力制衡意义上的分离。这一点在中央层面上表现得尤为明显。在地方层面上,司法权仍然与行政权混为一体,并未作形式上的明确区分。1906 年 10 月,清廷决定实现司法与行政的分立,将刑部改为法部,专管司法行政;将大理寺改为大理院,专管审判。南京临时政府成立后,认为"司法独立,为法治国分权精神所系",并采取了一系列措施保障法官独立。北洋政府建立之初,沿袭清末司法制度。工农民主政权时期,实行政审合一的司法体制,各级司法机关受同级政府领导的建制。抗日民主政权时期和人民民主政权时期,实行政府领导司法的体制。

1949 年新中国的成立揭开了中国司法权发展的新篇章。在 1954 年制定的《宪法》中明确规定了"人民法院独立进行审判,只服从法律""地方各级人民检察院独立行使职权,不受地方国家机关的干涉"。1975 年《宪法》、1978 年《宪法》破坏了这一原则。1982 年《宪法》《人民法院组织法》《人民检察院组织法》尽管对司法独立有所涉及,但距离 1954 年《宪法》的规定相去甚远。

世界刑事诉讼第二次革命是指控审分离。控审分离是现代刑事诉讼制度的一项基本原则,涉及控诉与审判两大诉讼职能的配置问题。本书所说的控审分离单指结构意义上的控审分离,而不包括程序意义上的控审分离;单指国家控诉权与审判权的分离,不包括私人控诉权与审判权的分离。本书在介绍控审分离的发展历程时,主要以检察制度为研究对象。但检察制度的发展历程并不完全等于控审分离的发展历程,两条线并不完全重合。

刑事诉讼的第二次革命具有多样性、彻底性的特点。1166 年,亨利二世颁布的《克拉伦登法》建立了大陪审团,即起诉陪审团制度。大陪审团起诉制度的建立标志着刑事诉讼第二次革命的兴起。1808 年拿破仑《重罪审理法典》的颁布,标志着法国检察官制度的成熟,也标志着世界刑事诉讼第二次革命的成熟。

世界刑事诉讼第二次革命的发生有四个主要的时代背景:世界刑

事诉讼第一次革命的发生；国家公诉权的产生；权力分立思想的影响；人权保障意识的加强。

世界刑事诉讼第二次革命的意义主要集中在以下几点：实现了司法权力的分立与制约，保障了审判的中立与公正，提供了现代刑事诉讼构造形成的前提，奠定了世界刑事诉讼第三次革命的基础。

在古希腊、古罗马和日耳曼王国时期并没有产生国家公诉权，所以也就不存在控诉权与审判权的分离，这一时期的刑事案件主要实行公民私人控诉的处理方式。

英国率先开始了控诉权与审判权的分离。英国的国家控诉权行使的主体比较分散，大陪审团、验尸官、治安法官、警察、律师都先后行使过控诉权。英国的控审分离不彻底。美国实行检察官公诉制度，由国家专门机关行使控诉权，其检察系统分为地方检察系统和联邦检察系统，两者是平行的，并无隶属关系。美国是先建立了各州检察制度，最后才建立联邦检察制度。

法国的国家控诉权集中于检察官行使，其控诉制度具有系统性、国家性的特点，实行检察官独揽控诉权制度。法国的检察制度源于国王的代理人。1808 年拿破仑《刑事诉讼法》的颁布，意味着法国检察官制度的成熟，也意味着法国控审分离基本完成。德国的检察制度主要是对法国检察制度的移植，德国并没有建立起如法国一样的全国性统一检察机构，而是形成了帝国检察机关与邦检察机关并存的二元结构的检察系统。

我国古代的御史制度与现代的检察制度在功能和性质上具有一定的相似之处，但古代的御史台并不是国家专门的刑事控诉机关。御史的控诉职能主要是对官吏的渎职和违法行为的监督，而对于一般的刑事犯罪，地方行政长官集控诉权与审判权于一身，所以我国古代并没有发生控诉权与审判权的分离。清末法制改革首次确立了检审分离的体制，实现了控诉权与审判权的分离，我国的检察制度也由此开始形成。中华民国时期基本沿用了清末的法律制度，实行“审检合署”制。新民主主义革命时期的控审分离制度和检察制度很不健全，但却为新中国成立后的控审分离制度和检察制度奠定了基础。

新中国成立后，我国控审分离才有了进一步的发展，并已基本实现了控审分离。我国控审分离的发展经历了确立与完善、曲折与反复、重构与成熟三个阶段。

控诉和辩护是现代诉讼的两大基本职能,二者贯穿于诉讼程序的始终,呈现出既对立又统一的辩证关系。为了实现权利对权力的制衡,人们通过平等武装、平等保护、平等对抗三个方面搭建起了控辩平等的框架体系,而每一方面下的具体制度成为控辩双方达到真正平等的保障。这些制度包括:陪审团制度、保释制度、律师辩护制度、证据制度、沉默权制度、法律援助制度等。因此研究控辩平等的发展历程是以研究这些主要制度的确立及成熟过程为主线的。这些制度的主要作用体现在促进法官的中立、对公权力进行规制或增强辩方的防御力量。在这些制度中,律师辩护制度尤为重要,贯穿于整个诉讼程序的始终。本书研究的是公权力渗入到控诉权中后控辩力量的发展状况。

刑事诉讼第三次革命是在特定的时代背景下发生的。这包含刑事诉讼第二次革命、资本主义运动以及司法价值追求的不断推动。刑事诉讼第三次革命在世界范围内掀起了一场刑事诉讼的大变革,这次变革给各国带来了巨大的影响。这种影响体现在刑事诉讼结构建设、人权保障事业、对前两次刑事诉讼革命的继承和发展以及对下一次革命的影响四个方面。考察各国的刑事诉讼第三次革命的历程,侧重于诉讼结构的构成、控方权力的规制、辩方权利的增强这三个方面的考察。

英国的控辩平等过程经历了萌芽、开始、进一步发展、初步形成四个阶段。出现于9世纪的英国保释制度是其控辩平等的萌芽。陪审团认定事实职能的产生是英国控辩平等的开始。随着保释制度、人身保护令制度、证据制度、法律援助制度的初步形成,英国建立起了保障控辩平等的制度体系,标志着英国控辩平等的初步形成。而律师言论豁免的形成使得辩方力量得到了极大的增强,标志着英国控辩平等走向成熟。美国继承并进一步"深化"了英国的对抗制。独立战争后,深受自然法、社会契约论和分权理论的影响,美国在刑事诉讼中更加强调国家权力的制约与公民权利的保障。美国将刑事诉讼的原则和制度上升到宪法高度,但许多有利于被追诉人的制度和原则并未在各联邦中得到贯彻。因此,美国是通过不断的判例和宪法修正案的形式完成了这次革命。

法国第三次革命进行得较为缓慢。进入18世纪,法国封建专制制度在经济、政治和思想文化领域爆发了全面的危机,封建纠问式诉讼失去了存在的基础,并逐渐趋于消亡。随着 1789 年法国大革命的开始,封建纠问式诉讼也同样被推到了变革的前台。在这次革命中,法国一开始全盘引进了英国的诉讼体制,但最终转向职权主义诉讼模式,直至今日,法国的职权主义倾向仍旧明显,控辩双方力量失衡现象依然较为严重。德国在法兰克王国时期就出现了辩护律师,但律师地位相当低下。随着 1848 年 3 月德国资产阶级革命的爆发,律师地位得以上升。但是其后纳粹主义的泛滥,德国司法制度开始倒退并走向专制。二战后德国进行了司法的恢复和重建,律师、保释、证据等制度得到了迅速发展。但德国控诉机关的权力依然很大,控辩双方力量还是存在失衡问题。

我国在进入封建社会后,纠问式诉讼模式逐渐得到确立。在控审不分、没有辩护的体制下,被追诉人沦为被审讯的客体,无权利可言。这种状况直到清末民初得以改变。我国相继引入了自由心证、保释、陪审等制度,但是在军阀当政的时代民众的利益难以保证,军阀的意志代替法官的意志,自由被“特务司法”所威胁。随着新民主主义革命的开展,我国的司法状况得以好转。逐步建立起了有利于案件公正的审判体制。新中国成立后,我国对刑事诉讼法不断进行修正,2012 年《刑事诉讼法》在律师辩护、非法证据排除等方面取得了新的进展,标志着我国控辩平等的发展迈入了一个新的阶段。然而,中国的控辩双方还未实现真正的平等。我国的诉讼结构有待优化;我国还未完全确立无罪推定原则;我国在律师人身权利保障、保释制度建设方面也存在着不足。所以我国刑事诉讼第三次革命仍在进行中。

刑事诉讼的第四次革命是指刑事诉讼构造中控辩关系从以对抗为主、合作为辅,转向以合作为主、对抗为辅的发展趋势。控辩合作成为纠纷解决的主流方法,只是从数量比例的角度得出的结论,并不意味着控辩对抗的消灭,而是指控辩对抗依然存在,只是成为纠纷解决的辅助方式。并且,在合法、程序原则的规制下,控辩对抗关系是可以向控辩合作转化的。从目前各国的司法实践来看,控辩合作主要体现在对辩诉交易制度、刑事和解制度、经同意的强制措施行为、附条件的暂缓起诉制度的研究和探索。

刑事诉讼的第四次革命即控辩合作具有自发性、合意性、互利性、效率性的特征。1970 年,美国联邦最高法院对 Bradyv. U. S. 一案的判决正式确认了辩诉交易的合法性，也成为刑事诉讼第四次革命的标志性事件。合作性司法理念逐渐成为世界各国刑事诉讼程序制度改革与发展的基本趋势，构建控辩合作模式的程序制度成为世界各国刑事诉讼程序制度改革的主题。

刑事诉讼的第四次革命有深刻的背景因素，主要体现在刑事诉讼第三次革命的推动作用；控辩合作与当事人对抗式诉讼结构有着天然的制度契合性，对抗式的诉讼结构为现代意义的控辩合作的达成提供了必要条件；刑事犯罪率的增长与司法资源有限的矛盾促进了控辩合作的产生；恢复性司法理念的提出为控辩合作提供了理论支点；契约观念的产生、实用主义哲学观的应用、诉权理论的导入为控辩合作的开展提供了观念支持。控辩合作有其重要意义，主要体现在控辩合作有利于司法公正的实现；控辩合作以其低廉的费用和宽松的证明规则，有效地实现了程序分流，较好地解决了人员、时间和成本问题，有利于司法效率价值的实现；控辩合作促进了刑事诉讼程序的改造和优化；控辩合作还有利于社会关系的修复。

控辩合作作为一种现代司法制度中与平等对抗共存的诉讼模式，已经自发生成并广为传播应用。在当今世界各国的司法实践中，控辩合作有多种制度表现形式，在实践中已经蔚为壮观，范围覆盖英美法系还有大陆法系国家，体现了整个世界范围内控辩关系由以对抗为主、合作为辅，转向以合作为主、对抗为辅的大趋势，但是每个国家在具体的制度设计上又针对自身不同的情况表现出一定程度的差异性。

当前，我国刑事司法面临的一大问题便是犯罪率快速增长与司法资源有限性之间的矛盾，在这样一种情势之下研究控辩合作诉讼模式的构建，其意义无疑是十分重大的。此外，我国的理论界和实务界也对控辩合作的具体制度进行了一定程度的研究和探讨。2012 年《刑事诉讼法》引进了刑事和解及未成年人附条件不起诉等制度，2018 年《刑事诉讼法》则直接确立了以控辩协商为核心的认罪认罚从宽制度，这一步步的制度创设均昭示着我国控辩合作改革的不断深入。综观之，控辩合作是我国构建和谐社会语境与建立高效刑事司法制度之下，控辩关系发展的一种新型的、理性的、当然的模式。

参考文献

一、中文著作

1. 卞建林:《刑事起诉制度的理论与实践》,中国检察出版社 1993 年版。

2. 卞建林:《刑事诉讼法学》,科学出版社 2008 年版。

3. 陈光中:《联合国刑事司法准则与中国刑事法制》,法律出版社 1998 年版。

4. 陈卫东:《刑事诉讼法实施问题调研报告》,中国方正出版社 2001 年版。

5. 陈卫东:《刑事诉讼法学研究》,中国人民大学出版社 2008 年版。

6. 陈盛清:《外国法制史》,法律出版社 2002 年版。

7. 陈晓明:《刑事和解原论》,法律出版社 2011 年版。

8. 程汉大、李培峰:《英国司法制度史》,清华大学出版社 2007 年版。

9. 程味秋:《外国刑事诉讼法概论》,中国政法大学出版社 1994 年版。

10. 董云虎:《世界人权约法》,四川人民出版社 1990 年版。

11. 杜宇:《理解"刑事和解"》,法律出版社 2010 年版。

12. 狄小华:《多元恢复性刑事解纷机制研究》,法律出版社 2011 年版。

13. 狄小华、李志刚:《刑事司法前沿问题——恢复性司法研究》,群众出版社 2005 年版。

14. 樊崇义、吴宏耀、种松志主编:《域外检察制度研究》,中国人民公安大学出版社 2008 年版。

15. 樊崇义:《刑事诉讼法学》,法律出版社 2009 年版。

16. 范忠信:《中西法文化的暗合与差异》,中国政法大学出版社 2001 年版。

17. 郭成伟:《外国司法制度概要》,江苏人民出版社 2001 年版。

18. 何勤华:《检察制度史》,中国检察出版社 2009 年版。

19. 何勤华:《外国法律史研究》,中国政法大学出版社 2004 年版。

20. 何勤华:《德国法律发达史》,法律出版社 2000 年版。

21. 洪浩:《检察权论》,武汉大学出版社 2001 年版。

22. 冀祥德:《控辩平等论》,法律出版社 2008 年版。

23. 冀祥德:《建立中国控辩协商制度研究》,北京大学出版社 2006 年版。

24. 冀祥德:《最新刑事诉讼法释评》,中国政法大学出版社 2012 年版。

25. 江平:《萨利克法典》,法律出版社 2000 年版。

26. 蒋孟引:《英国史》,中国社会科学出版社 1986 年版。

27. 金邦贵:《法国司法制度》,法律出版社 2008 年版。

28. 孔璋:《中美公诉制度比较研究》,中国检察出版社 2003 年版。

29. 黎敏:《西方检察制度史研究——历史缘起与类型化差异》,清华大学出版社 2010 年版。

30. 李寿伟:《中华人民共和国刑事诉讼法解读》,中国法制出版社 2018 年版。

31. 李秀清:《日耳曼法研究》,商务印书馆 2005 年版。

32. 李游、吕安青:《走向理性的司法——外国刑事司法制度比较研究》,中国政法大学出版社 2001 年版。

33. 李学尧:《法律职业主义》,中国政法大学出版社 2007 年版。

34. 李心鉴:《刑事诉讼构造论》,中国政法大学出版 1992 年版。

35. 李义冠:《美国刑事审判制度》,法律出版社 1999 年版。

36. 刘善春、毕玉谦、郑旭:《诉讼证据规则》,中国法制出版社 2000 年版。

37. 林贻影:《两岸检察制度比较研究》,中国检察出版社 1998 年版。

38. 林钰雄:《刑事诉讼法》(上),台北,学林文化出版公司 2001 年版。

39. 林钰雄:《刑事诉讼法》(下),中国人民大学出版社 2005 年版。

40. 林山田:《刑事程序法》(增订二版),台北,五南图书出版有限公司 1998 年版。

41. 闵钐:《中国检察史资料选编》,中国检察出版社 2008 年版。

42. 齐树洁:《英国司法制度》,厦门大学出版社 2007 年版。

43. 齐树洁:《美国司法制度》,厦门大学出版社 2007 年版。

44. 齐延平:《自由大宪章研究》,中国政法大学出版社 2007 年版。

45. 沈德咏:《刑事证据制度与理论》,法律出版社 2002 年版。

46. 宋四辈:《中国法制史教程》,中国民主法制出版社 2001 年版。

47. 邵建东:《德国司法制度》,厦门大学出版社 2010 年版。

48. 徐家力:《中华民国律师制度》,中国政法大学出版社 1998 年版。

49. 徐静村:《刑事诉讼法学》,法律出版社 1999 年版。

50. 许永俊:《多维视角下的检察权》,法律出版社 2007 年版。

51. 由嵘、胡大展:《外国法制史》,北京大学出版社 1989 年版。

52. 王亚新:《社会变革中的民事诉讼》,中国法制出版社 2001 年版。

53. 王希:《原则与妥协:美国宪法的精神与实践》(修订本),2000 年版。

54. 王利明:《司法改革研究》,法律出版社 2000 年版。

55. 王桂五:《中华人民共和国检察制度研究》,中国检察出版社 2008 年版。

56. 王泰升:《台湾法律史概论》,台北,元照出版社 2004 年版。

57. 王世杰、钱端生:《比较宪法》,中国政法大学出版社 1997 年版。

58. 王惠岩:《政治学原理》,高等教育出版社 1999 年版。

59. 王兆鹏:《美国刑事诉讼法》,北京大学出版社 2005 年版。

60. 汪海燕:《刑事诉讼模式的演进》,中国人民公安大学出版社 2004 年版。

61. 谢振民:《中华民国立法史》,张知本校订,正中书局 1937 年版。

62. 赵晓耕:《中国法制史》,中国人民大学出版社 2004 年版。

63. 张智辉:《辩诉交易制度比较研究》,中国方正出版社 2009 年版。

64. 张智辉:《附条件不起诉制度研究》,中国检察出版社 2011 年版。

65. 张乃根:《当代西方法哲学主要流派》,复旦大学出版社 1993 年版。

66. 张晋藩、王超:《中国政治制度史》,中国政法大学出版社 1987 年版。

67. 张文显:《二十世纪西方法哲学思潮》,法律出版社 2006 年版。

68. 周欣:《欧美日本刑事诉讼法——特色制度与改革动态》,中国人民公安大学出版社 2002 年版。

69. 郑鄂:《刑事审判中的社会矛盾化解与机制构建研究》,法律出版社 2011 年版。

70. 朱勇、李青:《台湾司法制度》,时事出版社 1989 年版。

71. 左卫民:《价值与结构——刑事程序的双重分析》,四川大学出版社 1994 年版。

72. 汪建成:《冲突与平衡——刑事程序理论的新视角》,北京大学出版社 2006 年版。

二、中译著作

1. [古希腊]亚里士多德:《政治学》,颜一、秦典华译,中国人民大学出版社 2003 年版。

2. [英]约翰 · 洛克:《政府论两篇》,赵伯英译,陕西人民出版社 2004 年版。

3. [英]梅因:《古代法》,商务印书馆 1959 年版。

4. [英]亚当 · 斯密:《国富论》,富强译,陕西师范大学出版社 2010 年版。

5. [英]丹宁勋爵:《法律的界碑》,刘庸安、张弘译,法律出版社

1999 年版。

6. [英]麦高伟、杰弗里·威尔逊主编:《英国刑事司法程序》,姚永吉等译,法律出版社 2003 年版。

7. [英]赫恩:《英国律师制度和律师法》,姚永吉译,中国政法大学出版社 1992 年版。

8. [英]里约翰·J. 爱德华兹:《皇家检察官》,周美德译,中国检察出版社 1991 年版。

9. [英]史蒂芬·霍金:《时间简史——从大爆炸到黑洞》,许明贤、吴忠超译,湖南科学技术出版社 1998 年版。

10. [美]汉密尔顿等:《联邦党人文集》,人民出版社 1995 年版。

11. [美]E. A. 霍贝尔:《原始人的法》,严存生等译,贵州人民出版社 1992 年版。

12. [美]斯东:《苏格拉底的审判》,董乐山译,生活·读书·新知三联书店 1998 年版。

13. [美]哈罗德·J. 伯尔曼:《法律与革命——西方法律传统的形成》,张志铭等译,中国大百科全书出版社 1993 年版。

14. [美]路易斯·哈茨:《美国的自由主义传统:独立革命以来美国政治思想阐释》,张敏谦译,中国社会科学出版社 2003 年版。

15. [美]斯东:《苏格拉底的审判》,董乐山译,生活·读书·新知三联书店 1998 年版。

16. [美]戈尔丁:《法律哲学》,齐海滨译,生活·读书·新知三联出版社 1987 年版。

17. [美]M. J. 斯基德摩、马歇尔·卡特·特里普:《美国政府简介》,中国经济出版社 1998 年版。

18. [美]理查德·A. 波斯纳:《证据法的经济分析》,徐昕、徐昀译,中国法制出版社 2004 年版。

19. [美]波斯纳:《法律之经济分析》,唐豫民译,台北,台湾商务印书馆 1987 年版。

20. [美]罗尔斯:《正文论》,何怀宏等译,中国社会科学出版社 1988 年版。

21. [美]卡多佐:《法律的成长·法律科学的悖论》,董炯、彭冰译,中国法制出版社 2002 年版。

22. [美]E. 博登海默:《法理学:法律哲学与法律方法》,邓正来译,中国政法大学出版社 2004 年版。

23. [法]孟德斯鸠:《论法的精神》(上册),张雁深译,商务印书馆 1985 年版。

24. [法]卢梭:《社会契约论》,何兆武译,商务印书馆 2003 年版。

25. [法]皮埃尔·勒鲁:《论平等》,王允道译,商务印书馆 2005 年版。

26. [法]基佐:《欧洲文明史》,洪逵等译,商务印书馆 1998 年版。

27. [法]卡斯东·斯特法尼等:《法国刑事诉讼法精义》,罗结珍译,中国政法大学出版社 1998 年版。

28. [德]克劳斯·罗科信:《刑事诉讼法》,吴丽琪译,法律出版社 2003 年版。

29. [意]朱塞佩·格罗素:《罗马法》,黄风译,中国政法大学出版社 1994 年版。

30. [意]贝卡利亚:《论犯罪与刑罚》,黄风译,中国大百科全书出版社 1993 年版。

31. [日]棚濑孝雄:《纠纷的解决与审判制度》,王亚新译,中国政法大学出版社 1994 年版。

32. [日]东京第二律师协会编:《各国律师制度》,朱育礦、王舜华译,法律出版社 1999 年版。

33. [苏联]科瓦略夫:《古代罗马史》,王以铸译,生活·读书·新知三联书店 1957 年版。

三、论文

1. 陈光中、葛林:《刑事和解初探》,载《中国法学》2006 年第 5 期。

2. 陈瑞华:《论协商性的程序正义》,载《比较法研究》2021 年第 1 期。

3. 陈瑞华:《刑事诉讼的公力合作模式——量刑协商制度在中国的兴起》,载《法学论坛》2019 年第 4 期。

4. 陈卫东、郝银钟:《我国公诉方式的结构性缺陷及其矫正》,载《法学研究》2000 年第 4 期。

5. 丁兆增:《阐析中国古代的人权意识萌芽》,载《辽宁行政学院学报》2008 年第 12 期。

6. 封利强、崔杨:《刑事和解的经验与问题——对北京市朝阳区刑事和解现状的调查》,载《中国刑事法杂志》2008 年第 1 期。

7. 胡艳香:《中国内地和香港地区法律援助制度比较》,载《常德师范学院学报(社会科学版)》2001 年第 6 期。

8. 李其瑞:《西方人权思想的历史演进》,载《经济与社会发展》2003 年第 6 期。

9. 龙宗智:《完善认罪认罚从宽制度的关键是控辩平等》,载《环球法律评论》2020 年第 2 期。

10. 宋英辉、吴宏耀:《外国证据规则的立法及发展——外国证据规则系列之一》,载《人民检察》2001 年第 3 期。

11. 孙立平:《上层阶级化、下层碎片化:中国社会结构的变迁及其分析模式的转换》,载《南京社会科学》2009 年第 5 期。

12. 孙长永:《当事人主义刑事诉讼与证据开示》,载《法律科学》2004 年第 4 期。

13. 孙长永:《少捕慎诉慎押刑事司法政策与人身强制措施制度的完善》,载《中国刑事法杂志》2022 年第 2 期。

14. 魏琼、文萧:《刑诉人权保障国际标准的历史渊源》,载《现代法学》1999 年第 5 期。

15. 汪海燕:《古罗马刑事诉讼制度与模式探微》,载《现代法学》2003 年第 5 期。

16. 汪海燕:《论美国毒树之果原则——兼论我国刑事证据立法的启示》,载《比较法研究》2001 年第 1 期。

17. 汪建成、杨雄:《比较法视野下的刑事庭前审查程序之改造》,载《中国刑事法杂志》2002 年第 6 期。

18. 汪建成、祁建建:《论诉权理论在刑事诉讼中的导入》,载《中国法学》2002 年第 6 期。

19. 肖建国:《程序公正的理念及其实现》,载《法学研究》1999 年第 3 期。

20. 易延友:《陪审团移植的成败及其启示——以法国为考察重心》,载《比较法研究》2005 年第 1 期。

21. 张康之、张乾友:《论权力分化的启、承、转、合》,载《学海》2011

年第 2 期。

22. 张继明:《经由中国式“法庭”调解的和谐——刑事和解本土化之路径选择》,载《齐鲁法学文库》2008 年第 6 期。

23. [意]朱塞佩·格罗索:《罗马法史》,载《比较法研究》2003 年第 1 期。

24. 朱伟一:《美国法官的待遇》,载《中国周刊》2011 年第 8 期。

25. 周国君:《检察官客观义务新探》,载《河南政法管理干部学院学报》2010 年第 3 期。

26. 赵秉志、时延安:《辩护律师执业豁免:近在眼前还是遥不可及》,载《中国律师》2001 年第 7 期。

27. 赵兴洪:《我国监禁规模实证研究》,载《刑事法评论》2018 年第 2 期。

28. 左卫民、万毅:《我国刑事诉讼制度改革若干基本理论问题研究》,载《中国法学》2003 年第 4 期。

29. 冀祥德:《从控辩关系看我国刑事诉讼制度的演进发展》,载《中国刑事法杂志》2022 年第 1 期。

30. 冀祥德:《世界刑事诉讼的四次革命》,载《中国法学》2024 年第 1 期。